ESCOLA *dos* DITADORES

DENTRO DA LUTA GLOBAL
PELA DEMOCRACIA

O livro é a porta que se abre para a realização do homem.

Jair Lot Vieira

ESCOLA *dos*
DITADORES

DENTRO DA LUTA GLOBAL
PELA DEMOCRACIA

William J. Dobson

Apresentação:
Mac Margolis

Tradução:
Gilberto D. Nascimento

VIALEITURA

ESCOLA DOS DITADORES
DENTRO DA LUTA GLOBAL PELA DEMOCRACIA
WILLIAM J. DOBSON

1ª Edição 2014

Copyright© 2012 by William J. Dobson
All rights reserved. Published in the United States by Anchor Books,
a division of Random House, Inc., New York, and Canada
by Random House of Canada Limited, Toronto.
Originally published in hardcover in the United States by Doubleday,
a division of Random House, Inc., New York, in 2012.

This translation published by arrangement with Doubleday, an imprint of The
Knopf Doubleday Publishing Group, a division of Random House LLC

© desta edição: *Edipro Edições Profissionais Ltda.* – *CNPJ nº 47.640.982/0001-40*

Todos os direitos reservados. Nenhuma parte deste livro poderá ser reproduzida ou transmitida de qualquer forma ou por quaisquer meios, eletrônicos ou mecânicos, incluindo fotocópia, gravação ou qualquer sistema de armazenamento e recuperação de informações, sem permissão por escrito do Editor.

Editores: Jair Lot Vieira e Maíra Lot Vieira Micales
Coordenação editorial: Fernanda Godoy Tarcinalli
Revisão: Francimeire Leme Coelho
Diagramação e Arte: Karine Moreto Massoca

Dados Internacionais de Catalogação na Publicação (CIP)
(Câmara Brasileira do Livro, SP, Brasil)

Dobson, William J.
  Escola dos ditadores : dentro da luta global pela democracia / William J. Dobson ; apresentação Mac Margolis ; tradução Gilberto D. Nascimento. – São Paulo : Via Leitura, 2014.

  Título original: The dictator's learning curve : inside the global battle for democracy.

  Bibliografia.

  ISBN 978-85-67097-02-2

  1. Democratização 2. Ditadura I. Margolis, Mac. II. Título.

14-06277   CDD-321.8

Índices para catálogo sistemático:
1. Democracia : Ciências políticas 321.8

EDITORA AFILIADA

VIA LEITURA

São Paulo: Fone (11) 3107-4788 – Fax (11) 3107-0061
Bauru: Fone (14) 3234-4121 – Fax (14) 3234-4122
www.edipro.com.br

Para Kelly, Kate e Liam.

*A democracia, a liberdade, os direitos humanos
têm um significado definido para os habitantes de um mundo
onde não se pode permitir que nenhuma nação
veja nestes conceitos a possibilidade de qualquer
associação com supressão e ditadura.*

Discurso de Eleanor Roosevelt na Sorbonne,
em 28 de setembro de 1948

SUMÁRIO

NOTA AO LEITOR	13
APRESENTAÇÃO À EDIÇÃO BRASILEIRA	15
INTRODUÇÃO	19
I – O CZAR	31
"Uma espécie de sonho do passado soviético"	34
O gráfico de Popov	39
Manipuladores de opinião (*Spin doctors*)	48
O "cérebro" de Medvedev	58
"Este é o Mubarak II"	62
II – INIMIGOS DO ESTADO	67
As ferramentas do tirano	69
"Sangue teimoso" (*Stubborn blood*)	71
A ativista acidental	76
Os três "nãos"	88
III – *EL COMANDANTE*	97
Quem se dirige às classes D e E	103
"Nesta Constituição agonizante"	107
"O medo não deixa pistas"	113

"Temos boas e más notícias" 120

Olá, Presidente 124

Anticorpos democráticos 130

IV – A OPOSIÇÃO 135

Afogando o Estado 138

"Louco com o poder" 141

López *versus* Venezuela 145

"Estamos acostumados a ser derrotados" 148

Sonhando com a prisão 150

Do Cairo a Penang 155

"Ele achou que pudesse me dobrar" 157

V – A JUVENTUDE 163

Como lutar contra Mike Tyson? 166

Seis coletes à prova de bala 175

Uma demonstração de força 177

"Putin mata Kenny" 182

"Quando chega a hora" 184

VI – O FARAÓ 199

Revolução ou Sucessão 201

Não é como um negócio qualquer 204

O Faraó sob medida 210

"Os egípcios se sentem livres" 214

A última linha vermelha 219

Oficiais da Revolução 224

O legado do Faraó 231

VII – OS PROFISSIONAIS 235

Estudantes da Revolução 238

O coronel e o professor 241

Histórias de Guerra	248
Mais do que apenas mais um ditador	251
Campo de treinamento	255

VIII – Os tecnocratas — 263

"Se hoje for melhor que ontem..."	268
Falando sobre Revolução	273
Democracia é uma coisa boa	277
De volta à escola	281
"Pequenos terremotos"	285
A manutenção da estabilidade	289
Uma segunda Tiananmen	294

Epílogo	299
Agradecimentos	307
Sugestões de leitura	313
Índice remissivo	325

Nota ao leitor

Prezado leitor, a edição original do presente livro foi publicada pela editora Anchor Books, de Nova York, no final do ano de 2012.

Tendo em vista a velocidade com que se tem produzido mudanças globais no cenário político mundial, algumas das proposições e perspectivas elencadas pelo autor desta obra, e especialmente aquelas produzidas na efervescência do calor do momento em que foram escritas, podem se apresentar já em um novo momento quando da sua efetiva leitura nesta tradução.

Todavia, tratam-se de acontecimentos de conhecimento público, amplamente divulgados pela mídia, e de certo conhecimento por parte do leitor. E que em nada comprometerão o enfoque ao mesmo tempo brilhante e atual que William J. Dobson atribuiu ao tema central de sua obra.

Os editores

APRESENTAÇÃO À EDIÇÃO BRASILEIRA

A escola do ditador[*]

Ditadura não é a vocação de qualquer um. Quando os nativos se inquietam, não basta mais vestir o uniforme de corte prussiano e convocar a tropa. Hoje todo ativista que se preze tem um *smartphone* na mão e um sonho de primavera na cabeça, e ainda Facebook para espalhar a heresia. Tal como as andorinhas de Darwin, o absolutismo evolui com o ambiente ou morre.

Essa é a pauta do jornalista americano William J. Dobson em seu novo livro *The Dictator's Learning Curve: Inside the Global Struggle for Democracy* ("A curva de aprendizagem do ditador: Dentro da luta global pela democracia", em tradução livre). Ainda sem edição brasileira,[**] o livro é um relato fascinante das entranhas da ditadura contemporânea. China, Egito, Malásia, Rússia e Venezuela: a história só muda de latitude e idioma. Como os déspotas modernos podem se manter no poder quando a demanda por liberdade nunca foi tão forte?

Dobson, editor internacional do portal Slate, correu o mundo para rastrear o déspota moderno, cobrindo 150 mil quilômetros em quatro continentes. Pegou em cheio a onda da Primavera Árabe, que começou na Tunísia, sacudiu o Oriente Médio e agora tira o sono de autocracias de Moscou a Zimbábue.

A primeira advertência aos homens fortes: Tunísia também é aqui. Por isso, a cúpula do Partido Comunista chinês consulta os comissários de Moscou, que por sua vez debruçam sobre a revolta árabe. É a irmandade tirana, unida para não cair.

---

[*] Artigo publicado no jornal *O Estado de São Paulo* e no portal *estadao.com.br*, em 10 de junho de 2012.

[**] Quando da publicação deste artigo, o livro estava em processo de tradução para a língua portuguesa pela editora Via Leitura.

16 | ESCOLA DOS DITADORES

Luta pelo poder. O segundo alerta é menos óbvio. Para preservar a autoridade máxima, o neoditador precisa criar pelo menos uma penumbra de legitimidade. Isso requer um intricado jogo de sombras.

O ditador moderno tolera somente a crítica que consegue cooptar. Abusa de eleições e plebiscitos, mas manipula o mapa eleitoral. Deixa o Congresso legislar, desde que os governantes tenham a maioria, e confia disputas à Justiça, convenientemente loteada de amigos. A ideia é imitar a democracia institucional sem se curvar a suas regras.

Saem de cena as tropas de choque oficiais, blindados e terror do Estado. Entram os publicitários, mídia chapa branca, advogados e fiscais. Quem precisa de um carrasco para fazer valer a vontade suprema quando há fiscais de imposto de renda ou juízes simpáticos para infernizar a vida alheia?

Nesse sentido, o México fez escola. Com processos eleitorais manipulados, aparelhamento do governo e sucessão por "dedaço", o Partido Revolucionário Institucional (PRI) monopolizou o poder mexicano durante quase 70 anos, construindo a "ditadura perfeita", nas palavras do escritor Mario Vargas Llosa.

Bolivarianos. Dobson não menciona o México, mas dedica um capítulo inteiro a um filhote espiritual, Hugo Chávez. Pudera. Ao mesmo tempo em que entorta as leis para concentrar cada vez mais poder, cala a crítica e intimida adversários, o homem forte bolivariano colheu a indulgência dos pares, entre eles o ex-presidente Luiz Inácio Lula da Silva, que já pronunciou Chávez o líder mais democrático que a Venezuela já teve.

Chávez e seus pares não são trogloditas recauchutados. O autoritário atual é mais sofisticado e infinitamente mais capacitado que o modelo anterior – 20% do primeiro e segundo escalão do governo chinês tem diplomas de universidades estrangeiras. Nem por isso é mais sutil. Que o diga a egípcia Samira Ibrahim, presa nas manifestações pró-democracia na Praça Tahrir, que acabou nos porões de Hosni Mubarak, onde levou sete horas seguidas de choques.

O novo ditador em seu labirinto é um retrato fascinante. Ainda mais impressionante é a história de quem o desafia. Com talento, coragem e estratégia magistral, a nova geração da oposição democrática sobrevive, organiza e começa a virar o jogo.

É o governador Henrique Capriles, esperança da oposição venezuelana, que driblou o terrorismo dos contadores chavistas ao oferecer tratamento dentário nas escolas públicas de seu Estado.

Que líder nacional cortaria gastos de saúde para colegiais?

São os ambientalistas russos que convenceram os bancos europeus a suspender um empréstimo para Moscou derrubar a reserva florestal Khimki para construir uma estrada. É a oposição sérvia que ridicularizou Slobodan Milosevic ao soltar pelas ruas um bando de perus com camélias brancas na cabeça, a flor preferida da mulher do ditador. "Humor corrói a autoridade", ensina um dos ativistas.

Leva mais de uma blague para fazer uma primavera democrática. A boa notícia é que a autocracia de hoje é bem menos segura do que se pode imaginar. Nesse sentido, a curva de aprendizagem do ditador seguramente será livro de cabeceira em muitos palácios atuais.

Mac Margolis

Colunista de O Estado de São Paulo *(caderno Internacional),*
correspondente do portal The Daily Beast *e editor do site* www.brazilinfocus.com.
Foi correspondente da revista Newsweek *e contribuiu para veículos*
como The Economist, The Washington Post, The Christian Science Monitor, *e*
é também autor de Last New World: The Conquest of the Amazon Frontier.

Introdução

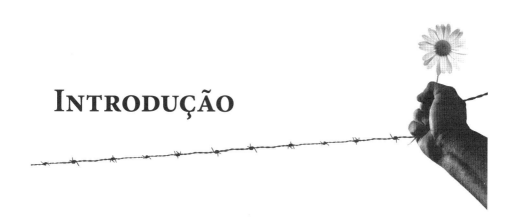

Em seu espaçoso escritório, localizado no final da Avenida Pensilvânia em Washington, D.C., encontra-se Peter Ackerman. Sentado em seu "trono", ele admira de sua janela o Banco Mundial. Ackerman, com 64 anos, é diretor administrativo da Rockport Capital Incorporated, uma discreta corretora de investimentos especiais e, durante uma claríssima tarde de agosto, ele me conduz a uma apresentação de PowerPoint, falando sobre "resultados de risco"[1]. Os slides, contudo, não têm nada a ver com investimentos, dividendos ou finanças; mas sim com a melhor fórmula para depor um ditador.

Vinte e cinco anos atrás, Ackerman não parecia ser a pessoa mais indicada para dar conselhos sobre como enfrentar os piores regimes do mundo. Ele estava ocupado demais faturando alto em Wall Street como braço direito do rei do *junk Bond*[2], Michael Milken. Em 1988, Ackerman faturou aproximadamente 165 milhões de dólares ao organizar uma transação de 25 bilhões de dólares na aquisição da RJR Nabisco.[3] Quando o escândalo de uma negociação interna estourou, resultando na prisão de Milken, Ackerman pagou 80 milhões de dólares em multas e recebeu cerca de 500 milhões de dólares.[4]

Dessa fortuna, uma parte considerável tem sido canalizada para ajudar a acabar com a tirania pelo mundo. Em 2002, Ackerman fundou o Centro Internacional de

---

1. Peter Ackerman em entrevista com o autor. Washington, D.C., ago. 2011.
2. Termo coloquial para um título com alto grau de rendimento, mas com grande risco de inadimplência. (N.T.)
3. Ver Eichenwald (1991).
4. Ver Foer (2005). Franklin Foer apresenta uma minuciosa descrição do perfil e do trabalho desenvolvido por Ackerman.

Conflitos Não Violentos, o qual organiza seminários, palestras e treinamentos em bem-sucedidas estratégias e táticas não violentas a fim de derrubar regimes repressivos. Ativistas do Egito, Irã, Rússia, Venezuela, Zimbábue e de muitos outros países conhecem Ackerman muito bem, e alguns já estiveram nestes escritórios em *Foggy Botton*[5]. Outros participaram de suas palestras em seis diferentes capitais estrangeiras. Outros assistiram a seus filmes – notadamente, *Bringing Down a Dictator* [Derrubando um Ditador], que relata como os jovens sérvios depuseram Slobodan Milosevic, em outubro de 2000. Esse filme ganhou o prêmio *Peabody* e foi traduzido para diversos idiomas: árabe, farsi (língua persa), mandarin, vietnamita e, pelo menos, mais sete outros. Os georgianos atribuíram ao filme sua inspiração para a Revolução Rosa em 2003 – uma rebelião pacífica e democrática que destituiu o antigo governo comunista de Eduard Shevardnadze. Em 2006, Ackerman ingressou no ramo de *video game*, patrocinando o desenvolvimento do *A Force More Powerful* [Uma Força Mais Poderosa], um jogo que permite aos ativistas praticarem suas estratégias a fim de destituir tiranos num mundo virtual. Houve milhares de cópias contrabandeadas em alguns dos países mais repressivos. Em 2010, ele lançou uma nova versão do jogo chamado *People Power* [Poder do Povo].[6] Quando lhe perguntei o motivo que o faz usar a derrota de tiranos como meio de vida, ele respondeu: "Estou apenas no negócio de distribuição. Apenas respondo à demanda. É tudo". E o negócio é bom, ele poderia ter acrescentado.

Atualmente não é fácil ser um ditador. Em tempos remotos, um autocrata, fosse ele um nacionalista de destaque, ou um herói revolucionário ou ainda um comunista convicto, poderia usar armas superpotentes para manter o povo sob controle. Joseph Stalin enviou milhões de camponeses para os campos de prisioneiros. Mao Tsé-Tung lançou campanhas revolucionárias em massa contra intelectuais, capitalistas e qualquer grupo na China que ele acreditava não ser "vermelho" suficiente. Seu "Grande salto adiante" custou milhões de vidas durante anos. O regime do ditador de Uganda, Idi Amin, assassinou cerca de 500 mil pessoas. Em três anos, quase dois milhões de cambojanos morreram nos campos de genocídio de Pol Pot. Em fevereiro de 1982, Hafez Assad massacrou um levante na cidade síria de Hama. Depois de sitiar a cidade com helicópteros e artilharia pesada, suas tropas vasculharam casa por casa e mais de 25 mil sírios foram exterminados antes que terminasse o mês.

Ditadores ainda são capazes de grandes crimes. Entretanto, nunca houve tantos movimentos contra os déspotas de todo o mundo como nos dias de hoje. Após a

---

5. Região povoada de gabinetes oficiais, em Washington, D.C. (N.T.)

6. "Este jogo foi a coisa mais subversiva que já fiz", disse ele. "Gastei milhões aprimorando-o". Entrevista com Ackerman.

Guerra Fria, muitos perderam seus principais patrocinadores, inclusive a fonte econômica da União Soviética. A promoção da democracia tornou-se uma indústria artesanal, praticamente da noite para o dia: um exército de especialistas, ativistas e fiscais eleitorais ocidentais atualmente estão aptos a dedicar-se aos abusos sobre direitos humanos, corrupção pesada e fraude eleitoral. Vinte anos atrás, os líderes de Beijing apenas precisavam se preocupar com o clarão das câmeras de TV quando os tanques adentraram a Praça Tiananmen, e tão logo o Partido Comunista chinês declara a lei marcial, imediatamente desliga-se a transmissão da CNN[7]. Hoje não mais. Em 2006, uma expedição de alpinistas europeus filmou soldados chineses atirando em monges tibetanos, mulheres e crianças, em um desfiladeiro a 1.900 pés de altura no Himalaia.[8] O massacre foi transmitido rapidamente pelo YouTube, resultando em denúncias contra a violência chinesa aos refugiados por grupos internacionais pelos direitos humanos. Em 2011, a Síria proibiu todos os jornalistas estrangeiros de divulgar o levante contra o regime de Bashar Assad. Isso de nada adiantou. A cada dia ativistas sírios publicavam filmes chocantes sobre a brutal repressão do governo, enquanto manifestantes pacifistas e procissões fúnebres tornavam-se alvos de atiradores do regime. Hoje, os ditadores de todo o mundo podem desistir de qualquer esperança de manter seus terríveis atos em segredo: se você ordenar um massacre – até mesmo num desfiladeiro no Himalaia –, saberá que isto provavelmente será captado por um iPhone e transmitido para o mundo todo. O custo da tirania nunca foi tão alto.

A maré começou a voltar-se contra os ditadores bem antes da internet ou do Twitter, e até mesmo antes do colapso da União Soviética. Seus problemas de fato começaram em Portugal, em 1974. Eles iniciaram-se precisamente às 12h25 de 25 de abril, quando uma rádio de Lisboa tocou a canção "Grândola, Vila Morena" – um sinal para os militares portugueses iniciarem o golpe.[9] No dia seguinte, o ditador português, Marcelo Caetano, foi enviado ao exílio. De acordo com o especialista Samuel Huntington, as forças políticas emanadas naquele dia marcaram o início de uma onda global democrática que faria com que os regimes autoritários dessem lugar à democracia nas décadas vindouras.[10]

---

7. Ver Schell (1994, p. 126).

8. Ver Kahn (2006).

9. Ver Harvey (1978, p. 14).

10. Precisamente, Huntington a denominou de "Terceira Onda". Ele também já tinha identificado duas ondas democráticas anteriores (assim como ondas reversas correspondentes). A primeira iniciava-se na expansão dos direitos eleitorais nos Estados Unidos, em 1828, indo até o surgimento do fascismo italiano no começo dos anos 1920. A segunda começou com a vitória dos aliados na Segunda Grande Guerra e terminou em 1962, com vários golpes militares na América do Sul,

22 | ESCOLA DOS DITADORES

Depois de Portugal, uma série de ditaduras de direita caíram pelo sudeste europeu.[11] Em seguida, as juntas militares da América Latina e as autoritárias na Ásia Oriental. Todas causaram um choque, mas o colapso em 1989 dos governos comunistas pela Europa Oriental provocou uma drástica mudança. Em 1974 havia apenas 41 democracias no mundo, por volta de 1991, quando a União Soviética também caiu, o número de governos democráticos deu um salto para 76.

Tudo isso demonstrou ser apenas o primeiro ato dos anos de expansão da democracia. A África logo contabilizou mais de uma dúzia de novas democracias. Transações democráticas-chaves ocorreram em países significativos como Indonésia e México. Por volta de 1998, os Estados Unidos implementaram programas promocionais de democracia em mais de cem países. A Revolução Sérvia incluiu mais um país na coluna democrática em 2000. As "Revoluções das Cores"[12] na Geórgia em 2003, na Ucrânia em 2004 e no Quirguistão em 2005 simbolizaram o ponto alto dos avanços libertários contra o autoritarismo. Em 2005, o número de regimes democráticos no mundo triplicou desde que os jovens militares portugueses ouviram tocar aquela canção no rádio.

Todavia, algo mudou. A maré democrática arrefeceu e os regimes mais repugnantes do mundo – um misto de ditadores, tiranos e governos autoritários – ressurgiram. A liberdade política pelo mundo sofre um declínio durante cinco anos, segundo pesquisas anuais da Freedom House.[13] Essa queda foi o mais longo declínio dos direitos políticos e das liberdades civis desde que organizações protetoras começaram a medir essas tendências há quarenta anos. Golpes militares derrotaram governos democráticos na Ásia, enquanto uma postura populista de autoritarismo ganhava espaço na América do Sul. Até mesmo as então recentes vitórias na Geórgia, na Ucrânia e no Quirguistão decaíram. Em 2010, o índice de governos democráricos chegou ao nível mais baixo desde 1995. De modo geral, o percentual de países consi-

---

na Ásia e na África. Huntington possui uma dissertação sobre o assunto, e sua leitura é absolutamente indispensável: ver Huntington (1991).

11. Um dos principais analistas em democracia e autoritarismo, Larry Diamond, oferece uma ampla visão destes anos de avanço democrático: ver Diamond (2008).

12. As *Revoluções das cores* ou *coloridas* foram uma série de manifestações políticas ocorridas em países da órbita da ex-União Soviética, com o intuito de derrubar os líderes autoritários, os quais foram acusados de práticas ditatoriais e corrupção. Ademais, a designação desses levantes se deu por uma cor ou flor específicas – Geórgia (Revolução Rosa, 2003), Ucrânia (Revolução Laranja, 2004), Quirguistão (Revolução das Tulipas, 2005) entre outros. Essas revoluções tiveram origem na Europa Oriental, repercutindo no Oriente Médio. (N.E.)

13. Todos os dados sobre o número de democracias e ditaduras constam na pesquisa anual da Freedom's House [Casa da Liberdade], *Freedom in the World*. Para um panorama destes declínios da liberdade política, ver Freedom (2011).

INTRODUÇÃO | 23

derados "livres" estagnou por mais de uma década, congelando-se aproximadamente em 46%. A onda de Huntington parecia ter terminado seu percurso.

O problema não estava na democracia propriamente dita. Como a "Primavera Árabe"[14] relembrou a todos nós em 2011, até mesmo no meio de uma recessão global os ideais de liberdade política e econômica não perderam seus efeitos. As pessoas ainda aspiram ser livres. O que realmente mudou foi a natureza da ditadura. Os ditadores e líderes autoritários de hoje são muito mais sofisticados, habilidosos e rápidos do que os de outrora. Confrontados por crescentes pressões, os mais espertos dentre eles não endureceram seus regimes com força policial, nem se fecharam para o mundo; ao contrário, aprenderam e se adaptaram. Para muitos regimes autoritários, o desafio proposto diante do avanço da democracia os levou a várias experiências que exigiram criatividade e ao cultivo de atividades ilusionistas. Os autoritários modernos aperfeiçoaram com sucesso novas técnicas, métodos e fórmulas para preservar o poder, moldando a sua ditadura conforme a nova era.

Os ditadores de hoje entendem que, num mundo globalizado, as formas mais brutais de intimidação – prisões em massa, esquadrões de atiradores e ataques violentos – podem ter igual ou superior efeito se substituídas por formas mais sutis de coerção. Isso quer dizer que, em vez de prender membros de um grupo de ativistas, em prol dos direitos humanos, os déspotas modernos mais astutos contratam fiscais de impostos ou agentes sanitários para que encerrem as atividades de grupos dissidentes. As leis são feitas de forma abrangente, e então usadas como um bisturi para atingir aqueles que, supostamente, oferecem qualquer ameaça ao governo.[15] Assim, em vez de acabar com a mídia, os déspotas de hoje fazem concessões para pequenas organizações – geralmente jornais – que permitem a um público limitado algum tipo de debate. Os atuais ditadores temperam seus discursos com referências à liberdade, à justiça e ao cumprimento da lei. Os líderes do Partido Comunista chinês regularmente referem-se à democracia e fazem questão de lembrar que foram eleitos pelo povo.[16] Os autoritários modernos entendem a importância da publicidade. No século XX, líderes totalitários constantemente ganhavam de forma ilegal

---

14. A *Primavera Árabe* foi uma onda de protestos e revoluções ocorridas no Oriente Médio e ao norte do continente africano, com o intuito de derrubar ditadores e/ou reinvindicar melhores condições de vida para a população. Iniciou-se na Tunísia, em 2010. (N.E.)

15. Na Venezuela, um ativista fez a seguinte piada sobre a administração do presidente Hugo Chávez: "Para meus amigos, tudo. Para meus inimigos, a lei". Entrevista do autor com ativista venezuelano, Caracas, nov. 2009. A frase mencionada foi dita pelo presidente brasileiro Getúlio Vargas, o qual em um primeiro momento comandou o país como um ditador (1930 a 1945), e num segundo momento, como um líder democraticamente eleito (1951 até seu suicídio em 1954).

16. Ver McGregor (2010, p. 4).

as eleições e ainda reivindicavam uma porcentagem absurda de votos. Os líderes soviéticos, por exemplo, frequentemente fraudavam as eleições anunciando que tinham contabilizado improváveis 99% dos votos. Hoje, os operadores do Kremlin tipicamente param de preencher as urnas quando chegam a 70%. Os atuais ditadores compreenderam que é melhor parecer que venceram uma eleição contestada do que fraudá-la abertamente.

Somos levados a acreditar que regimes autoritários correspondem a uma espécie de dinossauros – trambolhos desajeitados, estúpidos, atrapalhados, resquícios da União Soviética em seus dias finais ou de algumas inseguras repúblicas da banana sul-americanas. Prova disso é uma pequena parcela de retrógadas e envelhecidas ditaduras que conseguiram se arrastar durante o século XX. São as Coreias do Norte, os Turquemenistões e as Guinés Equatoriais da vida. Mas eles representam o passado da ditadura, não disfarçam o que são. Eles foram reduzidos a artigos de segunda, enquanto os outros regimes aprenderam a evoluir, modificar, e em alguns casos, fortalecer seu poder. Afinal, ninguém quer ser a próxima Coreia do Norte.

O totalitarismo provou ser um peculiar fenômeno do século XX. Foi o jogo não democrático mais ambicioso já visto, e executado de modo ínfimo. Provavelmente, apenas a Coreia do Norte permanece com o método totalitário, propiciado em grande parte pelo desenvolvimento do seu programa de armas nucleares e pela predisposição do falecido Kim Jong Il de escravizar seu próprio povo. Entretanto, os modernos ditadores atuam no mais ambíguo escopo existente entre democracia e autoritarismo. A maioria se empenha em conseguir o apoio do seu povo oferecendo uma satisfação ilusória, mas, no caso de fracasso dessa tentativa, não hesitam em afastar seus críticos por meio do medo e de diversas formas de intimidação. "Meu pai costumava dizer que preferiria viver numa ditadura como a de Cuba", relatou-me o ativista venezuelano Alvaro Partidas. E, complementa: "Pelo menos lá você sabia que, se criticasse o governo, seria preso. Aqui, as regras não são claras".[17]

De um certo ponto de vista, muitos governos autoritários de destaque aparentam ser democráticos. Suas constituições frequentemente contribuirão para uma divisão de poder entre o executivo, o legislativo e o judiciário. Pode haver importantes diferenças entre eles; alguns têm apenas uma assembleia legislativa em vez de duas; alguns gabinetes são indicados por eleitos; diferentes componentes têm diversos graus de comando. Mas muitos dos aspectos institucionais dos Estados autoritários – pelo menos no papel – possuem fortes analogias com algumas das mais enfadonhas e tediosas democracias europeias.

---

17. Álvaro Partidas em entrevista com o autor. Washington, D.C., set. 2009.

Veja, por exemplo, a Rússia. Até mesmo quando Vladimir Putin tornou-se ainda mais autoritário, nunca violentou a Constituição russa; ele trabalhava nos limites do sistema político russo, centralizando o poder por meio de canais que poderiam, pelo menos, aparentar serem democráticos.[18] Assim, os críticos poderiam reclamar que os requisitos do Kremlin de limites mínimos de votação para ganhar a eleição ao parlamento – cada partido deve conseguir pelo menos 7% dos votos – não passam de cínicos truques para bloquear os candidatos oposicionistas. Na verdade, eram mesmo. Todavia, Putin poderia apontar requisitos similares nos sistemas eleitorais de robusta natureza democrática da Polônia, da Alemanha e da Tchecoslováquia. Da mesma forma, na Venezuela, Hugo Chávez propôs substituir as eleições diretas pelas indicações presidenciais de líderes regionais. Novamente, observamos uma tentativa clara de centralizar o poder político e eliminar os oponentes. E esse também é um traço de algumas das mais pacíficas democracias do mundo, países como as nações bálticas da Estônia e da Lituânia. O fato é que, à sua maneira, essas ações não configuram abuso de poder. Muitos aspectos de um regime autoritário moderno, de modo particular, não estão em desacordo com uma democracia saudável. Apenas uma discreta peça do mecanismo de um governo pode ser altamente ambígua. Além do mais, ferramentas da democracia norte-americana – como o Colégio Eleitoral e o Banco Central – não são democráticas. Deve-se então analisar como um moderno sistema político autoritário funciona na prática. Para tanto, é preciso aprofundar-se.

Pouca gente conhece mais o como as ditaduras refizeram suas vidas do que Ludmilla Alexeeva. A defensora dos direitos humanos, de 84 anos, é uma das últimas dissidentes russas que pode descrever sua resistência ao regime de Moscou do final dos anos 1960 aos primeiros dias do líder soviético Leonid Brezhnev. Mesmo agora, frágil e incapaz de caminhar longas distâncias sem ajuda, ela lidera um movimento em prol de os russos conquistarem o direito de se organizarem livremente. Na manhã que estive em seu apartamento em Moscou, o telefone não parava de tocar.[19] Quando ela começou como ativista, os riscos eram enormes. Um dissidente soviético precisava "ser preparado para sacrificar-se ou, de repente, ser preso ou internado numa clínica para doentes mentais. Hoje, a mesma pessoa deve encarar o fato de que ela poderá se tornar inválida ou ser assassinada". Antes, uma vez que o regime prendia alguém, literalmente a pessoa desapareceria. Agora, ou sofre um acidente ou torna-se vítima de um atentado aleatório qualquer.

---

18. Ver Treisman (2011).

19. "Os defensores dos direitos humanos são muito requisitados atualmente", ela disse, rindo. "Somos muito populares em nosso país." Ludmilla Alexeeva em entrevista com o autor. Moscou, abr. 2010.

Da mesma forma, os cidadãos soviéticos tinham limitadas proteções legais. O que não acontece com os russos hoje. "A Constituição russa garante o mesmo número de liberdades e direitos como qualquer Constituição ocidental", afirma Alexeeva. Entretanto, na verdade, apenas um direito é realmente observado – o direito de viajar para o exterior, de partir". E o resultado é que muitas pessoas, inclusive contrárias ao regime, simplesmente foram embora. Assim, enquanto a ditadura do sistema soviético precisava de fronteiras fechadas, o autoritarismo da Rússia de Putin sustenta-se com fronteiras livres e emissão de passaportes.[20] O mundo está mudando, e os ditadores mais habilidosos não ficaram parados. Tão logo seu mundo virou de cabeça para baixo, tão logo as velhas leis não foram mais aplicadas, consequentemente os regimes mais experientes aprenderam e adaptaram-se.

Essencialmente, o princípio mais inquestionável de uma ditadura é a centralização do poder. É esse princípio – o controle de uma maioria por uma minoria – que torna os atuais regimes autoritários progressivamente anacrônicos. Nos dias de hoje, em todos os cantos da vida moderna, as hierarquias estão em decadência, as instituições destruídas e os indivíduos investidos de poderes. Os principais dogmas da ditadura tornam-se cada vez mais ultrapassados. Assim, num mundo de informações "sem restrições" e "fronteiras livres", regimes autoritários são projetos conscientes feitos pelo homem que devem ser cuidadosamente articulados, aperfeiçoados e reforçados. A tarefa é menos complicada para aqueles países párias que escolheram rastejar e se prevenir do mundo. Eles podem durar anos ou décadas, mas provavelmente serão aprisionados pelos próprios muros que construíram para sua proteção. Mais complexas são as ditaduras modernas que preferem interagir e se expor às pressões que ameaçaram outras. Essas procuram misturar repressão com leis, regulamentos, para tirar o máximo do sistema político global sem por em risco seu poder. Há uma arquitetura legitimada na formação de regimes autoritários modernos, necessitando de reparos e renovações constantes. E não apenas por causa de forças abstratas da modernidade, pois, como os ditadores tornaram-se mais ágeis, o mesmo destino ocorre com aqueles que ameaçam derrubá-los.

Este livro é a história de uma competição global, uma luta com batalhas ferozes e conflitos intensos, normalmente ocultos para a sociedade, mas que transpiram todos os dias. Todavia, quanto mais se escreve sobre a promoção da democracia norte-americana ou sobre a intervenção da Organização das Nações Unidas (ONU), percebe-se que hoje a luta entre democracia e ditadura é raramente, ou quase nunca, um con-

---

20. Ludmilla fez essa observação quando nos encontramos. Depois, Ivan Krastev, editor chefe da edição búlgara da revista *Foreign Policy* e brilhante observador dos regimes autoritários, discorreu sobre esse assunto na *7ª Palestra anual sobre Democracia no Mundo*, de Seymour Martin Lipset, em 19 de outubro de 2010. Ver suas observações em Krastev (2011).

flito entre as nações e, sim, uma competição entre as pessoas. A verdade é que países soberanos, em geral, demoram muito para tomar uma atitude, mesmo quando percebem um regime em crise às margens de uma revolução. Os Estados Unidos não abandonaram seus aliados autocratas na Tunísia e no Egito em 2011, até o último momento, e hesitaram em investir contra um odiado regime como o da Síria. Mesmo em 1989, quando, após a queda do muro de Berlim, os diplomatas norte-americanos se preocuparam com o que o novo cenário político poderia trazer, chegando até a alertar os antigos estados soviéticos quanto à declaração de sua in dependência. Não que o papel dos Estados Unidos não contasse. Conta. Na verdade, pode ser decisivo. Entretanto, gostem ou não, é raro que o interesse dos Estados Unidos em mudanças democráticas – mesmo uma mudança que possa derrubar um odiado ditador – não seja medido por interesses competitivos ou receio do desconhecido. Raramente essas variáveis se alinham, como aconteceu nos meses finais da Líbia de Muammar Gaddafi, onde a comunidade internacional se posicionou contra uma ditadura moribunda, com poucos amigos, a ponto de cometer uma tragédia em massa.

Os regimes autoritários não temem, particularmente, os Estados Unidos. Por que deveriam? Estão intimamente ligados. Os Estados Unidos são um dos maiores parceiros comerciais da China, o maior comprador do petróleo venezuelano, destina bilhões de dólares aos militares egípcios, e corteja o apoio diplomático russo numa vasta gama de assuntos estratégicos cruciais. Sabe-se que governos autoritários raramente se preocupam com sanções da ONU ou interferências de grupos estrangeiros de ativistas pelos direitos humanos, os quais podem ser facilmente expulsos. Na verdade, a mera ameaça de uma intervenção estrangeira, seja ela dos Estados Unidos, da ONU ou de alguma organização, como o Tribunal Criminal Internacional, pode ser um útil pretexto para impulsionar as paixões nacionalistas e encorajar as pessoas a tomar partido em prol do regime.

O que os ditadores e opressores mais temem é o seu próprio povo. Eles sabem que as ameaças mais significativas ao seu reinado são "feitas em casa". Peter Ackerman concorda comigo. E não acredita que uma ditadura jamais esteja "madura" para cair. Em seu ponto de vista, não há condições que sejam mais ou menos favoráveis a uma revolução pacífica. Regimes que antes pareciam estar no seu limite ainda continuam no poder. Ditaduras que ninguém esperava que ruíssem desintegraram-se em questão de dias. Não há certezas sobre as correlações entre a brutalidade de um regime, a opressão econômica, a caracterização étnica ou a história cultural e a probabilidade de uma revolução hoje, amanhã ou daqui a dez anos. O importante é como se joga o jogo. É uma questão de habilidades – as habilidades de um regime contra as dos seus oponentes. O lado que se dedicar na melhor preparação, manifestando a melhor união e disciplina, terá mais chances de vencer. Isso, melhor do que qualquer outra coisa, justifica o motivo pelo qual Ackerman investe nas pessoas mais temidas pelos ditadores.

Quando os observadores olham apenas um lado da moeda – os ditadores – eles enxergam regimes que aparentam ser intocáveis. Eles se concentram num expressivo aparato de segurança das ditaduras, suas divisões de polícia de choque, agentes da Inteligência, informantes e matadores de aluguel. Eles focam nas sólidas ligações da mídia com o regime, grandes indústrias, tribunais e partidos políticos. Talvez, identifiquem uma cultura do medo; pobreza na maioria da sociedade, enquanto os cofres governamentais são alimentados pela corrupção e o controle de campos petrolíferos ou outros recursos naturais. E, claro, há a brutalidade: qualquer regime que não tenha escrúpulos sobre o aprisionamento, a tortura ou o assassinato dos seus críticos não será facilmente destituído. É o pensamento reinante. Quando todas essas condições são levadas em conta, quem está de fora dificilmente acreditará que alguma coisa está prestes a mudar. Então, quando a revolução realmente chega – seja nas Filipinas, Polônia, Coreia do Sul, Indonésia, Sérvia, Tunísia ou em muitos outros lugares – muitos especialistas, acadêmicos e formadores de opinião consideram o fato um acaso, uma circunstância única, rara, com muito pouca probabilidade de se repetir. "Nenhum especialista jamais profetizou qualquer uma dessas (revoluções)", afirma Ackerman. E continua: "De fato, eles sempre estiveram numa posição de negá-las até o momento em que se tornaram inevitáveis". Então, depois da queda do ditador, eles dizem: "Bem, o cara era um coitadinho mesmo".[21]

A peça central do quebra-cabeça que está faltando é uma avaliação das habilidades daqueles que procuram derrubar um ditador. Eles, os ditadores, não observam como os ativistas aprendem a mobilizar um movimento, enfraquecem a legitimidade de um regime ou monitoram as ferramentas de propaganda. Eles não prestam atenção em como os movimentos democráticos aprendem uns com os outros, trazendo novas e criativas táticas para a luta.

Dois anos atrás, eu me propus a testemunhar essas habilidades em primeira mão. As linhas de frente nesta luta são sempre lugares remotos. Visitei uma série de países autoritários – uma lista que incluía China, Egito, Malásia, Rússia e Venezuela – para conferir de perto quais inovações, técnicas ou métodos foram empregados por esses regimes para se manterem no poder. Para tanto, reuni-me com pessoas que prestavam serviço a esses regimes: consultores políticos, ideólogos, capangas, tecnocratas e oficiais que contribuíram para perpetuar suas regras.

---

21. Ackerman em entrevista com o autor.

Ainda, encontrei-me com um diversificado e inesperado exército de pessoas determinadas a derrubar as mais sofisticadas ditaduras. Minhas pesquisas me levaram a estudantes venezuelanos, ambientalistas russos, advogados chineses, blogueiros egípcios, líderes oposicionistas da Malásia e revolucionários sérvios. Talvez, o mais surpreendente tenha sido descobrir que os ativistas e movimentos democráticos de hoje estão conversando entre si, analisando o trabalho um do outro e produzindo muitas tempestades de ideias. Por exemplo, um líder estudantil venezuelano pode voar até a cidade do México para receber lições de ativistas sérvios – os quais depuseram seu próprio ditador dez anos antes –, sobre como identificar os pontos fracos de Hugo Chávez.

Através deste mundo, passei pelos campos de batalha da luta patrocinada para determinar o equilíbrio de força entre ditaduras e democracias: cafés onde ativistas conspiram, florestas onde movimentos são incubados, favelas onde o ódio arde vagarosamente, ruas onde a juventude começa a lutar, prisões onde os inimigos de um ditador apodrecem. Este conflito espalhou-se em muitas direções, com regimes se modernizando e se aperfeiçoando rapidamente contra uma improvável coleção de indivíduos e organizações que estão aumentando seu próprio aprendizado. Em mais de duzentas entrevistas, ouvi de ambos os lados como estabelecem suas estratégias para sobreviverem e serem bem-sucedidos.

Como já mencionei, o mais novo capítulo desta batalha estava sendo escrito no Oriente Médio. Até 2011, era a única região no mundo onde não havia uma simples democracia, com exceção de Israel. O líder árabe médio governou por mais de 16 anos. O Oriente Médio, perante o resto do mundo, estava bastante defasado em quase tudo o que se possa compreender para tornar as pessoas livres. Todavia, como em Portugal em 1974, a revolução começou no mais inimaginável dos lugares: a Tunísia, um país que era considerado o regime mais sólido da região. Em 17 de dezembro de 2010, a polícia local espancou Mohamed Bouazizi, um vendedor de frutas na cidade tunisiana de Sidi Bouzid. Envergonhado, zangado e sentindo-se totalmente humilhado, Bouazizi sacrificou a própria vida ateando fogo em seu corpo em praça pública. O mundo todo observava a rebelião popular, inspirada pela morte de um homem simples, espalhando-se pela região. Depois da queda na Tunísia, foi a vez do Egito, o epicentro político e cultural do Oriente Médio. Protestos em massa brotavam em Bahrein e Iêmen, enquanto a Líbia se afundava numa terrível carnificina que logo se tornou uma guerra civil declarada. Os efeitos foram logo sentidos na Argélia, na Jordânia, no Omã, na Arábia Saudita e no Sudão onde movimentos populares e protestos de várias dimensões tinham visibilidade. Mesmo depois do violento fim do reinado de 42 anos de Gaddafi, os distúrbios continuavam na Síria, onde Assad lutava para combater uma massiva campanha para derrubar o regime criado por seu pai. Um vendedor de frutas sacrifica a própria vida e o Oriente Médio é virado de ponta cabeça. Será o começo de uma nova onda democrática?

A verdade é que ainda é muito cedo para afirmar. Levou quase 15 anos para que Samuel Huntington pudesse identificar sua onda democrática com convicção, e a tarefa de construir uma democracia é superior e mais difícil do que derrubar uma ditadura, como o Egito aprendeu muito bem. O passo do progresso será irregular. Os autocratas que insistiram em se agarrar aos antigos ideais logo perceberão que as amarras vão se soltando. Entretanto, a despeito de quão rápido mudanças mais profundas acontecem, a primeira vítima dessas revoluções é a ideia de que em algumas partes do mundo são imunes às exigências da democracia. O que a Primavera Árabe revelou é algo que os jovens, ativistas convictos e críticos declarados desses regimes já sabiam há muito tempo: que em países repressivos há uma batalha entre o governante e o governado, uma luta acirrada onde o futuro da democracia e da ditadura está em jogo.

I – O Czar

Como um oficial da KGB, o tenente-coronel Vladimir Putin tinha uma missão internacional. Em 1985, aos 32 anos, Putin serviu em Dresden, Alemanha Oriental.[22] Ele se mudou para lá com sua esposa e sua filha de 1 ano, Masha; logo após sua chegada, nasceu sua segunda filha, Katya. Os Putins moravam num simples prédio de apartamentos. A maioria dos seus vizinhos pertencia à Stasi, a agência de Inteligência da Alemanha Oriental. Todavia, o local era conveniente para Putin, estando apenas a uma breve caminhada de 5 minutos do quartel-general da KGB, na Angelikastrasse, 4. Como um oficial da Inteligência, o jovem Putin reunia fontes, gerenciava agentes, agrupava as mais recentes fofocas sobre os líderes alemães e enviava suas análises de volta para Moscou. Para um espião soviético, essa era uma tarefa bastante simples, sem relevância. Marcantes mesmo foram os anos em que viveu lá. Putin permaneceu em Dresden, bem perto do Império Soviético, durante 1985 até janeiro de 1990. Em outras palavras, ele se tornou testemunha do colapso de uma ditadura, assim como do sistema soviético que veio logo a seguir.

A República Democrática Alemã era uma boa figura de um Estado totalitário do século XX. A Stasi infiltrou-se em todos os lugares possíveis. Mantinha arquivos secretos sobre mais de 6 milhões de alemães orientais;[23] só em Dresden os arquivos compilados pela polícia secreta dariam para cobrir uma distância de mais de 10 milhas.[24,25] De acordo com os registros do próprio regime, o Governo alemão oriental empre-

---

22. Ver Hoffman (2000).
23. Ver Meyer (2009, p. 25).
24. Cada milha terrestre equivale a 1,609 km. (N.E.)
25. Ver Hoffman (2000).

gava aproximadamente 97 mil pessoas, e ainda mais uns 173 mil, trabalhando como informantes.[26] Aproximadamente, 1 de cada grupo de 60 cidadãos era, de alguma forma, ligado ao serviço de segurança do Estado. Mesmo como um oficial da KGB, Putin ficou chocado ao constatar como a vigilância governamental era "totalmente invasiva" com seus próprios cidadãos.[27] Mais tarde, ele descreveu sua permanência na Alemanha Oriental como "uma experiência surpreendente"; "Pensei que estava indo para um país do Leste Europeu, para o centro da Europa", relatou a um interlocutor russo. Mas não foi bem assim. "Era um país extremamente totalitário, semelhante à União Soviética de 30 anos atrás."

Como um oficial da Inteligência soviético trabalhando num país cliente, possivelmente, Putin deve ter percebido antes dos outros os sinais de decadência da Alemanha Oriental. Possivelmente, ele deve ter lido os relatórios da Stasi – muitos dos quais enviados sem uma revisão prévia para Moscou – que previam um cenário cada vez mais sombrio. Esses relatórios documentavam as exigências emergentes da população, assim como registros da economia do regime tidos como fraudulentos.[28] Ele teria percebido os sinais de uma economia agonizante, onde os subsídios governamentais há muito superaram a renda interna. Em 1989, perto do fim, ele podia sentir os sinais da grave crise na sua soleira. Houve uma grande corrida aos bancos de Dresden.[29] Nas estações ferroviárias, multidões se acotovelavam para embarcar em trens indo para o Ocidente.[30] Em 4 de outubro, 10 milhões de alemães orientais se reuniram e a polícia teve que usar cassetetes e gás lacrimogêneo para impedi-los de invadir as estações para embarcar nos trens. As multidões triplicaram nos dias seguintes.

A confusão de presenciar a queda de uma repartição soviética ao seu redor foi logo seguida pela sensação de medo. As ligações entre a Stasi e a KGB eram evidentes para todo mundo. Os oficiais alemães referiam-se aos seus similares soviéticos como "os amigos". De fato, o posto da KGB onde Putin trabalhava ficava em frente

---

26. Ver Meyer (2009, p. 25).

27. Ver observações de Putin sobre sua vida em Dresden e o colapso da União Soviética em: Putin (2000, p. 77). Esse livro é um volume único. Ademais, é o único trabalho que conheço onde Putin fala abertamente sobre si mesmo e seu passado. Editado por três experientes jornalistas russos – Nataliya Gevorkyan, Natalya Timakova e Andrei Kolesnikov –, o livro é essencialmente uma transcrição de suas entrevistas com Putin na véspera do seu primeiro mandato. Em seis ocasiões distintas, Putin foi entrevistado durante quatro horas. Na época, ele era um político iniciante e ainda não tinha experiência em se comunicar com os jornalistas.

28. Ver Maier (1997, p. 106).

29. Ver Meyer (2009, p. 165).

30. Ibid., p. 124. Para mais informações sobre os protestos de Dresden, ver Maier (1997, p. 145).

aos escritórios da Stasi. Depois da queda do muro de Berlim, Putin e seus colegas providenciaram para que seus vestígios fossem apagados. "Destruímos tudo – todo o nosso sistema de comunicação, nossas listas de contato e as redes dos nossos agentes. Eu mesmo queimei uma grande quantidade de material", Putin relembrou posteriormente. "Queimamos tanta coisa que a fornalha praticamente estourou". Em 6 de dezembro, quando milhares de alemães orientais tumultuaram as dependências da Stasi, Putin ficou preocupado com a possibilidade de que ele e seus colegas também pudessem ser atingidos do outro lado da rua. E, realmente, quase foram. Quando os ferozes alemães começaram a se reunir, Putin saiu e dirigiu-se à multidão. Avisando que ele mesmo, Putin, não passava de um simples tradutor, alertou a multidão que aquele lugar pertencia a uma organização militar soviética e que eles deveriam se afastar. Preocupado com o tom agressivo da multidão, Putin apelou para o destacamento[31] local de militares soviéticos para protegê-los. E ele relembra de ter tido a seguinte resposta: "Não podemos fazer nada sem as ordens de Moscou. E Moscou não se manifestou". Seus temores tornaram-se alienação. "Esse negócio que de 'Moscou não se manifestou' – tive a sensação de que o país já não existia. Que tinha desaparecido."

Não dá para imaginar que aqueles anos não tenham marcado psicologicamente o jovem oficial da Inteligência. Putin viu em primeira mão os custos e a ineficiência da polícia alemã oriental. Assistiu a derrocada da economia centralizada do país e o grande esforço dos oficiais alemães para ocultar essas falhas com subsídios que jamais poderiam ser recuperados. E a experiência revelou as fraquezas do sistema soviético que ele servia. "Na verdade, achei que a coisa toda seria inevitável", Putin disse mais tarde, referindo-se à queda do muro de Berlim. "Apenas lastimo que a União Soviética tenha perdido sua posição na Europa, embora, intelectualmente, compreendi também que um ranking construído entre paredes, fechado, não pode durar. Entretanto, queria que algo diferente nascesse em seu lugar. E não foi proposto nada diferente. É doloroso. Simplesmente derrubaram tudo e foram embora."

Putin percebeu a falha de Moscou para reconhecer suas fragilidades e adaptá-las como uma catástrofe. Tendo sido seu soldado fiel, sendo deixado praticamente sozinho perante uma multidão furiosa, ele teve saudades da Rússia forte e soberana do passado. Frustrou-se ao constatar que o centro nunca deu ouvidos à periferia. "Nós não os alertamos sobre o que estava para acontecer? Não lhes fornecemos recomendações de como agir?", ele reclamou.

---

31. Termo da área militar que designa a ação de separar de sua organização principal (das Forças Armadas, no Exército, por exemplo) parte de um grupo a fim de cumprir uma missão em outra área. (N.E.)

34 | ESCOLA DOS DITADORES

Quase 10 anos depois, o jovem agente da KGB se tornaria o segundo presidente da Rússia, substituindo inesperadamente Boris Yeltsin, quando sua saúde e popularidade o traíram. As experiências de Putin daqueles anos talvez expliquem o que ele quis dizer quando, já como presidente, afirmou: "Aquele que não lamentar a queda da União Soviética não tem coração, mas aquele que quiser revivê-la em sua antiga forma não tem cabeça".[32]

"Uma espécie de sonho do passado soviético"

No dia 1º de janeiro de 2000, Putin fez uma promessa ao povo russo. As poucas pessoas a quem ele se dirigiu naquele dia estavam felizes com o que se tornou a Rússia. A década após o colapso da União Soviética foi marcada por agruras econômicas, crises e incertezas. As primeiras experiências do país em um regime democrático aparentemente geraram um pouco mais do que políticos briguentos e partidos políticos esfacelados que todo mundo imaginava (provavelmente com razão) que estavam no comando. O ceticismo aumentou quando os russos começaram a acreditar que tinham negociado os pecados do comunismo pelas falsas promessas de um sistema democrático corrupto. Pior ainda, sentiram-se como se tivessem sido enganados: seguiram o modelo democrático estabelecido pelo Ocidente e receberam apenas sofrimento, enquanto uma minoria lucrava à custa da grande maioria. E para piorar, seu país regrediu de uma grande potência para algo mediano.

Portanto, o momento era propício para o que Putin tinha prometido no primeiro dia do novo século. Além das promessas de crescimento e renovação, Putin ofereceu o que os russos mais sentiam falta diariamente: "estabilidade, certeza e a possibilidade de poder planejar para o futuro – o futuro dos cidadãos assim como o de suas próprias crianças – não apenas por um mês, mas por anos e décadas".[33] Eram palavras de esperança para aqueles desejosos por estabilidade e segurança depois de uma década que deixou os russos sentindo-se vulneráveis e forçados a se defenderem. A visão de Putin era a de uma Rússia forte, resistente, que retornaria ao seu posto natural de uma grande potência. Moscou não ficaria mais em silêncio.

Embora Putin não explicitasse de que forma essa estabilidade seria adquirida, seu plano começou a desenvolver-se gradualmente. Se há uma característica que define a marca de autoritarismo de Putin, é a centralização do poder. Se a política russa tornou-se por demais barulhenta, discordante e tumultuada, Putin tratou de amestrá-la. O país se tornaria mais estável e previsível, pois, na essência, seria governado por um único homem e um pequeno círculo de pessoas ao seu redor. Seria

---

32. Ver Hassner (2008).

33. Ver Gaddy e Kuchins (2008).

então, como Putin e outros algumas vezes costumavam descrever, um "poder vertical". Dentre as instituições políticas e econômicas russas, o Kremlin não seria o que se comportaria como os iguais; tudo seria subordinado a ele.

Putin começou com as oligarquias.[34] Estes magnatas russos, muitos dos quais agraciados com acordos de "pai para filho" para controlar grandes centros industriais de gás, minerais e aço, tornaram-se estupendamente ricos durante os anos de capitalismo selvagem após o colapso da União Soviética. Em dois meses da administração de Putin, o Kremlin alertou esses bilionários negociantes de que ou eles seriam leais ao Governo ou estariam fora do negócio. Quem desafiou esse aviso foi logo mandado para o exílio ou para a prisão. Ninguém aprendeu melhor essa lição do que o magnata do petróleo Mikhail Khodorkovsky, preso quando as equipes da SWAT invadiram seu jato em 2003. Sua condenação foi claramente motivada por razões políticas, e o julgamento bastante criticado por irregularidades grosseiras. Contudo, na prisão até hoje, ele tornou-se uma boa lição para quem não desse atenção aos avisos de Putin.

Vieram então os governadores regionais. Em uma terra com as dimensões da Rússia, esses dirigentes tinham a possibilidade de governar suas áreas como verdadeiros senhores feudais. Durante a época de Yeltsin, as ordens do Kremlin eram tratadas como sugestões, mais ignoradas do que encorajadas. Tudo isso por fim terminaria abruptamente. Em 2005, Putin acabou com as eleições diretas para governadores, optando por conceder-se o direito de nomeá-los. Além disso, suas finanças seriam supervisionadas pelo pessoal do Kremlin, cujos cargos eram determinados a partir de indicações dos amigos de Putin na KGB.

Possivelmente, mais marcante ainda foi como Putin controlou a mídia.[35] No começo da administração Putin, apenas uma das principais redes de televisão pertencia ao Estado. Três anos mais tarde, o Kremlin controlava todas as três.[36] Os "camaradas" do Kremlin também começaram a comprar os jornais e revistas de maior circulação. Atualmente, o Governo russo controla cerca de 93% de toda a mídia no país.[37] Algumas publicações impressas e estações de rádio ainda conseguem operar

---

34.   Para uma visão mais aprofundada sobre os principais oligarcas da Rússia, ver Hoffman (2002).

35.   Para uma excelente visão de como a mídia tornou-se uma ferramenta para o Kremlin, ver Lipman (2009).

36.   Os poderosos que possuíam duas das principais redes de televisão – ORT e NTV – foram forçados a vender suas ações ou iam para a prisão. Ambos venderam e deixaram o país.

37.   Ver Cameron (2010). Entretanto, não é fácil reduzir o controle do Kremlin sobre a imprensa a meras porcentagens. Por exemplo, Ekho Moskvy, uma emissora de rádio de Moscou, que mostra uma visão crítica sobre assuntos políticos e sociais, pertence à Gazprom Media, uma subsidiária da empresa de gás estatal.

36 | Escola dos ditadores

com certa independência; a rádio Ekho Moskvy, por exemplo, é uma das vozes mais críticas que ainda permanece. Todavia, mais incrível do que a tomada de posse de muitas empresas de comunicação russas é o grau com que o Kremlin pretende manipular as notícias – especialmente as notícias televisionadas.

Até recentemente, toda sexta-feira um oficial graduado do Kremlin mantinha uma reunião regular com os diretores dos três maiores canais de TV para planejar a cobertura da semana.[38] Os responsáveis pelas estações de televisão recebiam um número significativo de chamadas telefônicas durante a semana, estabelecendo como deveria ser a apresentação da cobertura das notícias, chegando até a interferir na forma de edição de uma determinada matéria. O Kremlin não demonstrava ter qualquer escrúpulo quanto a instruir os executivos das televisões sobre como proceder. Por exemplo, depois que Dmitri Medvedev tornou-se presidente em 2008, as redes de televisão receberam instruções de que as notícias transmitidas diariamente deveriam começar com uma cobertura sobre ele, seguida de tempo equivalente para o primeiro-ministro Putin, independente se algum deles tivesse feito algo relevante. Quando eu estava em Moscou, costumava assistir o noticiário noturno só para ver o quão bizarra era a cobertura das duas personalidades, tendo cada um deles praticamente o mesmo tempo no ar. Um grande executivo de uma das redes denominava esta regra de "o princípio da paridade informativa". Um jornalista da *Russian Newsweek*[39] escreveu após uma visita a uma das estações de rádio controladas pelo Estado que viu cartazes em frente aos locutores lembrando-os para "dizer apenas coisas boas sobre o Casaquistão" e "não mencionar que Dmitri e Svetlana Medvedev chegaram a uma cerimônia separadamente".

Entretanto, o Kremlin não estava satisfeito apenas com o controle de bilionários, governadores e da mídia; também procurava monitorar os políticos. Desde os tempos da sua Declaração do Milênio, Putin sempre enfatizou a necessidade de uma união social e política. Naturalmente, ele vislumbrava estender essa coesão ao convívio dos partidos políticos, que se encontravam entre os protagonistas mais imprevisíveis e divididos da Rússia pós-comunista. Todavia, Putin não pretendia esmagar toda a oposição com um simples partido dominante. Melhor, criaram espaço para uma parcela considerável de pequenos partidos oposicionistas e, em alguns casos, inventaram outros.[40] Esses partidos – tipicamente chamados de oposição sistêmica – de modo ofensivo, cumpriam o papel de críticos do regime, claro, sem jamais ultrapassar as fronteiras estabelecidas pelo Kremlin. Conforme sua orientação ideológica,

---

38. Ver Fishman e Gaaze (2008).

39. Versão russa da revista semanal norte-americana *Newsweek*, fundada em 1933. (N.E.)

40. Para mais informações sobre a criação do Kremlin de partidos oposicionistas, ver March (2009).

essas vozes oposicionistas pretendiam representar os interesses sociais – basicamente os nacionalistas, os pobres e os eleitores mais velhos – que talvez pudessem estar descontentes ou negligenciados pelo partido dominante, a Rússia Unida. Entretanto, regularmente eles demonstram sua lealdade, como em dezembro de 2007, quando os chefes dos então chamados partidos oposicionistas informaram publicamente a Putin que, segundo eles, não havia ninguém melhor para governar a Rússia do que seu assistente de longa data Dmitri Medvedev. "Isso permitiria que Putin dissesse na TV que a indicação de Medvedev partia de diferentes partidos que representavam as mais diversas camadas da sociedade russa", Medvedev era, sem sombra de dúvidas, a escolha do povo.[41]

O grau de concentração de poder exercido por Putin não pode ser superestimado. De acordo com o jornal russo *Ekspert*, editado por um grupo de leais consultores do Kremlin, o número de oficiais que tinham sérias influências sobre a política nacional de 2002 a 2007 caiu de 200 para 50.[42] Essa publicação governista admitia que este grupo de 50 oficiais fosse como "uma lista telefônica da administração [presidencial]". Porém, esta centralização de poder não deveria ser entendida como uma tentativa de conseguir total controle de todos os aspectos da vida na Rússia. Melhor, é algo mais preciso.

Conversando com membros do Solidariedade, movimento político liberal que não faz parte da oposição sistêmica, descobri o quão preciso. Um desses líderes, Boris Nemtsov, antigo primeiro-ministro interino e legislador, é seguramente um dos mais sinceros críticos do regime de Putin. Nemtsov tem uma aparência desleixada que o faz mais jovem do que os seus cinquenta e tantos anos. Usando jeans velhos, um suéter cinza sem camisa e botas pretas pontudas, ele lembrava mais um velho astro do rock do que um líder oposicionista. Ph.D. em Física e Matemática, Nemtsov tem uma mente aguçada, e vai direto ao ponto. "Qual a diferença entre comunismo e Putinismo?", ele começa. "Isto é muito importante. O Putinismo parece mais esperto porque tem a ver com seus direitos políticos, mas não interfere na sua liberdade pessoal. Você pode viajar, pode emigrar, se quiser, e pode usar a internet. O que é estritamente proibido é a TV. A televisão está sob controle pois é a mais poderosa fonte de ideologia e uma tremenda máquina de propaganda. Os comunistas bloquearam a liberdade pessoal assim como a liberdade política. É por isso que o comunismo parece ser muito mais estúpido do que o Putinismo."[43]

---

41.   Ver Gaddy e Kuchins (2008, p. 121).

42.   Ver Petrov; Lipman e Hale (2010).

43.   Entrevista do autor com Boris Nemtsov. Moscou, abr. 2010.

A análise de Nemtsov é bastante interessante. Ninguém diria que a vida não é mais livre na atual Rússia do que era sob o regime da antiga União Soviética. Isso é inquestionável. E certamente é bem mais próspera, visto que a expansão do petróleo que acompanhou os dois mandatos de Putin como presidente elevou o padrão de vida dos russos a níveis jamais vistos. Quando sua administração começou, os preços do petróleo eram considerados altos – 21,50 dólares o barril. Durante o final do seu segundo mandato, o preço chegou a 147 dólares o barril. Foi uma festa para os cofres do governo. Entretanto, como Putin já havia observado quando era jovem na Alemanha Oriental, não havia necessidade de canalizar essa riqueza na recriação de um Estado invasivo e totalitário que tentava interferir nas crenças pessoais de cada cidadão. O custo de tal controle seria muito alto e definitivamente desnecessário. A forma de autoritarismo de Putin representa uma evolução do modelo, algo bem mais reduzido proporcionalmente, todavia mais eficiente. Ilya Yashin, jovem líder do Solidariedade que diz ter sido expulso de um outro partido porque se recusou a "agir como um membro da oposição sistêmica", disse o seguinte: "Putin criou uma espécie de sonho do passado soviético. É como se fosse a União Soviética sem os limites e déficits, e com fronteiras livres".[44]

Mesmo que o sistema idealizado por Putin represente um aperfeiçoamento da ditadura do século XX, não quer dizer que não tenha um custo. A centralização de poder em tão poucas mãos aumenta a possibilidade de corrupção, complacência e abuso de poder – todos os pecados que Nemtsov acusa a administração Putin de ter cometido. Esses aspectos representam um perigo para o regime, mas não necessariamente por causa de uma administração precária.

Pelo contrário, para Putin e seu seleto grupo, a constante preocupação é que o custo de tal estratégia mine o principal objetivo: a construção de um sistema político estável. O petróleo caro pode ajudar a protegê-los de muitos danos sociais – e é sempre mais fácil comprar apoio do que coagir –, mas as tentativas de simular tantas facetas de um sistema democrático reduzem significativamente a margem de erro do regime. Ao eliminar tantos centros de poder – os negociantes, os governadores, a mídia, os partidos oposicionistas –, o Kremlin deve traçar o curso adequado se deseja manter o controle. Não é uma tarefa fácil. "Eles não querem perder o controle sobre as mudanças, como Gorbachev. Assim, tentam manter este controle o tempo todo", diz Alexander Verkhovsky, ativista militante dos direitos humanos. "Se planejam, por exemplo, nos dar 3% de liberdade, talvez possam nos dar até 4%, mas nunca 5%. Imagino que seja esse o plano deles. Deixar a situação não tão rígida como quando eles não tinham vínculo com a sociedade, quando não sentiam as objeções da sua

---

44. Entrevista do autor com Ilya Yashin. Moscou, abr. 2010.

manipulação. Não sei se serão 3% ou 10%, mas tenho certeza que não querem permitir uma verdadeira democratização como nos anos 1980".[45]

O gráfico de Popov

Ninguém melhor que Sergei Popov para representar o papel de agente burocrata do Partido Comunista. Ele é um homem grande e sua face praticamente não demonstra emoções, com excessão daquele leve ar de superioridade e irritação quando questionado sobre as qualidades do sistema político que representa. Se é realmente a cara da burocracia, talvez seja porque há pouco mais de vinte anos foi substancialmente o seu papel. No crepúsculo da União Soviética ele foi o primeiro vice-presidente do Partido Comunista de Moscou, permanecendo no cargo de 1983 até a queda do muro de Berlim. Quando o encontrei em seu escritório na Duma russa, o parlamento do país, ele ainda era exatamente o homem do partido. A única diferença era o alfinete na lapela do seu terno azul escuro. Logo, não há dúvidas de que estamos nos encontrando com a Rússia Unida, o partido de Putin.

Se a Duma é um parlamento de fachada – que muita gente dirá acertadamente que é – ainda requer que alguns soldados leais assegurem esta condição. Assim, logo após sentarmos, Popov faz questão de deixar claro que "90% das leis civis são criadas aqui nesta mesa".[46] Ou seja: adequadas às condições. Como presidente do Comitê de Sindicatos Públicos e Organizações Religiosas, ele controla o rebanho sobre as leis que regem os partidos políticos, organizações não governamentais (ONGs), empresas de comunicação, organizações comerciais e grupos religiosos. Em outras palavras, ele é o membro mais antigo da Duma da Rússia com responsabilidade por aquela mais imprevisível variável: a sociedade civil. Para qualquer regime autoritário, gerenciar essa variável é crucial à manutenção do poder.

A ação de Putin sobre as ONGs russas, embora tardia, foi uma parte do seu esforço em centralizar o poder. Depois de investir contra outros sustentáculos do Estado, coincidindo com o início da Revolução Laranja[47] na Ucrânia, uma onerosa lei de 2006 atingiu a sociedade civil.[48] A lei dava ao Kremlin amplos poderes sobre todas as ONGs. Qualquer organização sem fins lucrativos poderia ser fiscalizada

---

45. Entrevista do autor com Alexander Verkhovsky. Moscou, abr. 2010.

46. Entrevista do autor com Sergei Popov. Moscou, abr. 2010.

47. A *Revolução Laranja* foi uma sequência de protestos políticos ocorridos entre 2004 e 2005 na Ucrânia, devido às ações autoritárias do regime e notadamente à corrupção governamental nas eleições. Ademais, caracteriza-se por ser parte da onda de "revoluções" das cores, ou coloridas, nesse período na região da Europa Oriental. (N.E.)

48. Ver Chivers (2006). Para uma análise mais detalhada, ver Robertson (2009).

40 | ESCOLA DOS DITADORES

a qualquer momento, os grupos precisavam atender as rigorosas solicitações e o Ministério da Justiça tinha livre-arbítrio para requisitar qualquer documento e determinar se eles atendiam aos "interesses" russos. Simples erros, como erros de digitação ou formatos impróprios de documentos, poderiam causar penalidades severas. As autoridades recorriam às mais frágeis desculpas para dissolver uma organização. E quanto mais sensível fosse o assunto a ser tratado por um grupo – por exemplo, direitos humanos ou liberdade de expressão –, maior era a possibilidade do mesmo ser atingido por implicações como auditoria fiscal, violações de códigos de construção ou o uso de programas de informática piratas. Uma vez aprovada, a lei não era apenas uma simples lei; era rigorosamente aplicada contra determinados grupos, especialmente críticos do Kremlin e defensores dos direitos humanos. No primeiro ano, o Ministério da Justiça realizou 13.381 inspeções em ONGs.[49] Um número considerável de organizações estrangeiras pelos direitos humanos, tais como Anistia Internacional, Médicos Sem Fronteiras e Vigilantes dos Direitos Humanos, foram forçadas a fecharem as portas temporariamente. Milhares de ONGs encerraram suas atividades, embora o número exato seja impreciso.[50] Os recursos disponíveis para aquelas que permaneceram foram estrangulados quando Putin adicionou a essa lei um Decreto de 2008, o qual diminuiu o número de organizações internacionais que concediam isenção fiscal a grupos russos de 101 para 12.[51] Entre os grupos atingidos estavam o Fundo Mundial para a Natureza (WWF), a Cruz Vermelha Internacional e o Fundo Global de Combate à AIDS, Tuberculose e Malária – improváveis ameaças à segurança nacional do governo russo. São necessários cinco dias para registrar uma atividade comercial na Rússia; são necessários cerca de dois meses para o registro de uma ONG, além de ser mais caro.[52] Os custos legais para se abrir uma ONG na Rússia são 40% maiores do que aqueles para a abertura de uma atividade comercial privada.

Naturalmente, Popov não vê as relações governamentais com a sociedade civil russa como relações repressivas. Como a maioria dos políticos pró-Kremlin, ele começou elogiando a estabilidade que a Rússia Unida (na verdade, Putin) propiciou ao cenário político russo. Comentei que essa estabilidade pode ter um custo para o regime; por exemplo, governos rígidos com uma fraca sociedade civil geralmente podem se tornar vítimas de uma ausência de informações confiáveis ou de retorno

---

49. Ver Human (2009, p. 32).

50. Ver Chivers (2006). Na época, eu trabalhava para a Carnegie Endowement for International Peace, que mantinha um escritório em Moscou há muito tempo. E, embora a Carnegie Endowement fosse rigorosamente fiscalizada pelas autoridades, ela não foi suspensa.

51. Ver Human (2009, p. 16).

52. Ibid., p. 27.

dos cidadãos sobre as necessidades e exigências da sociedade. Popov discordou, balançando a cabeça. Teoricamente sim, poderia ser um problema, mas o Governo russo tinha as soluções. Quando pedi um exemplo, ele propôs a criação de postos públicos de informações pelo país. Seu papel, essencialmente, é proporcionar uma linha direta de comunicação para que a população possa transmitir seus problemas, angústias e queixas ao Governo central. "Na prática, funciona da seguinte forma:", explica Popov, "você se dirige a um posto e recebe um formulário especial que deve ser preenchido com suas informações pessoais e uma breve descrição do seu problema. Essas informações são inseridas em um computador e, em seguida, você recebe o nome do responsável pelo seu caso, e quem irá se encarregar de resolvê-lo será informado quando deverá receber uma resposta e como a mesma será encaminhada a você. Imediatamente esta solicitação é enviada ao centro... Podemos, assim, analisar quais são as principais reivindicações das pessoas. Podemos também mapear quando são homens, mulheres, pensionistas, jovens, enfim, quais as categorias que se inscreveram".

Em suma, as autoridades pretendiam espalhar dois mil desses postos pelas 83 regiões, não apenas nas cidades principais, mas também em pequenos distritos com potencial eleitoral.[53] Em 2009, mais de um milhão de pessoas visitaram esses postos para registrar queixas, ele comenta. Depois de uma pausa e, como se quisesse enfatizar o ponto, olha-me firmemente e diz: "Isso é para evitar a estagnação".

É uma medida que um governo deveria tomar depois de ter eliminado a maioria dos mecanismos democráticos para as pessoas expressarem suas frustrações. Com seus governadores (significativamente, seus prefeitos) indicados, a ampla maioria de representantes de um simples partido, e a mídia controlada pelo Estado, o Kremlin reconhece a necessidade de algo em particular – informações precisas sobre a situação nacional. De fato, a posse dessas informações é uma necessidade premente, uma vez que as instituições democráticas independentes são reduzidas aos poucos reclamantes. É um ponto cego que tem causado a ruína de regimes autoritários em muitos lugares. Centralizar o poder pode significar que alguém tem total controle, mas também significa a eliminação de muitos dos filtros que auxiliam a separar as boas ideias das ruins. O Kremlin é inteligente o suficiente para reconhecer que vale a pena monitorar a opinião pública, mesmo que seja apenas para manter uma melhor medição do descontentamento. Na maioria dos regimes democráticos este retorno vem por meio das eleições, dos legisladores e da sociedade civil. Na Rússia é utilizado um computador.

---

53. Entrevista do autor com Popov, em 2010.

O regime apareceu com outras inovações, além da conexão digital elogiada por Popov. Uma delas é a Câmara Pública. Internamente, com seu piso branco de mármore, suntuosos candelabros e sofás de veludo vermelho em ambas as extremidades de uma espaçosa sala de espera, aproxima-se da magnitude de uma Assembleia Nacional em miniatura. Mas não é; essa corporação é um fórum consultivo composto de representantes de várias partes da sociedade civil russa selecionados pelo próprio Kremlin.[54] Os membros devem ser especialistas em comunicação, leis, saúde pública ou direitos humanos; alguns pertencem a autênticas ONGs. Esses representantes, selecionados a dedo, atuam como uma espécie de conselho consultivo, oferecendo às autoridades russas suas opiniões sobre legislação e decisões políticas pendentes. Embora a maioria dos membros da Câmara Pública seja de confiança, há críticos entre eles que já publicaram declarações e relatórios criticando o governo e suas políticas. Na verdade, é precisamente este o seu trabalho: fornecer recomendações, conselhos e críticas que uma Duma amordaçada não consegue. Ao enfraquecer um ramo do governo, Putin criou a Câmara Pública com o intuito de produzir algo como as ideias independentes, habilidades e conexões típicas de uma legislatura que desenvolve uma sociedade – apenas com o poder de oferecer uma opinião. "A Câmara Pública *tem a permissão* de ser crítica", diz Tanya Lokshina, vice-diretora do escritório dos Vigilantes dos Direitos Humanos de Moscou, e, veterana nas lutas enfrentadas pelas ONGs na Rússia. "Mas, o que [as autoridades] não querem tolerar são aqueles críticos do governo falando às pessoas, ganhando apoio na sociedade, conseguindo transmitir suas ideias – isso é algo que eles não estão prontos para tolerar mesmo. Essa é a razão do rígido controle estatal sobre as televisões. Eles permitem informações independentes, desde que sejam usadas a seu favor".[55]

De fato, a necessidade de informações confiáveis e independentes é tão grande que o próprio partido não confia que seus membros sejam totalmente transparentes. Em 2010, a Rússia Unida anunciou a criação de uma nova central de análises com o propósito de identificar os "novos descontentes" do país.[56] Ruslan Gattarov, um representante de 33 anos da Rússia Unida e o chefe desta central, declarou a uma agência de notícias russa que a finalidade desta organização será "coletar informações que os governadores e prefeitos estão escondendo". O partido sentiu-se forçado a criar seu próprio cão de guarda para reportar ao Kremlin as frustrações, ressentimentos e descontentamentos da população, fatos que ele, o partido, receia podem emperrar a cadeia de comando ou até mesmo estejam sendo encobertos. "Falando

---

54. Ver Robertson (2009, p. 541).

55. Entrevista do autor com Tanya Lokshina. Moscou, abr. 2010.

56. Ver Goble (2010).

francamente, os poderes regional e municipal frequentemente fazem o possível [que podem] para silenciar sobre os problemas de modo que nada possa vazar", Gattarov declarou. "E a culpa é de quem?... do nosso líder Putin e do nosso presidente Medvedev". O problema de tanta centralização na mão de tão poucos é que o regime não pode admitir que seus oponentes políticos, uma imprensa livre ou ONGs locais dirijam sua atenção aos problemas que devem ser resolvidos – pois essas críticas já foram afastadas. O peso recai diretamente no Kremlin e sua habilidade de criar novas formas de conseguir as informações necessárias.

Depois que mencionei algumas das evidências da incrível centralização de poder no país, fiz uma pergunta óbvia a Popov: O Kremlin não está com controle demais, e isto não pode ser perigoso para a estabilidade do país?

Popov abre um sorriso amarelo. Procura um lápis e uma folha em branco. "Qualquer processo, como você sabe, tem dois vetores de desenvolvimento. Questões e problemas podem ocorrer o tempo todo. Mas, vejamos quais forças prevalecem." Enquanto fala, Popov começa a desenhar um gráfico na folha em branco. Ele traça uma linha vertical e então, divide-a com uma linha horizontal tracejada. No encontro das linhas ele marca como ponto zero. Enquanto continua falando – ou melhor, dissertando – torna-se aparente que, na verdade, este velho membro da Duma vai delinear o estado da democracia russa para mim.

"Só quero dizer que muitas das democracias são ameaçadas com a volta dos regimes totalitários ou autoritários", Popov continua, sem o menor sinal de ironia. "Para a Rússia é impossível. Não é possível nem teoricamente. De modo lento, muito gradualmente, a influência da sociedade civil cresce, e posso lhe dizer definitivamente que o fator da opinião pública é diferente do que era há dez anos. Qualquer poder instintivamente evita críticas, influência ou pressão. Ninguém gosta disso".

Ele desenha duas setas, ambas começando do zero. Uma seta nasce acima da linha horizontal tracejada, a outra vai para baixo, no mesmo ângulo. Ele denomina a seta ascendente de sociedade civil, e a seta que desce abaixo da linha tracejada de governo. "Então, como eu disse, há dois vetores influenciando um ao outro. Do meu ponto de vista, se construímos isto, então o resultado será aqui." Popov aponta a linha horizontal. "É o vetor do desenvolvimento da democracia."

No diagrama de Popov a direção política do país será determinada pelas forças opostas entre sociedade civil e governo. Cada uma exerce uma pressão sobre a outra, e o resultado final, segundo ele, é uma linha relativamente significativa de progresso bem no meio.

É uma fórmula bastante razoável – se pudéssemos apenas concordar com o grau dos ângulos das linhas ascendentes ou descendentes. No gráfico, Popov indica o domínio político russo em uma marca de $10°$ a $20°$. Comento que muitas pessoas teriam objeções às suas colocações, e que até mesmo grande parte do público russo diria que o governo é mais autoritário do que ele está pintando aqui. Aponto um ponto no gráfico que seria aproximadamente $60°$. Popov se ajeita na cadeira e grita: "E daí?".

Por um instante, tenho dúvidas de como responder.

Ele permanece me encarando por alguns breves segundos. Então, repete: "A oposição é fraca, a voz do Governo é poderosa – e daí?... Não estamos falando sobre regimes totalitários ou autoritários. Apenas afirmamos que o sistema está se desenvolvendo".

Ele retorna ao gráfico e rabisca mais algumas linhas, agora circulando o número 30. "O Governo entende", ele continua, alterando o tom de voz, "que não se pode ir além dos $30°$. Se você chegar a $45°$, por exemplo, poderá escapar da oposição como o pêndulo de um relógio. Então, o Governo precisa se controlar".

"Qual é a garantia de que o Governo irá se controlar?", questiono. "A história mostra que os governos são bem carentes no quesito autocontrole, especialmente quando há cada vez menos pessoas que devem assumir essa responsabilidade."

"Bem, nunca se deve confiar em tudo!", afirma indignado. Logo, afasta a cadeira da mesa, indicando que nosso tempo terminou. "Temos uma expressão aqui: 'Até mesmo uma política de seguros não lhe garante 100%, porque as companhias de seguro sempre encontram um jeito de não pagar'."

Ele recolhe a folha de papel que agora está cheia de linhas, círculos e rabiscos por todos os lados e a assina com um traço vigoroso. "Eis o meu autógrafo. Um trabalho original."

Apesar de suas tentativas se aproximarem de uma precisão científica, é um absurdo supor que as forças do governo e da sociedade civil possam convergir em qualquer coisa parecida com uma luta justa. Na Rússia elas não são iguais, e forças opostas que por acaso colidirem, podem chegar a um razoável meio termo. O Governo russo literalmente licenciou sua sociedade civil, negando permissões a grupos considerados baderneiros ou inconvenientes. Possivelmente, não há situações em que o regime demonstrou mais criatividade do que nos métodos inventados para alertar, reprimir ou barrar organizações na execução de ações que possam oferecer qualquer ameaça. "Há um significativo número de instrumentos de controle, até mesmo o corpo de bombeiros", disse-me um ativista de Moscou. "As inspeções de prevenção de incêndio são ferramentas bastante populares."[57]

A Universidade Europeia em São Petersburgo aprendeu essa lição em janeiro de 2008.[58] Naquele mês, as autoridades locais visitaram a escola para executar o que se acreditava ser uma rotineira inspeção de prevenção de incêndio. Mesmo tendo sido aprovada em inspeções anteriores, a universidade foi citada em 52 violações. A universidade, como muitas em São Petersburgo, está parcialmente acomodada em históricos prédios seculares; é simplesmente impossível para algumas dessas construções se adequarem totalmente ao código. Mas as autoridades foram inflexíveis em sua avaliação. Em 7 de fevereiro, o Tribunal Distrital ordenou o fechamento imediato da universidade, mesmo estando no meio do semestre. Todas as atividades tiveram que ser interrompidas de uma vez. A universidade providenciou para que 20 das violações fossem corrigidas praticamente da noite para o dia e apelou da decisão do Tribunal, em vão. Na verdade, o problema nunca esteve no fato de que as escadas de incêndio estivessem em ordem ou se as saídas estivessem devidamente sinalizadas. O deslize da Universidade ocorreu meses antes, quando aceitou uma concessão de 900 mil dólares da União Europeia para apoiar a pesquisa no treinamento de monitorização eleitoral. A doação provocou a ira de pessoas como Gajimet Safaraliev, membro da Rússia Unida da Duma, que declarou à imprensa local que esses fundos representavam "uma interferência estrangeira nas campanhas eleitorais 2007-2008 da Rússia.[59] E nem era época de eleições. Putin deveria passar o bastão presidencial para Dmitri Medvedev em 2 de março. Assim, em 21 de março, quase três semanas após a eleição presidencial, o Governo permitiu a reabertura da universidade. A pesquisa eleitoral da universidade foi suspensa, e o alerta do regime foi compreendido perfeitamente: este não era um tópico para estudo.

Todavia, bem mais sutil é a forma como o regime pode cooptar ou construir sua própria sociedade civil. Dentre os governos autoritários, a Rússia está na dianteira no que diz respeito a uma particular inovação – as GONGOs.[60] Essas organizações tipicamente declaram-se entidades independentes e podem se esconder atrás de nomes que sugerem que sua missão principal estaria ligada aos direitos humanos, a reformas legais ou à proteção das minorias. Na verdade, seu objetivo é legitimar a política governamental, dificultar o repasse de fundos estrangeiros

---

57. Entrevista do autor com ativista de Moscou, abr. 2010.

58. Ibid. Ver também Human (2009, p. 56).

59. Ver Human (2009, p. 56).

60. GONGO, conforme o acrônimo em inglês: *Government Operated Non Governmental Organization*, que significa em português: Organizações Não Governamentais Operadas pelo Governo.

para as verdadeiras ONGs e confundir a população sobre quem está certo, o governo ou seus críticos.

Veja, por exemplo, a Agência dos Direitos Humanos de Moscou. Ela é conduzida por um membro da Câmara Pública chamado Alexander Brod. Essa organização, a qual se diz centrada na luta contra a xenofobia e o racismo, não começou como uma GONGO. Muitos diriam que, mesmo hoje, a organização faz um bom trabalho publicando material sobre os perigos de grupos neonazistas e fascistas. Todavia, no decorrer de sua atuação, suas declarações começaram a mudar, ao ponto de demonstrar apoio incondicional ao regime. Segundo um oficial do Departamento de Estado americano: "o termo 'Gongolização' foi inventado em referência a Brod".[61]

Para Tanya Lokshina, vice-diretora dos Vigilantes dos Direitos Humanos de Moscou, isso ficou claro em um relatório que sua organização planejava divulgar sobre Inguchétia, uma área violenta na região norte do Cáucaso russo. O relatório de Lokshina detalhava os sequestros, execuções, torturas e desaparecimentos forçados ocorridos lá. Antes da liberação do relatório, o próprio Brod viajou para Inguchétia e reuniu-se com oficiais locais. Quando os Vigilantes dos Direitos Humanos realizaram sua conferência de imprensa sobre o relatório, Brod já tinha realizado a sua – que deveria ser realizada com o *ombudsman* governamental de Inguchétia. A única mensagem desta conferência jornalística foi clara e simples: os Vigilantes dos Direitos Humanos estavam mentindo sobre tudo", relembra Lokshina. "Como saber em quem confiar? Ele esteve lá, fez tudo isso, vestiu a camisa. Esse é um aspecto muito particular, sofisticado deste regime autoritário."[62]

De acordo com vários ativistas com quem estive, Brod repetiu este modelo alguns meses mais tarde, quando houve a guerra entre a Rússia e a Geórgia sobre a Ossétia do Sul. Lá estava Brod novamente – na cena do crime – ecoando as mais dúbias alegações governamentais sobre a limpeza étnica cometida pelo pessoal da Geórgia. E encontrei-me com Brod no seu espaçoso escritório na Câmara Pública, e ele, naturalmente, não se mostrara como o chefe de uma GONGO. Ele falava pausadamente, de maneira que detalhes importantes eram omitidos e, por consequência, elogiando o máximo possível os políticos russos, como de costume.[63] Por fim, Brod explicou

---

61. Entrevista do autor com funcionário do Departamento de Estado. Washington, D.C., jan. 2010.

62. Entrevista com Lokshina, em 2010.

63. Por exemplo, Brod disse-me sem o menor pudor que a todos os partidos políticos era garantido igual tempo de transmissão na TV. Quando o pressionei, ele justificou suas declarações dizendo que isso acontecia com os partidos que foram registrados para participar das eleições presidenciais. Seria uma justificativa razoável para quem não soubesse o quão eficaz era o Kremlin ao impedir o registro de partidos liberais e outros considerados indesejáveis.

suas atividades com um argumento familiar: "A existência de uma ONG não é possível sem as boas relações com o governo, sem se reunir com ele, sem assessoria, sem habilidades especiais, sem debates, sem todas essas coisas".[64]

Claro, a grande contradição nas linhas e ângulos do gráfico de Popov é o número de jornalistas e ativistas dos direitos humanos que foram assassinados por tentarem mostrar a verdade. A despeito da insistente promessa do Kremlin de proteger os jornalistas e ativistas dessas ameaças, pouquíssimos foram punidos pela matança na última década. De acordo com o Comitê de Proteção aos Jornalistas, 2010 foi o primeiro ano desde 1999 sem um assassinato específico de um jornalista russo.[65] Desde 2000, 19 jornalistas foram mortos. No ano passado, alguns jornalistas foram espancados e ameaçados pela cobertura de temas considerados politicamente sensíveis. E o registro governamental sobre a caça àqueles que atacam ou assassinam membros da comunidade dos direitos humanos é sofrível. "Ataques e espancamentos tornaram-se quase rotineiros", diz Lokshina. "As pessoas estão preocupadas, desconfiadas. Quer dizer, eu estou."

Para Lokshina, os riscos advindos da luta pelos direitos humanos são concretos. "Em 2009 houve um grande desastre. Foi o ano mais trágico para a comunidade dos direitos humanos na Rússia", ela afirma. "Tanta gente foi morta – gente como Natasha Estemirova, que era muito conhecida, Stanislav Markelov e aquela jovem chamada Anastasia Baburova." Lokshina citava seus amigos entre os assassinados. Natasha Estemirova, uma proeminente pesquisadora do grupo de direitos humanos Memorial, era sua melhor amiga. A reputação de Estemirova ultrapassou as fronteiras da Rússia. Ela ganhou vários prêmios pelo seu trabalho, incluindo um em homenagem à jornalista russa Anna Politkovskaya, outra amiga que foi executada ao entrar em seu prédio de Moscou em 2006. Estemirova era considerada uma ativista e pesquisadora dos direitos humanos determinada, meticulosa, sempre atuando nos piores lugares. Um deles era a devastada Chechênia. Em 15 de julho de 2009, ela foi raptada em frente a sua casa em Grozny. Testemunhas disseram aos investigadores que viram uma mulher sendo atirada para dentro de um sedan, gritando: "Estou sendo sequestrada!", mais tarde naquele dia, ela foi encontrada no acostamento de uma estrada numa república vizinha, morta à bala. Logo após o assassinato de Estemirova, Lokshina escreveu no *The Washington Post* sobre como ela e Natasha compareceram ao funeral de Stanislav Markelov, advogado dos direitos humanos, pouco antes naquele ano. "Estávamos sentados na minha cozinha conver-

---

64. Entrevista do autor com Alexander Brod. Moscou, abr. 2010.

65. Ver Committee (2011b).

sando sobre Markelov e Politkovskaya e especulando sobre quem seria o próximo."[66] Ela mal poderia imaginar que seria sua amiga do outro lado da mesa.

Lokshina e seu marido, Alexander Verkhovsky, sofreram várias ameaças de morte. Como sua amiga Natasha, ela também realizou pesquisas na Chechênia durante muitos anos. Seu marido é diretor do Centro para Informações e Análises – SOVA, ONG russa que monitora crimes por ódio, racismo e xenofobia. Poucos dias antes de chegar a Moscou, soube do assassinato, possivelmente encomendado, de um juiz nas escadarias de seu edifício: ele tinha expedido rígidas sentenças para alguns grupos neonazistas e ultranacionalistas. O Governo está preocupado com o crescente nível de violência relacionado a estes grupos extremistas, mas os críticos observam que as políticas passadas que acirraram o fervor nacionalista enquanto reprimiam a sociedade civil russa ajudaram a aumentar o problema. Devido a tais ameaças, Lokshina e Verkhovsky tiveram que mudar de apartamento e encontrar um lugar mais seguro, sem registro na lista telefônica. Lokshina acrescenta que isto não é apenas por causa da peculiaridade do seu trabalho nos Vigilantes dos Direitos Humanos: "É por causa do trabalho dele também. Já tivemos algumas visitas de *skinheads* com o objetivo de demonstrar seus 'sentimentos' por ele", ela disse, sorrindo. "Representamos um certo risco."

Enquanto isso, o assassinato de Natasha Estemirova permanece sem desfecho. Embora houvesse testemunhas do seu sequestro e de que seus matadores passaram por pelo menos duas barreiras federais, a polícia não tem pistas. De fato, a única coisa que mudou desde aquele dia de julho de 2009 foi a contagem de corpos. Não há lugar para eles no gráfico de Popov.

Manipuladores de opinião (*Spin doctors*)

Sergei Markov é conhecido como "porta-voz" do Kremlin. E não há qualquer conotação pejorativa. É um fato. O membro da Duma de 52 anos é um bom orador e está sempre incumbido de auxiliar o Kremlin a divulgar suas mensagens, especialmente para a imprensa estrangeira. Algumas vezes, Markov é descrito como um tradicional liberal que chegou bem perto do poder e perdeu sua independência intelectual a serviço deste próprio poder. Ainda assim, mantém algumas habilidades – argumentos atualizados, um dom para eufemismos – que fazem com que seja considerado útil. Todavia, como uma regra básica na política, não importa se dentro da Casa Branca, do Kremlin ou de qualquer outro lugar, o locutor é parte da mensagem. Ao usar Markov como seu porta-voz, o Kremlin emite um sinal particularmente ambíguo: a arrogância.

---

66. Ver Lokshina (2009).

Markov está mais para um *sparring* do que um político. Com seu cabelo curto e aparado, nariz arredondado e uma expressão de cão de caça na espreita, ele raramente sorri, até mesmo quando solta uma piada considerada "inteligente". Ele deixa transparecer um insolente ar desafiador e tão logo se ajeita na cadeira, colocando seus três celulares sobre a mesa, como que me alertando: "Seremos interrompidos e, sim, atenderei as ligações". Como alguém que é tido como o reflexo da filosofia do Kremlin, não tem qualquer escrúpulo quanto a soltar bombas retóricas. Em 2009, inesperadamente revelou a um grupo de seguidores da política de Washington que seu escritório na Estônia sofreu ataques cibernéticos em 2007.[67] Os ataques naquele verão estragaram a viga-mestra do sistema de internet do Estado báltico, atingindo seus ministérios, legislatura e instituições financeiras. Depois disso, a OTAN se comprometeu a ajudar os membros da organização a combater tais ameaças. A Rússia sempre negou insinuações sobre sua participação nos ataques, mas Markov desinteressadamente confirmou as acusações confessando: "sobre o ataque cibernético na Estônia... não se preocupe, ele foi executado pelo meu assistente. Não vou dizer seu nome, pois poderá ter problemas em conseguir seu visto". Depois acrescentou: "incidentalmente, estas coisas acontecerão cada vez mais". Se suas revelações são precisas ou não, não é relevante. A grande questão é se o Kremlin gosta de Markov como seu porta-voz, apesar dessas declarações – ou por causa delas.

Encontrei-me com Markov em um restaurante chinês a poucas quadras do Kremlin. Depois de nos acomodarmos e ele ter pedido sua sopa de macarrão, perguntei-lhe sobre os limites da disputa política na Rússia de hoje. Eles estão entre o seu partido, Rússia Unida, e alguns supostos partidos de oposição criados pelo Kremlin? A oposição legítima, porém marginalizada tem alguma voz? A disputa acontece apenas na Rússia Unida? Markov disse que não se tratava disso. Os partidos não fazem parte da equação. "Não temos disputas dentro do partido. Temos fora dele", explicou. "[Mas] é realmente uma disputa pelo poder."[68]

Em outras palavras, é uma disputa por territórios. A competição política no nível em que se encontra, é mais uma batalha de interesses econômicos do que de ideias. Ademais, é uma franca declaração de um membro do parlamento. E, imaginando que deveria ser lógico para alguém que tem tal opinião também observar que isso pode ser, de modo parcial, responsável pela crescente corrupção do país, pergunto se ele se preocupa se essa falta de competição política está se alastrando, minando o desempenho econômico da Rússia. Todavia, Markov vê a coisa de forma diferente. "Digamos que corrupção não é algo bom, entretanto, não há uma forte

---

67. Ver Coalson (2009).

68. Entrevista do autor com Sergei Markov. Moscou, abr. 2010.

ligação entre corrupção e falta de desenvolvimento", ele responde. "Claro, ela deve ser combatida, mas você sabe, não há fortes ligações entre a falta de desenvolvimento e a corrupção, assim como não há fortes ligações entre a competição política e a falta de corrupção. Então, por que razão perseguir disputas políticas se ambas as ligações são tão incertas?"

Markov não está simplesmente argumentando; está manifestando um pensamento básico dos modernos regimes autoritários. Uma questão fundamental é: sociedades organizadas sobre disputas políticas mais livres e abertas se desenvolvem mais rápido e oferecem melhor padrão de vida para seus cidadãos do que aquelas mais estáveis e fechadas? A resposta, a qual parecia ser positiva depois da Guerra Fria, ficou abalada diante do incrível crescimento econômico da China. A China e a autoritária região de Singapura são os exemplos mais frequentemente citados, e Markov – aproveitando a deixa – menciona ambos. "Olhe, veja a China – sem competição política, mas grande e suntuosa", e completa rapidamente: "Veja Singapura – sem competição política e também grande e potente".

Sua ideia é de que fortes governos tecnocráticos estáveis não apenas consigam construir uma base de um rápido e eficiente desenvolvimento, mas também ter certas vantagens sobre as democracias nesse quesito. O problema é que os regimes autoritários dificilmente contam com a certeza de serem bem-sucedidos economicamente. Nos últimos 40 anos, em média, as autocracias e democracias se desenvolveram na mesma proporção.[69] Para cada bem-sucedido tigre asiático, há vários casos daqueles autoritários. De fato, com excessão da Ásia Oriental, as autocracias tiveram médias de crescimento *per capita* 50% menores do que das pobres democracias.

As autocracias asiáticas, em diversos aspectos, representam a exceção que confirma a regra. O golfo que separa o impressionante sucesso econômico dos tigres asiáticos dos males russos é extremamente amplo. Por exemplo, quando a Coreia do Sul era um Estado autoritário em desenvolvimento, nos anos 1960, as mercadorias manufaturadas perfaziam 65% de suas exportações.[70] Durante os anos 1970, este número subiu para mais de 80%. Em outras palavras, sua economia se apoiou progressivamente na produção de produtos tangíveis e reais, desejados pelo resto do mundo. As exportações russas, por outro lado, estão de modo intrínseco dependentes de uma simples *commodity* – energia. Em 2008, o petróleo e o gás responderam por 70% das exportações russas.[71] Os manufaturados e os serviços representaram

---

69. Ver Siegle; Weinstein e Halperin (2004).

70. Ver Kim (1994).

71. Ver Russian (2009).

apenas 1,7% e os produtos da alta tecnologia, um mísero 0,3%. Taiwan deve ter sido governada por apenas um partido até os anos 1980, mas quando estava surgindo, nos anos 1970, manteve a taxa de emprego em um relativo e confortável patamar de 12,5%.[72] Na Rússia de hoje, o Estado continua abarrotado; o Governo e suas empresas estatais empregam cerca de 40% dos trabalhadores.[73] Consideremos agora o fator educação. No começo, Singapura investiu significativamente na formação escolar e observou o número de estudantes matriculados no ensino médio triplicar entre 1959 e 1972. A Rússia moveu-se para o lado oposto. Sob a administração de Putin, o gasto anual por aluno do ensino médio russo esteve abaixo do de países como Brasil, México e Turquia.[74] Os ingredientes do milagre econômico asiático não estão presentes na Rússia.

Se as autocracias asiáticas não estão sendo citadas, as elites russas mencionarão outra potência asiática: o Japão. Markov e outros oficiais governamentais com quem estive estão encantados com o exemplo do Partido Liberal Democrata japonês (PLD). O apelo é óbvio: o PLD governou o Japão por ininterruptos 54 anos. Nesse período, o Japão surgiu das cinzas da Segunda Guerra Mundial para tornar-se a segunda maior economia do globo. Durante essa época, praticamente toda a competição política era pouco mais do que disputas faccionais dentro do PLD, e a corrupção entre políticos e homens de negócio era lugar-comum. As elites russas admiram alguma coisa no exemplo japonês. Segundo elas, o segredo do milagre econômico asiático começa com a liderança política em países como o Japão (ou China no caso) na busca pelo poder. Caso contrário, se alguma outra força política tivesse, de algum modo, tirado o controle do PLD ou dos comunistas chineses, então, na visão russa, certamente as coisas teriam decaído. Todavia, o que os russos não querem admitir é que a habilidade de seus pares asiáticos em permanecer no poder por tanto tempo possa ser baseada em algo que os políticos russos ainda não conseguiram provar que podem administrar: a crescente estabilidade econômica.

Markov, entretanto, é mais esperto e vai além de apenas creditar seus argumentos nos modernos exemplares do milagre asiático, sejam eles democráticos ou autoritários. Ele sempre recorre ao exemplo da Itália do pós-guerra, um país controlado durante muito tempo por um só partido, com altos níveis de corrupção, e ainda assim conseguiu ser bem-sucedido. "Um nível extremamente alto de corrupção. Talvez [a Itália] fosse o país mais corrupto; praticamente todo primeiro-ministro estava sob

---

72.   Ver Jian (1996).

73.   Sobre governança corporativa das empresas estatais, ver Sprenger (2008).

74.   Ver OECD (2007, p. 173).

o controle da Máfia", diz Markov, cada vez mais convicto de seu argumento. "[Ainda assim,] a Itália presenciou grande prosperidade, desenvolvimento e modernização. A Itália tornou-se uma das grandes lideranças no pós-guerra europeu."

É bem verdade que os cientistas políticos não tenham estabelecido uma lei de ferro entre o nível de corrupção de um país e seu desenvolvimento. Porém, se o cerne está nos detalhes, estes não são bons para a Rússia. A corrupção é tão grande no caso russo que está minando o crescimento do país. O suborno, uma espécie de corrupção política, suprime cerca de um terço do PIB do país todo ano.[75] O Banco Mundial estima que aproximadamente metade da economia russa esteja vinculada a algum tipo de corrupção. Dentre 182 países, a Rússia ocupou a 143ª posição no Índice de Percepções de Corrupção na Transparência Internacional em 2011, abaixo do Paquistão, de Bangladesh e da Síria.

Comentei com Markov que justamente naquela manhã eu havia lido que o número de bilionários na Rússia, de acordo com a revista *Forbes*, quase dobrou, de 32 para 62, no último ano.[76] No mesmo período, praticamente todas as medidas econômicas do país estavam em declínio. A economia nacional diminui cerca de 8%, seu pior desempenho desde o fim da União Soviética.[77] De acordo com o Banco Mundial, a produção industrial diminuiu mais de 10%, o setor de manufatura caiu 16% e os investimentos de capital fixo despencaram em 17%. Isso não escancara o problema, especialmente quando sabemos como esses bilionários conseguiram suas riquezas?

Markov minimiza minha questão. "É o tipo de capitalismo que temos. A Rússia é um país de extremos", ele diz. Todas as sociedades deveriam ser compreendidas pela prática, pela realidade e por meio de uma lógica clara. "Só porque o *The New York Times* está publicando um artigo sobre isso..." – ele se deteve por um momento – "não é para o pessoal do Kremlin. Todos esses jornais que publicam tantos artigos sobre a ligação direta entre o monopólio da Rússia Unida e o alto nível de corrupção publicam centenas de artigos sobre as armas de destruição em massa de Saddam Hussein."

Sua tentativa de encobrir a conexão entre o sistema político do seu país e a corrupção expressa a típica influência do Kremlin. Mas o funcionário político não adoça tudo. Ele admite que o corpo político a que pertence, a Duma, é essencialmente de fachada e não tem poder na condução do país. De certo modo ele até brinca, dizen-

---

75. Ver Iosebashvili e Mauldin (2010).

76. Ver Forbes (2010).

77. Ver Abelsky (2010).

do que o parlamento russo deveria mudar de nome para "Ministério da Fabricação de Leis" – apenas mais um ramo da administração Putin.

Gleb Pavlovsky concorda. "Praticamente, podemos dizer que temos a democracia da leitura zero", ele comenta em seu escritório com vista para o Rio Moscou. "Quando a lei chega à Duma para audições e leituras, quase nada muda nela." Na época, Pavlovsky era um dos principais conselheiros políticos do Kremlin e o chefe de uma consultoria chamada Fundação para Políticas Efetivas. Ele tem trabalhado como consultor político por muito mais tempo que qualquer um na Rússia, e reconheceu, antes de mim, a existência de rumores sobre suas atividades. "Há muitos mitos sobre minha atividade e envolvimento nisto ou naquilo", disse-me explicando a razão pela qual a imprensa russa refere-se a ele como o "cardeal cinza".[78]

Pavlovsky tem estatura baixa, é atarracado, usa os cabelos aparados e veste somente preto. No canto da sala há um aparelho de televisão, repetindo um discurso que Putin fez um pouco antes, naquele dia. Na verdade, o então Primeiro-ministro tinha presença significativa no escritório de Pavlovsky. Embora dissesse que trabalhava para Medvedev – seu terceiro presidente depois de Yeltsin e Putin – um amplo retrato de Putin pendia solitário na parede. No início dos anos 1990, Pavlovsky trabalhou para organizações que apoiavam iniciativas de promover a democracia, incluindo o Instituto Sociedade Aberta de George Soros. Ele refere-se a essa época como sua "mais importante experiência política". "De fato," disse-me, "minha carreira baseou-se na experiência adquirida nessas independentes organizações democráticas." Seus críticos concordariam. Entretanto, dizem que ele passou aquele tempo aprendendo sobre as atividades de promoção da democracia ocidental de modo que pudesse entender melhor como subvertê-las e mais tarde manter o monopólio de poder de Putin.[79] Em 2006, foi proibido pelo Serviço de Segurança Ucraniano de viajar para a Ucrânia devido às alegações de que tinha criado ONGs russas que interferiram nas eleições presidenciais do país. Quando lhe perguntei como descreveria seu trabalho, ele respondeu de modo vago sobre o que faz, mas não para quem faz. "Costumo criar ideias para a resolução de problemas internos. Durante os dez últimos anos, meu cliente praticamente exclusivo tem sido a administração presidencial."

Perguntei a Pavlovsky se a estabilidade desfrutada pela Rússia, na verdade, poderia ser uma falsa estabilidade e se o sistema tal como foi concebido impede o acesso a um feedback, a manifestação de novos talentos e a competição. "Suas considerações são bastante parecidas com as considerações de estabilidade de Putin", respondeu.

---

78. Entrevista do autor com Gleb Pavlovsky. Moscou, abr. 2010.

79. Para mais informações sobre Pavlosvsky, ver Wilson (2005).

"É realmente o que ele pensa." "O problema é que, quando se trata de competição política," ele comenta, "não há ninguém que possa competir com Medvedev e Putin." Pavlovsky acredita que Medvedev e Putin compreendem este problema e que o próximo passo seria a respeito de uma "disputa de ideias". "Esta disputa", ele diz, "acontece permanentemente no Kremlin, em 'usinas de ideias', em diferentes centros de criação em equipe." Mas e na Duma? "Receio que não há com quem se possa debater na Duma. O problema é que na oposição não sistêmica não se encontram muitas cabeças para essa finalidade", diz Pavlovsky. "Eles não têm nenhuma ideia exceto uma: quando éramos ministros tudo era glorioso."

A crítica é particularmente injusta. Os partidos de oposição têm que brigar para encontrar quem esteja disposto a conceder financiamento, pois isso poderá causar sérias consequências. Devem aprender a operar de acordo com as regras criadas para dificultar cada vez mais a conquista de assentos. Suas tentativas de realizar passeatas ou eventos públicos são facilmente bloqueadas pelas autoridades e o acesso à televisão nacional é totalmente barrado. O próprio Pavlovsky é tido como aquele que teve a ideia da Câmara Pública, uma instituição com a função de suplantar alguns dos papéis que um parlamento deveria exercer. Ele é considerado um importante projetista do sistema político existente. Para ele, criticar a oposição por não ter nenhuma ideia é algo como um médico reclamar que não tem pacientes – porque já os envenenou. Eu disse-lhe que sua crítica é injusta uma vez que a oposição é forçada a gastar a maior parte do tempo simplesmente tentando existir. "Você tem razão. Teremos que arriscar [uma grande disputa política]," ele comenta. "Só teremos que decidir em que e quando iremos arriscar."

Todavia, há pouquíssima probabilidade de quem está com o poder ter qualquer desejo de arriscar muito. Esse fato torna-se bastante evidente sempre que os russos vão às urnas, pois vestígios de fraude aparecem rapidamente. Como os membros da oposição e da Rússia Unida me explicaram, o problema é bem maior do que um líder sênior ordenar a manipulação das urnas eleitorais; em alguns casos, fraudes e adulterações recorrentes em épocas de eleição estão agora impregnadas no sistema autoritário russo. Sergei Markov prontamente admite que as alegações de adulterações eleitorais sejam verdadeiras. Mas não é porque Putin esteja ordenando que devesse ganhar determinado percentual. "É preciso entender o mecanismo e como ele funciona.[80] Putin jamais diz: 'Quero tais e tais percentuais'. Ele até mesmo diz que não precisa disso. Qual o interesse de Putin se [alguém] não tem 50%, mas sim 70%? Cinquenta por cento também é a maioria, certo? Ele não se importa", explica Markov.

---

80.   Entrevista do autor com Markov, em 2010.

"Entretanto, os governadores e prefeitos com certeza pensam a respeito, pois é um reflexo de sua popularidade. E é por isso que fazem uso de tal recurso."

Em outras palavras, oficiais do segundo escalão se engajam em atividades fraudulentas porque não querem se dar mal. Se estiverem receosos de não conseguirem os votos para um superior ou preocupados por não aparentarem ser tão populares quando comparados com outros oficiais no país, a tática é a mesma: fraudar as eleições. Geralmente, pensamos em eleições em regimes autoritários como charadas sem competição. Mas estamos enganados. Há disputa. E ocorre majoritamente entre oficiais disputando favores do que entre candidatos dos partidos de situação e seus oponentes.

Talvez, uma das mais suspeitas eleições recentes foi a mais relevante: a eleição do presidente Dmitri Medvedev, em 2008. Na sua eleição presidencial anterior, Putin conseguiu 71% dos votos. Quando Medvedev, sucessor de Putin escolhido a dedo, candidatou-se, seu resultado foi precisamente 70,2%. Para muitos foi como um exemplo do manual da engenharia eleitoral russa. Havia um desejo de demonstrar que o mandato de Medvedev era legítimo, entretanto ninguém queria que o desempenho do protegido ultrapassasse os números do seu mentor. Markov concorda. "Sim, a coisa não é totalmente controlada, mas ninguém quer [dar a] Medvedev um percentual [maior]. Chamo isso de lealdade hiperburocrática automática. É um grande problema para a Rússia Unida e para os partidos dominantes [em qualquer outro lugar]."

Igor Mintusov sabe o que é preciso para se ganhar uma eleição russa. Ele é o presidente de 52 anos do Grupo Niccolo M, uma das mais conhecidas empresas de consultoria política em Moscou.[81] Fundada em 1992, a empresa já realizou várias campanhas pela Rússia. O trabalho de Mintusov não se limita a sua terra natal. Ele já viajou muito, assessorando diretamente campanhas políticas na Bolívia, Bulgária, Chile, Estônia, Nicarágua, Coreia do Sul, Venezuela e até mesmo nos Estados Unidos – e seus serviços não são baratos. Almoçar com Mintusov pode custar muito a seus clientes.[82]

Quando nos encontramos, perguntei-lhe em quais campanhas tinha trabalhado nos Estados Unidos. Uma delas foi uma mal sucedida campanha do governo democrático na Flórida contra Jeb Bush. Outra foi a de reeleição em 1998 do Senador Chris Dodd de Connecticut. Mintusov deveria assessorar a mensagem da mídia, então, quando chegou, reuniu-se com o chefe de campanha de Dodd. De imediato,

---

81.   O nome refere-se, naturalmente, a Nicolau Maquiavel. O cartão comercial de Mintusov possui a figura de Maquiavel nos espiando por detrás de um globo.

82.   Ver Wilson (2005, p. 50).

Mintusov perguntou sobre o orçamento da mídia. O chefe de campanha mostrou-lhe o que havia disponível. "Ele apontou o orçamento para pesquisa, o orçamento do pessoal, o orçamento para conseguir os votos, coisas desse tipo", ele relembra.[83] "Dei uma olhada no salário da secretária de imprensa, as despesas com equipamento, o espaço dos escritórios, custos de transporte, internet e então, falei, 'Legal, tudo bem. Mas, e o dinheiro para se trabalhar com a mídia?'"

O chefe de campanha repetiu tudo novamente, revendo a lista de salários, despesas etc. Então Mintusov perguntou mais uma vez. "Eu disse que entendi, mas onde está o orçamento para o trabalho com a mídia?" De novo o chefe de campanha discorreu sobre os mesmos itens. Foi então que Mintusov caiu em si. "De repente, descobri que ele não tinha entendido a minha pergunta", disse Mintusov, gargalhando. "Então entendi o quanto sou roubado na Rússia!" Mintusov simplesmente imaginava que, como qualquer outra coisa, a mídia também estivesse à venda.

É impossível que Mintusov pudesse trabalhar nas eleições russas por tanto tempo, com sucesso, e ainda assim manter as mãos limpas. Ele me descreveu as campanhas russas como "guerras sem regras", e nesse ambiente sem leis Niccolo M progrediu significativamente. Todavia, ele confessa que até ele tinha seus limites. "O nível de fraude nos últimos anos tornou-se tão alto que a própria eleição descaracterizou-se", confessou. Assim, no final de 2008, Mintusov publicou um livro detalhando o cartel ocorrido nas eleições da Duma em 2007 e na eleição presidencial de 2008. Em uma homenagem ao maior escritor do seu país ele intitulou seu livro de *Crime Sem Castigo*.

No obscuro mundo político russo é difícil estabelecer uma linha entre motivações e ações. Pode ser verdade que foi uma espécie de violação de integridade ou falta de profissionalismo que levou Mintusov a quebrar as hierarquias. Pode ser também que ele tenha tido alguma desavença com os cabeças do partido dominante e então, não viu qualquer problema em publicar o livro. De qualquer forma, Mintusov disse-me que a Rússia Unida enviou uma carta aos seus membros informando que não poderiam mais utilizar os serviços de Niccolo M. Com isso, sua firma perdeu efetivamente 80% do espaço político russo. Mais uma vez, se a descrição de Mintusov estiver correta, as ações fraudulentas chegaram ao ponto de determinar que um consultor político seja uma profissão banal, sem valor. "Por que de que vale desenvolver e propagandear uma mensagem de modo eficiente se o resultado será calculado na noite após as eleições?", afirma.

Ao sair, perguntei-lhe se estava familiarizado com a recente eleição envolvendo Sergei Mitrokhin. Ele gargalhou dizendo: "Sim, é um excelente exemplo".

---

83. Entrevista do autor com Igor Mintusov. Washington, D.C., abr. 2010.

Sergei Mitrokhin é o líder do Yabloko, um partido oposicionista liberal pró--ocidental. No outono de 2009, Mitrokhin candidatou-se à reeleição para a Duma da Cidade de Moscou. Em 11 de outubro, dia da eleição, o político de 46 anos votou no seu distrito natal, o Distrito 192. Sua família também foi ao Distrito 192 para votar no Yabloko. Ele tinha amigos que fizeram a mesma coisa. Mitrokhin não venceu as eleições. Isso não o surpreendeu. Surpreendente foi a margem da derrota. "A apuração mostrou que não houve nenhum voto para o Yabloko no distrito onde votei", Mitrokhin relatou.[84] De acordo com a mencionada apuração, ninguém votou no partido de Mitrokhin – nem ele mesmo.

Encontrei-me com o líder oposicionista no quartel-general do seu partido no centro de Moscou. Mitrokhin é um trator de homem, forte, atarracado, com olhos profundos sob uma testa enrugada. Foi eleito líder do Yabloko há três anos e, a julgar pelas recentes fotografias, a experiência o deixou mais velho. Conversamos sobre as dificuldades de tentar trabalhar em um sistema político com uma posição tão marcada contra a oposição. Ele concordou com a explanação de Markov que as adulterações nas eleições são provavelmente resultado da "disputa burocrática". E essa competição, ele observou, resulta em uma consequência ainda mais estranha. Na opinião de Mitrokhin, a votação no distrito de Putin seja provavelmente a mais limpa na Rússia. Os riscos são altos demais para alguém que seja pego de surpresa. "É muito perigoso falsificar eleições lá", ele diz. "Sempre há a possibilidade de alguém detectar tais fraudes". Seria terrivelmente embaraçoso encontrar adulterações no próprio distrito de Putin e, além do mais, sua popularidade é suficientemente grande para alguém pensar – inclusive Mitrokhin – que Putin precisasse recorrer a tais recursos para vencer. E no distrito do primeiro-ministro, Yabloko conseguiu quase 20% dos votos. Considerando quão hostil é o clima para os partidos oposicionistas, não é uma marca tão ruim. "Essas são as realidades dos regimes autoritários", ele continua. "Se tivéssemos uma democracia, estaríamos no parlamento. Temos que lutar para sobreviver".

O absurdo do desaparecimento de todas as cédulas da oposição foi outro exemplo da lealdade hiperburocrática automática de Markov. Estranhamente, em vista de toda sua defesa do sistema como é atualmente, Markov admitiu uma desvantagem na falta de competições abertas e livres na Rússia: isto lhe atrasava profissionalmente. "Pessoalmente, sou bastante interessado em disputa política, pois posso falar na TV," diz Markov, sem a menor modéstia. "Meu status pessoal é menor do que poderia ser." Mesmo se não admitisse os grandes benefícios da disputa política para a sociedade russa em geral, os membros do Kremlin não acreditam haver qualquer contradição em seu próprio desejo pessoal para tal.

---

84.   Entrevista do autor com Sergei Mitrokhin, abr. 2010.

O "cérebro" de Medvedev

Poucas pessoas ousariam esperar muito de Dmitri Medvedev. Ele foi o dedicado assistente retirado da obscuridade e feito presidente. Como Putin, ele nunca teve nenhum cargo eletivo antes de se tornar presidente. Seu nome era raramente mencionado como um dos possíveis para suceder Putin. Muitos suspeitavam que quem quer que sucedesse Putin seria pouco mais que um simples ocupante do cargo. A Constituição russa proibiu Putin de atuar em três mandatos consecutivos como presidente, então, ao invés de revisar a Constituição, Putin simplesmente providenciou um substituto confiável. Se quisesse retornar à presidência, sempre poderia fazê-lo. Assim, qualquer que fosse o próximo provável presidente, seria apenas mais uma peça da fachada democrática de Putin. Levou menos de 24 horas para a confirmação dessa impressão. Em 11 de dezembro de 2007, quando os russos foram informados de que ele era a escolha de Putin para presidente, Medvedev foi à televisão e apelou a Putin para que este servisse como seu primeiro-ministro.[85] "Qual é o principal sonho de Putin? Permanecer no poder até o fim, como todos", diz Boris Nemtsov, líder oposicionista. "De acordo com nossa Constituição, temos apenas dois mandatos. É por isso que ele sugeriu Medvedev como seu sucessor. Foi seleção, não eleição."[86]

Pouco menos de três meses, em 2 de março de 2008, Medvedev venceu com uma vitória aparentemente significativa. Naquela noite, vestindo uma jaqueta de couro e jeans, ele celebrou o evento juntamente com Putin em um show de rock ao ar livre na Praça Vermelha. Aos 42 anos, ele era um jovem, simpático, um protegido um tanto apagado. O antigo advogado de São Petersburgo tinha feito muito pouco para se destacar entre os eleitores russos, com vagos pronunciamentos sobre seu desejo de combater a corrupção e promover a obediência às leis. Como me disse um de seus conselheiros, com tão pouco tempo entre seu início e sua eleição, era como se ele não tivesse qualquer visão ou programa de como conduzir a Rússia.[87] Entretanto, do ponto de vista de Putin, talvez essa fosse uma de suas maiores qualidades como um sucessor temporário. Como Medvedev disse ao povo na Praça Vermelha naquela noite, sua vitória significava que "seremos capazes de manter o curso sugerido pelo presidente Putin."[88]

Todavia, o simples fato do país estar sendo conduzido, ao menos formalmente, por gente nova proporcionou a algumas pessoas esperança. Medvedev não tinha a

---

85. Ver Levy (2007).

86. Entrevista do autor com Nemtsov, 2010.

87. Entrevista do autor com o consultor de Medvedev. Moscou, abr. 2010.

88. Ver Levy (2008).

experiência de Putin como membro da KGB, e era muito jovem durante as reformas dos anos 1980. Alguns observaram que Medvedev provavelmente teve alguma participação nas primeiras reformas de Putin, antes de se tornar mais autocrático. Seu treinamento sugeria que ele talvez valorizasse o papel das instituições e proteções legais, não apenas o poder. Arseny Roginsky, um antigo dissidente soviético e cofundador do Memorial, uma das ONGs russas mais respeitadas, contou-me quando nos encontramos em Moscou: "Normalmente, os céticos estão sempre certos na Rússia. E, acredite, não sou a favor de Medvedev. Mas precisamos de esperança, precisamos ter esperança em alguma coisa".[89]

As próprias palavras de Medvedev alimentaram tais esperanças. Em um ano de sua administração, seus discursos e declarações eram frequentemente temperados com certa crítica ao sistema político que ele então conduzia.[90] Descreveu a democracia do país como "fraca". Disse que a economia era "primitiva". Chamou o sistema social do país de "semissoviético". Num discurso na Duma, Medvedev declarou: "Nosso Estado é o maior empregador, o mais ativo editor, o melhor produtor, seu próprio juiz, seu próprio partido, e, no final, seu próprio público. Tal sistema é absolutamente ineficiente e cria apenas uma coisa: corrupção."[91] No mínimo, Medvedev agia como um presidente que compreendia o sistema e suas falhas.

E esse era o problema. Não havia nada mais. Medvedev era bom de retórica, mas ruim de resultados. No início, discursou sobre os perigos da corrupção, mas nada mudou. Prometeu que as pessoas envolvidas com as mortes de jornalistas seriam levadas à justiça, mas os casos permaneceram sem solução. Revelou propostas de reforma na polícia e no Ministério do Interior. A população mal percebeu e, de acordo com o Centro de Pesquisa Levada, 66% não acreditavam que suas reformas dessem em alguma coisa.[92] Também não ajudou o fato de Medvedev reclamar publicamente, no começo de 2010, que cerca de 40% de suas diretrizes presidenciais foram ignoradas por governadores e ministros.[93]

Medvedev podia ser tão infeliz quanto algumas vezes parecia. Afinal, ele poderia ter sido o presidente da Federação Russa, mas era como se não tivesse muitos pontos de apoio na sua administração.[94] Os seguidores de Putin – os ministros, a Duma, a Rússia Unida, o serviço de segurança – essencialmente o cercavam por

89.   Entrevista do autor com Arseny Roginsky. Moscou, abr. 2010.
90.   Ver Ram (2009).
91.   Ver Treisman (2011, p. 141).
92.   Ver Most (2010).
93.   Ver Bohm (2010).
94.   Ver Treisman (2011, p. 144).

todos os lados. Uma vez que esses políticos e burocratas tanto se beneficiaram pessoalmente do sistema construído por Putin, que interesses teriam em reformas? De fato, a despeito de suas críticas verbais, alguns viam o papel de Medvedev – tanto de presidente como de crítico principal – como uma inovação legítima. A liderança em conjunto, Medvedev e Putin, assumiu a aparência do mocinho e do bandido. "Pode-se ver toda a tática de Medvedev-Putin como uma abordagem de comunicação muito interessante, onde Medvedev dirige-se às minorias e Putin às maiorias", diz Grigory Shvedov, editor do jornal eletrônico russo *Caucasian Knot*. "Medvedev está falando especificamente sobre os problemas. É uma divisão muito inteligente. Estão se dirigindo a diferentes lados da sociedade – àqueles que são ricos e àqueles que são pobres, àqueles que apoiam o regime e àqueles que protestam."[95]

Todavia, os sinais de que Medvedev pudesse realmente abraçar ideias divergentes do "poder vertical" de Putin cresceram com o tempo. E se havia um laboratório cultivando tais ideias, era o Instituto de Desenvolvimento Contemporâneo, uma usina de ideias liberais que, dizem, assessorou Medvedev. Medvedev atuou como presidente desta usina de ideias, e há rumores que ele deu suporte à fundação da organização como um analista independente de sua administração.[96, 97] Um mês antes da minha chegada em Moscou, o instituto publicou um relatório que balançou o *establishment* político russo.[98] Na essência, os autores atingiram quase todos os aspectos da estrutura de poder de Putin. Entre as propostas, o relatório recomendava a restauração das eleições diretas para governador, a criação de uma autêntica democracia multipartidária, a abolição da FSB (sucessora de KGB) e o término do controle estatal da mídia.

Se Medvedev tivesse algum lampejo independente, talvez os pesquisadores desta usina de ideias fossem os alimentadores disso. Encontrei-me com Evgeny Gontmakher, vice-diretor do instituto e um dos autores do relatório, e perguntei a ele qual era a finalidade do relatório. "Nosso principal objetivo é uma provocação", ele respondeu. "[A ideia] é democracia – não imitação de democracia. A reação de Medvedev foi muito boa. Não oficial, mas muito boa." A provocação, como explicou Gontmakher, era direcionada àqueles que tipicamente promovem ideias menos pluralistas. Tal como Gleb Pavlovsky.[99]

---

95. Entrevista do autor com Grigory Shvedov. Moscou, abr. 2010.

96. Igor Yurgens, o diretor da "usina de ideias", contou à *Newsweek* em 2009 que Medvedev tinha dito que o Kremlin não precisava de "bajuladores".

97. Ver Nemtsova (2010).

98. Ver Barry (2010a).

99. Entrevista do autor com Evgeny Gontmakher. Moscou, abr. 2010.

Por acaso, realmente levantei questões sobre este relatório com Pavlovsky, quando nos encontramos poucos dias antes. Eu disse a Gontmakher o que Pavlovsky me contou: "É uma ficção política". Tão logo eu disse isso, Gontmakher caiu na gargalhada. "Um propagandista. Ele é muito esperto, e está certo. É uma ficção, uma ficção científica, eu diria" . Todavia, como explicou, na competição pelo pensamento de Medvedev, não importava. O relatório tinha marcado um ponto ao influenciar Medvedev, e estava em desacordo com as diretrizes de Pavlovsky, portanto, naturalmente ele o estava criticando. "Pavlovsky é uma pessoa muito perigosa. [Suas ideias] são todas sobre manipulação. Ideias de como controlar a TV, como controlar a sociedade civil. Mas este tal de poder vertical não é ficção científica".

O relatório do Instituto despertou um número de ideias para a reforma. Então, perguntei a Gontmakher, qual seria a melhor reforma de todas? Ele não hesitou. "O primeiro passo é libertar a TV. Será uma atmosfera absolutamente nova aqui. Novas caras. Discussões abertas. Será um novo começo na nossa história política. É por isso que Putin no começo fechou a TV. E ele estava certo, dada a sua posição", observou Gontmakher. "Mas mudar a TV leva apenas um dia. É preciso apenas a decisão de duas pessoas."

Libere a TV. Nada de mudança nas leis eleitorais, nada de maior respeito pelos direitos humanos, nada de ONGs mais genuínas, nem mesmo de queda no preço do petróleo. Era uma significativa sugestão desse economista e conselheiro político. Ele começaria com a liberdade de expressão dos meios de comunicação. Os russos já desfrutam do acesso irrestrito à internet e ela tem progressivamente se tornado um dispositivo que permite as sátiras políticas, assim como a exposição dos desmandos oficiais. Mas, mesmo com o rápido crescimento do número de russos on-line, 80% do país conseguem acesso às notícias e informações pela TV. Na visão de Gontmakher, acabar com a habilidade do Kremlin de sufocar a livre circulação de informações, ideias e conversas por esse tipo de mídia seria um bom começo.

Poucos meses antes, Medvedev chamou a atenção para um manifesto que ele publicou, altamente crítico ao regime vigente. Fui informado que o Instituto de Desenvolvimento Contemporâneo tinha algo a ver com essa iniciativa. De várias formas, este artigo, intitulado "Avante Rússia", previu muitas das ideias contidas no relatório que me fez falar com Evgeny Gontmakher. Mas, o que me chamou a atenção foi como as ideias reformistas do presidente foram recebidas. Embora os políticos russos tenham dissecado as palavras do presidente, a televisão estatal mostrou-se indiferente. Naquela noite, as notícias se concentraram numa visita que Putin fez a uma fábrica ao sul de Moscou. O manifesto de Medvedev – uma proposta do presidente do país para efetivamente refazer o sistema político – foi enterrado no fundo da transmissão. Gontmakher poderia estar certo defendendo a hipótese de que a liberação da TV num sistema autoritário como o russo poderia ter um efeito poderoso e talvez imediato. Mas eu não teria tanta certeza se essa seria uma decisão a ser tomada por duas pessoas – ou uma.

"Este é o Mubarak II"

A partir do momento que Dmitri Medvedev tornou-se presidente, uma questão pairou sobre a Rússia: Putin retornaria? Durante quatro anos jornalistas e Kremlinologistas analisaram minuciosamente os discursos, declarações e raros desentendimentos públicos dos dois homens, à procura de sinais da crescente independência de Medvedev ou da nostalgia de Putin pelo *status quo*. Putin permaneceu fechado. Ele disse a Larry King que ele e Medvedev se consultariam e "chegariam a uma decisão". Em setembro de 2010, quando Putin foi questionado sobre seus futuros planos políticos no grupo Valdai, um encontro de acadêmicos estrangeiros e especialistas russos, ele lembrou aos presentes que Franklin Roosevelt atuou em quatro mandatos como presidente dos Estados Unidos.[100] As especulações sobre quem se apresentaria como candidato da Rússia Unida estavam confusas devido ao fato de ambos frequentemente se comportarem como requerentes do cargo. A viagem de 1.300 milhas pela Sibéria em um Lada russo (que supostamente quebrou pelo menos duas vezes) tinha ares de inauguração de uma campanha política antecipada.[101] Por outro lado, Medvedev dizia repetidamente que estava aberto para a ideia de um segundo mandato. No fim do verão de 2011, ele disse ao *Financial Times*: "Qualquer líder que ocupe um cargo como o de um presidente é simplesmente compelido a querer concorrer para [reeleição]". Era como se Medvedev estivesse sempre aguardando a permissão de Putin.[102]

Um ano e meio antes do anúncio da decisão, perguntei a Nemtsov, líder oposicionista, quem ele imaginava que seria o presidente em 2012. "Acho que Medvedev tem 10% de chances e Putin 90%", ele respondeu.[103] Quando Medvedev tornou-se presidente em 2008, um dos seus primeiros atos (praticamente sem debate público) foi aumentar o mandato presidencial de quatro para seis anos. Isto significaria que se Putin retornasse, comandaria o país por mais 12 anos. Este fato parecia preocupar muito Nemtsov. "O pior cenário para a Rússia seria o retorno de Putin",

---

100. Ver Vladimir (2010).

101. Ver Knight (2011).

102. Ver Buckley; Clover e Thornhill (2011).

103. Entrevista do autor com Nemtsov, 2010.

ele afirma. "Seria terrível. Significa que ele governaria o país por 25 anos [no total]. É o Mubarak II."

Em 24 de setembro de 2011, no congresso do partido Rússia Unida, as especulações chegaram ao fim. Falando para um auditório lotado com 1.100 membros do partido, Medvedev abriu um singelo sorriso quando disse: "Acho que seria correto que o congresso apoiasse a candidatura do presidente do partido, Vladimir Putin, ao posto de presidente do país".[104] O auditório instantaneamente se ergueu em aplausos. Nesse novo arranjo, os dois homens simplesmente trocariam de papéis, Putin volta à presidência e Medvedev assume o posto de primeiro-ministro. Quando Putin subiu ao pódio para se dirigir à multidão, deu uma pausa e bateu levemente no microfone, o qual aparentava estar com defeito. Então, amenizando a situação, disse confiante aos presentes que não precisaria do microfone: "Nada nos deterá. Não perdi minha voz de comando".[105] A eleição seria dentro de seis meses, mas o assunto parecia estar resolvido: Putin estava de volta – como se alguma vez tivesse deixado o posto.

Fazendo uma retrospectiva, a época de Medvedev parecia estar destinada a se tornar uma histórica nota de rodapé, uma ponte ligando um capítulo do reinado de Putin a outro. Mas, como Putin poderia justificar sua volta? Quando foi empossado pela primeira vez, em 2000, prometeu certeza e estabilidade aos russos. Prometeu às famílias russas que elas poderiam planejar o futuro de suas crianças "não por um mês, mas por anos e décadas". Porém, depois de 12 anos essas promessas continuavam vazias. Na verdade, na véspera do anúncio do retorno de Putin, uma agência independente de pesquisa indicava que 75% dos russos ainda não conseguiam se planejar por mais de dois anos, e 22% desejavam deixar o país, um aumento três vezes maior do que quatro anos atrás e a maior porcentagem desde o colapso da União Soviética.[106]

Embora Putin continuasse mais popular do que qualquer outra figura política, seus números de pesquisa estavam em declínio há meses. Os russos começaram a fazer comparações nada lisonjeiras entre Putin e os 18 anos de reinado do líder soviético Leonid Brezhnev.[107] Esse sentimento provavelmente foi reforçado depois de uma montagem que se espalhou rapidamente pela internet: era a imagem de um

---

104.   Ver Russia's (2011).

105.   Ver RT (2011).

106.   Ver Time (2011).

107.   Dois mandatos presidenciais adicionais tornariam Putin o governante russo de mais longa permanência desde Stalin.

64 | Escola dos ditadores

Putin envelhecido, vestindo um dos velhos uniformes soviéticos de Brezhnev, e o peito coberto com medalhas militares. Putin pode ter prometido estabilidade, mas a cada dia se assemelhava com estagnação.

Entretanto, em dezembro de 2011, o estado letárgico que se estabeleceu sobre a vida política russa por tanto tempo foi inesperadamente abalado. Em 4 de dezembro, os russos foram às urnas para a eleição nacional da Duma. Como em situações anteriores, a votação foi adulterada. Momentos depois do encerramento, vídeos mostrando manipulação de votos, multiplicação de cédulas e outras violações foram postados no Youtube, espalhando-se rapidamente. Entretanto, diferente de outras eleições, os russos não mais se comportaram como meros espectadores das fraudes. Dezenas de milhares de cidadãos tomaram as ruas de Moscou promovendo duas massivas passeatas antigoverno antes do fim do mês, o maior protesto na Rússia desde o colapso da União Soviética. Como quase todos os movimentos populares contra regimes autoritários em 2011, sentiu-se a falta de uma liderança atuante. Era, de certa forma, um "poder horizontal" – talvez o antídoto perfeito para o cuidadoso e preparado "poder vertical" de Putin.

Os assessores do Kremlin e os membros da Rússia Unida com quem tive contato já tinham ressaltado a habilidade do regime de produzir estabilidade e manter uma rígida vigilância à opinião pública. Mas Putin e sua equipe demonstraram ter ouvidos insensíveis. A grosseira manipulação das eleições da Duma, seguida pelo descarado anúncio da intenção de Putin de retornar à presidência provocou uma domesticada classe média há muito considerada apática. É, na verdade, um padrão bastante familiar em sistemas autoritários. Onde os resultados são produzidos e as consequências amplamente predeterminadas, os oficiais deste regime ultrapassarão seus limites ou cometerão gafes embaraçosas na tentativa de prolongar sua permanência no poder. O perigo para o regime é que esses erros, quando revelados, servem como estopim para maiores oposições ou protestos contra a legitimidade governamental. Foi precisamente essa cadeia de motivos – insegurança do regime, eleições fraudulentas e ultraje público – que inspirou o Movimento Verde[108] a tomar as ruas no Irã em 2009 e deflagrar as desavenças que realmente derrubaram Hosni Mubarak do Egito, em 2011.

Na verdade, as eleições fraudulentas dispararam movimentos que terminaram com muitos regimes ditatoriais. Os ativistas dirão que a razão é simples: o povo geral-

---

108. O *Movimento Verde* iraniano caracterizou-se por uma série de protestos e manifestações contestando o resultado da eleição presidencial do Irã em 2009, a qual nomeava vitorioso o presidente Mahmoud Ahmadinejad. A designação "movimento verde" ou ainda "mar verde" deu-se devido à cor adotada pela campanha do candidato reformista, Mir Hussein Mussavi. (N.E.)

mente se sente de fora das brigas entre a oposição e a situação, inclinado a ver ambos os lados com suspeita. A disputa parece ser ideológica, longe das preocupações diárias da população. Todavia, quando se sabe que o Estado roubou seu voto, a batalha se torna pessoal. Se o descontentamento é real, gente que nunca demonstrou ter uma atitude mais drástica aparece, pois se sente roubada. Esses são os momentos que podem transformar um pequeno grupo de agitadores oposicionistas em um enorme movimento nacional por mudanças.

Putin não tinha a intenção de ceder o poder facilmente. Então, o Kremlin começou a demonstrar as habilidades que por muito tempo impediram o surgimento de genuínas mudanças políticas. Sua estratégia tinha o objetivo de criar discórdia dentro da oposição. As figuras odiadas do regime foram expulsas. O oligarca russo Mikhail Prokhorov anunciou que desafiaria Putin nas próximas eleições presidenciais, uma ação que muitos suspeitavam que fosse arquitetada pelo Kremlin para persuadir os manifestantes de que eles já tinham conseguido uma vitória parcial. Em sua primeira resposta televisionada aos protestantes, Putin chegou a dizer que estava "satisfeito" em ver "pessoas jovens, ativas, demonstrando suas opiniões".[109] Ele tentou associar sua administração ao novo gosto popular, dizendo, "se esse é o resultado do regime de Putin, então é bom".

Obviamente, as pessoas estavam nas ruas por causa do "regime de Putin" – mas não porque o regime tinha adotado uma sociedade civil colaborativa e estável. De fato, era justamente o contrário. Putin chegou ao poder prometendo um retorno à estabilidade aos russos. Doze anos mais tarde, seu desprezo por esse mesmo povo provocou o tumulto no país.

---

109. Ademais, Putin não perdeu a oportunidade de insultar os manifestantes, comparando as fitas brancas que eles pregaram em suas roupas com preservativos usados.

II – Inimigos do Estado

Não era seguro para Pu Zhiqiang voltar para casa. Ou, sendo mais preciso, ele poderia até voltar, mas, uma vez lá, era pouco provável que saísse. Durante as 48 horas anteriores, as autoridades chinesas detiveram mais de uma dúzia de advogados e ativistas. Mais de 80 dissidentes foram detidos em prisão domiciliar. Dois advogados simplesmente desapareceram. Pu, um conhecido jurista especializado em liberdade de expressão, estava entre os então chamados advogados dos direitos civis que, sem dúvida, seriam varridos diante de qualquer confusão do regime.[110] Pu não tinha certeza sobre o porquê ele ainda não tinha sido pego. Mas tinha uma ideia: ficou fora em uma viagem de negócios por uma semana. Simplesmente ele não estava em casa. Quando o encontrei, ele ainda estava em Xangai e planejava retornar a Beijing em poucos dias. Ele me indicou uma casa de chá próxima a seu apartamento onde poderíamos nos encontrar, marcamos sábado à noite. Por uma questão de segurança, ele desceria no Aeroporto Internacional de Beijing, indo direto para a casa de chá. Caso contrário, nossa reunião talvez jamais acontecesse. Pu disse-me: "algum líder dirá à polícia secreta: 'Não, o Sr. Pu não poderá encontrar [ninguém] amanhã'".[111]

Cheguei à China 10 dias após a queda de Hosni Mubarak. Jornalistas e equipes de televisão ainda estavam pelas ruas próximas à Praça Tahrir, captando as primeiras impressões de como o povo egípcio se levantou e forçou o término do reinado de um ditador. A revolução que começou na Tunísia e então se espalhou pelo Egito agora estava respingando pelo Oriente Médio e Norte da África. Cada dia havia novas

---

110. Ele tinha sido detido há poucos meses, um pouco antes do intelectual e dissidente chinês Liu Xiaobo receber o Prêmio Nobel da Paz.

111. Todas as citações de Pu Zhiquiang foram extraídas de uma entrevista com o autor em Beijing, fev. 2011.

notícias sobre rebeliões populares pipocando no Iêmen, em Bahrein, na Líbia, na Jordânia, no Irã e em muitos outros lugares.

Na China, houve apenas pequenos rumores. Poucos dias antes, uma convocação anônima para uma tal de Revolução do Jasmim Chinesa – uma referência à rebelião popular que aconteceu na Tunísia – espalhou-se nas redes sociais e no equivalente chinês do Twitter. Não passou disso. As revoluções do mundo árabe não chegaram a inspirar marchas, passeatas ou protestos contra o Partido Comunista chinês. Ainda assim, mesmo estando bem distante do epicentro daquelas demonstrações de protestos, Beijing estava tensa. O simples fato de que uma onda crescente de pessoas a milhares de quilômetros dali estavam se movimentando para desafiar regimes autoritários deixou a liderança chinesa apreensiva. Em uma reunião especial no dia após a queda de Mubarak, líderes seniores chineses discutiram a necessidade de endurecer o controle de toda a mídia e os debates eletrônicos sobre os acontecimentos no Oriente Médio.[112] Qualquer menção a "jasmim" era apagada dos sites, das salas de bate-papo e fóruns de debates. Uma semana depois, Hu Jintao reuniu os líderes dos principais partidos para uma "sessão de estudos" especial onde ele enfatizou a necessidade de manter a estabilidade do país em vista das crescentes demandas sociais.

Percebi sinais de desconforto do regime quando me acomodei no hotel. Enquanto desfazia a mala, sintonizei na CNN Internacional, ouvindo a entrevista de um analista sobre as rebeliões que estavam acontecendo na Líbia e em outros lugares. Assim que a âncora perguntou como os líderes chineses estavam encarando os acontecimentos, a tela da TV apagou. Pouco mais de um minuto depois, a tela da TV voltou ao normal, a tempo de ver a âncora agradecer seus convidados pelas análises. O regime não se importava se a CNN transmitisse os acontecimentos do mundo árabe, mas não admitia qualquer especulação sobre o significado de tais eventos para a China.

Estava claro o que esses protestos poderiam significar para Pu. Muitos advogados e ativistas – pessoas que ele tinha como colegas, pessoas que ele admirava – já tinham sido detidos, e ele tinha praticamente certeza de que seria o próximo. O amplo leque de prisões surpreendeu as pessoas dentro e fora da China e sugeria que o regime pretendia redefinir os limites do que era permitido. Nas semanas seguintes, o Governo envolveria ainda mais gente, incluindo importantes dissidentes como a artista e cineasta Ai Weiwei. Todavia, a despeito dos riscos, Pu estava determinado quanto ao nosso encontro. Às 21 horas, ele entrou na casa de chá no distrito Fengtai, cerca

---

112.   Ver Link (2011).

de 30 minutos do centro de Beijing. Ele atravessou a sala e me cumprimentou com um forte aperto de mão.

Pu tinha uma presença marcante. Com um corte de cabelo curto e um queixo protuberante, esse advogado dos direitos civis era grande e vigoroso. Seu ombro e membros pareciam ocupar todo o espaço do seu assento. Com um cigarro na boca e um sorriso enigmático, suas intervenções eram curtas e impactantes, parecendo mais um grunhido do que propriamente uma voz. Claro que a polícia secreta sabia do nosso encontro, ele me disse logo de cara. Seus telefones estão grampeados, de modo que eles ouvem cada palavra. E nunca estão muito longe. Em Xangai, os "guarda-costas" de Pu se hospedaram no mesmo hotel que ele, e voltaram a Beijing no mesmo avião. Sabendo que eles tinham ouvido a chamada telefônica, Pu os informou sobre nosso encontro um dia antes, tentando acalmá-los. "Eu disse a eles que tínhamos marcado este encontro há muito tempo, que não tinha nada a ver com suas preocupações, os jasmins", disse-me Pu. "Se tentarem me impedir de encontrar alguém, é ilegal. Vocês podem fazer seu trabalho, mas não podem impedir que eu faça o meu. Se discordarem, detenham-me, levem-me embora", disse Pu aos seguranças.

Eu nunca tinha me encontrado com Pu, então fiquei bastante surpreso com o modo como ele, sem o menor constrangimento, tratou os seguranças que o seguiam em todo lugar. O que eles disseram? Perguntei. "Não disseram nada", Pu respondeu, dando uma longa tragada em seu cigarro. "Eu lhes disse sem perguntar. Encontro meus amigos com sua permissão? Bobagem."

O estacionamento da casa de chá estava totalmente escuro. Se estavam nos observando do lado de fora, não tínhamos como saber. Pu achava que não, porém não tinha certeza. De qualquer forma, um dos principais defensores da liberdade de expressão na China queria falar, e estava determinado a não ser contrariado.

As ferramentas do tirano

Os autoritários de hoje anseiam pelo tipo de legitimidade que só a lei pode fornecer. Para os regimes que procuram mascarar sua verdadeira natureza com uma fachada democrática, a lei é uma das armas mais poderosas de que eles possam dispor. Ela oferece ao governo o pretexto necessário para atingir seus objetivos, tudo às escuras. Assim, se você quiser acabar com uma ONG, não precisa prender seus membros. Você manda agentes de saúde para fechar temporariamente sua matriz, para que a resolução de uma série de alegadas violações do código sanitário sejam providenciadas. Se você estiver incomodado com o que algumas rádios estão transmitindo, não precisa solicitar ao Ministério das Comunicações que encerre suas atividades. Melhor, envia fiscais do imposto de renda para auditar os livros da emissora que, obviamente, encontrarão irregularidades financeiras que força-rão seu fechamento temporário. Na verdade, até mesmo esses passos podem ser desnecessários. A simples ameaça de sanções legais ou revisão administrativa pode encorajar o comando das emissoras a se adequar à real autocensura que atende os interesses do regime – tudo isso sem jamais estabelecer qualquer punição. A lei, regras e procedimentos podem ser as ferramentas mais eficientes para um ditador estrangular um oponente, precisamente porque essas armas parecem ser benignas, apolíticas e objetivas.

O quadro se torna mais complicado pela dependência do regime nas leis de es-tabilidade e desenvolvimento. Muitos governantes – autoritários ou não – apreciam o valor de um sistema judiciário imparcial. Tribunais confiáveis e profissionalmente administrados oferecem aos cidadãos uma forma de resolver seus conflitos e reduz o desejo de procurar correção ou compensação por meio de protestos ou demons-trações públicas. Encorajam os negócios e investimentos externos, ao mesmo tempo em que escondem a corrupção e outras mazelas. Mas um sistema legal e confiável torna-se problemático uma vez que começa a ameaçar o monopólio político do regi-me. Governos autoritários que usam a lei para facilitar seu comando ficam expostos a uma pequena, mas real vulnerabilidade: se o regime pode procurar refúgio na lei, seus oponentes também podem. Zhang Jingjing algumas vezes é considerada como a "Erin Brockovich da China". Advogada especialista em meio ambiente, já ganhou algumas das maiores ações judiciais contra companhias chinesas e está frequente-mente se enfentando com oficiais do Partido Comunista. "O Partido Comunista sempre fala sobre leis; querem conduzir o país pelas leis", Zhang disse-me em seu escritório de Beijing. "Sou a favor da lei, mas é diferente. Minha lei é diferente da lei do Partido."[113]

Em regimes autoritários, advogados, ativistas e organizações políticas têm se tor-nado adeptos do uso das regras do regime contra ele mesmo. Na China, advogados dos direitos civis como Pu Zhiqiang têm assumido as causas dos mais desfavore-cidos e forçado o regime a se defender publicamente. Os oficiais chineses podem ainda violar a lei, mas o fato de tentarem demonstrar que estão atuando dentro dos procedimentos legais oferece certa vulnerabilidade que pode ser explorada por ou-tros. O Governo russo pode regularmente ignorar seu próprio código legal, mas seu desejo de manter fortes ligações com os países europeus o tem submetido às regras das Cortes Internacionais como o Tribunal Europeu dos Direitos Humanos.

---

113.   Entrevista do autor com Zhang Jingjing. Beijing, fev. 2011.

Organizadores políticos e protestantes entendem que os regimes autoritários sempre se baseiam em ficções legais. Entretanto, agindo como se essas ficções legais fossem verdadeiras, podem anular os esforços de um regime de se passar despercebido pela população. Mesmo se o regime for aparentemente "todo-poderoso", suas próprias leis – e a hipocrisia de desobedecê-las – podem inibir sua habilidade de agir e, assim, encorajar outros a desafiá-lo. Nenhum desses advogados ou ativistas tem qualquer ilusão sobre a corrupção nos tribunais ou a integridade dos sistemas políticos que eles procuram mudar. Todavia, trabalham pacientemente, tijolo por tijolo, para expor as inconsistências e simulações, conseguindo pequenas vitórias que pululam pelo sistema. Yevgenia Chirikova, uma das mais atuantes e famosas ativistas do meio ambiente, explicou-me sua visão. No seu ponto de vista, ganhando ou perdendo, não faria diferença. Poderia usar qualquer resultado a seu favor num sistema autoritário. "Algumas vezes, as perdas produzem maiores efeitos na sociedade. Aceito qualquer um dos resultados, pois ambos seriam igualmente bons para mim. Queremos mostrar que nosso governo mente."[114]

Por outro lado, para os autoritários ávidos pela legitimidade que só a lei pode oferecer, essa (a lei) – até mesmo em sua versão distorcida – pode fazer com que eles pareçam nus e totalmente ilegítimos. E de fato, não seria muito diferente disto.

"Sangue teimoso" (*Stubborn blood*)

Pu Zhiqiang credita a seus dois pais o que ele é hoje – "o pai que me deu a vida e o que me criou". Quando Pu estava crescendo em uma região rural da província de Hebei, sua família era modesta, mas relativamente confortável comparada com a maioria dos seus vizinhos. Ele descreveu seu pai biológico como honesto e de "sangue teimoso". "Tenho sangue teimoso também, e tenho essa personalidade persistente que, mesmo que eu saiba que há obstáculos, não me deixa retroceder", Pu disse-me enquanto aguardávamos nosso chá. Ele foi criado pelo seu tio que era um empreendedor e homem de negócios antes da fundação da República Popular, em 1949. Embora tenha apoiado a Revolução, o tio de Pu foi perseguido pelos comunistas depois que assumiram o poder. Foi uma amarga lição que ele passou para seu sobrinho. "Ele me dizia: 'o Partido Comunista não mantém a palavra. Eles não têm moral'."

Pu e seus parentes eram bons nos estudos. Das seis pessoas em sua aldeia que entraram na universidade, três vieram da família de Pu. E Pu era particularmente brilhante. Nos exames de admissão à faculdade ele obteve a maior nota da região e

---

114.   Entrevista do autor com Yevgenia Chirikova. Moscou, abr. 2010.

foi classificado como um dos cem melhores em toda a província.[115] Por causa de suas notas, Pu foi aceito na Universidade de Nankai, uma das mais prestigiadas da China, onde ele estudou história e chinês clássico. Uma vez lá, atraiu o interesse da Liga da Juventude Comunista que estava sedenta para recrutar jovens estudantes de sucesso. Um dos professores de Pu o abordou e perguntou se ele tinha interesse em se juntar ao Partido Comunista. Se quisesse, o professor poderia ajudar: "Eu disse-lhe: 'Dê-me uma semana para pensar'". Sete dias depois, Pu deu a resposta. Ele disse a seu professor: "Jamais me ligarei a este partido". Na época, ele tinha 19 anos. Ele já compreendia o preço de tal decisão e também os benefícios que perderia por tal recusa. O fato de pertencer ao Partido potencialmente traria privilégios, o que certamente seria bom para sua carreira. Mas ele não se esqueceu das lições do seu tio: o partido não era confiável. Na opinião de Pu, mesmo sendo um jovem estudante de história, a principal especialidade do Partido Comunista era sua habilidade de fabricar a história. "Eles fazem com que pessoas e coisas desapareçam conforme suas necessidades", disse-me. Ele estava totalmente convicto sobre sua decisão. E, uma vez tomada, sua "personalidade persistente" assegurava que ele jamais voltaria atrás. Acrescentou: "Fechei as portas quando tinha 19 anos".

Ele podia ter fechado as portas, mas ainda não tinha pago seu maior preço, o que vem a ocorrer somente vários anos depois, em 1989. Enquanto formando da Universidade de Ciências Políticas e Legislação da China, Pu organizou seus colegas de classe e conduziu o primeiro grupo de estudantes da sua universidade para a Praça Tiananmen. Ele participou da greve de fome na Praça, permanecendo lá até 4 de junho, quando os soldados chineses atiraram nos protestantes e dispersaram todos os estudantes. Após o massacre, Pu recusou-se a cooperar com as autoridades ou rever seu papel nos protestos. De fato, ao invés de mudar de ideia, ele prestou uma homenagem aos estudantes que morreram naquela noite retornando à praça no aniversário do evento. Enquanto se esforçava para se esquivar das balas dos soldados, Pu fez uma promessa. "Prometo que, se conseguir sair vivo daqui esta noite, voltarei todos os anos." Durante os últimos três anos, ele tem sido detido pela polícia que mantém a praça sob rígidas medidas de segurança na época do aniversário.

Mas sua recusa em ajudar o partido a limpar esta mancha em sua história, demonstrando um suposto arrependimento, é o que tem lhe causado os maiores problemas. Pu tinha planejado tornar-se um professor, porém, quando se formou, ninguém contratou o aluno brilhante. "Se você se recusa a admitir certas coisas, não poderá ser um professor", explicou-me. "Venho pagando o preço durante anos."

---

115. Quase 2 milhões de estudantes se apresentaram em todo o país para os exames naquele ano.

Pu lutou para conseguir trabalho depois da formatura. Vagava de um subemprego a outro. Com uma mãe em idade avançada e uma jovem família para cuidar, ele sentiu a pressão de ser o provedor da casa, mas não queria um emprego que significasse o comprometimento de suas crenças. "Eu não queria mudar minha opinião sobre o que o Partido Comunista tinha feito em 1989", disse-me Pu. Um de seus antigos professores recomendou que ele tentasse se tornar um advogado. Durante seu tempo livre, Pu estudou direito e passou no exame da ordem em 1995.

O Direito foi o refúgio perfeito. Pu poderia trabalhar no ramo comercial, ajudando a prover as necessidades da família. Além disso, acabou se identificando com as leis. Acreditava que, se assumisse os casos certos, poderia desafiar o partido cujos métodos detestava. Pu contou-me quão influenciado se tornou pela leitura de duas coisas: os ensaios sobre liberdade de expressão do dissidente chinês Hu Ping e a decisão da Suprema Corte americana no *The New York Times versus Sullivan*, um marco nas ações judiciais sobre liberdade de imprensa. O homem com "sangue teimoso", que recusou o convite de entrar para o partido e então não aceitou ajudá-lo a encobrir seus crimes, trabalharia para ajudar outras pessoas a fortalecer suas crenças e falar o que realmente pensam. "Esperávamos mudar o sistema em 4 de junho de 1989", Pu confessou. "Eu costumava pensar que poderia revirar o céu e a terra. [Agora] acho que talvez possa fazer uma ou duas coisas realmente relevantes em minha vida."

Uma das últimas causas sobre liberdade de expressão que Pu assumiu foi a defesa da revista *China Reform*. Em um artigo intitulado "Quem está separando a gordura?", um jornalista chamado Liu Ping relatou como as transações comerciais de uma empresa de desenvolvimento imobiliário resultaram em grandes perdas que levaram à demissão de vários trabalhadores. Liu baseou seus relatos em documentos oficiais, como também nos próprios arquivos da corporação. Fora da China isto seria uma história bastante irrelevante. Todavia, no que já é conhecida como uma famigerada tática, a companhia processou a revista por difamação, reivindicando mais de 700 mil dólares em danos, soma essa que efetivamente fecharia o periódico. Depois de ouvir a defesa de Pu no caso da reportagem de Liu, o Tribunal de Guangzhou deliberou que os jornalistas não poderiam ser penalizados por notícias baseadas em fontes confiáveis. Essa foi uma das primeiras causas sobre difamação de Pu que se tornou um marco na defesa pela liberdade de expressão chinesa.

Pu rapidamente assumiu outras causas. Defendeu jornais, revistas e escritores cujo trabalho ofendeu poderosos chefões do partido. Pu começou a fazer seu nome como um dos mais importantes especialistas em liberdade de expressão da China. Nem sempre era bem-sucedido, de fato, raramente. Algumas vezes os melhores resultados eram representados pela ausência de qualquer resultado. Por exemplo, houve o caso de Chen Guidi e Wu Chuntao.[116] O casal tinha escrito um livro que detalhava a tirania e o abuso aplicados por um oficial do partido local em Fuyang, uma cidadezinha na árida província oriental de Anhui. Zhang Xide, o oficial exposto no livro de Chen e Wu, processou os autores por difamação. Tipicamente, réus como Chen e Wu não teriam a menor chance. Quando quem denuncia é um oficial do partido, é raro os juízes, que também são membros do partido, tomarem decisões desfavoráveis. Mas Pu conseguiu um resultado quase que impossível. Nas suas acareações, ele atacou agressivamente as testemunhas de acusação, enfatizando as práticas corruptas que marcaram a atuação de Zhang. Ainda de forma mais decisiva, Pu convocou uma série de testemunhas, a maioria sendo pobres camponeses, que repetiram várias histórias das práticas ilícitas, abusos e a perversa coação da política do filho único,[117] praticados por Zhang. Cada declaração das testemunhas reforçava as evidências das queixas no livro de Chen e Wu. Como Philip Pan – um repórter do *The Washington Post* que compareceu ao julgamento – escreveu, o Tribunal enfrentou uma escolha terrível: "Poderia ignorar as provas apresentadas [por Pu] sobre as transgressões de Zhang e decidir contra os escritores, arriscando despertar protestos que poderiam minar ainda mais a legitimidade do partido. Ou poderia rejeitar o processo de Zhang e, de certa forma, emitir uma poderosa mensagem ao público sobre o uso das leis como uma arma contra o partido".[118]

Diante de tal dilema, o Tribunal optou por uma estratégia diferente: não emitiu nenhuma decisão. Quando encontrei com Pu, fazia mais de seis anos. E ainda não havia qualquer veredicto. Para um advogado especialista em liberdade de expressão na China, aquilo era como uma vitória.

O que mais me tocou na conversa com Pu naquela noite foi a forma como ele lidava com as pessoas que mais conhecia: os membros da polícia secreta designados para monitorar cada passo seu. Sua tática, como tudo o mais, parecia ser no sentido de humanizá-los. Eles podiam estar do lado oposto em um desacordo fundamental – seja a regra do Partido Comunista chinês legítima ou não –, mas isso não anulava o interesse de Pu em respeitá-los como pessoas. Quando toquei nesse

---

116. Para mais informações sobre este caso e sobre Pu Zhiqiang, recomendo ver Pan (2004; 2008).

117. A *política do filho único*, imposta pelo Governo chinês em 1970, consiste numa lei segundo a qual ficava proibido a qualquer casal ter mais de um filho. Sendo uma tentativa de controlar o crescimento populacional e facilitar o acesso aos sistemas de saúde e educação. Todavia, no final de 2013, o Governo chinês oficializou uma significativa reforma. Agora, a nova política permite aos casais ter dois filhos, mas apenas se um dos pais for filho único. Sabe-se que a medida é parte de um plano para aumentar as taxas de fecundidade e aliviar a carga financeira sobre a população chinesa, a qual continua envelhecendo em ritmo acelerado. O país asiático possui aproximadamente 1,4 bilhão de pessoas, sendo o país mais populoso do mundo. (N.E.)

118. Ver Pan (2004).

ponto seu enorme corpanzil levantou-se do assento. "Eu os respeito. Eu os respeito. Constantemente eu lhes digo quais são os procedimentos", Pu respondeu, acendendo o quarto cigarro para enfatizar o ponto. "Se você vem ao meu escritório com a finalidade de me deter, tudo bem, há um procedimento a seguir. É preciso um mandado. Eles não podem providenciá-lo, então o resultado é que nós jantamos, bebemos e conversamos. Precisamos conviver com a polícia secreta. Por que não tentar mudá-la, se você tem a oportunidade?"

Ele conseguiu? Impossível saber. Quando estão pressionados e encurralados pela força dos argumentos de Pu, admitem que concordam com algumas das falas, mas então caem de volta nas velhas desculpas: "Não temos escolha. Se não estivéssemos trabalhando para o sistema de segurança do Estado, o que estaríamos fazendo?". Pu argumenta que eles estão se vendendo barato, que eles têm opções melhores, além das oferecidas pelo Estado. E então, faz com que eles pensem a respeito. "Eu lhes digo, 'a China está passando por uma transformação. Temos praticamente a mesma idade. Daqui a 20 anos, o que vocês dirão aos seus filhos sobre suas atividades nos anos de transformação?'."

Como muitas coisas, esse é um argumento que Pu considera forte, visto que o outro lado não tem outros mais persuasivos. "As pessoas que encontro não têm orgulho do que fazem. A ideologia e a legitimidade do partido já desapareceram. Não há mais interesse. Os *slogans* não funcionam mais. Eles precisam comprar as pessoas; precisam pagá-las para que façam qualquer coisa." Elas podem ser ameaçadas, coagidas ou subornadas, mas, qualquer que seja o caso, os custos envolvidos no comando do regime estão crescendo.

Quase no fim da nossa conversa, perguntei a Pu como ele achava que as revoluções que se espalhavam pelo Norte da África e pelo Oriente Médio estavam afetando a liderança chinesa. "Eles estão ficando cada vez mais com medo, e agora há menos escolhas. Eles têm esta necessidade de manter a estabilidade, e o regime parece menos confiante do que quando tomaram o poder." A mais imediata evidência dessa insegurança foi a situação pela qual eu e Pu tivemos que passar até mesmo para nos encontrarmos naquela noite. Novamente, Pu tirou conclusões do regime que ele tanto conhecia. "Eles estão muito cautelosos; estão nervosos, muito nervosos", disse-me referindo-se ao esquema de segurança que o seguia por todo lado. "Muitos deles têm me acompanhado no jantar apenas por causa dessas [revoluções no Oriente Médio]." Ele confessa que estão perdendo tempo. Pu não é um organizador de protestos, e não está incentivando as pessoas a tomarem às ruas. Se o regime tem inimigos, é porque ele mesmo os criou. "Vocês fazem tantos inimigos e não têm coragem de encará-los. Deveriam encontrar um jeito de provar que são diferentes do Gaddafi", disse-lhes Pu. Perguntei-lhe como seus amigos da polícia secreta reagiram. "Eles concordaram", ele disse.

Assim, tendo passado da meia-noite, saímos da casa de chá em direção ao Jardim Yihai, o conjunto de apartamentos onde Pu mora. Já era domingo e a segunda convocação anônima para uma Revolução do Jasmim chinesa tinha acontecido, pedindo às pessoas para se reunirem em quase uma dúzia de locais pela China mais tarde naquele dia. Nenhum de nós esperava muita coisa disso, mas o acontecimento da convocação eletrônica era significativo. Para Pu, a questão mais importante era se o Governo iria restringir seus movimentos com uma espécie de prisão domiciliar. "Um considerável número de coisas tem acontecido para outras pessoas, e espero não atrair problemas, mas não tenho medo", ele confessa. Para ele havia apenas uma certeza sobre o amanhã. "Ele virá", referindo-se a um membro da polícia secreta. Ao entrar no táxi para ir embora, vi Pu passar pelos portões do seu condomínio de apartamentos. Antes, cumprimentou o segurança.

A ativista acidental

Yevgenia Chirikova mudou-se para Khimki por causa da floresta. Em 2000, ela e seu marido decidiram que já era tempo de deixar o lado urbano de Moscou em troca de um ambiente mais natural. Suas ocupações implicavam em ficar junto à cidade, mas queriam encontrar um local mais calmo para criar a família. Estabeleceram-se em Khimki, uma pequena comunidade a cerca de uma hora do noroeste de Moscou. À primeira vista, essa cidadezinha de quase 200 mil habitantes não é exatamente o que se pode chamar de pitoresca. A maioria dos residentes de Khimki mora em prédios com pequenos apartamentos, do estilo da era soviética, cercados com grades e com estreitas calçadas com faixas de grama entre elas. Durante o auge da Guerra Fria, Khimki era uma cidade fechada, fora do alcance de qualquer estrangeiro e também de muitos russos devido ao trabalho estrategicamente importante desenvolvido ali. Seus habitantes trabalhavam em várias fábricas de equipamentos de defesa aeroespacial, entre eles mísseis terra-ar e avançados motores para os mísseis balísticos intercontinentais. Mas Yevgenia e seu marido mudaram para a pequena área por causa de outro aspecto: o parque florestal de Khimki.

Cobrindo uma área de cerca de 2,5 mil acres, a floresta de Khimki é uma raridade na Rússia – um espaço verde tombado. Dizem que o lugar era um dos pontos preferidos dos czares para caçar porco do mato. Esses animais – juntamente com alces, raposas, coelhos e muitas espécies de pássaros – ainda frequentam os densos bosques de carvalho, mas a extensão da mata virgem tem diminuído de tamanho atualmente, depois de décadas de desenvolvimento. Todavia, o que sobrou foi tombado como patrimônio ambiental. De fato, as matas de Khimki receberam o mais alto certificado de zona verde do governo, assegurando que estariam livres de uso comercial.[119] Assim, à procura de um próprio refúgio, Yevgenia e seu marido compraram uma casa à beira da floresta. "Quando morávamos em Moscou, o ambiente era muito poluído, e aqui é tudo verde, calmo e agradável", diz Yevgenia. "Então, decidimos que este seria o lugar."[120]

Em 2008, Yevgenia estava em casa, gozando a licença-maternidade do nascimento de sua segunda filha. Ela agasalhou seu bebê e sua filha de cinco anos e foram dar uma volta na mata. Ao passar pelos carvalhos, percebeu algo que nunca tinha visto antes; muitas árvores tinham sido marcadas com tinta vermelha e outras tinham pequenos cortes no tronco. Quando chegou em casa, entrou na internet para investigar. Então, juntamente com seu marido, encontrou um documento do gabinete do governador da região, Boris Gromov, que explicava o porquê de as árvores atrás de sua casa terem sido pintadas de vermelho: a floresta de Khimki estava marcada para ser demolida. A área deveria ser limpa para a construção de uma nova rodovia entre Moscou e São Petersburgo. O decreto do governo deixou Yevgenia confusa. Ela sabia que a terra era legalmente tombada. Pensou que pudesse haver algum engano. Se escrevesse uma carta e informasse às autoridades de direito, tinha certeza que o erro seria corrigido. Relembrando aquele dia, ela confessa: "Eu era muito ingênua".

Não havia nenhum engano. Depois de escrever 10 cartas para as autoridades, recebeu uma resposta formal do governo dizendo que aquele era um projeto normal e que seria executado. Mas, na verdade, não havia nada de normal sobre a construção que as autoridades tinham em mente. Ninguém na comunidade de Khimki tinha sido informado sobre o projeto ou sobre a destruição de sua floresta. O único aviso público do projeto apareceu num pequeno jornal local, entre anúncios de cartomantes, sem sequer mencionar a floresta ou a nova rodovia. O mais estranho, contudo, era a rota planejada para a rodovia. Inicialmente, a estrada seguiria a trilha formada há muitos anos para a passagem da Linha férrea Outubro, a qual liga Moscou a São Petersburgo. Essa estrada de ferro segue um caminho direto entre as cidades. A rodovia proposta, no entanto, teria um curioso desvio. Depois de cruzar o Anel viário de Moscou, ela muda repentinamente de curso em direção ao Noroeste, bem no meio da floresta de Khimki. Depois de percorrer os 7 km da floresta, a

---

119. A lei era tão rigorosa que, tecnicamente, qualquer um que fosse responsabilizado pela derrubada de uma simples árvore em uma área especialmente designada "parque florestal" poderia ser punido com tempo de prisão.

120. Todas as citações de Yevgenia Chirikova são das entrevistas com o autor em Moscou e Khimki.

rodovia se junta novamente àquela rota mais direta da estrada de ferro Outubro, continuando até São Petersburgo. Yevgenia pegou um mapa da área e com seu dedo demonstrou o percurso planejado para a construção da rodovia. A proposta auto-estrada de 10 pistas literalmente tem um súbito desvio e cai bem no meio dessas terras praticamente virgens. "De fato, esta rodovia [deveria] percorrer todos os territórios protegidos que temos na região." Todavia, no momento em que ela tinha dado seu passeio na floresta e descoberto que as árvores marcadas seriam derrubadas, tanto o governador Gromov como o prefeito de Khimki, Vladimir Strelchenko, já tinham aprovado o projeto.

É impossível saber porque as autoridades planejavam colocar uma trilha que passaria no coração da floresta de Khimki. Uma administração tão opaca quanto à russa não tem o hábito de dar explicações à população, e as deliberações entre o governador Gromov, o prefeito Strelchenko e o Ministro dos Transportes, Igor Levitin, nunca chegaram a público. Yevgenia e seus vizinhos podem apenas especular.

A explicação mais óbvia é o dinheiro. Projetar uma trilha pelas terras tombadas – uma área sem terrenos particulares – evitaria a criação de disputas que pudessem resultar em indenizações aos proprietários ao longo do local da rodovia. Os engenheiros civis não precisariam construir túneis, viadutos e rampas para fluir o pré-existente desenvolvimento. Mas os potenciais lucros são provavelmente um motivo ainda maior. O desvio da rodovia pela floresta de Khimki faria com que a estrada passasse próximo do Aeroporto Internacional Sheremetyevo, o segundo maior do país. Qualquer rodovia que ligue Moscou a São Petersburgo, que desfrute da proximidade de um aeroporto internacional e que possa ter generosas áreas com carvalhos centenários plantados ao longo do seu percurso seria o sonho de um empreendedor. A corrupção e a propina que circundam a indústria da construção russa fazem parte do cardápio. Conforme o relato de um grupo anticorrupção russo, novas estradas na Rússia custam aproximadamente 237 milhões de dólares por quilômetro; nos Estados Unidos são 6 milhões de dólares pela mesma distância.[121] As estradas russas, pode-se afirmar, são algumas das mais caras do mundo.[122, 123] Os oficiais do governo que aprovam os projetos das rodovias geralmente recebem benefícios pessoais para tal.

Havia um claro conflito de interesses para Igor Levitin, Ministro dos Transportes. "Ele é o diretor do Aeroporto Sheremetyevo", explica Yevgenia. "Então, ao

---

121. Ver Garrels (2009).

122. Ver relatório do World (2010, p. 233).

123. A propósito, o Governo tem um retorno muito aquém do seu investimento; sua estrutura rodoviária é classificada como a 111º dentre as piores do mundo.

mesmo tempo, ele é um ministro e um empresário do setor privado." Na verdade, Levitin é o cabeça de várias organizações comerciais ligadas ao Aeroporto; entre elas a Aeroflot, que está vinculada ao Sheremetyevo.[124] "Perguntei aos burocratas: 'Como isso é possível?' Responderam: 'Muito simples. Quando ele está no ministério, é o Ministro. Quando está no Aeroporto, continua sendo o Ministro, mas ali representa os interesses do setor privado também'". Yevgenia disse incrédula.

Juntamente com suas crianças, Yevgenia voltou à floresta. Desta vez, equipada com cartazes que seriam colocados em algumas das mesmas árvores que o Governo planejava derrubar. Seus cartazes informavam aos residentes os planos de construção da rodovia e encorajavam a organização de uma reunião em sua casa. Mais de 100 pessoas apareceram na primeira reunião. Ela ficou surpresa com a presença de tantas pessoas. Como ela, muitos dos seus vizinhos também queriam ajudar a salvar a floresta da comunidade. Em pouco tempo, com a ajuda dos colegas residentes, ela fundou o grupo Defensores da Floresta de Khimki. Criou um site para o movimento (www.ecmo.ru), e começou a organizar demonstrações, protestos e comícios. Ademais, iniciou o encaminhamento de uma petição e trabalhou com jornalistas locais a publicação de seus esforços para preservar a única coisa que a atraiu a esta comunidade. Yevgenia não percebeu logo de cara, mas sua transformação em uma ativista ambientalista "caipira" tinha começado. "Uma organização como o Greenpeace está tentando resgatar ou salvar uma floresta em algum lugar distante, como a Sibéria ou Sochi, mas não está envolvida em causas locais e pequenas. Nós mesmos é que tínhamos de agir."

É seguro dizer que se pelo menos o Kremlin soubesse quem era Yevgenia Chirikova, jamais a teria como uma ameaça. A pequena jovem de 32 anos, mãe de duas crianças, olhos azuis, aparência delicada e um sorridente rosto redondo não se parece nem um pouco com uma agitadora. Ela obteve boas notas estudando Engenharia Elétrica na Universidade de Aviação de Moscou. Mais tarde, preparou-se para o seu MBA e passou vários anos trabalhando como consultora administrativa antes de se juntar ao seu marido na empresa de engenharia que ele fundou antes de se casarem. Ela não foi criada em uma família politizada e, ao crescer, não teve interesse por assuntos de cunho social. Como a maioria dos russos, ela considerava a política uma atividade remota, algo a ser visto à distância, melhor apreciada pelas elites ou interessados mais poderosos. "Não sabia nada sobre eleições. Nunca participei de nada. Eu era uma pessoa totalmente apolítica. Minha família não

---

124. Posteriormente, a Aeroflot demitiu Levitin do cargo de presidente da companhia em junho de 2011. O ato ocorreu logo após o presidente Dmitri Medvedev dizer que os vice-primeiros-ministros e os ministros não deveriam ocupar simultaneamente cargos no corpo diretivo das grandes estatais. Ver Meyer (2011).

cultivou em mim sentimentos cívicos, o sentimento de que você é um cidadão e é responsável pelo seu país e pelos acontecimentos ao seu redor." Poucos momentos depois, sorrindo, ela disse: "Na minha infância não havia qualquer sinal de que um dia me tornaria uma lutadora".

A primeira vez que eu e Yevgenia nos encontramos foi num conhecido restaurante italiano, perto da Praça Pushkin de Moscou. Ela me cumprimentou com um sorriso e um forte aperto de mão. Por mais de três horas, sua característica mais marcante não era seu comportamento amigável; era seu dom de demonstrar sua capacidade de pensar estrategicamente. Cada desafio detalhado, cada cenário descrito, todos eram derrubados e diagnosticados. Todas as ações governamentais eram analisadas e dissecadas, recebendo dela argumentações lógicas e muito bem sustentadas. Ela atribuía muito de seu conhecimento à sua formação na escola de administração, mas, para mim, parecia algo muito mais inato. "Entendo que ninguém consegue suportar pressões constantes", ela comenta entre um gole e outro do seu cappuccino. "Nem mesmo pessoas como o nosso prefeito e governador podem suportar pressões sistemáticas. Se eu tiver um pouco mais de tempo, coisa de dois anos, tenho certeza que combateremos Putin também... se continuarmos sistemáticos e persistentes." Ela pareceria totalmente metódica caso sua personalidade não fosse tão agradável. Eis Napoleão, sem o complexo.

Caso estivesse procurando uma briga, logo havia encontrado. As pessoas que se juntaram à causa de Yevgenia rapidamente tornaram-se alvo de ataques. As reuniões do grupo foram desencorajadas ou impedidas pelos oficiais. A polícia multou ativistas por panfletagem; alguns foram presos arbitrariamente. As autoridades realizaram falsas audiências públicas que foram interrompidas abruptamente tão logo os cidadãos começassem a verbalizar suas reclamações. Simpatizantes começaram a receber ameaças por telefone. "Uma de minhas colegas disse que foi ameaçada de ter os olhos arrancados", Yevgenia relembra. "No dia seguinte ela parou de trabalhar conosco."

As ameaças eram reais. Seu grande amigo e simpatizante da causa para a salvação da floresta de Khimkin era Mikhail Beketov, um jornalista local. Antigo paraquedista russo e bastante robusto, Beketov começou um pequeno jornal em 2006 com uma circulação de cerca de 10 mil exemplares chamado *Khimkinskaya Pravda*, ou *A Verdade de Khimki*. Quando os planos do governo em transformar a floresta em toras foram revelados, Beketov foi o primeiro jornalista a escrever a respeito, segundo Yevgenia. Semana após semana, Beketov criticava os oficiais do governo por suas ações por debaixo do pano e pela corrupção que ele acreditava estar por trás dos planos. Então, ele começou a receber ameaças por telefone. Seu cão foi encontrado morto em sua soleira. Depois de pedir a renúncia do prefeito de Khimki, seu carro foi destruído no meio da noite. Mas Betekov não esmoreceu. Então, em novembro de 2008, quando retornava da mercearia, foi espancado e deixado como morto em frente a sua casa nos arredores da floresta de Khimki. Um vizinho o encontrou desmaiado na neve no dia seguinte. A surra foi tão severa que ele ficou com problemas cerebrais permanentes. Perdeu uma perna e três dos seus dedos tiveram que ser amputados. Quando saiu do coma, não tinha ideia de quantos agressores o atacaram. Até mesmo hospitalizado ele continuava sendo um alvo; alguém chegou a ir até seu quarto e dizer que voltaria para acabar com ele.[125] "É uma história muito triste", Yevgenia diz, sinalizando o final da conversa. "Depois do ataque a Betekov, o prefeito pensou que fecharíamos nossas bocas, que não haveria mais protestos, que não haveria mais nada nos jornais. Mas foi um engano. Betekov está paralisado no momento, porém o mundo todo sabe sobre ele." Ela pegou um mapa da região de Moscou e o abriu sobre a mesa. "Olhe este mapa, a floresta de Khimki nem mesmo aparece. É tão pequena, mas tornou-se muito importante."

Claro, não há provas de que as autoridades ordenaram os ataques a Betekov. De acordo com o Comitê de Proteção a Jornalistas, a Rússia era, até recentemente, o terceiro pior país do mundo para um jornalista, atrás apenas do Iraque e das Filipinas.[126] Tanto quanto problemáticos, quase todos os ataques e assassinatos de jornalistas na Rússia também permanecem sem solução.[127, 128] E a batalha de Khimki não é exceção. Yevgenia observa que os políticos indicados por Putin para governar a região de Moscou não têm uma modesta linhagem política. O governador, Gromov, comandou o 40º Corpo do Exército durante a invasão soviética no Afeganistão e foi o último comandante soviético a deixar o arrasado país.[129] O prefeito de Khimki é outro veterano da campanha afegã. Do ponto de vista de Yevgenia, eles apenas entendem o uso da força, e subestimaram a desastrosa propaganda resultante do atentado a Betekov. "Políticos inteligentes, espertos, não matam jornalistas", ela diz.

Longe de se intimidar, Yevgenia impulsionou sua campanha. Seus simpatizantes publicaram declarações e contrataram todo jornalista que estivesse disposto a contar a história do que aconteceu com Mikhail Beketov. Essas histórias apareceram nos jornais pela Rússia e Europa. "Analisamos nossa situação e concluímos que quanto

---

125.   Ver Levy (2010).

126.   Ver Committee (2009).

127.   Entre 2000 e 2010, 18 jornalistas foram assassinados sem que ninguém fosse responsabilizado.

128.   Ver relatório do Commitee (2011b).

129.   Para mais informações sobre as experiências de Gromov no Afeganistão, ver o brilhante livro de Michael Dobbs (1997).

menos as pessoas ou ativistas usarem a mídia, menos serão conhecidos e maior será o perigo que enfrentam. Claro que isso não é nenhuma garantia", Yevgenia diz. "A abertura é nossa principal arma."

Abertura – e as leis eleitorais russas. Nada poderia ser mais público do que desafiar o prefeito diretamente. Então, no outono de 2009, Yevgenia decidiu que concorreria para a prefeitura de Khimki, em oposição a Strelchenko. Era um bom trunfo. Ela não tinha ilusões sobre suas chances de derrotar o candidato da Rússia Unida a prefeito. Ela era relativamente desconhecida, não tinha dinheiro para financiar a campanha e não receberia permissão para o uso de qualquer mídia. Ao contrário, explicou: "A campanha eleitoral era parte da minha campanha pela floresta". Estrategicamente ela tinha três objetivos. Primeiro, pelo simples fato de desafiar o prefeito de Khimki estaria chamando a atenção para sua campanha. Ela decidiu concorrer como candidata de uma causa só, então, em todo lugar que fosse, falava apenas sobre um assunto: a preservação ambiental de Khimki. Segundo, ela tinha um objetivo tático. No dia em que anunciou sua candidatura, ela registrou dois requerimentos. O primeiro era sobre a papelada necessária para participar das eleições. O segundo era uma solicitação para realizar um plebiscito sobre o cancelamento do projeto de construção da rodovia. Ela imaginou que se o prefeito acreditasse que pudesse ser pressionado tanto pela campanha dela como pela possibilidade de um plebiscito, ele pudesse desconfiar do sucesso do seu apoio ao projeto. Ela estava certa. "Em três dias o prefeito cancelou seu decreto. Ele foi forçado a cancelar. Se insistisse na aprovação, teria perdido um considerável número de votos nas eleições." Várias semanas depois, o governador Gromov também retirou sua ordem de aprovação do projeto da rota da rodovia pela floresta de Khimki.

Ademais, seu terceiro objetivo seria usar sua candidatura como um teste da força de sua causa. Ela queria saber o quanto assuntos ambientais pesavam nas decisões dos eleitores na Rússia e particularmente em Khimki. Na verdade, ela tinha permissão para levar sua campanha por sete dias. Embora já tivesse pagado as taxas necessárias, as autoridades locais disseram por duas vezes que ela não tinha pagado, impedindo-a de continuar. Mas, naqueles sete dias, a mãe de duas crianças que a pouco havia se tornado ativista conseguiu apoio suficiente para ganhar 15% dos votos. Foi um importante ponto de apoio que ela jamais imaginou ter.

O fato de tanto o governador como o prefeito terem retirado suas ordens de construção foi apenas uma vitória temporária. Em 5 de novembro de 2009, o primeiro-ministro Putin entrou na batalha da floresta de Khimki. Naquele dia ele assinou um decreto estabelecendo que a floresta tombada poderia ser transformada em terra para o uso de uma rodovia comercial e projetos de construção. O problema para

Putin é que, de acordo com as leis federais russas, seu projeto é na verdade ilegal. As leis federais do país proíbem a mudança de uso de áreas florestais protegidas legalmente se houver rotas alternativas disponíveis para a construção. Obviamente, seria muito fácil para o Ministério dos Transportes argumentar que não havia alternativas viáveis. Infelizmente, para Putin, um ano antes o Vice-Ministro dos Transportes admitiu oficialmente a existência de outras rotas. O grupo de Yevgenia imediatamente lançou um desafio legal às ordens de Putin nos tribunais russos e registrou uma ação judicial na Corte Europeia dos Direitos Humanos em Strasburgo, França. Mais uma vez Yevgenia não teve ilusões sobre suas habilidades de desafiar Putin em seus próprios tribunais. Sorrindo, comenta: "Na vida, podemos ter apenas uma escolha, que foi selecionada por Putin".

Mas para Putin e seus aliados políticos, Yevgenia ainda teria que estabelecer seu preço. Para construir esta cada vez mais controvertida rodovia entre Moscou e São Petersburgo, o Governo russo estava contando com financiamento estrangeiro do Banco Europeu para Reconstrução e Desenvolvimento e do Banco de Investimento Europeu. De fato, cerca de dois terços do dinheiro para a construção da rodovia viriam de bancos europeus. Yevgenia viu o dinheiro estrangeiro como o ponto fraco do Governo russo. Ela sabia que os europeus seriam pouco tolerantes com o fato de seus bancos financiarem projetos de construção que causariam danos ao meio ambiente. Assim, ela direcionou parte de sua campanha para sensibilizar o público estrangeiro. Por exemplo, a empresa francesa de construção Vinci se candidatou para o referido projeto. Yevgenia e seus colegas ativistas realizaram um protesto onde empilharam "lenha de Khimki" em frente ao escritório da empresa em Moscou. Yevgenia também recorreu aos partidos verdes europeus. Os membros dos partidos ambientalistas fizeram circular no Parlamento Europeu uma resolução alertando os investidores do continente contra o projeto de Khimki. Mais de 40 organizações ambientalistas da Rússia e do exterior assinaram uma carta aberta insistindo que bancos e companhias europeus estivessem cientes sobre a situação de Khimki. Definitivamente, a resolução, a cobertura da mídia e as próprias atividades de Yevgenia convenceram o Banco Europeu para Reconstrução e Desenvolvimento e o Banco de Investimento Europeu a suspender seus financiamentos. O custo do Governo russo era mais do que 750 milhões de dólares em investimento estrangeiro. Foi uma enorme vitória para Yevgenia e seu movimento. "Conseguimos acabar com seu financiamento", ela me diz orgulhosa. "Levantar dinheiro na Rússia levará um bom tempo e, nesse caso, o tempo trabalha a nosso favor."

Seria demais dizer que Yevgenia Chirakova conseguiu encurralar as autoridades russas. Se Vladimir Putin ordenasse a destruição da floresta de Khimki, seria feita em um piscar de olhos. E, mesmo assim, depois de três anos da primeira carta de Yevgenia, quando o Kremlin esperava que o projeto já estivesse perto do término, ainda não tinha nem começado. Provavelmente, os líderes políticos do país acreditavam que com simples passos já estariam asfaltando a estrada. E, no entanto, a rodovia que ligaria Moscou a São Petersburgo existia apenas no papel.

Por quê? Como Pu na China, Yevgenia habilidosamente explorou as sutis vulnerabilidades do moderno regime autoritário. Enquanto o Governo russo encara a lei como uma ferramenta a ser usada convenientemente contra seus oponentes, ela usou o mesmo sistema de leis para expor as inconsistências e contradições do regime. Enquanto o regime procura se beneficiar das relações com o exterior, Yevgenia saiu-se muito bem ao ganhar a opinião internacional, sendo capaz de alavancar essas relações contra o próprio regime. Ela foi bem-sucedida ao levantar os custos do regime onde era mais relevante. Para um governo que raramente encontrava oponentes de peso, ela provou ser uma terrível e perigosa adversária. E mais, ao adotar a campanha de uma causa só, ela anulou a forma mais comum do regime difamar um oponente, que seria acusá-la de ser uma ameaça à segurança nacional. Yevgenia não foi radical pedindo aos eleitores de Khimki para derrubar o governo. De certa forma, ela nem mesmo estava pedindo que eles a apoiassem. Sua campanha simplesmente chamava a atenção dos cidadãos para os cuidados com o próprio meio ambiente. Em vista desta modesta e politicamente benigna agenda, as autoridades locais não tinham quase recursos, a não ser tentar enfraquecer sua campanha com falsas alegações.

Poucos dias depois do nosso primeiro encontro, dirigi-me a Khimki para que Yevgenia pudesse me levar para dar um passeio pela floresta que ela passou os três últimos anos lutando para preservar. Era uma garoenta tarde de abril, o terreno ainda estava enlameado por causa da chuva da manhã. Embora estivéssemos bem perto da sua casa e das ruas de Khimki, era surpreendentemente silencioso, uma vez que estávamos cercados pelos carvalhos. Em todas as direções eles permaneciam quase que perfeitamente alinhados, balançando levemente apenas quando um vento frio soprava do Norte. Entramos bem no meio da floresta. Depois de mais ou menos dez minutos, chegamos a um lugar chamado pelos moradores locais de Abrigo de Carvalho. É uma fonte de água natural e, enquanto estávamos lá conversando sobre sua luta em manter o governo sob controle, seis pessoas iam e vinham enchendo recipientes de plástico com a água gelada para levar para suas casas. Começamos a perguntar a cada um deles se já tinham ouvido sobre os planos de construir uma rodovia naquele mesmo espaço onde estávamos. Disseram que sim e que estavam zangados com a situação. Um homem de aproximadamente 30 anos, usando jeans e uma jaqueta escura, disse: "Sim, estou bastante preocupado". E então, brincando: "Cadê as armas?".

Rimos por alguns minutos enquanto cada um de nós imaginava a pequenina Yevgenia e seu maltrapilho exército formado pelos moradores de Khimki pegando em armas contra os poderosos tanques do Kremlin. Enquanto continuávamos em nosso passeio, perguntei-lhe se imaginava o que o governo faria a seguir, qual seria seu próximo passo. Ela sabia que a batalha estava longe do fim.

Seus colegas organizaram patrulhas na floresta, mantendo uma vigília para qualquer sinal de aproximação de trabalhadores de construção. "Provavelmente, o próximo passo será o início da construção, mas haverá resistência", ela respondeu de forma enfática. "Estamos prontos. Pensamos sobre todas as variáveis. Temos certeza que a construção não acontecerá de forma silenciosa, pacífica. Haverá muito barulho."

Novamente ela estava certa. Vários meses depois, um de seus colegas encontrou trabalhadores derrubando árvores perto do Aeroporto de Sheremetyevo. Quando o colega exigiu a apresentação de alguma permissão de trabalho, os trabalhadores rapidamente guardaram as coisas e partiram. Sentindo que eles poderiam voltar, Yevgenia e mais de 200 pessoas acamparam na floresta para tomar conta da mata dia e noite.

O ataque que ela já esperava aconteceu às 5 horas da manhã do dia 23 de julho.[130] Enquanto os ambientalistas dormiam, quase 100 homens mascarados atacaram o acampamento, rasgando cartazes, derrubando tendas e espancando muitos dos ativistas que surgiam. "Eram grandalhões, muito agressivos", Yevgenia me disse mais tarde.[131] "Pareciam *skinheads*. Começaram a nos expulsar e ameaçaram nos deixar em pedaços, nos matar." O ataque foi claramente organizado em conjunto com os planos de construção, porque o grupo de trabalhadores começou a cortar as árvores bem no momento dos ataques. Tinham trazido uma enorme máquina japonesa que rapidamente separava as árvores de suas raízes. Yevgenia chamou a polícia, mas eles demoraram muito. Quando chegaram, recusaram-se a tomar qualquer atitude contra os *skinheads*. O que realmente fizeram foi chamar por reforço: especificamente a OMON, força especial russa.[132] Quando a unidade da OMON chegou, prendeu Yevgenia e os outros ativistas.

Em vista desse acontecimento, e de outro ataque aos ambientalistas cinco dias depois, Yevgenia decidiu que teria de repensar. Ela precisava ampliar sua luta e também

---

130. Ver Bigg (2011).

131. Entrevista do autor com Yevgenia Chirikova. Moscou, jan. 2011.

132. A OMON tem uma reputação conhecida como uma rigorosa controladora de multidões. Seu lema corresponde a: "Não conhecemos misericórdia e nem pedimos por ela".

precisava de um aliado que estimulasse seus esforços. Ela chamou Yuri Shevchuk, uma celebridade soviética e astro do rock russo. Há muito que Shevchuk já emprestava seu nome às causas relativas aos direitos humanos, e Yevgenia supôs que o músico poderia ser solidário. Alguns meses antes, em uma rara aparição televisiva ao vivo de Putin com vários músicos famosos russos, Shevchuk chocou os telespectadores perguntando a um contrariado Primeiro-ministro porque a Rússia não tinha liberdade de imprensa. Depois do telefonema de Yevgenia, Shevchuk veio a Khimki. Ela descreveu sua reação. "Ele era meu ídolo desde os tempos de estudante," disse-me, "e ele veio aqui."[133] Sentado em sua cozinha, Shevchuk tinha uma solução bem simples: "Vamos fazer um show para apoiar vocês", ela relembrou.

Em 22 de agosto, na Praça Pushkin, mais de duas mil pessoas compareceram a um show em apoio à luta para salvar a floresta, um número impressionante na época para qualquer manifestação pública na Rússia. A polícia impediu que o caminhão de som entrasse na praça, mas Shevchuk fez sua apresentação mesmo assim. Duas noites depois, Bono convidou Shevchuk para subir ao palco e tocar durante o primeiro show do U2 em Moscou. Muitos interpretaram sua atitude como um apoio a Shevchuk e sua luta contra as autoridades russas, e Bono mais tarde declarou-se a favor dos ambientalistas russos enquanto ainda estava em Moscou.

Naquele momento, a ideia do governo russo de derrubar uma floresta parecia estar com o tempo contado. O país tinha acabado de passar por uma das piores ondas de calor, e as queimadas daquele verão já tinham consumido quase dois milhões de acres de florestas, fazendas e povoados pelo país. De acordo com uma pesquisa feita pelo Centro Levada, 73% dos russos eram favoráveis à luta pela preservação deste raro cinturão verde fora de Moscou.[134] Perante tanta pressão pública, o presidente Dmitri Medvedev decidiu intervir. Em um ato inesperado, Medvedev anunciou em seu blog que a construção em Khimki seria temporariamente interrompida até que o governo conseguisse "mais discussões de civis e de especialistas".[135]

Publicamente, Yevgenia entendeu o ato como uma vitória, mas particularmente, suspeitava que fosse alguma armadilha. Mais uma vez seus instintos estavam certos. Em dezembro, a comissão governamental encarregada de analisar o projeto da rodovia anunciou que a construção seria retomada. Tudo o que precisava era a assinatura do presidente.

---

133.   Entrevista do autor com Yevgenia Chirikova. Moscou, jan. 2011.

134.   Ibid. Ver também Cleek e Saenko (2010).

135.   Ver Schwirtz (2010).

Todavia, os poderosos interesses atrás da rodovia não esperaram pela caneta de Medvedev. Yevgenia logo revelou que uma empresa de desenvolvimento imobiliário já estava vendendo lotes na floresta de Khimki, mesmo sem a aprovação de Medvedev.[136]

Em março de 2011, membros dos Defensores da Floresta de Khimki me contataram para descrever como a pressão sobre Yevgenia estava aumentando. Em vez de irem diretamente atrás dela, estavam visando à sua família. Naquele mês, alguns oficiais deram uma busca na empresa do seu marido. Embora não tivessem um mandado, interrogaram-no juntamente com vários de seus empregados e confiscaram os documentos e a papelada da empresa. O ataque à empresa do seu marido, na verdade, começou meses antes quando as autoridades exigiram que a firma prestasse conta de todas as suas transações nos últimos 12 meses. A justificativa baseava-se na estranha alegação de que a empresa de engenharia elétrica estava de alguma forma financiando "extremistas". Uma vez que clientes e bancos ficaram sabendo que as autoridades tinham escolhido a empresa, começaram a se afastar. O ataque de março não foi exatamente uma surpresa. Alguns dias antes, alguém fez um comentário no site dos Defensores da Floresta de Khimki escrevendo: "Daremos buscas em sua empresa em breve, prepare os papéis!".

Mais ameaçador foi quando o governo visou às filhas de Yevgenia. Representantes do departamento municipal responsável pela guarda de filhos inesperadamente "apareceram" em seu apartamento. A alegação foi que receberam uma carta de um de seus vizinhos reclamando que Yevgenia "batia" e "não alimentava" suas filhas Liza e Sasha. Temerosa que pudessem tentar retirar suas crianças, Yevgenia recusou-se a abrir a porta. Mais tarde, o departamento admitiu que nenhum de seus vizinhos tinha escrito tal carta. Estavam apenas fazendo seu "trabalho" de zelar pelo bem-estar das crianças. Não consegui falar com Yevgenia logo após este incidente, mas lembro-me o quanto ela falava sobre suas filhas. Imagino que esta ameaça a abalou profundamente.

No dia em que passeávamos pela floresta de Khimki, perguntei se ela temia por si mesma e pela sua família.

"Muitas vezes já me perguntei, 'Yevgenia, o que você está fazendo aqui nesta floresta?'. Tenho de tudo. Por que eu, uma mulher normal, estou aqui neste lugar

---

136.   Yevgenia simplesmente contatou a companhia fingindo ser uma potencial compradora. Perguntou ao representante da empresa, cujo nome era Oleg, se seria possível comprar um lote perto do Abrigo de Carvalho, onde os residentes de Khimki engarrafavam a água da fonte. Oleg respondeu, "Sim, é possível". O telefonema de Yevgenia para a companhia de desenvolvimento imobiliário, passando-se como uma compradora, está disponível em: <https://www.youtube.com/watch?v=0ygFt-xgg34&feature=player_enbedded>.

super perigoso?", ela disse. "Proibi a mim mesma de pensar a respeito; caso contrário, enlouqueceria. Porque viver na Rússia e ficar pensando no que pode acontecer com você no dia seguinte pode te deixar doente."

Um pouco antes naquela semana, eu tinha me encontrado com Boris Nemtsov, um dos líderes do Solidariedade, o grupo oposicionista russo. "A principal ideia de Putin [é] reduzir o nível de atividade política da população. Esta é sua estratégia absolutamente inescrupulosa", Nemtsov disse-me. "Ele tem muita sorte quando as pessoas dizem 'nada depende da minha visão'. Ele tem muito medo de pontos de vista independentes. Esta é sua ideia principal."[137]

A declaração de Nemtsov poderia facilmente ser aplicada ao Partido Comunista chinês, a Hugo Chávez ou praticamente a qualquer outro tirano. A apatia política disseminada é o lubrificante que ajuda qualquer regime autoritário a funcionar. E nos sistemas autoritários consideravelmente lubrificados, os regimes têm feito o possível para tornar o desinteresse na vida política uma virtude pública. Quando este é o caso, as Yevgenias Chirikovas da vida são as piores ameaças aos ditadores. Elas têm a independência e a persistência para desafiar o sistema vigente, o temido antídoto à apatia tão necessária ao sucesso de um regime autoritário. Não importa se a luta é sobre uma eleição fraudulenta, tribunais corruptos ou uma serena floresta. Tais pessoas são capazes de surgir dos mais improváveis lugares e infectar os outros com suas ideias obstinadas. Olhando a fonte no Abrigo de Carvalho naquele dia, Yevgenia resumiu: "Porque [Putin] não levou minhas opiniões em conta, agora está sendo punido".

Então, saímos da floresta.

Os três "nãos"

Omar Afifi tinha orgulho do seu uniforme de policial. Em 1981, aos 16 anos, entrou na Academia de Polícia, no mesmo ano em que Hosni Mubarak substituiu o assassinado Anwar Sadat como presidente do Egito. Ele se interessou pelo emprego por causa do salário e da estabilidade; trabalhar para o governo egípcio era uma das poucas formas de ter um salário fixo. O que ele menos apreciava era como o fato de tornar-se um oficial de polícia egípcio transformara seu status na comunidade. A primeira vez que voltou ao povoado com seu uniforme, ficou abismado com a reação das pessoas. Homens velhos, pessoas que o conheceram desde que ele era garoto, levantavam-se quando ele entrava em algum lugar. Era tratado com uma deferência que jamais imaginaria. Obviamente, logo percebeu que aquela postura era

---

137. Entrevista do autor com Boris Nemtsov. Moscou, abr. 2010.

mais por medo do que por respeito. "O alfaiate tem suas ferramentas, assim como o policial", comenta Afifi. "Era intenção do governo que todos temessem a polícia. O ar de intimidação era pior do que os maus atos. Já anulávamos as pessoas mesmo antes de contatá-las."[138]

A despeito da má reputação, Afifi jamais imaginou que se tornar um policial egípcio necessariamente significaria tornar-se um monstro. Longe disso. Ele tinha seus colegas em boa conta e acreditava que apenas uma minoria – talvez um em sete – fizesse parte dos cruéis e abusados ameaçadores que a população tanto temia. E, no geral, seus primeiros dois anos na corporação não infligiram em nada para mudar sua opinião. Seu trabalho parecia totalmente rotineiro, exatamente o emprego que imaginava ter ao se alistar na academia. Mas tudo aquilo mudou durante o seu 3º ano de atividade. Ele deparou-se com o que mais tarde chamaria de "os três nãos".

Um policial tinha sido morto. Como em toda força policial, a captura do homem que assassinou um colega de farda era prioridade máxima. Os oficiais foram informados que o suspeito de ser o assassino encontrava-se nos arredores do Cairo, escondido em um milharal. Afifi estava entre aqueles encarregados de encontrá-lo. Unidades policiais foram colocadas em vários pontos na área. Afifi e outros oficiais deveriam começar de um lado da plantação e, caminhando em bloco, avançar lentamente pelas altas fileiras do milharal até conseguir forçar a saída do fugitivo. Enquanto caminhava, Afifi percebeu um movimento com o canto dos olhos. Os pés de milho um pouco distantes dele se moveram. Era o suspeito. Ele correu e Afifi e seus colegas começaram a persegui-lo. As folhas do milharal cortavam seu rosto ao passo que a distância entre eles e o fugitivo diminuía. Ele calcula que o suspeito correu por cerca de 2 km. Mas a perseguição terminou quando o homem tropeçou e, exausto, não conseguia mais correr. Ele se rendeu e, apavorado no meio do milharal, levantou as mãos acima da cabeça. O suposto assassino, desarmado e praticamente sem fôlego, estava cercado. Então, o oficial superior ordenou a Afifi que atirasse nele. Afifi não entendeu. "Por que deveria matá-lo se ele se rendeu?", ele protestou. "Não, não posso." O oficial sênior encarou Afifi com desprezo. "Você é muito mole. Vamos! Fora daqui!", esbravejou. Afifi voltou sozinho até onde tinham deixado as viaturas. Enquanto caminhava, ouviu uma saraivada de tiros. Tiros que foram suficientes para deixar o corpo do homem todo perfurado de balas. "Aquilo provocou uma mudança em mim", Afifi desabafou. Agora ele compreendia que haveria tarefas as quais não iria cumprir e que sua recusa para tal, provavelmente, teria consequências. Ademais, a maneira como seus colegas começaram a vê-lo mudou.

---

138. Todas as citações de Omar Afifi são de uma entrevista com o autor em Washington, D.C., jul. 2009.

"Meus superiores não me incluíam em missões que não tivessem base legal." Este foi o seu primeiro "não".

O segundo e o terceiro vieram logo, em 1995. As eleições parlamentares egípcias deveriam acontecer em uma semana. A carreira de policial de Afifi tinha praticamente estagnado, principalmente porque os oficiais mais velhos já não confiavam nele. Em 1995, ele estava trabalhando como encarregado de uma pequena prisão no centro do Cairo. Naquela tarde, um oficial de segurança do Estado apareceu inesperadamente em sua prisão com quase 500 pessoas enfileiradas. Eram simpatizantes de partidos oposicionistas e, por suas aparências, Afifi imaginava que foram severamente espancados durante suas prisões. O oficial disse a Afifi que os prisioneiros deveriam ser detidos em sua prisão. "Tudo bem", Afifi respondeu. "Passe-me o mandado de prisão com a ordem de detenção." O agente de segurança o encarou boquiaberto. "Não há documentos. São ordens superiores. É uma emergência."

Afifi não se intimidou, permanecendo firme. Argumentou que alguns dos protestantes pareciam precisar de atendimento médico. Se eles morressem em uma de suas celas, Afifi iria precisar dos documentos para justificar a razão pela qual foram detidos; caso contrário, seria responsabilizado pelas mortes. O oficial de segurança do Estado balançou a cabeça. Ambos sabiam que qualquer um que morresse em uma prisão egípcia dificilmente seria objeto de algum inquérito. "Por que essa falta de cooperação?", o oficial questionou, agora mais frustrado. "Você deve obedecer às ordens. Eles são inimigos do Egito." Afifi não argumentou esse ponto; apenas repetiu sua condição. "Eu sei", respondeu. "Mas preciso do mandado de prisão de alguém, do juiz, de você, de alguém." Afifi não compreendia totalmente porque não estava sendo conivente. Simplesmente não queria ser cúmplice do abuso causado a aqueles cidadãos. "Estava agindo segundo minha consciência", disse-me. "Só isso. Não sabia nada de direitos humanos." E também suspeitava que a segurança estatal não teria o menor interesse em produzir qualquer tipo de documentos para o caso. E ele estava certo. O oficial de segurança saiu para tentar encontrar qualquer outro lugar para deter os prisioneiros. Afifi acredita que ficaram confinados em alojamentos da polícia. Essa foi a segunda vez que ele disse "não".

Demorou apenas uma semana para que se visse novamente diante de seus superiores. Na noite anterior às eleições parlamentares, o chefe de polícia do Cairo, Habib El-Adly convocou uma reunião para um grupo de 700 a 800 oficiais.[139] Adly alertou os oficiais que se a oposição ganhasse as eleições, eles perderiam seus em-

---

139.   Por volta de 2011, Adly ocupou o cargo de Ministro do Interior do Egito, tornando-se um dos homens mais temidos do regime de Mubarak.

pregos, talvez até suas vidas. Devido às circunstâncias, eles deveriam desempenhar um papel especial no Dia da Eleição. Os oficiais deveriam se apresentar no dia seguinte à paisana e deixar identificações e armas em casa. Muitos deveriam distribuir cédulas marcadas nos postos eleitorais. Se fossem impedidos por qualquer razão, Adly os instruiu a começar uma confusão em frente ao posto. Quando a briga começasse, alguns oficiais deveriam efetuar prisões enquanto outros encheriam as urnas dentro do posto. Se, por alguma razão, até mesmo essa estratégia falhasse, então deveriam deter os responsáveis pelo transporte das urnas depois do término da votação. Então, os oficiais poderiam encher as urnas com cédulas marcadas ou aguardar outras instruções. "Um plano sem imaginação nem inteligência. [Adly] nem mesmo entendia como a votação funcionava", Afifi me disse. "Sua única qualificação era a falta de consciência."

Afifi pediu a palavra; queria a resposta para algumas questões. Adly respondeu: "Você de novo? Fora daqui!". E acrescentou que se outros tivessem algum problema em seguir tais ordens, também deveriam se retirar. Aproximadamente cinco outros oficiais foram embora. Esse foi o terceiro e último "não" de Afifi.

Agora, a falta de cooperação de Afifi chamou a atenção de oficiais mais velhos, acarretando então em consequências reais. Não muito depois das eleições – que foram vencidas, sem a menor surpresa, por uma larga margem pelo partido da situação – veio a ordem de que Afifi deveria ser transferido para o Alto Egito. Naquela época, enfrentamentos com violentos grupos islâmicos estavam em evidência nessa área, e os policiais egípcios eram sempre atingidos em ataques. Afifi temia que pudesse morrer nas mãos dos militantes, ou mais provavelmente como vítima do fogo "amigo". Ele preencheu um requerimento e conseguiu uma transferência para uma Brigada de incêndio no Cairo.

Afifi estava infeliz e sem saber o que fazer. Sua carreira como policial estava praticamente acabada, e continuava temendo por sua própria segurança. Foi então em 2000, quando ele se sentia no fundo do poço, que sua sorte mudou. Ele soube de um concurso patrocinado pela Cruz Vermelha Internacional que proporcionava aos juízes e policiais egípcios a oportunidade de estudar as leis dos direitos humanos no exterior. Quatro pessoas seriam agraciadas com bolsas de estudo. Afifi ganhou uma e logo foi estudar na Tunísia. O andamento do curso produziu uma impressão imediata nele. Percebeu pela primeira vez que havia muitas leis e literatura sobre direitos humanos, algo que já sentia intuitivamente quando se enfrentou com seus superiores, mas jamais tinha imaginado que existissem concretamente. Quando o programa na Tunísia terminou, ele ganhou outra bolsa que lhe permitiu obter uma formação. Em 2004, o antigo policial voltou ao Cairo como um advogado.

92 | ESCOLA DOS DITADORES

Assim, rapidamente utilizou seus conhecimentos trabalhando como advogado criminal. Em um período de dois anos, tinha desenvolvido uma significativa reputação como um experiente advogado e defensor. Entretanto, a vantagem que Afifi tinha sobre outros profissionais não era devido ao seu treinamento internacional; era a sua experiência nos procedimentos da polícia. Ele sabia como o sistema funcionava na prática e era altamente eficiente ao apontar violações de procedimento. Poucos dos seus clientes tinham alguma noção dos seus direitos. O mais importante, policiais desacostumados com a fiscalização de suas ações frequentemente agiam de modo inadequado em suas abordagens. Afifi sempre explorava essa vulnerabilidade em favor dos seus clientes.

Seu trabalho como advogado de defesa criminal não incomodou o sistema. O que deixou o regime furioso foi quando ele começou a compartilhar suas experiências com o público de forma mais abrangente. Por causa do seu trabalho, Afifi foi convidado a ser um participante praticamente cativo no *Cairo Today*, um programa de televisão ao vivo via satélite. Durante um bloco de 45 minutos, ele explicava detalhadamente, em linguagem simples e clara, alguns aspectos dos direitos legais dos egípcios. No primeiro episódio, que foi ao ar em 13 de novembro de 2007, ele abordou o assunto sobre os direitos das pessoas em caso de serem paradas pela polícia nas ruas. No segundo episódio, discutiu sobre os direitos das pessoas dentro de casa e sobre a necessidade de mandados de busca.

Durante o segundo episódio, o regime mostrou suas garras. Um oficial de segurança do Estado ligou para o âncora do programa de televisão num dos comerciais. Ele estava furioso com a fala do Afifi aos telespectadores. "Você perdeu a cabeça?", berrou do outro lado da linha. "Vai se foder! Vamos cortar seu link de satélite se vocês continuarem!"

O terceiro episódio deveria discutir os direitos das pessoas em uma delegacia de polícia. Porém, não houve terceiro episódio. A segurança estatal contatou Afifi depois do segundo programa e perguntou se ele gostaria de fazer uma apresentação para eles sobre as virtudes da força policial. Eles lhe pagariam 2 mil dólares por semana.[140] Quando ele recusou, foi ameaçado. "Disseram-me que se não concordasse, eu poderia ser vítima de alguma bala perdida. Não seja um herói", Afifi recorda. Ele compreendeu que tinha tocado na ferida, e que eles falavam sério. Assim, concordou em se calar.

Mas não disse nada sobre escrever. Baseado na reação do público às suas duas primeiras aparições na TV, Afifi já tinha decidido que escreveria um livro com os

---

140.   Afifi recebia 800 dólares por semana no canal via satélite.

mesmos diretos e honestos conselhos sobre os direitos das pessoas ao lidar com a polícia. Ele trabalhou no livro por várias semanas, mas teve dificuldade em arranjar um editor; ninguém queria correr o risco de ter problemas com o regime. No começo de 2008, encontrou alguém disposto a imprimir algumas cópias secretamente. Em 20 de março, começou a distribuir 5 mil cópias do seu livro, *So You Don't Get Slapped on the Back of the Neck* ["Não se deixe estapear na nuca"].[141] Afifi enviou mil cópias tanto a jornalistas de jornais oficiais como também jornais independentes. Isso resultou numa manchete de primeira página num semanário popular. A reação, ele recorda, foi praticamente instantânea. De imediato, recebeu pedidos para mais 10 mil cópias. Então, mais 40 mil. Ele tinha inserido o número do seu próprio celular no livro, fazendo com que as ligações fossem diretamente a ele. "Era como a bíblia", ele comenta, regozijando-se da popularidade do seu livro. "Eu não esperava tudo isso."

Por volta de 7 de abril, já tinha recebido pedidos de livrarias para milhares e milhares de cópias. Ele nunca teve a chance de atender tais pedidos. No dia seguinte, às 10 horas da manhã, seu celular tocou. Era o dono de uma livraria que estava vendendo seu livro. A segurança estatal tinha aparecido lá e confiscado todas as cópias. Por cima, tinham levado cerca de cinco mil livros, a quantidade de cópias remanescentes por ele impressas.

Afifi não teve muito tempo para pensar em imprimir mais cópias. A próxima chamada no seu celular foi de um amigo da força policial. Foi informado que já não estava mais em segurança. A segurança estatal estava vigiando sua casa e seu escritório; qualquer que fosse a quantidade de paciência que o regime tinha para com Afifi, ela tinha acabado. Afifi imaginava que seu velho colega estivesse exagerando. Ele sabia que estava participando de um jogo perigoso, mas, na realidade, não tinha infringido nenhuma lei. De fato, estava apenas explicando as leis, como foram escritas, de forma que as pessoas pudessem entender. Ele ligou para um contato confiável no Ministério do Interior, alguém que ele sabia que lhe diria a real seriedade das coisas. Quando seu amigo atendeu ao telefone, ele disse: "Olá, sou eu". Ele nunca esquecerá o que ouviu em seguida.

"Número errado", seu amigo respondeu.

"O quê? O que quer dizer?", Afifi disse.

"Desculpe. Você discou o número errado", ele repetiu e desligou.

Afifi ficou horrorizado quando o telefone ficou mudo. Ele tinha acabado de receber o aviso final. Seu amigo da força policial estava certo; já não era mais seguro.

---

141. O título foi tirado de um provérbio egípcio.

Ele acreditava que, no melhor dos casos, seria preso e torturado; no pior, as autoridades simplesmente se livrariam dele. Ele sabia que não poderia ir para casa e nem em qualquer lugar perto do seu escritório. Então, tomou a repentina decisão de fugir. Não poderia permanecer no Egito. Isso estava claro como a luz do dia.

Ele desligou seu celular e retirou a bateria. Agora, usaria apenas telefones fixos e nada de cartões de crédito. Encontrou um jeito de enviar uma mensagem para o seu filho; ele teria que resgatar seu passaporte e encontrá-lo em algum lugar seguro. Durante os próximos três dias, Afifi morou nas ruas e no banco traseiro do seu carro. Não seria seguro ir a qualquer lugar que os oficiais da segurança pudessem imaginar que ele estivesse. Quando seu filho lhe trouxe o passaporte, o único visto válido era para os Estados Unidos. O outro, para a União Europeia, já tinha expirado. Ele iria para os Estados Unidos.

A segurança do Aeroporto Internacional do Cairo é feita por policiais do Departamento Central de Segurança do Cairo. Felizmente, Afifi conhecia vários oficiais do tempo em que trabalhava na polícia que estavam agora servindo no aeroporto. Ele chegou ao Aeroporto tarde da noite no dia 11 de abril. Um dos seus colegas policiais pegou seu passaporte; ele o carimbaria sem passar pelo sistema oficial. Os outros levaram Afifi pela área de segurança e disseram para que ele esperasse num portão diferente daquele que seria o do seu voo. Ele aguardou até que todo mundo embarcasse. No último instante, deram-lhe um sinal para entrar no avião, justamente quando as portas estavam se fechando. Ele estava no último voo para o JFK. Desembarcou em Nova York doze horas depois, com 50 dólares e um relógio de ouro.

Para um ditador, o exílio dos seus oponentes pode parecer uma solução bem orquestrada. Não haveria falatório sobre o assassinato de Omar Afifi. Nem funerais que pudessem se tornar manifestações públicas. Nem exigência por justiça. Obviamente seria concedido asilo a Afifi, que viveria seus dias bem longe. Ele estaria livre do regime e o regime estaria livre dele. Seria algo parecido com uma trégua, talvez.

Poucas pessoas estão preparadas para serem rotuladas como inimigas do Estado. Pu Zhiqiang, Yevgenia Chirikova e Omar Afifi não tinham a intenção de contrariar seus governos. Eles não nasceram advogados ou ativistas, tornaram-se. De fato, trabalharam dentro de um sistema, por mais imperfeito que fosse, com o objetivo de fazer com que o regime fosse responsável por suas próprias leis. Todavia, uma vez que foram rotulados como oponentes e marcados pelo Governo por sua persistência, tornaram-se pessoas que não mais se interessavam por soluções convenientes. Mesmo quando Pu Zhiqiang viu seus colegas serem expulsos, não pensou em parar seu trabalho. Continuou defendendo seus casos. Em abril de 2011, o Kremlin enviou escavadeiras para a floresta de Khimki e Chirikova e seus simpatizantes foram surpreendidos, sendo espancados e presos. Mas, como ela tinha me dito um ano antes, sua luta agora era maior do que uma simples floresta. O regime fez dela uma ativista, e ela iria até o fim, a qualquer custo.

Nem Afifi estava disposto a abandonar sua luta, mesmo depois de embarcar em um avião para Nova York. Ele ganhou asilo político nos Estados Unidos, mas sua oposição ao regime de Mubarak não descansou. Ele sabia que sua experiência no esquema de segurança egípcio fez dele um destaque dentre os oponentes do regime. Mesmo a 6 mil milhas de distância, em um apartamento perto de Washington, D.C., ele conhecia muito bem o regime; especificamente, compreendia perfeitamente como a polícia agiria para conter uma rebelião.

Quando a Revolução egípcia surgiu inesperadamente em janeiro de 2011, os jovens nas ruas perceberam de imediato que poderiam contar com o antigo oficial de polícia. De um posto de comando, organizado por ele em seu pequeno apartamento em Falls Church, Afifi orientava os jovens líderes egípcios sobre as táticas policiais que enfrentariam. Na sua escrivaninha, três enormes telas de computador forneciam um fluxo constante de informações dos ativistas nas ruas – como também dos velhos colegas que ainda permaneciam no regime. Com a ajuda do Google Maps, ele coordenava as rotas que dariam vantagens aos manifestantes. Por meio do Twitter e do Facebook ele mantinha contato com os soldados da Revolução, ajudando-os a se prepararem para a inevitável queda de Mubarak. Quando o visitei, era quase impossível falar por mais de cinco minutos sem a interrupção das chamadas de um de seus cinco celulares e de uma série de mensagens vindas do Skype. "Não estou aqui", Afifi me dizia, apontando para os apartamentos ao nosso redor. "Estou no Egito."[142]

O regime criou um inimigo inabalável.

---

142.   Entrevista do autor com Omar Afifi. Falls Church, Virgínia, jul. 2011.

III – *El comandante*

A prisão militar de Ramo Verde tornava-se cada vez menor enquanto nos distanciávamos. Tínhamos acabado de passar pelo último cordão de isolamento da prisão – um desanimado jovem soldado, segurando com indiferença uma metralhadora em uma mão e abrindo e fechando o grande portão de metal com a outra. A prisão está situada logo acima de Los Teques, a capital do estado de Miranda, Venezuela. Ainda assim, sua aparência era bem desolada vista do lado de fora dos seus muros: um pequeno conjunto composto de pedras e rochas no topo das empoeiradas montanhas venezuelanas. Era um lugar onde não se poderia chegar por acidente, sem querer. A construção era a única estrutura física que se podia ver a milhas de distância.

Todavia, do assento frontal do nosso carro alugado, continuamos observando a antiga prisão desaparecer ao longe. Eu e um amigo visitamos Ramo Verde numa manhã de sábado para entrevistar um de seus internos. O fato de um estrangeiro estar visitando suas dependências deixou os guardas – todos oficiais da Polícia Militar – inquietos. Enquanto as outras pessoas que também vieram naquela manhã estavam sobrecarregadas de pacotes, provavelmente presentes para seus familiares ou amigos presos, não tive permissão de entrar com nada dentro dos limites da prisão, nem um gravador, nem mesmo caneta e papel. Na verdade, ninguém se sentiu suficientemente habilitado até mesmo para me deixar entrar. Colocaram-me de lado enquanto um oficial ligava para a Inteligência pedindo instruções. Depois, na saída, uma hora mais tarde, revistaram-nos pela segunda vez. Foi então, ao sairmos, que um dos militares disse ao celular: "Sim, senhor. Eu os seguirei".[143]

---

143. Relato do autor. Los Teques, jul. 2010.

Seu nome era Garcia – estava grafado em letras pretas no bolso superior do seu uniforme verde. Ele era o mesmo oficial que me fez várias perguntas antes de entrar na prisão. Era grande, um tanto encorpado, com um rosto arredondado e de expressão séria. Garcia parecia ter um cargo superior ao dos outros em serviço, e foi ele quem achou necessário alertar os oficiais da Inteligência, distantes daquele posto. A estrada fazia um caminho tortuoso pela encosta montanhosa, levando-nos para a esquerda e para a direita enquanto descíamos. Enquanto isso, continuávamos procurando Garcia espiando o retrovisor. Dez minutos depois, já próximo do pé da montanha, não havia nenhum sinal do Garcia.

Além de ficar de olho no Garcia, eu estava lidando com uma outra preocupação. Uma vez dentro da prisão, peguei emprestados uma caneta e um pedaço de papel de um interno para conseguir fazer algumas anotações durante a entrevista. Sabendo que provavelmente seria revistado na saída – também encontrei alguém lá – alguém que não seria revistado ao entrar nem ao sair – para "contrabandear" minhas anotações para o lado de fora. O plano era contatar essa pessoa quando estivéssemos a uma distância segura de Ramo Verde. Preocupava-me o fato de, mesmo sem intenção, estar conduzindo um oficial militar ao nosso encontro secreto.

A estrada ficou mais plana ao nos aproximarmos das ruas congestionadas de Los Teques. Assim que chegamos eu o vi: Garcia, usando um capacete e óculos escuros espelhados, estava nos seguindo numa motocicleta. Tive uma rápida visão dele; estava a uma distância prudente atrás de nós, cerca de talvez duas ou três curvas. No mesmo instante, também vi nosso contato com o conjunto de anotações. Ele estava dirigindo um sedan de quatro portas e parecia estar tentando emparelhar seu carro com o nosso, provavelmente para me passar o maço de papéis. Mas agora, com Garcia nos seguindo, seria muito arriscado. Então aceleramos e nos enfiamos no tráfego da cidade para evitar que nosso contato se emparelhasse conosco. Ele nos seguiu, aparecendo no fluxo, a três ou quatro carros atrás de nós. Vários carros atrás dele, eu vi Garcia tentando se posicionar na faixa de tráfego.

Tínhamos que encontrar um jeito de avisar nosso contato sobre Garcia. Ele não tinha a menor ideia de que estávamos sendo seguidos e, se tentasse me passar as anotações outra vez, não haveria jeito de Garcia não perceber.

Naquele instante, o tráfego estava bastante tranquilo. Quando estávamos entrando em Los Teques, vendedores se alinhavam em ambos os lados da estrada. Alguns mais atirados andavam por entre os carros, indo direto para a janela dos veículos tentar vender alguma coisa. Sinalizei para um homem que vendia bugigangas em nossa direção. Quando abaixei o vidro, ele começou a mostrar sua mercadoria – miniaturas de madeira, colares etc. Olhando nos seus olhos eu disse: "Vá até o carro a três carros atrás de nós e diga: 'Você está sendo seguido'". Então, procurei minha carteira para comprar alguma coisa. O camelô de meia idade sorriu e levantou sua mão dizendo: "Não, não". Ou seja, não foi preciso comprar nada.

Assim, lentamente voltou a perambular por entre os carros, abordando vários deles. Logo, parou ao lado do veículo do nosso contato, aproximando-se da janela por um momento. Um segundo depois, saiu andando novamente pelas filas de carros que se estendiam até se perder de vista.

Um quarto de milha depois, o tráfego começou a melhorar. Mais a frente, havia uma bifurcação na estrada. Mantivemos o veículo à direita; nosso contato foi para a esquerda. Espiando o retrovisor vi Garcia seguir para a direita. Teríamos que pegar as anotações com nosso contato mais tarde. Seria preciso esperar.

O percurso de Caracas a Los Teques equivale a aproximadamente uma hora de carro. O grosso da distância, onde se pode desfrutar a melhor parte, é pela Rodovia Pan-Americana. Durante esse trecho, os venezuelanos aceleram bastante, aproveitando a rara oportunidade de sentir o motor dos seus carros antes de enfrentar os famosos congestionamentos de Caracas. Não tínhamos a menor esperança de nos afastarmos de Garcia usando a velocidade; nosso pobre carrinho alugado não poderia competir com sua motocicleta. Mas aí o destino interveio. Um pouco antes de entrarmos na Pan-Americana, passamos por um tremendo buraco. O pneu do lado do passageiro explodiu.

Não tínhamos alternativa a não ser encostar. O pneu tinha um enorme rasgo na lateral. Felizmente, o veículo estava equipado com um pneu reserva e nos preparamos para trocá-lo. Enquanto isso, demos uma olhada ao redor. Garcia tinha desaparecido. "Nunca encontramos um policial quando precisamos de um", meu amigo brincou.

Após 20 minutos, estávamos na Pan-Americana, sempre na faixa da direita e dirigindo bem mais devagar do que o resto do tráfego que voltava para Caracas. Não tínhamos andado mais do que alguns minutos quando vislumbramos uma motocicleta a vários veículos atrás de nós, escondendo-se atrás de um *trailer*. Garcia não tinha desaparecido.

Ninguém gosta de ser seguido pela Polícia Militar. Entretanto, nesse caso, a tentativa de Garcia de seguir-nos adquiriu um aspecto um tanto cômico. Com os carros correndo a 70 ou 75 milhas por hora, é difícil seguir um veículo sem ser visto quando este trafega a quase metade dessa velocidade. Todo veículo que Garcia tentava se esconder atrás se juntava ao fluxo do tráfego e passava por nós. Garcia tinha que ficar freando, procurando outro carro, ônibus ou caminhonete para se esconder. Pior ainda, parávamos várias vezes para medir a pressão do pneu sobressalente. Cada vez que parávamos, nosso furtivo batedor militar tinha que se esconder. A terceira vez que encostamos, saímos do carro e ficamos olhando o pneu. Nesse momento, dei uma olhada de lado e notei o Garcia. Ele tinha descido da moto e estava escondido atrás de um arbusto no acostamento. Eu podia ver seus óculos escuros nos espiando quando ele separava os galhos com as mãos. Entramos novamente no carro e nos dirigimos para o acesso da rodovia, alguns metros adiante. Todavia, tivemos que rir: podíamos vê-lo surpreso, o levemente redondo Garcia, todo atrapalhado, correndo para a sua moto.

Garcia nos seguiu até Caracas. Agora ele estava bem longe da sua prisão nas montanhas. Não queríamos levá-lo até onde deveríamos ficar; mesmo se as autoridades pudessem encontrar nosso refúgio, não gostaríamos de conduzi-los até lá. Então, escolhemos um grande shopping bem no centro de Caracas. Poderíamos estacionar o carro no fundo do estacionamento subterrâneo do shopping, vários andares abaixo e então, Garcia não teria escolha a não ser seguir-nos a pé. Uma vez dentro do complexo do shopping, teríamos várias opções de transporte entre os táxis e micro-ônibus que iam e vinham. A última vez que vi Garcia foi quando descemos ao estacionamento subterrâneo. Ele estava parado num semáforo. Parecia estar pensando no que fazer, com seu capacete e óculos escuros refletindo a luz do sol.

Qual seria o motivo de Garcia nos seguir até Caracas? Talvez, realmente fosse uma tentativa das autoridades de nos espionar. E essa tentativa não teria parado nem mesmo quando Garcia teria dirigido sua moto de volta a Los Teques. Talvez ele tivesse sido chamado de volta ao seu posto uma vez que houvesse outra pessoa para substituí-lo em sua empreitada de vigilância, alguém que nós não conhecíamos ou não reconheceríamos de imediato. Ou, possivelmente, queriam que soubéssemos que estávamos sendo seguidos.[144] A ordem para ficar atrás de nós teria sido uma tentativa de nos amedrontar ou intimidar. De qualquer forma, o episódio parecia bastante consistente com quase todas as interações que tive com o governo venezuelano. De um lado, era suficientemente indulgente para permitir a entrada de um jornalista em uma de suas prisões. A maioria dos regimes autoritários manteria as portas trancadas. De outro, sofria de uma paranoia que forçou o envio de Garcia em uma longa e sinuosa perseguição pelo estado de Miranda. Algo parecido com o reflexo que fez com que a maioria dos membros do governo com quem mantive contato se referisse a mim, sem gozação, como um "membro do império". O governo

---

144. Seria a mais generosa explicação para a natureza cômica das perseguições de Garcia.

queria parecer tolerante e aberto, mas essa aparência conflitava com a mentalidade limitada que via inimigos espreitando por todos os lados.

O que despertou a paranoia pode ter sido a pessoa que visitei naquela manhã: Raúl Baduel. Poucas pessoas conhecem o presidente da Venezuela, Hugo Chávez, melhor do que Baduel, um ex-general. Eles se conheceram quando jovens cadetes na Academia Militar da Venezuela, em 1972. Tinham praticamente a mesma idade e se tornaram amigos. Eram tão íntimos que em 17 de dezembro de 1982 Chávez, Baduel e mais dois jovens oficiais fizeram um juramento secreto de defender a democracia venezuelana. Todos os quatro homens estavam preocupados sobre a direção em que a classe política estava levando o país; sendo que a maior parte dos problemas com a Venezuela – o declínio de sua economia, pobreza em massa, serviços sociais deteriorados – eles diziam, era devida à uma crescente liderança corrupta e abusiva. Na época, Chávez e Baduel estavam em um destacamento militar em Maracay, a oeste de Caracas. Era o aniversário da morte de Simon Bolívar, o grande libertador sul-americano, e os quatro jovens amigos saíram para uma caminhada. Sob uma árvore bastante velha, a Samán de Güere – onde, dizem, Bolívar descansou certa vez –, fizeram uma promessa entre si. "Parafraseamos o juramento que nosso libertador Bolívar fez perante seu professor", Baduel me disse. "Juramos não descansar enquanto não tivéssemos uma democracia consolidada em nosso país."[145]

Este secreto grupo de oficiais foi o nascimento do movimento revolucionário de Chávez, originalmente conhecido como o Movimento Revolucionário Bolivariano-2000.[146] Em fevereiro de 1992, o grupo marginal de Chávez comandou um fracassado golpe contra o governo. Depois de dois anos na prisão, Chávez retornou à vida pública e começou a construir um perfil político populista, oposicionista, que o ajudou a chegar à presidência em 1999. O teste mais contundente da amizade de Chávez com Baduel aconteceu no terceiro ano de sua administração, em abril de 2002. Foi então, durante um breve golpe contra o governo de Chávez, que Baduel, agora um general, surgiu em defesa do seu camarada. Durante o golpe, Chávez foi temporariamente afastado e exilado em La Orchila, uma pequena ilha no Caribe, cerca de 150 milhas da costa da Venezuela. De lá, Chávez acreditava piamente que seria morto ou então enviado a Cuba, para passar o resto dos seus dias. Facções dentre os militares, que inicialmente foram coniventes ou apoiaram o afastamento de Chávez, começaram a fraquejar. Como a opinião militar começou a oscilar, Baduel convocou

---

145. Entrevista do autor com Raúl Baduel. Los Teques, jul. 2010.

146. "2000" era uma referência ao ano 2000, quando acreditam que foram promovidos ao alto comando. Um ano depois, foi mudado para 200, em homenagem ao 200º aniversário do nascimento de Bolívar.

102 | ESCOLA DOS DITADORES

um grupo de elite de paraquedistas em três helicópteros de ataque Super Puma para resgatar Chávez e recolocá-lo no palácio presidencial.[147]

Finalmente Chávez recompensou Baduel promovendo-o a Ministro da Defesa e, paradoxalmente, foi quando os problemas do próprio Baduel começaram. Agora em Caracas, ele estava bem próximo a Chávez e seus conselheiros políticos. Baduel contou-me que estava incomodado com o que via; seu amigo de longa data governava como um autocrata e estava cercado de gente que lhe dizia que não poderia cometer erros. Baduel se queixava que suas críticas rapidamente fizeram com que ele se tornasse um estranho para Chávez e seu círculo. Ao mesmo tempo, Baduel também era criticado nos meios militares, principalmente entre os militares mais velhos, que acreditavam que ele tinha sido muito receptivo às interferências de Chávez nos assuntos militares. Quando Chávez tentou mudar a saudação militar para "Pátria, socialismo ou morte" – algo que ofendia a maioria dos oficiais –, Baduel lembra que disse a Chávez que aquilo seria uma violação da Constituição, que "determina claramente [que o serviço militar] é um serviço para todos, e não pessoal ou de interesse de partidos", recorda Baduel. Chávez simplesmente negligenciou suas considerações e instruiu os outros generais a espalharem o *slogan* diretamente aos soldados. Quando começaram a repeti-lo, "Chávez dizia que aquilo vinha dos corações dos soldados", Baduel relembra.

O ponto de ruptura aconteceu em 2007. Chávez emitiu uma Emenda Constitucional que lhe concederia poderes executivos extras, incluindo a presidência vitalícia. Baduel sentiu-se forçado a renunciar e logo se tornou um crítico aberto da tal emenda, a qual foi derrotada.[148] A última vez que falou com Chávez foi no seu discurso de despedida como Ministro da Defesa. "Chávez aproximou-se para dizer adeus", relata Baduel, sentado em sua cela. "Ele me disse para dizer olá a minha família. E, em um tom irônico, segurou meu braço e disse: 'Imagino que agora você terá bastante tempo para suas propriedades'. Olhei para ele e sorri. Mas tomei aquilo como uma sutil ameaça." Era uma ameaça, pois Baduel não possuía as tais propriedades. "Eu sabia que ele faria retaliações. Tinha certeza disso."

Em abril de 2009, Chávez confirmou seus temores. Oficiais da Inteligência militar detiveram Baduel, apontando um revólver em sua cabeça e jogando-o dentro de um veículo.[149] Em maio de 2010, ele foi condenado a sete anos e onze meses de pri-

---

147. Para uma descrição fascinante do dia 11 de abril de 2002, sobre o golpe e o dramático resgate de Chávez por Baduel da Ilha de Orchila, recomendo ver Nelson (2009).

148. Ver Baduel (2007).

149. Ver Forero (2008); e Romero (2009).

são com alegações de corrupção. Encontrei-me com ele dois meses depois, na prisão militar de Ramo Verde. Baduel disse-me que a condenação não tinha sentido. "Sabe quando vou sair?", brincou. "Somente quando Chávez estiver fora do poder."

Baduel conhecia Chávez como cadete, soldado, político e presidente. Ele o ajudou a se organizar contra a velha ordem política venezuelana e foi um defensor do próprio governo de Chávez. Sem dúvida, ele suspeitava sobre as intenções de Chávez mesmo antes do seu descarado plebiscito constitucional de 2007. Ninguém que é galgado a Ministro da Defesa poderia estar totalmente cego em relação ao homem que estava servindo. Talvez ele tivesse simplesmente subestimado Chávez. Mas agora, na prisão, Baduel se pergunta se ele realmente conhecia Chávez. "Dizem que o conheço muito bem, mas agora acho que era um impostor. Ele queria o poder. Conseguiu disfarçar muito bem durante anos", ele me disse. "Suas atitudes são apenas para sustentar seu projeto político de ser presidente vitalício."

Mas Baduel, de certa forma, instigou uma reflexão sobre o verdadeiro caráter de Hugo Chávez. Ele disse-me que todo mundo sempre faz um estardalhaço sobre o fato de que Chávez é um militar, e que ele pensa e age como um soldado. No entanto, para o ex-general venezuelano isso chega a ser um tanto vago. "A experiência militar influencia tudo o que fazemos, e, claro, ele é um militar. Mas temos que ser mais precisos", diz Baduel. "Sua especialidade são tanques e veículos blindados. Esse é o tipo de armamento que ele conhece. Aquelas unidades que chamamos de furacões blindados. O conceito é passar por cima de seus adversários, esmagá-los. Essa é sua abordagem, esmagar seus inimigos."

Quem se dirige às classes D e E

O que levaria quatro jovens oficiais militares a fazer um juramento secreto para defender a democracia venezuelana? Quando esses oficiais se encontraram pela primeira vez, em 1970, parecia que a Venezuela poderia se projetar nos patamares dos países desenvolvidos. Em 1970, era o país mais rico da América do Sul e classificado entre os 20 países mais ricos do mundo.[150] Como muitos sofreram com a crise do petróleo dos anos 1970, a Venezuela, com as maiores reservas fora do Oriente Médio, desfrutava um estado de bonança. Havia tantas rodovias e projetos de construções suntuosos que as pessoas em Caracas começaram a chamar sua própria cidade de "Miami com montanhas". Quando os venezuelanos iam para o exterior, gastando significativamente com itens de luxo, eram frequentemente chamados de *dame dos*

---

150. Ver Hausmann e Rodriguez (2013).

[dê-me dois]. Os colombianos, com inveja do sucesso do seu vizinho, diriam: "Os venezuelanos caíram das árvores dentro de cadilaques".[151]

Mas aqueles cadilaques logo começaram a falhar. O alto preço do barril de óleo cru mascarava a ineficiência, acompanhado da má administração e da corrupção do governo venezuelano. Com a queda do preço do petróleo, os problemas econômicos da Venezuela vieram à tona. Em pouco tempo o débito *per capita* da Venezuela era o mais alto da América Latina.[152] A renda *per capita* caiu 15% entre 1973 e 1985.[153] As maiores necessidades do país eram totalmente ignoradas: entre 1980 e 1989 o índice de pobreza subiu 150%.[154] A inflação e o desemprego explodiram, ultrapassados apenas pelo gritante aumento de crimes violentos.

Chávez e Baduel tinham feito seu pacto de 1982 no começo do que se tornaria as duas "décadas perdidas" para a Venezuela. Por volta de 1998, o PIB *per capita* venezuelano despencou a incríveis 21%.[155] Dois terços dos bancos do país entraram em colapso.[156] O desemprego mais do que dobrou desde 1980. Mais de 50% da população tinha sido atingida pela pobreza e quase 30% estavam vivendo em extrema dificuldade.[157] Ninguém poderia questionar o fato de que os partidos políticos venezuelanos tinham levado o país à falência. Então, sem a menor surpresa, as pessoas desistiram dos partidos políticos e de seus líderes. Numa pesquisa, na véspera das eleições presidenciais de 1998, 70% dos pobres e 84% dos ricos acreditavam que os partidos políticos criaram mais problemas do que soluções; 63% dos pobres e 58% dos ricos disseram que eles não serviam para nada.[158] Tal atmosfera era perfeita para um candidato com credibilidade e se proclamando um político diferente. Esse homem era Hugo Chávez.

Chávez, a princípio e principalmente, seria entendido como uma consequência. A democracia venezuelana decepcionou seu povo durante duas décadas, abrindo as portas para o candidato que mais convincentemente prometia acabar com a velha ordem política estabelecida. Foi assim que Chávez teve sua oportunidade.

---

151. Ver Nelson (2009, p. 3).

152. Ibid.

153. Ver Eifert; Gelb e Tallroth (2003).

154. Ver Mosconi e Alvarez (1996).

155. Ver Haber (2009).

156. Ver Nelson (2009, p. 4).

157. Ver Corrales e Penfold (2011, p. 17). Corrales e Penfold são dois dos mais respeitados pesquisadores da Venezuela. Para uma visão mais apurada da tomada do Estado venezuelano por Chávez, recomendo ver Corrales (2006).

158. Ver Roberts (2004, p. 65).

Todavia, se a questão for tentar entender como ele escolheu capitalizar a situação, explica o comerciante venezuelano Alfredo Croes, então é preciso entender A, B, C, D e E.[159] Essas cinco letras representam as cinco classes socioeconômicas, conforme a medição do governo, do povo venezuelano. Se você mora em Chacao, tem um bom apartamento de três ou quatro quartos e manda seus filhos para escolas nos Estados Unidos, provavelmente você pertence à classe A. Ao todo, apenas 3% da população – a elite do país – pertencem às classes A e B juntas. O decrescente número de pessoas que caem na classe C – a classe média da Venezuela – perfaz 18% da população. O resto está na D ou na E. O pobre e o miserável somam 37% e 42% dos habitantes, respectivamente. "Durante os primeiros 20 anos de democracia na Venezuela", comenta Croes, "as pessoas tiveram uma oportunidade de progredir. Nos 20 anos subsequentes, tudo isso foi esquecido. As classes D e E foram deixadas para trás."[160]

Encontrei Croes nos escritórios de sua companhia, no lado leste de Caracas. Dez anos antes, ele e mais cinco comerciantes venezuelanos decidiram criar uma pequena cooperativa estratégica chamada Grupo La Colina. Todos eles tinham seus negócios ou eram aposentados de grandes empresas, mas doavam seu tempo na tentativa de reforçar a oposição ao governo de Chávez. Na tarde em que fui ao seu escritório, Croes estava analisando relatórios e projeções para as próximas eleições legislativas, indicando os melhores lugares para a colocação de candidatos de partidos oposicionistas.

A objetividade política está em falta na Venezuela, e muitos dos críticos de Chávez pensam ser impossível dizer algo de bom sobre ele. Menos Croes. Ele tem um relutante respeito pelo estrategista político Chávez. As falhas dos seus antecessores podem ter feito um bom estrago, mas Chávez provou ser capaz de agarrar e usar as oportunidades populistas que lhe passaram. E ele é muito mais do que um populista, diz Croes. "No caso de Chávez, ele fez algo brilhante. Compreendeu melhor do que ninguém que os segmentos D e E eram quase 80% do país. Durante os primeiros cinco anos, ele falava apenas *para* as classes D e E. Então, nos cinco anos seguintes, falava *pelas* classes D e E."

É um ponto importantíssimo. Durante a primeira metade do seu comando, Chávez conquistou o apoio, a confiança e a lealdade da maioria desesperada do país. Depois de tanto tempo de negligência, sua atenção foi compreensivelmente deter-

---

159. Estou em débito com Luis Vicente Léon, um dos principais pesquisadores venezuelanos e presidente da agência Datanálisis, pela abrangente visão das divisões socioeconômicas do país e do comportamento eleitoral de cada grupo (entrevista com o autor, Caracas, nov. 2009).

160. Entrevista do autor com Alfredo Croes. Caracas, nov. 2009.

minante para eles. Mas a genialidade está no que Chávez fez a seguir. Com os laços consolidados, Chávez poderia então transformar aquele apoio numa poderosa arma para afastar aqueles que se colocavam no seu caminho. Primeiramente, as classes D e E eram seu público; então, tornaram-se seus recrutas. "Eles se sentem representados por Chávez", diz Croes. "Alguns chavistas agora são mais chavistas que o próprio Chávez."

A estratégia política de Chávez era, na essência, liderar a Venezuela contra si mesma. Ao obter o apoio de um segmento da população, defendeu-nos ativamente contra o resto. Embora tenha chegado ao poder utilizando meios democráticos, sua principal ideia não é democrática. Ao contrário, propõe a Revolução. Em uma democracia, as diferenças são normais. Chávez começa com uma simples resposta, e quem questionar, criticar ou se opor é considerado "traidor", "criminoso", "oligarca", "da máfia" ou "lacaio dos Estados Unidos". Embora inicialmente tenha prometido minar os partidos para devolver o poder ao povo, Chávez centralizou quase todo poder em suas mãos. Recentemente, ele controlava todos os setores do governo, as Forças Armadas, o Banco Central, as estatais petrolíferas, a maioria dos canais de rádio e televisão e qualquer segmento do setor privado que ele escolhesse para expropriar. Os líderes autoritários tipicamente racionalizam seu comando apontando os inimigos e as ameaças aos estrangeiros; Chávez dedicou igual tempo à procura de inimigos dentro da Venezuela. De várias formas, sua abordagem era o inverso da de Vladimir Putin da Rússia.[161] Onde Putin controla um processo cuidadosamente coreografado para manter a ordem e a estabilidade, Chávez cortejava o caos e promovia divisões. Sua retórica, políticas e ações tornaram a Venezuela mais polarizada do que nunca em sua história, injetando uma quase maniqueísta luta política em todos os aspectos da vida cotidiana. "Isto não é Cuba. Não é a União Soviética... por enquanto", diz Teodoro Petkoff, um proeminente crítico de Chávez e editor do jornal oposicionista *Tal Cual*. "Este é um regime muito mais sofisticado do que regimes anteriores de repressão. Mas, por que pode ser sofisticado? Porque teve significativo apoio popular. E essa é uma diferença muito importante com relação aos outros regimes desse tipo."[162]

A Venezuela não é o Estado totalitário da União Soviética. Nem tão repressiva quanto a Cuba de Fidel Castro. Não ocorre abuso dos direitos humanos em massa. Os dissidentes não têm que encarar o esquadrão de fuzilamento e os inimigos do Estado não "desaparecem" durante a noite. Apesar dos seus extravagantes e inusi-

---

161. Segundo meu conhecimento, a primeira pessoa que fez esta observação foi Ivan Krastev. Veja o seu trabalho em Krastev (2006).

162. Entrevista do autor com Teodoro Petkoff. Caracas, nov. 2009.

tados discursos, o sistema de Chávez era muito mais sutil do que muitos regimes levados com mão de ferro. Com muita inteligência, utilizou o que sobrou da imperfeita democracia que o elegeu, revertendo as sobras em ferramentas para perpetuar o seu poder. Se Chávez fosse apenas um populista, seria uma vaga lembrança de muitos líderes latino-americanos. Mas ele reuniu sua origem populista a um esquema autocrático que concentra poder e reduz a democracia a nada mais do que o voto no Dia da Eleição. É o uso de um sistema para destruir outro sistema, uma democracia para destruir a democracia. Como Virginia Rivero, uma organizadora política, perguntou-me melancolicamente: "O que acontece a uma sociedade quando seu presidente eleito democraticamente governa de forma antidemocrática?".[163] Os venezuelanos têm vivido essa resposta por mais de uma década.

"Nesta Constituição agonizante"

Em 1998, antes das próximas eleições presidenciais, Maruja Tarre convidou Hugo Chávez e outros candidatos presidenciais à Universidade Simon Bolívar para falar aos estudantes sobre política petrolífera. Tarre, ex-diplomata e antiga docente da Universidade, tinha convidado Chávez para discursar para sua classe várias vezes, desde que ele tinha sido libertado da prisão por liderar o fracassado golpe militar. O evento na Universidade Simon Bolívar foi a única ocasião em que todos os candidatos falaram num mesmo espaço durante a campanha presidencial de 1998. O auditório da universidade comporta 1.100 pessoas; estava completamente lotado, havia apenas lugares em pé, e pessoas se espremendo do lado de fora da sala. Ela relembra o evento como uma ocasião difícil, um tanto desagradável. "Eu estava muito constrangida, pois as pessoas o vaiavam terrivelmente. Tentei acalmar os estudantes, mas era impossível."[164]

De pé no pódio, em frente aos estudantes e à comunidade da universidade, o candidato Chávez estava visivelmente furioso com tal recepção. Foi então que Tarre ouviu algo que a deixou estarrecida. Falando longe do microfone, Chávez murmurou: "Vocês estão me vaiando, mas logo estarei no poder e vocês terão que me aguentar". Tarre estava atordoada. Tão desconfortável quanto a situação tinha ficado, ela esperava que Chávez desconsiderasse aquilo e fizesse alguma brincadeira para, pelo menos, minimizar o impacto da grosseria dos estudantes. Afinal de contas, não passavam de estudantes universitários. Mas pelo contrário, as palavras de Chávez provocaram um frio em sua espinha. "Acho que fui a única pessoa que ouviu. Não foi dito no microfone", ela recorda. "Foi um grande choque para mim."

163. Entrevista do autor com Virginia Rivero. Caracas, nov. 2009.

164. Entrevista do autor com Maruja Tarre. Washington, D.C., jun. 2011.

108 | ESCOLA DOS DITADORES

Poucas pessoas sabiam exatamente o que esperar de Chávez depois que ele venceu as eleições presidenciais de dezembro. Em vista da quantidade de críticas que ele dirigiu à então ordem estabelecida, sua campanha era bem pobre sobre as especificidades do que ele faria uma vez no poder. Ele não começou apresentando planos de novas políticas econômicas para recuperar a oscilante economia nacional. Também não iniciou referindo-se à pobreza, aos crimes ou à educação. Ao contrário, começou convocando uma nova Constituição.[165] Confiante devido às suas altas taxas de aprovação no começo do mandato, Chávez conseguiu formar uma nova assembleia para reescrever a Constituição num espaço de poucos meses. Em uma tática que logo se tornaria familiar, seus simpatizantes redigiram regras eleitorais que permitiam a Chávez controlar 93% das cadeiras nesta nova formação com apenas 53% dos votos.[166] Seu firme controle sobre a assembleia trouxe-lhe o que almejava: uma significativa expansão dos poderes presidenciais.

Sob a nova Constituição, o mandato presidencial aumentou de cinco para seis anos, com a possibilidade de um segundo mandato. Chávez tomou o controle total de todas as promoções dentro das Forças Armadas. O Senado foi dissolvido, com a legislação ficando em segundo plano. O financiamento público para partidos políticos tornou-se ilegal. Chávez também tirou proveito deste momento formando a liderança do Conselho Nacional Eleitoral com seus seguidores. Aparentemente, ele logo entendeu que controlar a Instituição que organiza as eleições, administra o registro dos eleitores, define os mapas eleitorais, decide sobre as regras, distribui as máquinas de votação e estabelece as datas eleitorais seria crucial para consolidar o poder atrás de uma fachada democrática. Outros gabinetes – por exemplo, as Cortes, a Procuradoria-Geral e a Controladoria-Geral – logo estavam sob seu poder. Em menos de dois anos Chávez tinha controle total sobre o governo e um poder sem precedente para um presidente venezuelano. Esse primeiro período seria emblemático sobre o que estaria por vir; a habilidosa manipulação do processo democrático para acumular poder executivo fora de controle. Longe de expandir a participação pública na democracia, Chávez estava provando o quão maleável um conceito democrático poderia ser.

O ponto principal do autoritarismo de Chávez, paradoxalmente, era as eleições. Para a maioria das pessoas, as eleições são a essência da democracia. Todavia, as pessoas têm menos probabilidade de garantir proteções constitucionais, divisão de poderes ou outros direitos democráticos menos tangíveis nas urnas eleitorais.

---

165. Durante sua cerimônia de juramento, Chávez inesperadamente inseriu as palavras "nesta Constituição agonizante" enquanto recitava a promessa solene.

166. Ver Corrales e Penfold (2011, p. 19).

"Se a maioria das pessoas pensa que democracia é votar", diz Luis Vicente Léon, um dos mais importantes pesquisadores da Venezuela, "então, deve achar que estamos vivendo no melhor regime democrático do mundo, pois nunca votamos tanto".[167] De fato, muitos venezuelanos com quem conversei não sabiam dizer quantas eleições já tinham acontecido desde que Chávez assumiu o poder.[168]

As eleições eram uma arma importante no arsenal autocrático de Chávez porque, se conduzidas adequadamente, atendiam muitos dos pré-requisitos para a ampliação do seu comando. Para começar, foi por meio das eleições e dos plebiscitos que Chávez eliminou quase toda forma de supervisão, criando uma inexplicável administração com um controle executivo extraordinário. Além disso, não importa quando você visita a Venezuela, é quase sempre época de eleições. Para um presidente que procura polarizar o país em campos de competição, isto o estimula a criar um ambiente permanente de campanhas. Tais momentos são extremamente propícios para a transferência de montes de dinheiro e benefícios aos seguidores, tanto dentro como fora do governo. Os fiéis seguidores são recompensados e os inimigos punidos em um febril movimento ideologicamente orientado, desviando a atenção das pessoas dos verdadeiros problemas que as afetam. E, claro, as eleições permitiam a Chávez renovar sua legitimidade até mesmo quando ele radicaliza sua agenda. "As eleições não são uma ameaça a Chávez, são uma necessidade", diz Eugenio Martinez, um repórter que cobre as eleições para o *El Universal*. "É muito difícil de acusar alguém de ser um ditador depois de tantas eleições."[169]

Muitas pessoas podem suspeitar que qualquer governante autoritário que promovesse tantas eleições estaria simplesmente produzindo uma farsa atrás da outra. Mas esse não é o caso. A maioria das pessoas, inclusive os membros da oposição, acredita que o resultado das eleições reflete a vontade popular. Naturalmente, há irregularidades. Mas não são o tipo de fraudes eleitorais gritantes ou adulterações de urna que costumam acontecer. O controle de Chávez nas eleições era muito mais discreto do que visíveis irregularidades que acontecem e, de fato, nem mesmo ocorria no dia que as pessoas apareciam para votar. "O Dia da Eleição não era um problema", disse-me uma ex-integrante do Conselho Nacional Eleitoral. "Todo o estrago – o uso de dinheiro, mercadorias, abuso de poder, comunicações – acontece antes."[170]

---

167. Entrevista do autor com Luis Vicente León. Caracas, nov. 2009.

168. Incrivelmente, se somarmos eleições e plebiscitos nacionais, os venezuelanos foram às urnas 13 vezes nos primeiros 11 anos de Chávez.

169. Entrevista do autor com Eugenio Martinez. Caracas, nov. 2009.

170. Entrevista do autor com a ex-integrante do Conselho Nacional Eleitoral. Caracas, nov. 2009.

As eleições na Venezuela são livres, mas longe de serem justas, ela explicou. Ela foi uma das muitas tecnocratas do Conselho Eleitoral demitidas por Chávez. Ela declara que viu a Instituição tornar-se rapidamente subserviente ao gabinete governamental. Enquanto muitos profissionais altamente competentes continuam trabalhando lá – alguns deles solidários à oposição – reportam-se aos chefes de departamento que são todos leais a Chávez. Esses, por sua vez, reportam-se aos cinco diretores da Instituição, quatro dos quais são declaradamente chavistas, embora não tenham supostamente afiliações partidárias. "O Conselho Nacional Eleitoral não tem nenhuma independência", ela explicou. "Antes, era muito transparente. Era muito aberto." Agora, é o cérebro técnico de uma máquina muito bem lubrificada, projetada para preparar o campo favorável a Chávez bem antes do Dia das Eleições.

Uma vez que o órgão responsável pelo monitoramento eleitoral do país tornou-se político, não havia nenhum árbitro independente para impedir abusos eleitorais cometidos por um governo que já estava sob o controle de um só homem. Enquanto a nova Constituição tinha banido o financiamento público de partidos políticos, a proibição era aplicada apenas à oposição. Ministros do governo abertamente passaram por cima da proibição, gastando milhões de dólares em cartazes, panfletos e *outdoors* pró-Chávez, assim como utilizando funcionários públicos na campanha presidencial. Embora as evidências estivessem em todo lugar, o Conselho Nacional Eleitoral não dizia uma palavra. De acordo com o *Electoral Eye* [Olho Eleitoral], um grupo de observadores eleitorais, 30% da campanha de Chávez de fevereiro de 2009 para eliminar todos os limites de mandato – abrindo o caminho para que ele se tornasse presidente vitalício – foram por ministros e instituições públicas.[171]

Durante anos, milhões de venezuelanos foram efetivamente excluídos devido à pobreza que atingia o país. Ninguém podia tomar a iniciativa de assegurar que essas pessoas pudessem ser incorporadas à sociedade concedendo-lhes os mesmos títulos de eleitor dados a outros cidadãos. No entanto, com o intuito de inflar as listas de eleitores, o Conselho Nacional Eleitoral aboliu os requerimentos que verificavam a identidade do portador. Unidades móveis foram enviadas para as regiões mais desfavorecidas, distribuindo títulos de eleitores a quem quisesse. E, em 2003, 11 milhões de pessoas foram registradas como eleitores. Houve um salto de quase três milhões de registros ao final de 2004, que significava que as autoridades estavam distribuindo aproximadamente 3,7 mil títulos de eleitor por dia.[172] Por volta de 2009, esse número chegou perto de 18 milhões. De acordo com Eugenio Martinez, do *El*

---

171. Entrevista do autor com Martinez.

172. Agradeço a Eugenio Martinez por esses dados.

Universal, 40% dos eleitores registrados nem mesmo tinham seus endereços listados. Os especialistas eleitorais naturalmente temiam que tal fluxo de eleitores não identificáveis poderia permitir o acesso de eleitores fantasmas, múltipla votação e outros tipos de fraudes difíceis de detectar. "Antes, o sistema distribuía títulos eleitorais confiáveis", disse-me o ex-funcionário do Conselho Nacional Eleitoral. "Agora, você recebe um título na rua. Distribuíram títulos eleitorais para pessoas que nem mesmo são venezuelanas."

Algumas das ferramentas empregadas por Chávez eram golpes sujos que também acontecem em qualquer democracia. Por exemplo, os articuladores de Chávez apreciavam o uso de distorções não muito diferentes das praticadas no extremo sul dos Estados Unidos para evitar a eleição de candidatos afro-americanos num universo predominantemente branco. Antes das últimas eleições legislativas, o governo anunciou que redefiniria os limites do distrito. Todo mundo esperava que a redefinição dos limites dos distritos seria um exercício de uma prática conhecida como *gerrymandering*[173], e, na verdade, era mesmo: o número de representantes vindos das áreas urbanas, onde o desempenho da oposição era bem melhor, era diluído a favor nas áreas rurais, favorecendo, portanto, os candidatos chavistas.[174] No entanto, o Conselho Nacional Eleitoral foi além da manipulação dos limites dos distritos: uma vez que tinha redefinido os limites, manteve a informação fora do alcance dos candidatos oposicionistas. Quando visitei a Venezuela pela primeira vez, embora faltando dez meses para as eleições, os candidatos oposicionistas ainda não tinham conhecimento dos distritos onde poderiam atuar. É difícil saber em qual vizinhança atuar se você não consegue encontrar o seu distrito no mapa. Contudo, ninguém, inclusive o ex-membro do Conselho Eleitoral, duvidava que os candidatos chavistas soubessem perfeitamente sobre seus limites. Depois de uma constante onda de reclamações, o Governo publicou os novos distritos eleitorais, menos de oito meses antes do Dia da Eleição.

Talvez, a maneira mais sofisticada com que Chávez tinha conseguido manter sua maioria no parlamento seja manipulando as regras eleitorais para assegurar resultados favoráveis. O sistema de votação da Venezuela é conhecido como um sistema misto; cada eleitor tem o direito de votar num candidato individualmente

---

173.   Prática que tenta estabelecer uma vantagem política para um determinado grupo ou partido, manipulando os limites distritais. (N.T.)

174.   Por exemplo, no Amazonas, uma área rural considerada um reduto chavista, eram necessários apenas 42 mil votos para fazer um membro do parlamento, enquanto em Zulia, um estado onde a oposição teria um bom desempenho, eram necessários 708 mil votos para eleger um representante. (Agradeço a María Corina Machado por esse dado eleitoral.)

assim como num partido.[175] A maioria dos pretendentes é eleita como candidatos individuais de distritos com um representante, como nos Estados Unidos. Mas 40% dos assentos são alocados baseados no princípio da representação proporcional. A ideia por trás da eleição mista é impedir que qualquer partido minoritário domine as eleições. Teoricamente, o segundo maior partido – que presumivelmente seria um de oposição – estaria protegido, tendo uma porcentagem aceitável dos seus candidatos selecionados da lista do partido.

Os assessores de Chávez, no entanto, encontraram uma brecha na lei. Burlaram o sistema com candidatos leais a Chávez concorrendo sob a bandeira de organizações políticas legalmente distintas do principal partido de Chávez. Dessa forma, Chávez teve condições de conseguir assentos por candidatos eleitos individuais, como também aqueles alocados conforme as listas dos partidos. Martinez mostrou-me como era teoricamente possível para o partido de Chávez ganhar apenas 51% dos votos e sair com 80% dos assentos.[176]

Os resultados são impressionantes. Na eleição legislativa de setembro de 2010, o partido de Chávez e a oposição conseguiram praticamente a mesma porcentagem de votos. Ainda assim, com quase a mesma contagem, a oposição conseguiu apenas 39% dos assentos na Assembleia Nacional, enquanto o partido de Chávez ficou com 59%. No estado de Carabobo, a oposição ganhou 54% da votação popular. Mesmo assim, com apenas 46% do eleitorado, os candidatos de Chávez ficaram com sete dos dez assentos. O mesmo ocorreu no distrito de Caracas: o partido de Chávez perdeu na votação popular, mas ganhou sete dos dez assentos.[177] Uma simples revisão nas leis eleitorais teve como efeito final a mudança de onze partidos da oposição para os aliados de Chávez. "Se você apenas considerar o fato de que há eleições e votos, a Venezuela é uma democracia", diz o ex-funcionário do Conselho Eleitoral. "Agora, se você olhar melhor, mais de perto, não é."

Não que Chávez estivesse satisfeito em deixar sua dominância política em troca de sua habilidade de controlar os votos. Quando sua tentativa de acabar com os limites de mandato presidencial quase foi derrotada em 2007, ele simplesmente reapresentou a proposição num remodelado plebiscito em fevereiro de 2009. Muitos dos poderes executivos que ele perseguia no seu fracassado referendo de 2007 foram conseguidos por meio de decretos presidenciais e legislações produzidas pelo

---

175. As regras eleitorais que norteiam a votação na Venezuela são muito complexas. Para uma explicação mais detalhada, recomendo ver Tarre (2011).

176. Entrevista do autor com Martinez.

177. Para uma excelente análise das eleições da Assembleia Nacional em setembro de 2009, ver Tarre (2011, p. 137-44).

seu obediente Congresso. Chávez aprovou mais decretos do que qualquer outro presidente na história da Venezuela – foram 169 decretos nos seus primeiros dez anos.[178] Os primeiros oito presidentes venezuelanos aprovaram apenas 172 decretos em quase 40 anos.

O resultado final das manipulações e tomadas de poder de Chávez era tornar a Venezuela um paradoxo único: a cada eleição, o país perdia cada vez mais sua democracia.

"O medo não deixa pistas"

Robert Serra está inquieto. Levanta de sua escrivaninha e volta a se sentar. Poucos minutos depois, está de pé novamente, impaciente. De volta a sua escrivaninha, não sabe o que fazer com as mãos. Quando fala, gesticula o tempo todo. Fala rapidamente, as palavras se atropelam, dando muito trabalho às mãos. As fotografias ampliadas que decoram seu quartel general da campanha eleitoral o mostram em movimento. Em cada uma delas, Serra, com sua cabeleira típica, está nas ruas, dirigindo-se à multidão, liderando passeatas, cumprimentando a todos. No seu escritório, quando não está falando, parece inseguro. Ouve em silêncio, mas podemos sentir sua ebulição interna, como se o político de 23 anos fosse um vulcão prestes a entrar em erupção. Não está zangado nem nervoso; apenas impaciente para fazer o que faz de melhor: encher o ambiente com palavras. Depois de 10 minutos, seu apelido parece bem apropriado; alguns o chamam de "miniChávez".

Serra fez seu nome como um dos líderes estudantis de Chávez mais agressivos e sinceros. Agora, a dois meses das eleições legislativas, ele está concorrendo como um candidato do partido situacionista de Chávez, procurando representar a sofrida região chamada 23 de Janeiro.[179] Seu escritório fica no 6º andar de um alto edifício ao norte de Caracas, na Rua do Panteão Nacional, onde se encontram os restos mortais de Simon Bolívar. O Panteão era o local usado por Chávez para a maioria de seus discursos. Poucos dias antes da minha visita a Serra, Chávez tinha chocado os venezuelanos, até mesmo alguns chavistas, exumando os restos de Bolívar ao vivo na televisão, logo após a meia-noite.[180] Chávez ordenou a exumação para "testes científicos forenses"; ele acreditava que, em vez de morrer de tuberculose, Bolívar tinha sido assassinado por oligarcas colombianos. Durante seu discurso, Chávez pediu

---

178. Entrevista do autor com Carlos Vecchio. Caracas, nov. 2009.

179. O nome "23 de janeiro" é uma referência ao dia 23 de janeiro de 1958, data em que o ditador venezuelano Marcos Pérez Jiménez foi expulso.

180. Para uma completa descrição da ordem de Chávez para exumar o corpo de Bolívar, ver Halvorssen (2010).

a Jesus Cristo que trouxesse Bolívar de volta, e mais tarde alegou ter conversado com os ossos do libertador.[181] Chávez fez questão que todo o macabro evento fosse transmitido ao vivo.

Conversar com um chavista, especialmente um tão devotado quanto Serra, pode ser uma experiência um tanto surreal. Quando lhe perguntei sobre a deteriorada economia do país – a única economia sul-americana em declínio, com uma crescente inflação – ele parecia perplexo, retrucando que os salários subiam a cada ano. Obviamente, ele ignorou o fato de que aqueles aumentos eram devorados pela mesma inflação, ou que o controle de preços resultou em uma escassez de produtos básicos como açúcar e leite. Quando o apertei sobre a economia do país, ele explicou que a grande alta dos preços dos itens básicos devia-se à estocagem desses produtos pelos ricos. Até mesmo a escassez de água era resultado dessa estocagem. Contudo, ele não via qualquer ligação entre a escassez de alimentos e o carregamento de contêineres de propriedade do próprio governo, descoberto recentemente com mais de 100 mil toneladas de alimentos deteriorados. Durante duas horas, Serra confrontou fatos com uma série de alegações bizarras, negações e desvios.

No final do nosso encontro, perguntei-lhe se ele acreditava que sua campanha pudesse ser prejudicada com os decrescentes números de aprovação de Chávez. Naturalmente, Serra negou que a popularidade de Chávez tivesse declinado, a despeito das múltiplas pesquisas e recentes eleições que sugeriam justamente o contrário. Referindo-se às próximas eleições legislativas, Serra disse: "Acredito que teremos resultados muito bons. A paz do nosso país depende do que acontecer".[182]

O comentário me tocou.

"Paz? Por que paz?", questionei.

"Chávez é a principal garantia de paz na Venezuela", ele respondeu. "Ele é a barreira para todos os venezuelanos que não tomarão o poder a força, pois se sentem representados por Chávez. O dia em que Chávez não estiver mais lá algo acontecerá. Esses milhões de pessoas irão às ruas e tomarão o poder de qualquer jeito."

Pensei que estivéssemos discutindo sobre uma eleição que estava para acontecer. Serra agora estava referindo-se ao fantasma da guerra civil. Sem Chávez, acrescentou, teríamos sangue nas ruas. Não importa que estávamos falando sobre uma disputa legislativa e que o presidente Chávez não estava bem cotado. Seria algo

---

181. Há rumores de que ele sempre reservava uma cadeira extra nas reuniões de gabinete para Bolívar.

182. Entrevista do autor com Robert Serra. Caracas, jul. 2010.

extraordinário para um político dizer, se não fosse algo que Chávez, assim como outros chavistas, repetisse o tempo todo. Era quase que uma ação reflexiva de Serra deduzir que o contrato social venezuelano entraria em colapso, caso os resultados favoráveis não fossem alcançados. É emblemático o fato de que a retórica altamente inflamável usada de modo frequente tanto para estimular a opinião pública como para amedrontar as pessoas estivesse presente em ambos os lados da divisão política. A ameaça, mesmo implícita, não soa vazia aos venezuelanos depois que Chávez passou anos criando milícias populares, os então chamados Círculos Bolivarianos, para defender a Revolução.[183] Além de encorajar a revolta dos eleitores, Chávez chegou a sugerir que mudaria o resultado de uma eleição que não fosse do seu agrado, afirmando: "Se permitirem que a oligarquia volte ao poder, eu colocaria os... tanques nas ruas para defender o governo revolucionário e o povo".[184]

Por mais de uma década, Chávez e seus aliados têm aperfeiçoado o sutil uso do medo e da intimidação para alcançar seus objetivos. É uma maneira de moldar o comportamento do eleitor sem a descarada violação dos direitos civis. Claro, Serra não descreveria suas palavras como intimidadoras. Estava simplesmente colocando os fatos, sugerindo que agora que a Venezuela estava tão polarizada, era seu dever, como dos outros chavistas, ajudar a conter e acalmar a população. Era como dizer que se um leão for provocado e atacado, mais do que nunca precisa do seu domador – verdade, mesmo que seja ele quem inferniza a fera. A mensagem política não é endereçada aos chavistas ou membros da oposição. Ambos os lados sabem como votarão no Dia da Eleição, não se deixarão influenciar facilmente. O alvo é a parcela dos indecisos – os chamados *ni-nis* [nem um, nem outro] –, que perfaz mais de 40% do eleitorado. O medo pode ser uma arma eficiente para esse grande número de venezuelanos indecisos.

Um dos mais notórios exemplos de intimidação ao eleitor surgiu na forma de algo denominado de a Lista Tascón.[185] A oposição conseguiu, depois de várias tentativas, forçar um referendo revogatório sobre a presidência de Chávez em agosto de 2004. Meses antes do referendo, Chávez determinou que o Conselho Nacional Eleitoral divulgasse os nomes das três milhões de pessoas que votaram a favor da realização do referendo ao seu líder de campanha, Luis Tascón. A alegação de Chávez era que ele acreditava que muitas das assinaturas foram forjadas, e planejava expô-las como tal. Uma vez com a data das eleições, Tascón divulgou os nomes no

---

183. Em seu juramento, os membros do Círculo Bolivariano prometem sacrificar a própria vida na defesa da Revolução.

184. Ver Corrales (2009).

185. Para uma completa descrição da Lista Tascón e a Maisanta, ver Human (2008, p. 15-25).

seu site. Qualquer um poderia conferir a lista e ver quem foi a favor do referendo sobre o governo de Chávez.

Naturalmente, a publicação dos nomes tinha outro propósito: perseguição política. O Ministro da Saúde, Roger Capella, disse que qualquer médico ou enfermeiro que tivesse assinado o referendo revogatório seria demitido por ter cometido um "ato de terrorismo". Alí Rodríguez, chefe da PDVSA, a Companhia Petrolífera Estatal, disse que esperava que os trabalhadores que tivessem assinado o referendo fossem demitidos. De uma vez só, mais de 80 funcionários públicos de uma agência bancária governamental foram demitidos porque apoiaram a petição. Jesús Caldera, presidente da agência, declarou que a "limpeza" era para dar lugar aos servidores públicos que "aderiram ao projeto governamental". Milhares de pessoas tiveram negados empregos, promoções e serviços básicos federais porque seus nomes apareceram na lista.

Um ano depois, os chavistas desenvolveram uma ferramenta ainda mais abrangente chamada "Maisanta". Uma referência a um comandante rebelde do século XIX, o Maisanta era um programa que reunia informações detalhadas sobre todos os eleitores venezuelanos registrados. O Maisanta incluía: nome da pessoa, endereço, número do título de eleitor; e se ele(a) tinha votado pelo referendo, deixado de votar em eleições anteriores ou se tinha recebido algum benefício dos programas sociais do governo. Todas essas informações, de mais de 12 milhões de eleitores venezuelanos, estavam armazenadas num simples CD. Pior, foi copiado e distribuído pelo país todo.

Na verdade, você nem mesmo precisa ir atrás do Maisanta; o próprio Maisanta te encontrará. No verão de 2010, eu estava esperando na portaria de um edifício governamental no centro de Caracas, onde membros da Assembleia Nacional mantêm seus gabinetes. Eu tinha um encontro com um congressista chavista naquele dia. Enquanto eu aguardava, apareciam pessoas querendo me vender cópias pirateadas de DVDs. Ao menos de início, foi o que imaginei. Quando olhei melhor, percebi que não eram as imitações baratas dos filmes de Hollywood que encontramos em qualquer esquina de Nova York, Paris ou Beijing; eram cópias do Maisanta. Por aproximadamente 1,50 dólares eu tinha as informações eleitorais de milhões de venezuelanos.

O custo foi bem mais alto para as pessoas registradas no CD. Em um caso documentado pelos Vigilantes dos Direitos Humanos, foram negadas as prescrições médicas a uma mulher de 98 anos que vinha recebendo os medicamentos normalmente há anos. Quando sua família questionou, disseram que foi porque ela assinou o referendo. Uma pessoa que encontrei contou-me uma história semelhante: seu noivo precisou de atendimento médico imediato e foi ao pronto-socorro de um hospital administrado pelo governo. A funcionária do hospital estava fazendo sua ficha de admissão e teve que submeter sua identificação a uma análise pelo computador. Disseram-lhe então que deveria se dirigir a outro hospital. Dados estatísticos comprovam a bizarra evidência.[186] Vários acadêmicos compararam a lista de pessoas que assinaram o referendo com informações de dados nacionais e descobriram que os oponentes de Chávez tiveram uma queda de 5% em sua renda e 1,5% de emprego depois que a relação dos eleitores tornou-se pública. Em uma sociedade comandada por políticos comprados, ser identificado como inimigo do Estado pode causar sérias consequências. Uma vez que a informação era divulgada, o Governo nem mesmo precisava usar os dados contra seus oponentes.[187] Os venezuelanos usavam a lista contra seus próprios conterrâneos para decidir tudo, desde quem seria admitido ou demitido até quem pode conseguir um passaporte ou ser auditado pelas autoridades do imposto de renda. Se Chávez sabia quem eram seus amigos, era melhor não fazer negócios com seus inimigos.

María Corina Machado conhece muito bem o preço da oposição a Chávez. Ela é cofundadora de um grupo de observadores eleitorais chamado Súmate. Durante o referendo revogatório de 2004, sua organização teve significativa participação encorajando as pessoas a votar. Seu trabalho não passou despercebido. O Governo aplicou severas sanções contra Machado e três outros membros do Súmate por conspirar para "destruir a forma de governo republicano do país". Particularmente, o governo implicou com o fato de que o Súmate tinha recebido certa quantia da Doação Nacional pela Democracia, uma organização localizada em Washington, D.C., algo próximo de 53,4 mil dólares. O dinheiro tinha sido usado na realização de eventos para preparar os cidadãos para o referendo. No final, o Governo não conseguiu provar como educar os venezuelanos sobre seu próprio processo constitucional poderia ameaçar a estabilidade do regime. Mas isto não impediu Chávez de lançar uma guerra total, usando a mídia, na tentativa de destruir a credibilidade da ONG. Machado e outros membros do Súmate foram atacados tanto na TV como na imprensa escrita como traidores e lacaios do imperialismo norte-americano. "Eles escolhem pessoas de qualquer setor, na mídia, no setor privado, nos sindicatos e em alguns partidos políticos para intimidar, ofender e perseguir", Machado me contou. "Isso afeta diretamente o resto da população."[188]

---

186. Ver Hsieh et al. (2011).

187. Ver Human (2008, p. 218).

188. Entrevista do autor com María Corina Machado. Caracas, jul. 2010.

118 | ESCOLA DOS DITADORES

Sete anos após fundar o Súmate, Machado dirigiu sua oposição ao regime: ela decidiu tornar-se uma das únicas candidatas femininas independentes a concorrer para a Assembleia Nacional.[189] Em um quente anoitecer em julho de 2010, fui visitá-la em seu local de campanha. A noite estava começando e as ruas começavam a ficar movimentadas. É difícil para os candidatos da oposição encontrarem espaço para a realização dos seus eventos, portanto, naquela noite, a reunião estava acontecendo em uma tranquila rua nas vizinhanças de Bonita. Os cartazes diziam: "*Somos Mayoria*" [Somos Maioria]. As pessoas presentes eram velhos, jovens, trabalhadores, aposentados – e quase todos mulheres. Não era exatamente uma surpresa que tantas mulheres viriam para o discurso de María Corina Machado. Magalli Meda, a gerente da campanha de María, relatou que as mulheres, principalmente as mães, têm sido fundamentais para a campanha. "Nossa estratégia de comunicação tem sempre focado na família", explica Magalli, especialista em publicidade e mãe de duas crianças. "Funciona assim: toda vez que você mencionar a família, está valorizando as mulheres. E elas trazem seu pessoal."[190]

De fato, as mães tornaram-se embaixadoras da campanha, mobilizando suas famílias para votar. E os resultados eram óbvios, não apenas naquela noite, mas também no nível de apoio a Machado. Para que pudessem concorrer a uma vaga, os candidatos deveriam primeiramente coletar um determinado número de assinaturas. A maioria dos candidatos precisou de várias semanas para conseguir esses nomes. "Levaram três ou quatro semanas", disse Meda. "Levamos um dia para conseguir quatro vezes o número mínimo de assinaturas."

Embora esta fosse sua primeira eleição, o tempo que Machado passou no Súmate fez dela uma veterana da guerra eleitoral, veterana quanto à forma de como um autoritário vence nas urnas. Ela consegue memorizar os dados demográficos dos estados pelo país. Relembra os percentuais de aparentemente quase todas as eleições da última década. Conhece as leis eleitorais de fio a pavio. Quando lhe pergunto por que o governo tem sido tão bem-sucedido, ela destaca uma palavra: medo. "O medo não deixa pistas", responde. "Acho que foi o maior e mais eficiente instrumento usado por Chávez, desde o primeiro dia."

Ela argumenta apontando um dos números que, segundo ela, conta muito: 49% dos venezuelanos não acreditam que o voto seja secreto. "Lembre-se, aproximadamente 5,6 milhões de pessoas, conforme dados oficiais, dependem do dinheiro do

---

189.   Posteriormente, Machado conquistaria sua cadeira na Assembleia Nacional e, mais uma vez, aumentaria seu nível de oposição tornando-se uma candidata nas primárias presidenciais da oposição.

190.   Entrevista do autor com Magalli Meda. Caracas, jul. 2010.

governo, sejam pensionistas, sejam servidores públicos. E então, alguém bate à sua porta e pede para que você pense sobre crime? Horrível. Corrupção? Terrível. Presidente Chávez? Oh, eu o amo. A conclusão é que Chávez era um líder carismático e que tinha uma ligação emocional com as pessoas. E na verdade, tinha mesmo. Mas acredito que seja medo também". Se você acredita que o voto pode não ser secreto, que suas preferências políticas podem ser usadas contra você – algo bastante plausível depois da criação da Lista Tascón e da Maisanta –, deve pensar duas vezes antes de responder a terceira questão. "Você não se sente encorajado a arriscar um voto contra [Chávez] porque ou nada acontecerá ou você será punido", afirma Machado. "A ideia de convencer as pessoas que discordam do regime a acreditarem que tudo o que fazem ou dizem não as afetarão... é estratégica."

Algumas vezes, claro, o regime é pouco sutil nas formas de intimidação. Uma década após ter convidado Chávez para discutir políticas petrolíferas na Universidade Simón Bolívar, Maruja Tarre, a ex-diplomata e docente, tornou-se uma crítica feroz do presidente. Regularmente dava entrevistas ou escrevia artigos criticando suas declarações ou políticas. Muitos dos comentários eram recebidos via Twitter, onde ela poderia contra-argumentar em tempo real com as reações públicas de Chávez. Em setembro de 2009, ela não estava assistindo ao discurso de Chávez; estava ao telefone, falando com sua filha, que morava em Washington, D.C. Naquela noite, elas estavam conversando sobre recentes manifestações antichavistas que estavam acontecendo no exterior. Comparavam os fatos a alguns dos protestos internacionais que foram realizados em solidariedade ao Movimento Verde no Irã, que ainda estavam lutando para tomar as ruas depois do seu aparecimento alguns meses antes. Era uma conversa entre mãe e filha.

Duas noites depois, estava no noticiário das seis. Tarre e sua filha, Isabel, ficaram chocadas ao ver sua conversa particular transmitida em rede nacional. O âncora não deu a menor explicação ao seu público de como tinha conseguido a gravação; ficou evidente que o telefone de Tarre tinha sido grampeado. Uma vez no ar, Alberto Nolia, apresentador do programa *The Devil's Papers* [Documentos do Diabo], começou a dissecar a conversa na tentativa de ajudar os telespectadores a entender o que tinham ouvido. Ele disse que a filha de Tarre admitiu ser a mentora de demonstrações "antivenezuelanas" no exterior, embora os protestos fossem contra o governo de Chávez, não contra a Venezuela, e ela não tivesse organizado nada. Nolia continuou, num aflito tom de voz: "Que tipo de mãe liga para sua filha no exterior para falar de política?".

Se as pessoas tivessem perdido a conversa, poderiam ouvi-la mais tarde, quando foi retransmitida num programa político de entrevistas levado ao ar altas horas da noite chamado *The Razor* [A Navalha]. O apresentador, Mario Silva, um chavista ardente, ataca frequentemente os membros da oposição com o tom mais agressivo possível. Com sua personalidade impetuosa, Silva usa seu programa para ameaçar ou humilhar as pessoas, constantemente incentivando teorias conspiratórias antissemitas. Depois de retransmitir a conversa, argumentou que Tarre acabara de admitir o fracasso da oposição. Fez piada da sua filha, dizendo que ela deveria estar no exterior há muito tempo, a julgar pelo seu "Spanglish"[191], e então, leu os comentários no Twitter. "Eles gravam tudo o que dissermos", disse-me Tarre. "Dizem que estou 'nas mãos do imperialismo'. Não sei o que quer dizer estar nas mãos do imperialismo. O que realmente sei é que isso foi feito para nos amedrontar."[192]

"Temos boas e más notícias"

O Instituto Nacional de Orientação Feminina fica bem no alto, no topo de uma colina. O nome é um eufemismo para a estrutura dilapidada, com superpopulação, usada como o único presídio feminino da Venezuela.[193] Os dias de visita são as quartas-feiras de manhã, e mais de 200 pessoas já estavam na fila. Leva aproximadamente 40 minutos para chegar ao começo da fila, registrar-se, receber um carimbo no antebraço, ser revistado e então, liberado para entrar. Um punhado de cães ferozes, no entanto, perambula pelo complexo, observados pelos guardas da segurança. Um pequeno cão de caça, pastor alemão, marrom e caramelo, com não mais de seis meses, permanece à sombra, observando a aproximação das pessoas no portão de entrada. Ocasionalmente, ele se levanta para cheirar as sacolas de alimentos trazidas pelas pessoas – algumas vezes falta alimento na prisão durante a semana – na esperança de alguma sobra. Quando passo pela segurança e entro nos limites da prisão, o mesmo filhote já está lá dentro, procurando um novo ponto para se proteger do sol do meio-dia.

A princípio, a prisão é um tanto confusa. Muitas guardas não usam uniformes. É difícil distinguir quem é interna de quem é funcionária. Algumas guardas usam as calças normais do uniforme, outras usam roupas casuais. Porém, isso não faz qualquer diferença. Tão logo entro, uma prisioneira usando uma espécie de colete e uma bermuda me pergunta: "Quem está procurando? Eu te levo a ela".[194] Vim ver a juíza María Lourdes Afiuni.

---

191. Expressão pejorativa que aproxima os idiomas Espanhol e Inglês, conforme nosso "Portunhol". (N.T.)

192. Entrevista do autor com Tarre.

193. Como a prisão militar que mantém Raúl Baduel, também se localiza em Los Teques. (N.T.)

194. Relato do autor. Los Teques, jul. 2010.

Oito meses antes, a juíza Afiuni estava presidindo uma audiência na sua sala, no 31º Tribunal de Caracas.[195] O caso envolvia um homem chamado Eligio Cedeño. A acusação de Cedeño, um comerciante venezuelano, era sobre corrupção e evasão de divisas. Mas a audiência do dia 10 de dezembro não era sobre os méritos do caso. A princípio, era se o Governo tinha o direito de continuar mantendo Cedeño sob custódia. O Governo venezuelano mantinha o comerciante em prisão preventiva por três anos, embora as leis federais permitissem a detenção de alguém nessas condições apenas por dois anos. A juíza Afiuni sentiu-se agravada quando o gabinete do promotor deixou de enviar um advogado para as duas audiências anteriores. Baseando sua decisão nas leis venezuelanas, reforçada pelas instruções oriundas de um painel realizado por especialistas das Nações Unidas, Afiuni ordenou a libertação condicional de Cedeño sob fiança. Ele deveria entregar seu passaporte e se reportar ao Tribunal a cada 15 dias, mas não poderia ser detido indefinidamente. Cedeño, que se imaginava um preso político – anteriormente, ajudou a financiar políticos da oposição – imediatamente fugiu do país. Todavia, mesmo antes de sua fuga, a juíza Afiuni viu-se algemada. "Os oficiais da Inteligência, os mesmos que trouxeram Cedeño para a audiência, foram os que me prenderam – 15 minutos após minha decisão", disse Afiuni, sentada num banquinho de plástico verde, do lado de fora de sua cela.

Quando a visitei, ela estava numa ala com segurança especial, separada da população comum. A prisão foi construída com uma capacidade para 250 internas, mas hoje abriga 682. Afiuni compartilha uma cela bem pequena com mais duas internas; há apenas um beliche, então alguém tem que dormir no chão. A luz vem das grades de algumas pequenas janelas de um dos lados da cela, a maioria sem vidro ou cortina. A tinta nas paredes parece relativamente fresca (a última prisioneira nesta cela queimou-se viva, diz Afiuni, e então, tiveram que repintá-las). Suicídios, violência e mortes são comuns ali. Apenas há poucas semanas, uma interna enforcou-se no saguão.

Afiuni nunca vai além do estreito corredor que dá na sua cela. É uma precaução necessária, visto que ela foi responsável pelo envio de pelo menos 24 criminosas à prisão que agora a abriga. Durante os primeiros quatro meses, não havia cadeado na porta da sua cela. "A primeira vez que cheguei aqui, elas vinham perto da minha cela e gritavam, 'Vou arrancar seus olhos, vou te cortar em pedacinhos, sua puta'", ela me disse, fumando *Belmont*. Várias internas tiveram que ser transferidas para outras prisões. Foram descobertas perto da cela de Afiuni com latas cheias de querosene. Mesmo agora, ainda que separada das outras, ela continua recebendo ameaças de

---

195. Ver Romero (2010a).

morte. Como as prisioneiras passavam pelos guardas e trancavam a porta no final do corredor? "Uma boa pergunta", ela respondeu sorrindo.

A procuradora-geral Luisa Ortega Díaz acusou Afiuni de cometer corrupção, abuso do poder e facilitação de evasão da justiça. As mesmas algemas que prenderam Cedeño, logo foram parar nos punhos da juíza. "Toda a minha Corte foi detida por 12 horas – três assistentes, dois carcereiros, meus guarda-costas e uma interna – nove pessoas no total", diz Afiuni. Na noite seguinte, Chávez usou o rádio e a televisão para denunciar Afiuni. Ele a acusou de ser culpada de crimes "bem mais sérios do que um assassinato".[196] Comentou que, em outros tempos, ela seria executada no paredão. "Essa juíza deve pagar, com todos os rigores da lei, pelo que fez, juntamente com qualquer juiz que pensar em fazer algo semelhante", Chávez esbravejou.[197] Enquanto ele falava, as câmeras de televisão focalizavam a procuradora-geral, sentada no seu lugar, ouvindo obedientemente. Se Afiuni fosse considerada culpada, deveria cumprir uma pena de no máximo sete anos, conforme as leis venezuelanas. Chávez não achava suficiente. "Peço que seja condenada a 30 anos, em nome da dignidade do país."

Afiuni não chegou a assistir as considerações de Chávez na televisão, pois havia sido confinada em uma cela pelos agentes da Inteligência. Mas ela se lembra de como descobriu sobre o raivoso discurso de Chávez. "Um oficial sênior da Inteligência entrou e disse: 'Temos boas e más notícias. A boa é que não encontramos nada contra você. A má notícia é que Chávez acaba de condená-la a 30 anos de prisão em rede nacional'."

Aparentemente, as palavras de Chávez seriam suficientes. Oito meses depois, o Governo ainda não tinha conseguido substanciar nenhuma de suas queixas. A procuradora-geral explicou que Afiuni era culpada de "poluição espiritual". A juíza Leidys Azuaje – que, segundo Afiuni, era uma magistrada a quem o governo confiou alguns casos políticos no passado – presidiu a sessão. Na sua primeira audiência preliminar, os promotores do governo admitiram que não encontraram nenhuma prova para sustentar as acusações. A despeito do fato de que a evidência de um "benefício" seja um elemento essencial para uma acusação de corrupção, a juíza Azuaje não viu nada de errado. "O promotor disse que não há provas. Não há dinheiro, nem contato [entre mim e Cedeño]", Afiuni relembra. E a juíza disse: 'Bem, você vai a julgamento'."

---

196.   Ver Forero (2010).

197.   Ver declaração de Chávez condenando a juíza María Lourdes Afiuni em rede nacional de televisão em 11 de dezembro de 2009. Ver Prada (2009).

Há muito tempo Chávez tinha acabado com a independência do poder judiciário venezuelano. Em 2004, a Assembleia Nacional aprovou uma lei que lhe permitiu agregar a Corte Suprema com os seus seguidores. A lei também facilitou o expurgo de qualquer justiça cuja "atitude pública... comprometa a majestade ou prestígio da Corte Suprema".[198] Essa nova alta Corte pró-Chávez demitiu centenas de juízes, substituindo-os por escolhas politicamente mais aceitáveis. Se havia qualquer dúvida sobre quem os membros da Corte Suprema deveriam servir, ela foi respondida no começo da sessão jurídica de 2006. Naquela cerimônia de abertura, vários juízes começaram a cantar: *"Uh, ah Chávez no se va!"* [Uh, ah, Chávez não sairá!].

Perguntei a Afiuni se alguma vez tinha sentido alguma pressão política em algum caso. "Nunca, nunca", respondeu. Geralmente ela lidava com rotineiros casos criminais. "Seria ingenuidade afirmar que eu não sabia o que acontecia no sistema jurídico. Há pressões em todos os setores. Mas eu não iria renunciar ou desistir do meu cargo porque outras pessoas estavam sendo pressionadas. Eu tinha sido juíza por nove anos e ainda não tinha tido necessidade de lidar com isso."

Ela nunca se achou uma heroína e nem tinha qualquer ressentimento. "Aquele homem foi detido por três anos. Fiz o que constitucionalmente deveria fazer", ela me disse. Ela esperava que pudesse haver alguma retaliação por suas decisões ou que pudesse ser afastada de algumas funções. "Mas nunca imaginei que pudesse chegar a esse ponto", diz Afiuni. "Nunca imaginei que minha liberdade ou mesmo minha vida pudesse estar em jogo. O que aconteceu comigo produziu uma clara mensagem a todos os juízes. Até Chávez disse que isto era um exemplo, que ela deveria ser tomada como exemplo."

Quando você sai da prisão, as guardas da segurança registram sua saída. No formulário há um espaço para o seu nome, o nome da interna que você visitou e o crime que ela cometeu. Os crimes são enumerados em todas as listas: tráfico de drogas; roubo; assassinato. Ao lado do nome de Afiuni, o espaço reservado para indicar o crime estava em branco. Era como se nem mesmo as guardas soubessem o que escrever.

Enquanto permaneceu na prisão, Afiuni foi diagnosticada com câncer. Em fevereiro de 2011, depois de meses de sua apelação, a procuradora-geral concordou em deixá-la cumprir a prisão preventiva como prisão domiciliar. Eligio Cedeño, o comerciante venezuelano, recebeu asilo político nos Estados Unidos. A juíza Afiuni continua aguardando seu julgamento.

---

198. Ver Human (2008, p. 48).

Olá, Presidente

Depois de 12 anos de chavismo, a máscara está caindo. Apesar da maior expansão do petróleo na história da Venezuela e apesar das imensas aplicações de dinheiro em programas sociais, os sinais de decadência, deterioração e desordem são enormes. Em primeiro lugar está o crime, a violência; a principal preocupação de todo mundo é a própria segurança. Sob o comando de Chávez, os homicídios alcançaram proporções epidêmicas. Caracas é a capital mais perigosa do mundo e uma das cidades mais violentas.[199] Em média, num final de semana, são mortas muito mais pessoas do que em Bagdá e Cabul juntas. Em 2009, houve 19.133 assassinatos na Venezuela, de acordo com o Observatório Venezuelano da Violência.[200] O número de mortes violentas na Venezuela ultrapassou a contagem de corpos da guerra das drogas no México.[201] Para piorar, há muito pouca esperança de justiça: 91% dos assassinatos permanecem sem solução.[202]

Todo mundo que encontrei conhecia alguém que já tinha sido roubado, sequestrado ou pior. Numa tarde, fui a um almoço organizado por uma turma de acadêmicos e ex-diplomatas.[203] O anfitrião chegou atrasado, pálido e com as mãos tremendo: tinha acabado de ser assaltado – dentro de um banco. Quando você aponta o nível de criminalidade aos próprios seguidores de Chávez, alguns admitirão que é uma preocupação. Então, imediatamente retrucam que isso já era um problema em 1998, antes de Chávez assumir o poder. É verdade. Mas o número de assassinatos vem triplicando a cada ano, depois que Chávez tornou-se presidente.

---

199. A primeira vez que me deparei com estas estimativas foi numa apresentação de Marcos Tarre Briceño, diretor da ONG Secure Venezuela (Caracas, nov. 2009). Quando os números oficiais vazaram em agosto de 2010, o blogueiro Francisco Toro (2010a) fez uma comparação similar no *Caracas Chronicles*, um dos blogs mais originais e inteligentes sobre política venezuelana. Ver também Romero (2010b).

200. O Governo venezuelano parou de publicar o número de assassinatos há vários anos, depois que o mesmo atingiu índices estratosféricos. Ver Shooting (2010).

201. A Guerra contra o narcotráfico no México é um conflito armado entre cartéis de drogas ilegais pelo controle regional e contra as Forças Armadas do governo mexicano e milícias locais (os vigilantes). Desde 2006, quando se iniciou a intervenção militar mexicana, o Governo se dispôs a acabar com a violência relacionada ao narcotráfico. No entanto, a violência aumentou expressivamente, provocando dezenas de milhares de mortos e desaparecidos – entre 70 mil e 120 mil durante os últimos anos. (N.E.)

202. O especialista em segurança, Marcos Tarre Briceño, calculou a porcentagem em 93% (entrevista com o autor, Caracas, nov. 2009). Outro especialista calculou em 91%, ver Peñaloza (2010). O Governo se recusa a compartilhar as informações publicamente. Dada a pequena diferença entre estas estimativas independentes, optei por reproduzir a oficial que, ainda assim, é assustadoramente alta.

203. Relato do autor. Caracas, nov. 2009.

A segunda maior preocupação é a economia. Cada vez mais a Venezuela torna-se isolada entre os países sul-americanos, enquanto seus prospectos econômicos despencam. Apesar de ser a única economia rica em petróleo do continente, é também o único país da América do Sul que teve seus resultados econômicos bastante tímidos em 2010.[204] Seus índices inflacionários ultrapassaram até mesmo as mais desorganizadas economias africanas.[205] O investimento externo desapareceu depois de uma onda de nacionalização impetrada por Chávez. Em 2010, a Venezuela foi o único país da América do Sul com saldo negativo em sua balança comercial.[206] No mesmo ano, a Transparência Internacional declarou a Venezuela como o país mais corrupto do continente, classificando-a como 164º posição dentre os 178 países analisados, apresentando os mesmos índices de Laos e Angola. Corrupção, fraudes e sérias dificuldades para investir em sua infraestrutura básica resultaram em cortes de energia, frequentes apagões e escassez de água. Até mesmo a galinha dos ovos de ouro do país, a estatal petrolífera PDVSA, está sofrendo: registrou queda nos lucros, mesmo com a alta do preço do petróleo.

Uma das formas básicas que a crise econômica venezuelana atinge a população é com a escassez dos principais alimentos como carne, leite e açúcar. Todavia, como um membro da OPEC[207] poderia sofrer com a escassez de tais itens? Um açougueiro local, que pediu para não ser identificado, disse que algumas vezes, faz mais sentido ficar sem vender qualquer coisa. Uma ou duas vezes por mês, explicou, inspetores do governo aparecem para examinar os preços. Ele me disse que os inspetores queriam que ele vendesse a carne a 17 bolívares o quilo. O problema é que ele geralmente só poderia comprar um quilo de carne pagando de 19 a 21 bolívares. Se os inspetores descobrem que seus preços estão acima de 17 bolívares, aplicam-lhe uma multa de 11 mil bolívares a cada ocorrência. "O problema é o [controle do] preço", explicou, atrás do seu balcão. "Uma vez que o preço é regulado, você não pode vender. Algumas vezes, você compra com um certo temor. No momento, tenho três multas para pagar."[208]

---

204. De acordo com Dados Econômicos Mundiais do Fundo Monetário Internacional, na América Central, na América do Sul e no Caribe, somente a Venezuela e um considerável número de países caribenhos tiveram suas economias contraídas em 2010. Ver World (2011).

205. Ver Vyas (2010) e Cancel e Devereux (2011).

206. Ver Salmerón (2011).

207. A *Organization of the Petroleum Exportin Countries* – OPEC (em português, Organização dos Países Exportadores de Petróleo – OPEP) foi fundada em Bagdá, no Iraque, em setembro de 1960, reunindo cinco países membros-fundadores: Irã, Iraque, Kuwait, Arábia Saudita e Venezuela. (N.E.)

208. Entrevista do autor com um açougueiro local. Caracas, jul. 2010.

Não há segredo na economia; a insistência do governo no controle de preços num período de grande inflação, previsivelmente resultou em escassez. O açougueiro apontou um açougue na mesma rua que tinha acabado de fechar as portas. Ele não via sentido em permanecer no negócio. Dei uma olhada nos seus preços naquele dia e percebi que estavam acima de 17 bolívares. "É um risco que estamos correndo", admitiu. Mas ele acrescentou que havia um lado positivo na política econômica de Chávez. "Quando as pessoas estão com medo, elas compram bastante", o açougueiro disse, rindo. "Até mesmo um rumor faz as pessoas comprarem."

O fato de que tantos ingredientes do cotidiano das pessoas estarem em estado de degradação, se não em completa ruína, apresenta um mistério: Como era possível para Chávez manter o apoio popular quando tanta coisa estava errada? Naturalmente, suas estratégias eleitoreiras tinham feito parte da equação. Como também as enormes doações aos situacionistas e àqueles que têm vivido razoavelmente confortáveis por anos. A massiva centralização do poder de Chávez também tinha deixado seu governo menos dependente das oscilações da opinião pública. Todavia, uma das suas ferramentas mais inovativas está disponível a qualquer hora do dia. Como presidente da Venezuela, Chávez era o CEO de um império de comunicação diferente de qualquer outro, e seu principal produto era o próprio Chávez.

Chávez estava em todos os lugares. Se você ligasse a televisão, mudasse a emissora de rádio, fosse até a banca de jornal, navegasse na internet, você o encontraria. Talvez, a arma mais eficaz e a mais usada por Chávez seja a *cadena* (uma espécie de cadeia de emissoras). É, na essência, uma saudação presidencial nacional. De acordo com as leis venezuelanas, durante uma *cadena* todos os canais de televisão e emissoras de rádio devem transmitir a palavra do Presidente. Tipicamente, presidentes recorrem ao uso de uma *cadena* numa emergência ou situação especial. Chávez a usava com frequência. Especificamente, nos seus primeiros 11 anos de mandato, ele utilizou-se de quase duas mil *cadenas*, o que significa uma a cada dois dias.[209] Ele aproveitava qualquer ocasião para usar uma *cadena*, denunciando seus inimigos, exaltando seu trabalho ou discursando sobre o que estiver em sua cabeça. E, uma vez que começava a falar, só Deus sabia quando iria parar. Se somarmos a duração de todas as suas *cadenas*, teremos um total de 54 dias completos. Efetivamente, Chávez pode estrangular todas as transmissões de rádio e televisão e, portanto, saturar as telecomunicações não importando a mensagem que escolher. "As *cadenas* representam uma enorme forma de controle", diz Andrés Cañizáles, professor e especialista

---

209. Ver comunicado do Committee (2011a).

na mídia venezuelana. "Chávez era capaz de controlar a qualquer momento o conteúdo e o tempo que uma *cadena* vai ao ar em âmbito nacional. É praticamente uma ferramenta inexistente em qualquer outro país."[210]

O momento mais importante do universo de comunicação de Chávez era o seu improvisado programa televisivo das tardes de domingo, *Aló, Presidente* [Olá, Presidente].[211] Lá, a cada semana, Chávez cantava, dançava, desabafava, esbravejava, gritava, contava piadas, questionava, relatava, rezava e – algumas vezes – ligava para Fidel Castro. O programa não tinha um tempo preciso de duração, com uma média de um pouco menos de cinco horas. Era uma apresentação um tanto desorganizada que relembra entretenimentos de caridade com uma forte dose de política – uma mistura de Jerry Lewis com Glenn Beck, mas com ênfase no "socialismo do século XXI".[212] Chávez frequentemente usava o programa para visitar projetos governamentais, criticar publicamente seus adversários ou denunciar os Estados Unidos. Enquanto tomava uma xícara de café atrás da outra, revelava novas políticas e fazia anúncios espalhafatosos. Um fato que se tornou famoso ocorreu durante um dos episódios. Ele ordenou ao chefe dos militares que enviasse 10 tanques à fronteira da Venezuela com a Colômbia. Entre os convidados especiais encontramos Danny Glover, Diego Maradona e, claro, Fidel.

Embora o *showman*[213] nunca atuasse como um chefe de Estado, um dos elementos mais importantes do programa era o quadro que se pinta sobre sua forma de governo. Entre seus monólogos e agressivos discursos de improviso, Chávez beijava seus ministros – cuja presença era obrigatória – sempre os censurando por suas falhas. *El Comandante* até já demitiu um ministro numa transmissão televisiva ao vivo. A grande maioria dos ministros sentava-se no meio do público, trajando o vermelho socialista, com suas cabeças abaixadas, rezando para que não fossem chamados de surpresa. Chávez advertindo um pobre ministro para o divertimento dos telespectadores em rede nacional era o atrativo mais contagiante na Venezuela naquele momento. Era também parte vital da imagem fabricada que o mantinha isento dos crescentes problemas do país. A mensagem era clara; se os incompetentes ministros e burocratas apenas cumprissem as ordens de Chávez, tudo estaria perfeito.

---

210. Entrevista do autor com Andrés Cañizáles. Caracas, nov. 2009.

211. Ver Forero (2009a).

212. No programa do 10º aniversário, ele transmitiu um episódio especial de quatro dias.

213. *Showman* é uma expressão em inglês que em português tem a mesma conotação de artista ou apresentador. (N.E.)

128 | ESCOLA DOS DITADORES

Se as extravagâncias de Chávez não são ensaiadas, sua criação de uma mídia pode ser qualquer coisa menos algo espontâneo.[214] Começou no início do golpe de abril de 2002. Quando Chávez chegou ao poder, o Governo venezuelano operava um canal de televisão estatal e duas emissoras de rádio, sendo que, surpreendentemente, Chávez não tinha feito nada para mudar a situação nos primeiros anos de sua administração. Depois do golpe, Chávez percebeu o papel crucial que a mídia desempenhava na formatação de eventos e, no seu ponto de vista, no encorajamento a seu afastamento. Ele se referia aos quatro canais privados de televisão como os Quatro Cavaleiros do Apocalipse. "[O governo de Chávez] viu quão pequeno eles eram depois de 11 de abril de 2002", diz Cañizáles, referindo-se ao mencionado golpe. "Perceberam que eram uma minoria nas comunicações e, portanto, desenvolveram uma estratégia para criar uma estrutura bem mais forte."

Em 2004, a Assembleia Nacional equipou o governo com a estrutura legal para controlar a mídia. O governo recebeu amplos poderes para punir calúnias e desrespeito aos oficiais. A difamação ao presidente pode resultar em 30 anos de prisão e o governo tem o direito de impor pesadas multas em qualquer empresa de comunicação por "ofender" autoridades públicas. Dois dos maiores canais de televisão – Venevisión e Televen – logo mudaram sua linha editorial para se adequarem aos desejos governamentais. Programas claramente de cunho político foram cancelados e o foco mudou para o entretenimento. Um dos exemplos foi a substituição de um popular programa político de entrevistas por apresentações sobre astrologia e cartas de tarô. Um terceiro canal, RCTV, foi fechado e o quarto, Globovisión, permanece numa luta amarga com o governo, sempre sob a ameaça de severas sanções.[215] Enquanto isso, Chávez investia milhões na criação do seu próprio conglomerado de comunicação pró-governista. Atualmente, existem seis canais estatais de televisão, duas emissoras de rádio nacionais, três mil emissoras de rádio comunitárias, três companhias de mídia impressa e uma presença crescente na internet. "Estes canais são claramente uma máquina de propaganda do Estado", disse-me Cañizález. "Algo bem parecido com a TV estatal de Cuba."

Talvez, a arma mais sofisticada do regime tenha sido simplesmente a incerteza. Em agosto de 2009, Chávez fechou 34 emissoras de rádio por alegadas "infrações administrativas".[216] Ao mesmo tempo, o governo anunciou que estava investigan-

---

214. Estou em débito com Andrés Cañizáles, docente da Universidade Católica Andrés Bello e um dos mais importantes especialistas sobre as estratégias midiáticas de Chávez, pelo seu apoio.

215. Em outubro de 2011, por exemplo, a Globovisión foi multada em 2 milhões de dólares pela reportagem de mortíferos motins em prisões alguns meses antes.

216. Ver Toro (2010b).

do outras 240 estações por violações semelhantes. No entanto, nunca especificou quais estações estavam sob sua mira, nem demonstrou a intenção de notificá-las. Com a ameaça do fechamento feita realidade, o Governo sabia que as emissoras fariam sua própria censura. Num ambiente como esse, qualquer história que seja no mínimo suspeita ou é alterada ou então anulada. "Sua estratégia é mantê-los sob controle", diz Cañizález. "Esta é a maneira como uma mídia crítica ao governo pode existir, mas sempre sob ameaças e pagando um alto preço. Porque o Governo não apresenta as regras claramente. Deixa a mídia independente em constante estado de incerteza."

Se a briga de Chávez começou com a televisão e o rádio, migrou também para a internet.[217] Há vários anos, Chávez nacionalizou a CANTV, a única provedora central de internet na Venezuela. No final de 2009, ele indicou o ex-chefe da Polícia de Inteligência para o quadro de diretores da companhia.[218] E em dezembro de 2010, a Assembleia Nacional aprovou leis proibindo qualquer provedor de internet de postar conteúdos que possam causar "ansiedade ou desconforto na ordem pública".[219]

O que não se ouvirá nos vários dispositivos de comunicação chavistas será o número de mortos em Caracas durante o final de semana. Também não veremos nenhuma reportagem sobre as promessas do governo sobre a construção de moradias prometidas antes das últimas eleições. Também não saberemos que alguns estabelecimentos comerciais então com falta de produtos básicos ou que a inflação continua subindo. Eu estive na Venezuela em julho de 2010, pouco depois da história do carregamento de contêiners do Estado com mais de 100 mil toneladas de alimentos estragados vir à tona. O escândalo dominou as manchetes de jornais, mas foi totalmente ignorado pelas redes de Chávez. Tudo que Chávez declarou foi sua crescente guerra verbal com a vizinha Colômbia. Com seu império de comunicação a postos, ele pode simplesmente ignorar as histórias que não gosta ou mudar de conversa. Quando levantei o assunto crime com Robert Serra, o leal chavista, ele admitiu que era um problema, e em seguida começou a culpar a mídia por disseminar conflitos. Esse argumento talvez pudesse funcionar há 10 anos. Mas é bem menos plausível hoje. Esse é o problema para os líderes autoritários em todo mundo. No fim, faltam bodes expiatórios.

---

217.   Ele não tem dado a mínima para a mídia impressa. A maioria dos venezuelanos assiste ou ouve as notícias, e ele sabe que uma significante porcentagem daqueles que compram os jornais regularmente jamais o apoiariam mesmo.

218.   Entrevista do autor com Cañizáles.

219.   Ver Greene (2010).

Anticorpos democráticos

Não é fácil interromper Teodoro Petkoff, especialmente quando o tema é Hugo Chávez. Num espaço de poucos minutos, o editor do *Tal Cual*, um respeitado jornal oposicionista, refere-se a Chávez como um "fascista", um "tirano banana", e talvez, em tom mais firme: "um ótimo discípulo de Hitler e Goebbels". Como muitos venezuelanos, ele afirma que sempre soube das intenções de Chávez. A diferença é que, quando se trata de Petkoff, somos inclinados a dar-lhe o benefício da dúvida. O editor com o característico e denso bigode tem sido uma presença constante da política venezuelana por várias décadas. Nascido em 1932, de pais imigrantes – seu pai era búlgaro e sua mãe polonesa – já foi economista, escritor, guerrilheiro esquerdista, candidato presidencial, ministro e prisioneiro político. Foi até um fugitivo da prisão.[220] E hoje, do alto do seu posto de editor, o rabugento Petkoff é um dos mais declarados críticos de Chávez.

Entretanto, o tempo não o tornou cético. Na verdade, é sua fé na história da Venezuela que o faz acreditar que há um limite para as pretensões do projeto autoritário de Chávez. "Esta não é uma sociedade totalitária", ele berra.[221] "A sociedade venezuelana tem o que eu chamo de anticorpos democráticos. Além de termos vivido não apenas meio século de democracia, temos também uma tradição, uma história que dificulta sobremaneira a imposição de uma sociedade totalitária. Este é um governo autoritário? Claro. É um governo antidemocrático? Claro. Não há nenhuma divisão dos poderes. Não há freios e contrapesos.[222] Chávez se apossou gradativamente de todos os poderes políticos, todos eles – Parlamento, Justiça, Procuradoria-Geral, Controladoria, *ombudsman* e o Conselho Nacional Eleitoral. Esta é uma sociedade militarista? É verdade. E a sociedade tem uma propensão para o totalitarismo. Há uma *tendência*", ele pronuncia todas a sílabas lentamente para enfatizar. "E, até agora, o país está contendo esta propensão."

A chave na sua mente é que o que fez de Chávez diferente da maioria dos autocratas – apoio popular massivo – está minguando. "60% da nossa população acreditava nele. As pessoas o amavam", ele confessa, da sua escrivaninha abarrotada. "Mas isto está mudando. Hoje já não são 60%. São menos de 50%. Há uma lenta, mas persistente e, em minha opinião, irreversível tendência de declínio do seu apoio popular."

Eu lhe questiono: "Quando você acha que Chávez era mais perigoso?".

---

220. Em 1967, ele e outros esquerdistas escavaram um túnel e escaparam da prisão militar San Carlos.

221. Entrevista do autor com Teodoro Petkoff. Caracas, nov. 2009.

222. Dispositivo constitucional que equilibra os poderes. (N.T.)

"Bem agora, porque ele está perdendo o apoio popular", Petkoff retruca.

Tão logo as palavras saem de sua boca, seus olhos se erguem, além de mim, em direção a um aparelho de televisão no escritório do seu assistente. Eu me virei para ver o que tinha lhe chamado à atenção. Era um noticiário ao vivo na Globovisión que tinha interrompido a programação. Emilio Graterón, o prefeito oposicionista de Chacao, estava dando uma improvisada coletiva na rua, apenas a algumas quadras do escritório de Petkoff. Um animado Graterón descrevia como uma propriedade municipal local, destinada a acomodar um novo centro comunitário, tinha sido "invadida" pelos chavistas. Os presentes cercavam o prefeito, manifestando seu apoio. Com o documento legal de propriedade expedido pelo governo em suas mãos, Graterón explicava que os chavistas apareceram e confiscaram o terreno. Sem documento, sem autoridade, sem processo. Simplesmente o confiscaram em nome da Revolução. Momentos depois, unidades da guarda nacional começaram a aparecer, espirraram gás lacrimogêneo no prefeito e seus simpatizantes, que rapidamente se dispersaram. Era como se, ao ouvir as últimas declarações de Petkoff, Chávez realizasse um truque para demonstrar sua força em atividade – com transmissão ao vivo.

Dentre suas ideias, Petkoff diz: "Ele tentará uma fraude em massa? Ele será muito mais repressivo do que opressivo? Não sei. Acho que ele está a ponto de cometer uma loucura. Ele ultrapassará os limites da repressão?". Ele deixa as questões no ar, sem resposta.

Ainda assim, Petkoff é otimista. Ele acredita profundamente nos "anticorpos democráticos" do povo venezuelano e tem fé que, qualquer que seja a distância que separa a Venezuela de Cuba ou de outros regimes mais repressivos, o desejo de novos ares permanece. Apesar das dificuldades da década passada, ele vê sinais de uma nova vida política. "Vivemos uma tragédia histórica. Toda a velha liderança política deste país esvaiu-se. Seus membros desapareceram do cenário político. Todos os grandes e velhos partidos estão mortos", diz Petkoff. "Agora, este país está reconstruindo seu sistema de partidos políticos. Está criando uma nova liderança... Até um ano atrás, as pessoas perguntavam, 'Quais líderes da oposição?' Hoje, já temos os nomes – o prefeito de Chacao, o prefeito de Caracas, o governador de Miranda, o governador de Zulia... Claro, eles são jovens, mas depois de 11 anos de chavismo já são veteranos."

Não é apenas o fato de que a oposição está se refazendo; os problemas enfrentados por Chávez estavam ficando cada vez mais sérios. Alfredo Croes, o comerciante que se tornou um estrategista da oposição, tocou nesse ponto quando nos encontramos. Croes é muito bom em estatísticas. Quase um ano antes das eleições da Assembleia Nacional, com sua escrivaninha forrada com planilhas, ele me disse que a oposição conseguiria de 66 a 68 cadeiras. Ele provou ser bastante preciso: os adversários de Chávez conseguiram 67 cadeiras. Mas ele não estava baseando seus cálculos apenas no apelo da oposição nos principais distritos-chave. Ele compreendeu que a demografia do apoio a Chávez estava mudando. Quando Chávez começou, tinha credibilidade para afirmar que representava quase todos os pobres da Venezuela. Porém, após um pouco mais de uma década, isso já não condizia com a verdade verdade. Em 2008, crescentes grupos de pobres urbanos começaram a votar na oposição. Os mapas eleitorais começaram a mostrar um aumento na divisão das áreas urbana e rural, com os eleitores do campo protegendo o apoio de Chávez. O fato de que alguém é pobre já não é mais um indicador confiável de que ele ou ela seja pró-Chávez. "A rejeição a Chávez deverá crescer nas montanhas",[223] Croes disse-me, apontando da janela do seu escritório para uma das muitas favelas que circundam a cidade de Caracas. "Eles não votarão na oposição; [votarão] para puni-lo."

Eu olhei pela janela na direção indicada por Croes. Ao longo de uma íngreme encosta, eu podia ver milhares de pequenas estruturas improvisadas, construídas umas sobre as outras, como uma precária pirâmide. "O que você vê lá, naquela encosta, é onde as pessoas das classes D e E vivem." Croes apontava para Petare, uma das maiores favelas da América do Sul. "Nunca tiveram água regularmente. E também nunca tiveram um sistema de energia elétrica confiável. O que os mata é a inflação", ele afirma, com a expressão séria. "Eles precisam subir milhares de degraus para chegar em casa. Têm que atravessar áreas perigosas – quadrilhas, traficantes, assassinos. Para transportar os alimentos escada acima, têm que comprar em pequenas quantidades. O preço fica muito alto para uma possível entrega. Eles não conseguem progredir. A inflação os mata."

No final de 2009, a inflação na Venezuela chegou a quase 30%. Poucas semanas antes do meu encontro com Croes, o Fundo Monetário Internacional declarou que a expectativa era que a inflação venezuelana continuaria subindo, ultrapassando até mesmo a devastada República Democrática do Congo. Poucos meses depois, de acordo com várias estimativas, a Venezuela enfrentou a maior inflação do mundo. E muitos economistas hipotetizam que ela deverá permanecer alta ainda por muitos anos. Para Croes, era uma falta de habilidade de Chávez em lidar com tal variável econômica que empurraria uma crescente porcentagem de pobres venezuelanos para os braços da oposição. "A inflação estará aí em 2012", diz Croes. "A distância

---

223. Entrevista do autor com Alfredo Croes, nov. 2009.

entre as classes D e E e Chávez agora é econômica. Não é fácil resolver porque não há infraestrutura para derrubar os preços dos alimentos."

A questão pode ser o quanto os fatores que realmente contam – crime, infraestrutura frágil, preço dos alimentos – pesarão no futuro político do governo chavista. A cada dia ele prova que a durabilidade do seu regime tem apenas uma relação passageira com o sucesso da sua própria administração. Será que a arquitetura do seu Estado autoritário avançou a tal ponto que ele ainda será capaz de continuar ignorando qualquer oponente? Agora que a fachada democrática do país está bem fragilizada, se houver o momento, ele voltará mais repressivo? Ou será que a fórmula que o levou até onde chegou continuará a funcionar com sucesso? "Chávez enfraqueceu, mas ele não é fraco", diz o pesquisador Luis Vicente León.[224] "Chávez é como um tenor – ele está envelhecendo, mas sabe como cantar. E sabe como cantar a canção certa."

Em junho de 2011, a Venezuela descobriu que Chávez estava mais fraco de outra forma também: ele tinha câncer. Durante meses Chávez ia e voltava à Cuba para tratamentos quimioterápicos enquanto os rumores da sua saúde e especulações sobre o impacto político que seu prognóstico poderia causar se espalhavam rapidamente por Caracas. Em outubro, ele se declarou curado, mas sua real condição física permanecia um segredo de Estado. Qualquer que fosse o caso, não havia dúvidas que ele planejava voltar à luta – e pretendia fazê-lo por meio das eleições presidenciais de 2012.

Depois que a oposição ganhou terreno na Assembleia Nacional em setembro de 2010, Chávez efetivamente esvaziou a Instituição.[225] Em dezembro, durante os sombrios dias de sessão, ele orientou a Assembleia Nacional para conceder-lhe o poder de comandar o país por decreto pelos próximos 18 meses.[226] Agora, o novo Congresso se reúne apenas quatro dias por mês. Os discursos não devem passar de 15 minutos. Para variar, o ex-comandante de tanques preferia destruir a Instituição a compartilhá-la.

Chávez também sabia que teria que ter condições de pagar a conta. Em abril de 2011, usando seus novos poderes, ele, unilateralmente, reviu as taxas sobre a renda do petróleo para fortalecer suas reservas de campanha.[227] Com o preço do petróleo venezuelano perto de 108 dólares o barril, ele declarou que 95% do total aci-

---

224. Entrevista do autor com Luis Vicente León. Caracas, nov. 2009.

225. Ver Jones (2010).

226. Supostamente, Chávez pediu o tempo de 12 meses, mas os delegados insistiram que ele ficasse com 18.

227. Ver Dobson (2011a).

ma de 100 dólares o barril agora iriam para o Fonden, um obscuro fundo não declarado que operava conforme as orientações pessoais de Chávez. Se o preço do petróleo permanecesse relativamente estável, esta taxa extra, por baixo renderia mais de 10 bilhões de dólares até o final de 2011.[228] Efetivamente, Chávez decretou a si mesmo um fundo de emergência de bilhões, meses antes de uma temporada eleitoral presidencial.

Todavia, talvez o sinal mais forte de que ele estava se preparando para uma batalha se concretizou em uma das leis de última hora aprovada pela sua obediente Assembleia Nacional. Nos últimos instantes, o regime de Chávez aprovou uma lei que proibia os representantes de mudar de partido. Essa lei não tinha nada a ver com a oposição; desta vez, a ponta afiada do espeto estava direcionada para o próprio partido de Chávez. Ele sabia que a luta poderia ser ferrenha e não pensava em sofrer deserções. A mensagem era clara: uma vez com Chávez, sempre com Chávez. Sem exceções.

O falecido cientista político Samuel Huntington certa vez observou que o que decide se uma democracia sobrevive não é o tamanho dos problemas que ela enfrenta, ou até mesmo sua habilidade de resolver tais problemas. O que realmente conta é como os líderes de um regime democrático reagem perante sua *inabilidade* de resolver os problemas que afetam seu país.[229] No final dos anos 1990, os líderes políticos venezuelanos enfiaram suas cabeças na areia. Quando se deram conta, Hugo Chávez era seu presidente, e sua democracia, embora pobre e cambaleante, estava começando a cair lentamente em um autoritarismo que persiste até hoje.

---

228. Perto do final do ano, o ministro da fazenda venezuelano afirmou que havia cerca de 32 bilhões de dólares no Fonden.

229. Ver Huntington (1991, p. 259).

IV – A oposição

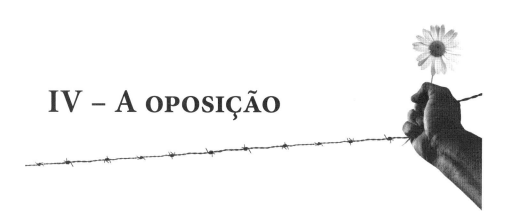

As manhãs de domingo são alguns dos poucos momentos em Caracas que a cidade se acalma. Os congestionamentos desaparecem. As estridentes buzinas dos carros se calam. As pessoas estão em casa com suas famílias ou se preparando para a missa de domingo. Algumas horas longe da cidade, no entanto, pode ter qualquer coisa, menos silêncio. Tínhamos viajado por cerca de 2 horas em um caminhão de pequeno porte pela área rural do estado de Miranda, com destino a Cupira, uma cidadezinha situada numa pobre região agrícola chamada Pedro Gual. Enquanto as taxas de aprovação de Chávez começaram a despencar em Caracas e outras áreas urbanas, o campo continuava sendo amplamente um forte território chavista, e Cupira é igual aos outros incontáveis vilarejos rurais. Seu prefeito era um chavista convicto. Cartazes pró-Chávez demarcam a estrada, alguns propagandeando projetos públicos, outros simplesmente demonstrando seu amor ao líder. Cupira também é emblemática quanto à forma de como os adversários de Chávez estão começando a combatê-lo. Naquele domingo, Henrique Capriles, o governador do estado de Miranda, estava fazendo exatamente o tipo de trabalho que ele e outros líderes oposicionistas esperavam que revertessem a maré contra o chavismo.

Tão logo descemos do veículo, podíamos ouvir o tumulto. O barulho vinha da Escola Primária Chaguaramal. Quase todas as 300 crianças da escola, desde o jardim da infância até 6ª série, mais os pais, professores e um orgulhoso diretor juntaram-se para comemorar a inauguração da sua reformada escola. Aguardam a chegada do governador Capriles. Estava quente do lado de fora, quando o sol se posiciona bem acima dos participantes, esquentando mais ainda sob a nova e vistosa cobertura da escola. Mas os alunos permaneciam sentados. Usando seus uniformes e portando novíssimas bolsas escolares estampadas com "Estado de Miranda", eles cantavam, dançavam e pulavam de um lado para o outro. Enormes alto-falantes dispostos nos cantos do ambiente despejam sons variados desde Shakira a ritmos animados de danças típicas venezuelanas. Enquanto as meninas rodopiavam em suas saias plissadas e os meninos acompanhavam os mais recentes sucessos latinos a plenos pulmões, o lugar parecia mais um salão de baile do que uma animada reunião para comemorar a reforma da escola.

Ouvimos um helicóptero sobrevoando. Por alguns instantes os alunos param e seus olhos se arregalam quando percebem que deveria ser o governador chegando. Poucos minutos depois, Capriles atravessa a entrada da escola e os estudantes se levantam aos gritos. O líder de Miranda, de 37 anos, está usando um boné azul de *baseball* e um agasalho esportivo. Podemos ver o suor em seu rosto e na sua roupa, como se tivesse vindo correndo do seu gabinete até a entrada da escola. Na verdade, poderia até ser confundido com o professor de ginástica da escola do que com o governador do estado politicamente mais importante da Venezuela e, pela avaliação de muitos, o homem com maior probabilidade de desafiar Chávez na corrida presidencial.

Lentamente, Capriles percorre seu caminho entre a multidão em direção ao púlpito à frente. Ele começou apontando os cartazes caseiros levantados pelos pais no fundo do salão, lendo-os em voz alta. Um cartaz dizia: "Nossas Escolas Estão aos Pedaços"; e outro dizia: "Governador, Nossas Crianças Também Precisam de Novas Escolas". Os filhos desses pais não estavam matriculados na agora reformada escola de Pedro Gual. Esses pais vieram de outras partes de Miranda para trazer suas preocupações diretamente ao governador. Capriles pede que eles falem sobre as condições de suas escolas.

Seu jeito de falar era tão informal quanto suas roupas. Ele diz que o seu objetivo é ajudar toda e qualquer escola do estado de Miranda. Nos próximos 12 meses, sua equipe pretende reformar 166 escolas e construir outros novos 14 prédios, seguidos de mais 40 nos quatro anos vindouros. Mais de 150 mil novas bolsas escolares foram distribuídas. Ele pede que um dos meninos se aproxime e mostre sua bolsa. Capriles pega a bolsa e retira vários livros. "Aritmética. Ciência... mas nada de política", ele diz enquanto examina cada um dos livros, e a multidão ri. A piada de Capriles também é sua mensagem: ele não se utilizará da separatista forma de política de Chávez; seu estilo é inclusivo, aquele que não levará em conta quem você apoiou no passado. "Não me importa de qual partido você é", ele afirma. Para ilustrar, ele conta a história de um trabalhador que encontrou recentemente. "O homem me disse, 'Eu amo Chávez, mas te amo também'. Eu disse: 'Tudo bem. Algumas vezes, um homem se apaixona por duas ou três mulheres ou uma mulher se apaixona por dois ou três homens. Sem problemas, faz parte da vida'." Como se estivesse na fila, uma velha senhora, no fundo do salão, não podia mais se conter. Ela força sua passagem pela multidão, aproxima-se do púlpito e diz que precisa beijá-lo. Com um largo sorriso, Capriles se mostra feliz em satisfazê-la.

Minutos após do término do evento, eu e o governador nos encontramos no novo e refrigerado laboratório de informática da escola. Capriles estava banhado em suor e ainda expressando a energia da multidão do lado de fora. Ele tomava várias garrafas de água e um dos seus consultores o lembrou de quanto tempo ainda restava até o próximo compromisso. Enquanto nos sentávamos para conversar, comentei quão cansativo perecia ser o seu roteiro. "Não vai ser uma luta fácil, mas é preciso lutar. O desafio é lutar e continuar lutando", ele diz. Então, toma mais um gole de água, sorri e diz: "Aquele que se cansar, perde".[230]

Poucas tarefas são mais difíceis do que ser membro da oposição num país autoritário. Seus comícios e passeatas são proibidos ou interrompidos. Você é impedido de arrecadar fundos interna ou externamente. Você não tem a oportunidade de transmitir sua mensagem pela televisão. O único momento em que você aparece na mídia nacional é quando está sendo difamado ou acusado de corrupção. Seus líderes partidários vivem sob constante vigilância. As regras eleitorais são frequentemente revisadas para serem usadas contra você. Os tribunais se recusam a ouvir suas queixas. O regime cria cópias de partidos oposicionistas para confundir os eleitores. Seus candidatos mais populares ou são proibidos de concorrer ou estão muito ocupados nos tribunais tentando se defender de acusações forjadas, o que, consequentemente, os mantêm fora da corrida eleitoral. Os simpatizantes são intimidados ou, em casos piores, silenciados.

Líderes oposicionistas extrovertidos, independentes, formadores de opinião são considerados os principais inimigos públicos de um regime autoritário. Eles são o pequeno grupo de pessoas dispostas a enfrentar o regime de frente, colocando-se abertamente contra os abusos, denunciando políticas ilegítimas e, quando permitidos, desafiando o chefão nas urnas. Geralmente, fazem tudo isso às próprias custas e pagando um alto preço pelo sacrifício. Os líderes oposicionistas que encontrei, de Caracas ao Cairo, de Moscou a Kuala Lumpur, têm me contado histórias que invariavelmente envolvem todas essas falcatruas quando o regime que desafiam aumenta a pressão. Já foram presos. Já foram atacados, espancados, impedidos de trabalhar. Já tiveram sua reputação e nomes manchados e suas famílias destroçadas. Apesar das dificuldades que enfrentaram, o regime faz o possível até mesmo para negar-lhes o valor simbólico do seu sofrimento. Assim, o regime promove o distanciamento e

---

230.   Entrevista do autor com Henrique Capriles. Pedro Gual, nov. 2009.

a separação destes supostos líderes democráticos do povo que eles têm esperança de mobilizar. "Eles são extremamente sofisticados em suas ações, e não me refiro apenas ao regime russo", diz Vladimir Milov, um líder oposicionista na Rússia, falando sobre os autoritários modernos.[231] "Permanecem distantes de pressões excessivas ao público em geral. Preferem concentrar-se numa repressão localizada contra algumas poucas pessoas que se destacam disseminando sentimentos oposicionistas. Eles alienam a oposição ativa do grande público dizendo: 'Olhem, estas repressões não são contra vocês, mas contra estes caras que são contra vocês, espiões estrangeiros financiados pela CIA, uns quintas-colunas,[232] se preferirem'."

Não é fácil combater um ditador. Todavia, enquanto você possa parecer injusto ao criticar alguém que assuma este fardo, é verdade também que alguns líderes oposicionistas sejam menos eficientes que outros. Alguns se recusam a inovar, presos teimosamente nas velhas estratégias e cometendo os mesmos erros que, a princípio, os marginalizaram. Como qualquer partido político, podem ser distraídos por mesquinhas brigas pelo poder e egos inflados. Alguns são meramente reativos, criticando mas nunca propondo novas ideias ou alternativas políticas que diferenciem suas visões daquelas do partido situacionista. De fato, para aqueles regimes que pretendem se esconder atrás de uma fachada democrática, alguns sintomas de uma oposição democrática são necessários, até bem-vindos. Os partidos oposicionistas, nos piores casos, podem se tornar frutos do próprio regime, disfarçando a verdadeira intenção do governo. Líderes oposicionistas cooptados são uma peça vital da arquitetura do autoritarismo. Assim, o simples fato de que um líder de um partido da oposição alardear-se combatente ferrenho do regime não é motivo suficiente para aplaudi-lo. Ele também pode se tornar mais uma peça da máquina autoritária do Estado, em franco contraste com aqueles engajados numa luta verdadeiramente honesta.

Afogando o Estado

Sempre que os venezuelanos falam sobre Henrique Capriles, dizem que ele é um homem de sorte. Algumas vezes, por causa da sua ótima aparência ou pelo fato de vir de uma importante e abastada família. Outras vezes, referem-se a sua fama política. Sua carreira tem sido constituída de uma série de estreias. Em 1998, aos 26 anos, foi eleito ao parlamento, a pessoa mais jovem já eleita na casa. Logo, assume o cargo de Mediador da Assembleia Nacional, novamente o mais jovem mediador da história do país. Todavia, logo após conhecer Chávez, sua sorte mudou. "Minha

---

231. Entrevista do autor com Vladimir Milov. Moscou, abr. 2010.

232. Os *quintas-colunas* eram integrantes da comunidade de madrilenhos simpatizantes do general Franco, durante a Guerra Civil Espanhola. (N.E.)

primeira experiência ao encontrá-lo foi como Mediador da Casa", Capriles relembra. "Tive a oportunidade de encontrar Chávez e interagir com ele. Pensei, 'Este é o cara que vai transformar a Venezuela'." A transformação que aconteceu – para o país e para ele – não foi exatamente a que esperava.

Em 2004, enquanto era prefeito de Baruta, uma municipalidade relativamente abastada em Caracas, Capriles foi preso por incitar um ataque à embaixada cubana, durante o golpe de 2002 contra Chávez.[233] Na verdade, Capriles tinha sido convidado para ir à embaixada, localizada no distrito, para tentar dissuadir os manifestantes de saquear a residência do embaixador cubano. No fim das contas, o embaixador Germán Sánchez Otero agradeceu Capriles por sua intervenção pessoal em seu auxílio. Mesmo assim, Capriles ficou preso por dois anos devido as forjadas acusações. Para atrasar o veredito final, o Governo transferiu seu caso de um juiz para outro, sendo que cada um deles recusava-se a aceitar. Definitivamente, o caso passou por mais de 40 juízes antes de receber um veredito final. Em 2008, depois de quatro anos e duas audiências, ele foi declarado inocente. Durante esse período, ele inadvertidamente passou por mais uma estreia: enquanto permanecia na prisão, a maior parte do tempo na solitária, estava entre os primeiros prisioneiros políticos de Chávez.

Após o cancelamento de suas acusações, Capriles voltou bem mais forte. Em 2008, sua vitória para o governo de Miranda foi uma das maiores da oposição. Miranda é o segundo estado mais populoso da Venezuela, com mais de 3 milhões de pessoas e, supostamente, o mais importante politicamente. Talvez, um golpe ainda maior para os chavistas foi que o homem derrotado por Capriles, Diosdado Cabello, era um aliado-chave de Chávez, constantemente chamado de "super ministro". Ressaltando o quanto aquilo significava para Chávez, Capriles disse que "é como derrotar Raúl Castro".

Claro, derrotar o braço direito de Chávez acarreta consequências. Capriles deparou com algumas surpresas de última hora que poderiam comprometer sua habilidade de governar o estado. Imediatamente Chávez começou a dilapidar a jovem administração de seus recursos. Com a ajuda de um auxiliar, Capriles começou a listar os custos da sua vitória na última eleição. Chávez fechou 19 dos seus hospitais e 250 prontos-socorros e postos de saúde, confiscou rodovias, aeroportos e terras do Estado. Mais de 200 milhões de dólares foram retirados do seu orçamento e sete mil funcionários estaduais tornaram-se trabalhadores federais. Capriles colocou as mãos na própria garganta e disse: "Aos poucos ele está tentando afogar o Estado".

---

233. Ver Diehl (2006).

O evento que nos trouxe à Escola Primária Chaguaramal é uma pequena parte dos planos de Capriles para contra atacar Chávez. Um dos ajudantes do governador me levou para conhecer as dependências da escola antes da chegada de Capriles. Era basicamente o que se pode esperar de uma escola. Salas de aula com suas lousas, quadros de avisos e as carteiras. Todavia, quando abrimos a porta do que eu supunha ser mais uma sala de aula, não era. Era algo completamente inesperado: uma cadeira de dentista e uma sala de exames. Como o auxiliar explicou, devido ao fechamento de vários departamentos de saúde pelo governo central, em retribuição à vitória de Capriles, eles estavam aproveitando a oportunidade da reforma da escola para fornecer serviços adicionais à comunidade. A ideia era que seria muito mais difícil para o governo fechar um departamento sanitário que já estivesse inserido no projeto de reforma de uma escola, algo que a comunidade tinha claramente assumido e que não abriria mão. "[Chávez] estava tirando competências e recursos, mas ele não podia tirar o contato com as pessoas", disse Capriles.

Apesar de toda a sua paixão, Capriles está ciente do que terá pela frente. "Em Miranda, estamos na região de Barlovento, onde se encontra a maior população de afrodescendentes da Venezuela. A violência chega ao ponto de 136 mortes por arma de fogo num universo de 100 mil ao ano – quatro vezes mais do que a taxa de crimes na América Latina. Ademais, 140 mil crianças ainda não têm escola em Miranda. Tenho que construir novos estabelecimentos. Sei que não serão suficientes. Isto significa trabalhar sete dias por semana."

Mas na sua cabeça, o antídoto para Chávez e suas barreiras políticas erguidas pelo país é a construção de uma linha direta com o povo, como a conexão que ele estava formando neste domingo lá no interior. Perder esta conexão e alienar-se da grande maioria dos venezuelanos foi o pecado original da oposição democrática. "No passado, a oposição concentrava todos os seus esforços em determinados espaços, mas nunca nas áreas rurais. Quando você tem uma mulher e não gosta dela, mas é a única que você tem – é a mesma coisa. Em algumas áreas os chavistas só têm Chávez. Não há concorrência. Estamos mudando esta realidade", diz Capriles. "Se os pobres não tivessem votado em mim, eu não seria governador. Praticamente 70% do meu estado é pobre."

Seus assessores estavam espiando o relógio e o governador deveria se dirigir para o próximo compromisso. Eu lhe pergunto como descreveria a Venezuela depois de 10 anos de Chávez no poder. Ele me responde que há uma frase que ouviu recentemente que, em sua opinião, resume perfeitamente. Ele a ouviu de um membro do Partido Comunista chinês. "Fui convidado à China, atendendo um convite oficial do Partido Comunista chinês. Um oficial chinês me perguntou: 'O que está acontecendo com Chávez? Ele é um bom amigo, mas o que está fazendo?'." Capriles disse ao oficial que se ele, um amigo de Chávez, não sabia, por que ele, Capriles, deveria saber? "Então, o oficial chinês me deu sua opinião", comenta Capriles. "A Venezuela é um país que cresce, mas não progride".

"Louco com o poder"

Beijing fica a mais de 9 mil milhas de Caracas. Mas numa manhã em Petare, uma das maiores favelas que circundam as encostas da capital da Venezuela, a observação do oficial do Partido Comunista chinês me pegou em cheio. Petare é uma populosa e notoriamente perigosa parte de Caracas. Yovanny, um homem de meia idade e pai de duas crianças que me convidou ao seu barraco improvisado, denomina sua região de um lugar que tem sido bom para poucas coisas mais que "roubos, carros depenados e estupro".[234] Entretanto, tem um grande orgulho da casa que construiu para sua esposa e duas filhas, sem dúvida – pois teve que lutar por cada pedacinho dela. A estrutura é composta de velhas chapas de metal onduladas, madeira e tijolos, tudo preso com arame e uma espécie de cimento. Ela fica, como a maioria das casas dos seus vizinhos, precariamente numa inclinação bastante acentuada. Naquela manhã, uma leve brisa vinha das montanhas. Sentamos-nos numa área atrás da casa, sob um abacateiro que cresceu na encosta. Algumas borboletas sobrevoam, pousam perto dos nossos copos de refrigerante e, então, voltam para a árvore. Por um momento, quase esquecemos que estamos numa das vizinhanças mais perigosas de Caracas.

Yovanny é um eleitor pragmático e consciente. Ele respeita os colombianos que vivem em sua rua – quase todos os seus vizinhos são imigrantes colombianos - porque são bons trabalhadores. Ele apoiou Chávez não por causa das promessas de revolução, mas pelas promessas de resultados. Hoje, considera-se um ex-chavista. Não houve nenhum resultado. "Gosto do jeito como ele começou", ele me diz, referindo-se a Chávez. "Ele veio do nada. Mas, então, chegou ao poder. Foi eleito presidente duas vezes e, por causa disso, achava-se o dono do mundo." Perguntei a Yovanny o que ele acredita que explica o fracasso de Chávez. "Simón Bolívar e Castro o deixaram louco", ele comenta. "Por que ele não se preocupa com o que acontece aqui, neste país? Ele fala muito, mas não faz nada."

O que interessa para Yovanny é o preço dos alimentos e o custo do material de construção. Num canto do seu pátio de concreto há uma pequena pilha de tijolos, alguns canos de metal e um saco de cimento. Ele pensa em cobrir seu pátio de modo

---

234. Entrevista do autor com Yovanny. Caracas, jul. 2010.

que possa construir um dormitório separado para suas filhas. Compra um pouquinho de material aqui e ali, sempre que pode. Mas não é fácil. "Quase todos os dias os preços sobem. O material de construção está nas nuvens", ele diz.

Como as campanhas ideológicas de Chávez o alienaram, o que começou a interessar mais a este residente de Petaro foram seus representantes locais. Eu lhe pergunto se está contente com o novo prefeito. Yovanny diz que sim. Ele tem estado na região e mandou asfaltar muitas ruas. "Por aqui tem passado muitos prefeitos e governadores, mas [o novo] tem feito um bom trabalho." O prefeito anterior foi José Vicente Rangel, um chavista juramentado e filho de um ex-vice-presidente. Referindo-se a Rangel, Yovanny diz: "Ele veio aqui uma vez, com 50 seguranças, antes e depois das eleições. Nós nem mesmo sabíamos se ele estava vivo ou morto".

O novo prefeito é Carlos Ocariz. O líder oposicionista de 39 anos supervisiona a prefeitura de Sucre, um dos maiores bairros da América Latina (a casa de Yovanny, em Petare, é apenas uma parte de uma favela muito maior). Cerca de 2 milhões de pessoas moram em Sucre, e 80% delas são da classe baixa. Como Capriles, Ocariz venceu numa surpreendente vitória para os oposicionistas nas eleições regionais de 2008. Ocariz passou anos fazendo trabalho comunitário em Sucre, de modo que era popular lá muito antes de anunciar sua candidatura. Mesmo assim, foi uma campanha dolorosa. "Houve 40 dias de campanha. Nesses 40 dias, Chávez veio a Sucre umas quinze vezes e conseguiu 30 *cadenas* nacionais daqui", Ocariz contou-me enquanto estávamos em seu gabinete.[235] Chávez estava determinado em manter Sucre como um território político significativo, ele explicou. "Toda a estrutura de poder era chavista. Todos os oficiais locais eram chavistas. Estavam distribuindo máquinas de lavar, colchões e geladeiras."

Não foi suficiente. No Dia da Eleição, Ocariz conseguiu 55,6% dos votos contra os 43,8% do seu adversário chavista. Todavia, Chávez não demorou a responder. "No dia após as eleições, o governo retirou 16 caminhões de lixo, os quais representavam 60% da coleta", diz Ocariz. Além disso, os encanamentos que levam a água para as super inclinadas encostas de Sucre estavam misteriosamente sem pressão. Muitas pessoas nas áreas mais pobres viram suas torneiras praticamente secarem. De acordo com Ocariz: "Era uma mistura de negligência e vingança política".

Mas Ocariz sabe que seus constituintes não estão interessados em desculpas ou, como ele comenta: "com os problemas dos políticos". Como Yovanny, eles querem resultados e se o Governo central estiver atrapalhando ou não, Ocariz deve se virar. Uma coisa que ele deveria enfrentar era o resultado da incrível desorganização da administração anterior. Quando examinou os livros, Ocariz ficou abismado com a

---

235. Entrevista do autor com Carlos Ocariz. Caracas, nov. 2009.

ineficiência da equipe do seu antecessor. No seu primeiro ano de mandato, Ocariz reduziu as despesas administrativas de 51% para 38% do orçamento. Dessa forma, conseguiu aumentar o contingente policial em 20%, como também dobrar seus salários. Em troca, a taxa de homicídios de Sucre caiu 25%. Quando a água secou nas torneiras, Ocariz criou um programa chamado "Minha Água" que providenciava caminhões-pipa para as áreas mais necessitadas da comunidade. Ele também investiu na modernização de todo o sistema de bombeamento.

Uma das suas iniciativas educacionais mais inovadoras chama-se "Estudo e Progresso".[236] O programa oferece pequenas recompensas monetárias às mães dos alunos da 4ª, 5ª e 6ª séries que frequentam as escolas públicas de Sucre. Para receber o dinheiro, o aluno precisa comparecer a pelo menos 85% das aulas. No primeiro mês, cerca de 75% das mães em condições se inscreveram no programa, mas um terço não recebeu o dinheiro por causa da ausência dos seus filhos. Foi um começo acima das expectativas e os incentivos aos programas rapidamente floresceram. Pelo quarto mês, o número de mães impossibilitadas de receber a recompensa caiu para 12%. "Para governar dentro de um sistema autoritário, é necessário ser muito criativo", Ocariz comenta. "Muitos líderes oposicionistas ainda não perceberam que o problema não era Chávez. A questão era o problema das pessoas. Se você eficientemente foca nesses problemas, você pode retirar o apoio a Chávez."

Muitos dos líderes mais jovens dos partidos oposicionistas venezuelanos observam Chávez como um problema que eles herdaram. Ele era, em parte, um produto dos erros cometidos por uma geração política anterior, especialmente aqueles líderes que não conseguiram se ajustar uma vez que Chávez chegou ao poder. Ocariz dá uma olhada na liderança oposicionistas destes anos e, de certa forma, assume boa parte da culpa. "Houve muitos erros. Sendo que um dos principais foi a intenção da oposição em utilizar-se de um atalho para chegar ao poder, quando deveria entender que precisamos construir uma nova maioria e uma nova proposta política. Queriam chegar ao poder utilizando um atalho, fosse por meio de um golpe, do boicote ao petróleo ou de qualquer outra coisa."

Todavia, quanto mais os líderes oposicionistas procuravam os atalhos, mais aumentavam o problema, reforçando a mensagem de Chávez que eles pertenciam à elite, que seus interesses financeiros não tinham a ver com o cotidiano dos venezuelanos. Estes erros e outros enganos levaram ao "pior erro possível" na visão de Ocariz – o boicote do processo político como um todo. Em 2005, os líderes oposicionistas se recusaram a concorrer nas eleições para o Congresso como uma

---

236. Entrevista do autor. Caracas, nov. 2009. Ver também texto do blogueiro Juan Cristóbal Nagel (2011).

forma de protesto. Chávez estava mais do que contente em conduzir seus candidatos e ter o controle total da Assembleia Nacional. Todos os 167 representantes eram chavistas. Agora, realmente Chávez estava em condições de dar as cartas. "Quando nos retiramos das eleições para o Congresso," diz Ocariz, "Chávez teve condições de controlar o resto das instituições e setores do governo. Portanto, no final ele não tomou o controle. Nós lhe demos". Ocariz fecha os olhos e balança a cabeça, como se, mesmo agora, ele não pudesse compreender totalmente a estratégia usada pela oposição. "Os oposicionistas sempre se perguntam: 'O que Chávez fará quando acabar o dinheiro e a popularidade? Em vez de perguntar o que Chávez vai fazer, precisamos perguntar o que nós vamos fazer."

É um ponto importante, e compartilhado por muitos oposicionistas mais jovens. Nas minhas reuniões com mais de uma dúzia de membros da oposição, há um surpreendente consenso sobre as linhas gerais necessárias para o sucesso nas eleições vindouras contra Chávez e sua máquina política. Como Capriles, eles precisam estar juntos com o povo. Como Ocariz, precisam oferecer verdadeiras alternativas políticas no lugar das de Chávez, resolvendo os problemas e não simplesmente reclamando como são tratados num sistema que todos concordam ser injusto. E devem permanecer unidos. Mesmo com os ganhos conquistados nas eleições de 2008, a oposição perdeu 76 eleições pelo país porque falhou em apoiar só um candidato.[237] É consenso que a maioria dos líderes, principalmente as jovens estrelas ascendentes, compreende o que é necessário para se tornar um desafio real. A questão é se eles estão trabalhando para isso.

Obviamente, não seria justo dizer que só depende deles. As regras funcionarão contra eles. Não terão a oportunidade de transmitir sua mensagem na televisão estatal. O Governo chavista usará centenas de milhões da renda da petrolífera nacional a seu favor e a favor do seu próprio pessoal na competição. O comandante dos militares chegou até mesmo a declarar que as Forças Armadas não defenderão uma eleição que não tenha Chávez como vitorioso.[238] Ocariz está certo quanto ao fato de que a oposição precisa se questionar sobre o que fazer para tornar-se o mais viável adversário a um regime que reuniu tantos poderes. Mas ainda estou interessado na primeira pergunta de Ocariz, "O que você acha que Chávez fará?"

"Não sei", Ocariz responde cauteloso.

"Você tem medo?" Perguntei.

"Sim", ele responde e, depois de uma breve pausa, comenta: "Bem agora ele está louco com o poder."

---

237. Entrevista do autor com Leopoldo López. Caracas, nov. 2009.

238. Ver Minaia (2011).

López *versus* Venezuela

Carlos Ocariz estava relutante em falar sobre Chávez e as falcatruas do seu governo. Ele queria ressaltar as inovações e soluções que ele e sua equipe implementaram em Sucre. Ele não queria parecer como um prefeito sob pressão. Em parte, seu desejo era mudar a narrativa sobre a oposição venezuelana. Ele acredita que é mais importante divulgar as ações do que as queixas e injustiças de governar no autoritário sistema de Chávez. Outra razão porque ele não queria reclamar talvez fosse pelo fato de saber que tinha sorte. Apesar das dificuldades de governar enfrentadas por Henrique Capriles e Carlos Ocariz, eles são bem mais afortunados do que aqueles que foram impedidos de tentar.

No início de 2008, Chávez revelou um novo instrumento contra a oposição: a proibição política.[239] Naquele fevereiro, apenas 10 meses antes das eleições, a Controladoria-Geral, chefiada por Clodosvaldo Russián, apresentou uma lista de 400 funcionários públicos proibidos de concorrer a um cargo eletivo. A declaração não estava acompanhada de uma ordem judicial. Não havia qualquer procedimento legal que desse respaldo a essa situação. Aqueles que apareciam na lista da Controladoria foram informados que não poderiam apelar. Apenas com uma canetada eles foram simplesmente eliminados da vida política venezuelana. Sem a menor surpresa, 80% dos nomes eram dos membros da oposição.

Um dos candidatos banidos foi Leopoldo López.[240] Era óbvio o porquê. Chávez queria impedir a ascensão da estrela política de López: o jovem López, de boa aparência, educado em Harvard, tinha sido muito bem-sucedido por duas vezes como prefeito de Chacao, um dos distritos mais abastados de Caracas. Enquanto Chávez saudava Simón Bolívar como o libertador da América do Sul e denominando seu projeto político de uma "Revolução Bolivariana", López tinha o sangue do famoso herói nas veias.[241] Quando foi reeleito em 2004, venceu com significantes 81% dos votos. Durante sua época de governo, as taxas de aprovação eram regularmente acima de 70%. Em 2008, López vislumbrou a possibilidade de ser o próximo prefeito de Caracas. Ele era o favorito para o cargo. López liderava o grupo de candidatos com 65% dos votos quando o controlador-geral publicou seu decreto. López acreditava que sua campanha teria ultrapassado aquela marca até o Dia da Eleição, e achava também que o regime sabia disso. "Se tivéssemos ganhado com 70%," López confessa em seu gabinete, "teria sido uma mensagem".

---

239. Ver Toothaker (2008). A lista russa dos 400 candidatos politicamente banidos mais tarde foi reduzida para 270.

240. Ver Gupta (2011).

241. Ele é descendente direto da irmã de Bolívar, pois o próprio Bolívar não teve filhos.

Mas Chávez atacou primeiro. Com o intuito de interferir no campo de batalha, o regime estava pronto para usar as piores artimanhas para eliminar o candidato que o próprio regime não acreditava poder vencer de outra maneira. A alegada justificativa para a desqualificação política era a corrupção. Ainda assim, aqueles que foram banidos foram considerados inocentes, apesar das mais absurdas alegações. William Méndez, o ex-prefeito de San Cristóbal, fez parte da lista do governo pelo suposto recebimento de faturas sem chancela do imposto. A lei sobre tais rubricas foi aprovada em 2003. Todavia, Méndez tinha aceitado as faturas em 2001. Portanto, ele foi considerado culpado de infringir uma lei que nem mesmo existia. Mas Chávez deu total apoio à tática e viu a lista de desqualificação como sendo apenas o começo. "Quero expressar meu apoio, na condição de chefe de Estado, o apoio da minha administração, assim como o apoio do povo a estes dignos compatriotas que representam nossas instituições e um especial voto de confiança a Clodosvaldo Russián", disse Chávez a uma multidão de simpatizantes logo após o anúncio. "Porque agora estamos realmente combatendo a corrupção."[242]

Embora já soubesse como Chávez agia, López ficou atordoado com a proibição política. Sua campanha – e talvez sua carreira política – tinha sido interrompida antes mesmo que pudesse começar. Nenhum presidente venezuelano tinha usado este tipo de arma contra seus oponentes antes. "Para desqualificar alguém, tem que haver critérios. Tem que haver um veredito expedido por um Tribunal Criminal. Não havia Tribunal. Nem mesmo julgado eu fui", ele disse-me. "Foi uma decisão administrativa. O nosso caso é uma demonstração clara das manobras que o governo está utilizando para impedir que candidatos fortes concorram ao cargo. É bastante similar ao que está acontecendo no Irã, Bielorrússia e Rússia."

Ele não esperava que nenhum setor do Governo derrubasse o decreto da Controladoria, mesmo assim, tentou fazer alguma coisa. Levou o caso à Suprema Corte Venezuelana. A Corte jamais tinha decidido algum caso contra o presidente Chávez. Ainda assim, López dirigiu-se à Câmara Constitucional da Corte, dizendo: "Vocês têm a responsabilidade histórica de se tornarem os executores ou os defensores da Constituição. Vocês são responsáveis pelo enterro da Constituição ou pelo pleno apoio às leis, com justiça para todos os venezuelanos, de modo que possam decidir".[243] A Corte optou pelo enterro.

Se López não conseguia obter justiça dentro da Venezuela, decidiu procurá-la fora. Levou seu caso à Corte Interamericana dos Direitos Humanos, um Tribunal

---

242. Ver o vídeo do discurso de Chávez no documentário "Banned! Political Discrimination in Venezuela" (CIUDADANIA, 2009).

243. Ibid. Ver as observações de López ao Tribunal.

Internacional que se reúne na Costa Rica. A Corte concordou em ouvir os argumentos entre López e o governo venezuelano, a primeira vez que expandiu sua jurisdição para incluir a proteção de direitos políticos. Clodosvaldo Russián e outros tinham certeza que Chávez ignoraria um julgamento de uma Corte Internacional, mas López via isto como sua única saída para conseguir uma audiência imparcial e tinha esperança que também pudesse pressionar o regime politicamente. "Isto terá um impacto não apenas na Venezuela, mas em toda a região", ele me disse. "Este mecanismo de desqualificar oficiais eleitos se tornará uma maneira de vencer as eleições permanentemente". López podia sentir meu ceticismo quanto à possibilidade de Chávez honrar uma decisão vinda de um Tribunal Internacional. "Racionalmente não posso lhe dizer que podemos sobrepor este governo. O dinheiro, o controle da mídia, o abuso do poder, os militares – tudo está do lado deles", López disse. "Mas política é esperança também". Enquanto isso, a proibição política tornou-se uma das armas preferidas do governo. Mais de 800 candidatos foram eliminados da vida política desde 2007.[244]

Então, a corrida para a prefeitura de Caracas teve uma reviravolta irônica. Depois da forçada saída de López, os eleitores oposicionistas apoiaram Antonio Ledezma, um velho membro da oposição e crítico declarado do regime. Ledezma venceu as eleições de novembro. Mas o novo prefeito de Caracas também logo sentiu o peso da vingança de Chávez. Os recursos financeiros do seu gabinete foram reduzidos a menos de 20% do orçamento anterior. O cargo de prefeito teve quase toda a autoridade destituída.[245] Esses poderes foram então transferidos para uma nova posição, "chefe de Governo" para o distrito de Caracas, que Chávez criou cinco meses após a eleição de Ledezma. E, na ação mais surpreendente, chavistas armados confiscaram a prefeitura e outros edifícios municipais, recusando-se a entregá-los de volta. Os gabinetes foram saqueados, os equipamentos e veículos da cidade destruídos ou roubados. Quando fui me encontrar com Ledezma, mais de um ano depois de sua eleição, ele ainda não tinha conseguido mudar-se para o gabinete do prefeito. Tivemos que nos encontrar num escritório particular no centro de Caracas, onde ele tinha se estabelecido temporariamente. "Chávez é como um boxeador que bate no adversário sem dó nem piedade", Ledezma me disse. "Ele fez isso com os partidos políticos. É quando o filme da neoditadura começa."

Ledezma tentou destacar os eventos, explicando alguns projetos e objetivos que estava tentando implementar. Mas ele estava claramente fazendo o melhor possível de uma situação sem saída. Ele teve que levantar fundos para os cofres da cidade no

---

244. Ver Gupta (2011).

245. Ver Foreto (2009b).

exterior. Poucos meses antes do nosso encontro, ele tinha participado de uma greve de fome para chamar a atenção da Organização dos Estados Americanos. Ele e sua equipe se esforçaram o quanto puderam na defesa do seu direito de governar. Como um dos principais consultores de Ledezma, Milos Alcalay, comentou: "Chávez vence quando ele vence e vence também quando perde. Se ele não vence, simplesmente toma".

Todavia, para López talvez tenha ocorrido um final diferente. Em setembro de 2011, a Corte Interamericana dos Direitos Humanos defendeu os argumentos do jovem político venezuelano ordenando o Governo chavista a suspender a proibição da participação de López na eleição.[246] Em resposta, denunciou a Corte Internacional como "um órgão inútil". Precisamente, como a engrenagem do Estado venezuelano responderia não ficou muito claro. A Suprema Corte, inicialmente emitiu uma opinião que parecia ir contra a decisão do Tribunal Internacional. O líder da Corte venezuelana explicou a regra dizendo que López poderia concorrer, mas não poderia assumir se eleito. O Conselho Nacional Eleitoral seguiu a decisão da Corte Internacional liberando López para concorrer. Assim, estaria o Governo permitindo que López concorresse para semear a discórdia na oposição? As regras contraditórias seriam uma tentativa de desestabilizar López e seus seguidores? O Governo teria sido intencionalmente ambíguo ao deixar aberta a possibilidade de proibir López depois? Ninguém tinha certeza de nada. Mas López não tinha dúvida sobre seu próximo passo: jurou concorrer nas primárias presidenciais pela oposição. Quando anunciou sua candidatura, López imediatamente ingressou num campo onde incluía o concorrente de peso Henrique Capriles. Os jovens líderes oposicionistas estavam ansiosos para lutarem pelo direito de combater Chávez.

"Estamos acostumados a ser derrotados"

Meu compromisso era em 18 de janeiro de 2006, às 9 horas da manhã em ponto – cinco anos antes da Revolução do Egito. O mundo ainda não estava muito familiarizado com a Praça Tahrir. Mas, naquela manhã, bem pertinho da praça, eu estava aguardando no corredor do 2º andar do quartel general do partido esquerdista Al-Tagammu, um dos mais antigos partidos oposicionistas do Egito. Cairo não é uma cidade que acorda cedo. Naquela hora, havia apenas dois grupos de pessoas no corredor: guarda-costas e uma crescente multidão de afiliados do partido que vieram por causa de algum favor concedido ou para fazer alguma reclamação. Como os outros, estou esperando Rifaat El-Said. Ele chega e movimenta-se rapidamente pelo típico ambiente desarrumado, equivale a uma outrora bela construção no Cairo expressa por uma mistura de idade e negligência. Ele não se dirige a ninguém e me

---

246. Ver Romero (2011).

acena para que eu entre em seu escritório. Franzino, firme e impaciente, Said tem uma tendência a responder as questões com longos e dogmáticos discursos típicos de um velho marxista.

Antes da Revolução, poucos tinham boas coisas a dizer sobre a oposição política egípcia, até mesmo os oposicionistas. É inegável que sofreram nas mãos do Estado. Esses partidos foram atacados, intimidados, marginalizados e reprimidos pelo regime de Hosni Mubarak. Mas, até mesmo seu sofrimento de certa forma falhou em provocar alguma centelha de reação. Para muitos, os partidos oposicionistas pareciam mais cães espancados do que mártires. Foram treinados, ao longo do tempo, a fazer sua parte e aceitar seu papel. Parece que gastavam mais energia brigando entre si do que planejando algum desafio para enfrentar o regime. O que mais fizeram foi lutar pelas migalhas deixadas por Mubarak – um significativo número de cadeiras parlamentares aqui e ali – e então voltavam para seu canto, maldizendo-se ou lamentando-se.

Rifaat El-Said é um exemplo perfeito das gerações mais antigas dos líderes oposicionistas egípcios. Na manhã que nos encontramos em seu escritório, já fazia um pouco mais de um mês desde que o seu partido tinha tido uma fragorosa derrota nas eleições preliminares. Dos 59 candidatos indicados pelo Partido Tagammu, apenas dois conseguiram assentos. Até mesmo para os baixos padrões da oposição egípcia, esse resultado era péssimo. As perdas foram tão grandes que Khaled Mohieddin, fundador do partido e ex-membro do golpe dos Oficiais Livres de 1952, perdeu sua cadeira. Eu esperava que o líder do partido estivesse pelo menos tocado pelo resultado, zangado ou chateado. Said estava totalmente indiferente. "Não estou desapontado", ele me disse do outro lado de sua escrivaninha. "Se eu acumulasse tais sentimentos, não poderia continuar. Estamos acostumados a ser derrotados."[247]

Esse, parecia-me, era precisamente o problema. Até mesmo se os partidos políticos oposicionistas estivessem tentando fazer um jogo de cartas marcadas – e as eleições egípcias eram claramente cartas marcadas – não havia desejo ou urgência de mudar as táticas, mudar as estratégias ou mesmo pensar de forma diferente sobre o problema. Há muito que a maioria da oposição tinha entrado num confortável estado de convalescença. Quando o pressionei sobre como seu partido poderia procurar abordagens diferentes depois de tão significativa derrota, ele não ofereceu qualquer ideia, dizendo-me: "Leva tempo, leva tempo". A maior parte do tempo em que estivemos juntos, ele procurou atingir o partido rival, a Irmandade Muçulmana, e não Mubarak. Na verdade, ele me disse que os guarda-costas por quem passei ao entrar

---

247. Entrevista do autor com Rifaat El-Said. Cairo, jan. 2006.

150 | ESCOLA DOS DITADORES

em seu escritório eram uma espécie de acessório de segurança providenciado pelo governo. Ele não via qualquer ironia nisso. Havia especulações de que ele tinha sido cooptado pelo regime quando ganhou uma cadeira no Conselho Shura, um estágio superior do parlamento que era pouco mais que uma câmara de eco do governo, habitado pelos protegidos do regime. Agora, aqui estava ele me dizendo que o governo contra o qual ele supostamente tinha lutado estava encarregado de sua segurança pessoal? Quando me preparava para sair, ele me brindou com a seguinte opinião: "Nós sabemos sofrer". Não tive argumento contra aquilo.

O perigo de alguém como Said não é que ele estivesse apenas perdendo a oportunidade de liderar um partido ou pressionar o governo. Ele também poderia ser uma arma poderosa do regime. Depois de vários anos, enquanto ainda estava no Cairo, encontrei-me com alguém muito próximo a Said. Seus pais tinham sido bons amigos do líder do partido.[248] Em épocas diferentes, quando ele ainda era um garoto e seus pais tinham sido presos pelo regime, Said tomou conta dele. "Rifaat Said é como um pai para mim", ele disse. Então, ele ficou decepcionado quando viu o líder do Partido Tagammu ir à televisão e denunciar os primeiros jovens a usar o Facebook em 2008 para organizar protestos – a mesma juventude que impulsionaria a Revolução para tirar Mubarak. Em entrevistas televisivas, Said disse ao país que aquela juventude tinha essencialmente perdido a cabeça e não deveria ser levada a sério. "Acho que [Said] é como Mubarak em vários pontos, não só ele, mas aquela geração de políticos", ele confessa. "Todos eles acham que são os donos da verdade." Em sua opinião, o regime convocou Said e outros líderes oposicionistas para falar contra a juventude. Era o preço a ser pago pelas cortesias políticas e privilégios oferecidos pelo regime.

Sonhando com a prisão

Quando entrei nas dependências de um partido diferente em 16 de março de 2011, todos estavam contentes. Fazia um pouco mais de um mês desde a mobilização da população egípcia que culminou com a queda de Mubarak, embora o sentimento de euforia não tivesse diminuído. Eu estava visitando os escritórios do El Ghad, o partido oposicionista comandado por Ayman Nour. Os funcionários entravam e saiam, frequentemente se cumprimentando com abraços. No final do corredor, uma sala de conferência lotada com líderes mais velhos e membros do partido discutindo sobre eventos recentes e estratégias para o futuro. Nour não saía do noticiário nos dias da saída de Mubarak, sugerindo que a relação entre o Egito e Israel

---

248. Entrevista do autor. Cairo, mar. 2010.

devesse ser reavaliada, agora que o Egito estava livre do seu ditador. Embora tais especulações devam ter causado certo desconforto em Washington, eram bastante plausíveis e políticas não totalmente inesperadas para uma figura como Nour. O advogado e ex-parlamentarista era uma das peças mais conhecidas da oposição egípcia. Entretanto, depois de 30 anos de Mubarak, os partidos oposicionistas seculares como o El Ghad, não tiveram uma grande adesão e era possível que Nour assumisse alguma postura política. Em poucos dias ele anunciaria sua candidatura para presidente, a qual todos esperavam que fosse a primeira eleição livre do Egito. Contudo, diferente de qualquer um que pretendesse concorrer nessa campanha, Nour estava planejando sua candidatura para a presidência pela segunda vez.

O que impactou foi o quão diferente o ambiente de agora era daquele da minha visita um ano antes. Naquela época, o debate sobre o futuro político do país há muito tinha caído num ritmo lento e previsível, com a especulação principal de que Mubarak seria seguido ou pelo seu filho Gamal ou por um membro da junta militar, muito provavelmente Omar Suleiman, o comandante da Inteligência egípcia. Fui visitar Ayman Nour em sua casa em Zamalek, uma abastada vizinhança ao norte do Nilo, que abriga expatriados e a elite egípcia. Antes do nosso encontro, várias pessoas tinham me alertado que Nour não era mais como antes. Suas batalhas contra o regime tinham cobrado seu preço.

Durante a maior parte dos últimos cinco anos, Nour não utilizou aquele endereço: passou a maioria dos seus dias e noites na terrível prisão de Tora. Em janeiro de 2005, Nour foi preso por supostamente forjar assinaturas em petições que ele apresentou para criar seu partido político. As acusações foram totalmente atribuídas à motivação política. Graças às pressões dos Estados Unidos e da Europa, as autoridades egípcias libertaram Nour, permitindo que ele concorresse às eleições presidenciais em setembro de 2005. Mais de 600 mil egípcios votaram em Nour. O Governo deve ter se abalado com o tamanho do apoio a Nour. Mesmo que não tenha se abalado, quis mandar uma mensagem. Vários meses após as eleições, ele foi considerado culpado pelas acusações de adulteração e condenado a cinco anos de prisão. Ficou na prisão de Tora até 18 de fevereiro de 2009 quando sua sentença foi inesperadamente suspensa. O Governo libertou Nour alegando ostensivamente razões médicas, mas muitos observadores acreditam que a liberdade de Nour foi restaurada como um gesto de boa vontade para com a recente administração Obama. Para Nour, sua surpreendente libertação apenas ratificava as suspeitas de que sua prisão e condenação foram decorrentes de ações arbitrárias, sem suporte legal. Quando cheguei a sua casa, em março de 2010, o prisioneiro 1.387 já tinha sido libertado há mais de um ano.

O apartamento de Nour lembrava um salão de festa francês e ocupava todo o 8° andar do seu prédio. Cada cômodo equipado com candelabros, longas cortinas estilizadas, enormes vasos orientais e sofás e cadeiras ornamentais. Quase todo ambiente continha coleções de porcelana e objetos de arte. Apesar das suas generosas dimensões, era realmente estranho como tanta coisa foi depositada naquele apartamento que, em alguns lugares, parecia mais uma loja de antiguidade do que propriamente a residência de alguém. Na sala principal, havia acima do sofá um retrato a óleo do próprio Nour. Nele, Nour era um homem bem mais jovem, talvez da sua época como o mais jovem parlamentar do país. A cena era Nour no pátio do parlamento confabulando com alguns dos seus colegas que representavam a nata da política egípcia. Embora eu tenha sido pontual para o nosso encontro da noite de domingo, seu pessoal disse que ele estava dormindo e estavam claramente em dúvida se o acordariam ou não.

Após 30 minutos, Nour apareceu para me cumprimentar. Com a camisa confortavelmente folgada no colarinho, usando jeans e uma jaqueta azul, ele caminhava bem suavemente pelo aposento. Seu jeito era sereno e ele falava baixinho – tão baixo que tive que aproximar o gravador para tentar captar o que dizia. Sentado em sua sala de estar, Nour não parecia um homem derrotado, apenas ferido. As dores causadas por seus carcereiros pareciam se misturar com a desilusão da ajuda que ele pensou que receberia, especialmente dos Estados Unidos. No começo da nossa conversa, ele mencionou as falsas esperanças levantadas pelo pessoal da administração Bush. "Eu voltei para a prisão depois das eleições presidenciais, embora semanas antes tenha me encontrado com Condoleezza Rice pela primeira vez numa reunião que ela participou com várias pessoas aqui no Cairo. E ela me disse para não me preocupar, ficar calmo. E eu estava bastante calmo – na prisão", Nour disse secamente.[249]

"Toda vez que Condoleezza vinha ao Egito enquanto eu estava preso, quando sua visita terminava acontecia um desastre na prisão. Em maio de 2007, uma hora depois que Condoleezza Rice deixou o Egito, entraram em minha cela e me atacaram fisicamente. Ainda tenho 16 cicatrizes daquele dia." No final da sua segunda visita, o Governo negou seu pedido de uma licença médica da prisão. Em 6 de novembro de 2008, na véspera da última visita oficial da Secretária Rice ao Egito, as dependências do partido de Nour foram totalmente queimadas enquanto sua esposa, suas crianças e seus seguidores participavam de uma reunião lá dentro. Todos escaparam, mas a mensagem foi clara: os Estados Unidos não podem te proteger. "Graças a Deus, foi a última visita de Condoleezza", Nour disse gargalhando.

---

249.   Entrevista do autor com Ayman Nour. Cairo, mar. 2010.

A vida não tinha sido fácil para Nour desde que deixou a prisão.[250] Logo após sua libertação, o Governo emitiu um decreto proibindo-o de advogar. Seu nome foi riscado da Ordem dos Advogados. Nour tinha um contrato para lecionar em uma universidade, mas acredita que o Serviço Secreto o tenha cancelado também. O mesmo aconteceu com uma oferta que ele recebeu de uma emissora de televisão local. Seu pai faleceu enquanto ele estava preso, e na tentativa de levantar algum dinheiro decidiu vender a casa do pai. Para finalizar a venda, ele precisava reconhecer a escritura do imóvel com o tabelião. "Entrei no cartório e a funcionária me disse que estava muito feliz de me encontrar, que tinha festejado minha libertação", Nour relembra sorrindo. "Quando lhe passei minha identidade para processar a documentação, ela me disse: 'Sinto muito. Temos instruções do serviço de segurança para não processar nenhum documento seu, a menos que você nos apresente um alvará de soltura'. Então eu lhe disse: 'Bem, estou aqui, não? Não pulei o muro.' Mas ela disse: 'Entendo, mas precisamos de documentos'."

O tabelião o instruiu a ir ao gabinete do promotor para conseguir o formulário adequado. "Fui até a promotoria pública e então me disseram: 'Não, isso não é conosco. Você está louco? Vá ao Ministério do Interior'. Eu fui ao Ministério do Interior, e me disseram, 'Não, não é da nossa alçada, volte ao promotor público'." Ele voltou, e lhe disseram a mesma coisa novamente. "Eles me impediram de vender qualquer coisa que tivesse herdado do meu pai", Nour confessou, com um ar resignado.

O governo de Mubarak tinha usado quase todo o arsenal que um regime autoritário utilizaria para esmagar seu adversário. Nour foi preso, espancado e torturado. Mas o regime não dependia apenas de seus carcereiros e calabouços. Como Nour percebeu, uma cartorária – mesmo solidária – poderia se tornar um poderoso instrumento de repressão do Estado.

A história de Nour de enfrentar restrições a todo instante era parecida com a de outros que eu tinha ouvido. Saad Eddin Ibrahim, um dos mais importantes dissidentes egípcios, estava vivendo como auto exilado nos Estados Unidos por cerca de três anos quando o encontrei. Quando conversamos em Washington, D.C., ele descreveu como o regime usava intimidação, prisão e escândalos para cercear aqueles que o desafiassem. E, se ainda assim não funcionasse, atingiam seu modo de vida, como estavam fazendo agora com Nour e Ibrahim. "Eles estão minando todas as minhas posses com vários processos contra mim", Ibrahim me disse, referindo-se a sua contínua batalha com o Estado. "De uma só vez havia 28 processos contra mim impetrados por diferentes pessoas de diferentes lugares do país." A última acusação

---

250.   Entrevista do autor com Ayman Nour. Cairo, mar. 2010.

espúria aconteceu há apenas três dias. "Eles me processaram por incitar Elbaradei a concorrer e então desestabilizar o Egito. Não sei quem fez isso, mas durante os próximos dois anos me sentirei com uma espada sobre minha cabeça."[251]

Estava próximo das 9 horas da noite e, apesar da hora, mais pessoas tinham chegado para ter alguns minutos com Nour. Antes de sair, perguntei se já tinha se sentido como se fosse mais eficiente, pelo menos como um símbolo, quando estava na prisão. "Até meu direito de voltar para a prisão não consegui", Nour respondeu.

"O que quer dizer?", perguntei.

"Quando eu saí e descobri que não havia absolutamente nada que eu pudesse fazer, que estava proibido de fazer qualquer coisa, pedi para voltar e cumprir o resto da sentença", ele explicou. Nour também admitiu que queria negar a Mubarak o prazer de ganhar pontos com a administração Obama, mesmo que isso significasse voltar para a velha cela.

"Você ainda gostaria de voltar?", perguntei.

"Para ser honesto, me atrasei para a entrevista porque dei uma cochilada e caí no sono. Estava sonhando em voltar para a prisão. Esse foi meu último sonho."

Nour tinha pagado caro por sua oposição, bem mais que muitos líderes políticos. Ele é um dos poucos que ousaram concorrer contra um ditador. E por desafiar verbalmente Mubarak nas eleições de 2005, atraiu para si o fogo do regime. Suas cicatrizes eram físicas, financeiras e emocionais. Durante sua estada na prisão, seu casamento desmoronou, e era um assunto que ele se recusava a comentar. Minha lembrança dele naquela noite é um pouco triste. A lembrança de um homem que ainda queria falar, mas mal podia respirar. Em 2010, Nour parecia mais uma lenda urbana de advertência que um despertar de inspiração.

Um ano depois, em 2011, tudo isso foi esquecido. Nour não teve um papel determinante na Revolução. Na verdade, alguns dos jovens líderes que deflagraram os protestos e os primeiros a mobilizarem os egípcios para comparecerem na Praça Tahrir eram desiludidos ex-membros do Partido El Ghad. Eles, como a maioria da juventude egípcia, se afastaram dos principais partidos oposicionistas vistos como burocráticos, ineficientes e totalmente irrelevantes. Mas Nour se arriscou de verdade e pagou um alto preço. Ainda que a juventude tenha sido importante na derrubada do regime, o futuro do país talvez possa depender em parte de democratas determinados como Nour, dispostos a mudar a situação.

---

251.   Entrevista do autor com Saad Eddin Ibrahim. Washington, D.C., mar. 2010.

Todavia, o ambiente festivo que encontrei nas dependências do Partido El Ghad pode ter sido prematuro. Em outubro de 2011, um Tribunal egípcio ratificou a forjada condenação de Nour sob o regime de Mubarak, proibindo efetivamente o líder oposicionista de concorrer para presidente.[252] O fato de que Nour tenha sido impedido de se candidatar alimentava a sensação de que a revolução política egípcia estava longe de acabar. Logo após a decisão oficial, Nour disse a um grupo de jornalistas: "Tiramos um tirano militar para entrar em um Conselho Militar".[253] No seu ponto de vista, o adversário pode ter mudado, mas a luta continuava a mesma.

Do Cairo a Penang

Eu podia ouvir Anwar Ibrahim antes de vê-lo. O líder da oposição democrática da Malásia estava numa modesta mesquita situada próxima de um viaduto na cidade costeira de Penang. Lia-se num quadro magnético: "Ustaz Ibrahim", indicando que ele seria o orador após a oração da noite. Ao me aproximar da entrada da mesquita, podia ouvir a voz lenta e compassada de Anwar saindo dos alto-falantes presos no teto do templo. Pelo meu relógio, ele teria apenas mais alguns minutos para falar. Fui orientado a encontrá-lo naquele ponto. Sentei-me num banco do lado de fora de onde podia observá-lo enquanto terminava sua palestra para cerca de uma centena de homens em estilo indiano sentados a sua frente. Sua presença inspirava calma e sua linguagem corporal e sua aparência eram típicas de um professor. E, quando eu estava prestes a perguntar a um de seus assistentes qual tinha sido o tema da noite, ouvi sua voz mencionando os nomes "Mubarak", "Suzanne", "Gamal". A ex-primeira família do Egito. Como muitos no mundo, ele estava se referindo às revoluções que aconteciam do Norte da África ao Oriente Médio. Ele dizia que aquilo era uma coalizão – uma coalizão de pessoas por meio da fé, da classe social e de entidades – que derrubou um ditador corrupto e sua família. Era uma mensagem certeira para a Malásia.

Era uma noite de sábado, então, se você quisesse encontrar Anwar Ibrahim, teria que ir para as províncias. Embora sua casa seja em Kuala Lumpur, ele passa quase todos os finais de semana em outras cidades ou no interior, encontrando-se com líderes de partidos e discursando em eventos públicos. Anwar representa o povo de Penang no parlamento. A cidade localiza-se no lado noroeste da Malásia, junto ao Estreito de Malacca. Tinha voado para lá para passar uma noite com ele e participar de vários eventos. Ao deixar a mesquita, conduziu-me ao seu carro e ambos nos acomodamos no banco traseiro de um Mercedes preto. Perguntei-lhe quais os com-

---

252.   Ver Bradley (2011a).

253.   Ver Rice (2011).

promissos da noite. "Tenho mais três eventos", ele respondeu. "Então, voltarei para Kuala Lumpur. No meio do caminho deverei me encontrar com alguns líderes. Deverei estar em casa entre 4 e 5 horas da manhã."[254] Então ele se desculpa. O próximo evento é um refinado banquete chinês. É em homenagem a Lim Kit Siang, um dos líderes da oposição, no seu aniversário de 70 anos. Anwar precisa mudar a simples camisa branca que usava na mesquita por uma azul clara de seda, mais apropriada para a próxima ocasião. "Desculpe-me", ele diz enquanto troca de camisa e penteia o cabelo. "Não há tempo."

E não há mesmo. Após 7 minutos, o carro estaciona em frente a um dos melhores hotéis de Penang. Um séquito de líderes partidários, assistentes pessoais, guarda-costas e jornalistas está aguardando e os flashes das máquinas fotográficas pipocam quando as portas do carro se abrem. Ao descermos Anwar diz: "Continue andando, precisamos ser rápidos". Andávamos apressadamente, apertando mãos mas nunca parando, enquanto éramos conduzidos ao local do banquete. Fiquei com os guarda-costas enquanto Anwar tomava seu lugar à mesa principal. Havia mais de 800 convidados, e a multidão não poderia ser mais diferente daquela da mesquita que tínhamos acabado de deixar. Esta era a elite abastada de Penang, composta de advogados, médicos, homens de negócio, e quase todos chineses. Em menos de 10 minutos Anwar foi convidado ao púlpito para falar.[255] Agora, Anwar é o distinto convidado e líder partidário que , num misto de contador de história e humor autodepreciativo presta homenagem à liderança de Lim. É um discurso rápido, adequado à ocasião, mas Anwar arranca gargalhadas e aplausos ao relatar histórias sobre a fama de Lim como um dos líderes oposicionistas mais temido pelo regime.

Logo, partimos. O próximo compromisso era num humilde centro comunitário de Kedah, cerca de 20 minutos de carro ao Norte. A maioria das 300 ou 400 pessoas presentes pertence à classe média baixa indiana.[256] Eles estão esperando por duas horas, mas não parecem nem um pouco contrariados. Enquanto os guarda-costas abrem caminho pela multidão, um número de pessoas começa a cantar: "Reformasi! Reformasi!". O local está quente e abafado e o discurso de ocasião é parecido com seus sermões na mesquita, porém com uma abordagem diferente. Agora ele está levantando o tom de voz, ressaltando os pontos com os punhos cerrados. Ele aparentava agressividade ao inclinar-se no púlpito e esbravejar contra as injustiças e

---

254. Entrevista do autor com Anwar Ibrahim. Penang, fev. 2011.

255. Os organizadores tinham sido avisados que ele não poderia ficar por muito tempo.

256. Os indianos são aproximadamente 7% da população, com os malaios e chineses perfazendo 65% e 25%, respectivamente.

corrupções do partido dominante. Mais uma vez, atinge o ponto certo e a cantoria de "Reformasi!" ainda pode ser ouvida enquanto nosso carro se afasta.

A última parada é de volta a Penang. Há carros estacionados ao lado da rua bem antes de encostarmos para descer. A atmosfera é mais parecida com a de um show de rock. A estimativa é que cerca de 10 mil pessoas vieram para ouvir Anwar, mas é impossível precisar. O único momento em que se podia ver as filas de rostos da multidão era por poucos segundos, nos intervalos dos flashes. Caso contrário, era praticamente uma escuridão total.[257] Anwar fala por uma hora, mas mantém um tom sereno. Num dado momento, cumprimenta a *mukhabarat*, ou polícia secreta, que estava presente. Ele arranca gargalhadas quando diz: "Até Nour está aqui", apontando para um oficial à paisana que ele reconhece. Se o ambiente lembra um show de rock, então Anwar é o astro. O tamanho da multidão parece aumentar com o passar do tempo.

Já passava da meia-noite. Ele ainda tinha várias horas de reunião e uma viagem de volta à capital enquanto retorno para o meu hotel. Mas estava impressionado com o que vi durante as últimas cinco horas. Toda vez que saía do carro, era uma versão sutilmente diferente do líder oposicionista. Quatro eventos diferentes, quatro homens diferentes, e apenas um Anwar. O professor religioso, o eloquente líder partidário, o feroz político e o astro que comandava a multidão. Não é de estranhar que ele lidera a oposição do país, uma coalizão de partidos que inclui o seu multiétnico Partido da Justiça do Povo, o Partido da Ação Democrática, que é liberal e basicamente chinês, e o conservador Partido Islâmico Pan-Malaio. Juntar essa coalizão requer alguém que possa se movimentar discretamente entre o eleitorado. E isso levanta uma questão complicada: Quão indispensável um homem pode ser para as esperanças democráticas da Malásia? Quando digo isso a Anwar, ele ri e me agradece pelo "lustro no ego". Mas as pessoas que o cercam sabem que ele desempenha um papel indispensável. Como o próprio regime também sabe.

"Ele achou que pudesse me dobrar"

A primeira vez que encontrei Anwar Ibrahim, ele estava todo sorriso. Era abril de 2008, e poucas semanas antes a oposição tinha comemorado uma significativa ofensiva contra o partido situacionista, a Organização Nacional dos Malaios Unidos (UMNO). Pela primeira vez desde a Independência em 1957, a oposição tinha conquistado mais de um terço das cadeiras no parlamento, terminando com a super

---

257. Mais tarde Anwar me explica que aquilo era intencional. Muitas pessoas aparecem em eventos oposicionistas desde que se sintam seguros na escuridão, livres dos olhos investigativos do regime.

maioria que lhe permitia mudar a Constituição ao seu gosto. A oposição também conseguiu 5 dos 13 governos estaduais. Duas dessas vitórias aconteceram em Penang e Selangor, dois dos estados mais ricos. Anwar conquistou sua cadeira em Penang numa vitória incontestável. Durante seis anos, até 2004, o Governo da Malásia manteve Anwar preso numa solitária sob falsas acusações de corrupção e sodomia. Agora, o então prisioneiro político estava conduzindo a acusação contra aqueles que o aprisionaram. O controle da UMNO parecia estar enfraquecendo.

Embora o reinado do partido dominante tenha durado mais de cinco décadas, uma figura se destacou dentre todas as outras: Mahathir Mohamad.[258] Um médico que virou político, Dr. M., como era chamado algumas vezes, liderou a Malásia de 1981 até sua aposentadoria em 2003. No exterior, o homem forte da Malásia provavelmente era mais lembrado por suas declarações racistas e antissemitas contra o investidor George Soros e uma suposta conspiração judaica internacional. Internamente, seus 22 anos no poder são lembrados pelo tremendo sucesso econômico – e um estilo ditatorial que passava por cima de qualquer crítico ou instituição que ousasse atravessar seu caminho.

Uma piada recorrente durante aqueles anos era a do acrônimo UMNO, na verdade, significava "Under Mahathir No Opposition" [Sob Mahathir, Sem Oposição]. Mesmo quando a Malásia foi classificada como um dos países mais ricos da Ásia – de modo adequado simbolizada pela construção das Torres Petronas de Kuala Lumpur, temporariamente as torres gêmeas mais altas do mundo – Mahathir nunca amoleceu. Foi mão de ferro com a imprensa, com o parlamento, os tribunais, seu partido, até mesmo com a monarquia da Malásia. Quando chegou ao poder, a monarquia do país tinha direito a um veto real. Mahathir o eliminou. Depois que a Suprema Corte desafiou o estatuto jurídico da UMNO, ele demitiu metade dos juristas. Uma das suas mais poderosas ferramentas era o draconiano Ato de Segurança Interna. Isso permitia que ele prendesse seus críticos arbitrariamente, mantendo-os detidos indefinidamente. Mahathir usava o poder como queria e os tribunais fechavam os olhos.

De fato, nem mesma a aposentadoria poderia acalmar um guerreiro político como Mahathir. Depois que começou a discordar das políticas do seu sucessor escolhido a dedo, Abdulla Badawi – como acabar com alguns megaprojetos estatais do Dr. M. e libertar Anwar – ele concentrou seus esforços para afastar Abdulla do cargo de primeiro-ministro. No seu blog, Mahathir frequentemente atacava Abdulla e lamentava não ter escolhido seu protegido, Najib Razak, para o cargo máximo.

---

258. Para uma visão sobre os 22 anos de governo de Mahathir Mohamad, recomendo ver Wain (2010).

Alegava que a administração de Abdulla estava seriamente maculada com corrupção e nepotismo, uma acusação sem sentido para alguém que comandou um vasto sistema de troca de favores por duas décadas. Em 2008, Mahathir impulsionou a pressão política retirando-se da UMNO em protesto contra a liderança de Abdulla. No ano seguinte, logo após a derrota eleitoral do partido situacionista para a oposição comandada por Anwar, o velho autocrata satisfez o seu desejo, e Najib – que alguns malaios descrevem como o cãozinho de estimação de Mahathir – tornou-se o novo líder da Malásia.

Naquela tarde de abril de 2008, Anwar acreditava ter a UMNO sob controle. Encontrei-o nas dependências do seu partido e ele me disse que alguns membros desgarrados da situação estavam entrando em contato para mudar de lado e aderir à oposição. Anwar estava planejando abertamente desestabilizar esta autocracia parlamentarista. "É o partido situacionista que está preocupado com a deserção do povo agora. Temos os números", ele me disse.[259] Ele tinha a expectativa de que dentro dos próximos quatro ou cinco meses teria os votos necessários para provocar a primeira mudança no governo da Malásia. E já podia vislumbrar o que estava por vir. "Estamos saindo de um sistema semiautoritário para uma experiência democrática. A mídia será livre. Asseguraremos independência judicial. E uma agência independente de combate à corrupção será criada."

Ninguém esperava que o Governo fosse usar o mesmo truque duas vezes. Mas no final de junho, o regime apresentou alegações de "assédio sexual" contra Anwar, acusando-o novamente de sodomia. Era uma repetição do caso que o levou aos tribunais e finalmente à prisão em 1998. Na época ele era o Vice-Primeiro-ministro de Mahathir. Muitos acreditam que o verdadeiro pecado de Anwar foi convocar uma campanha contra o nepotismo e favorecimentos obscuros dentro do governo. Tal campanha afetou pessoas próximas a Mahathir, inclusive membros da sua própria família. Todavia, em 2008, as acusações pareciam quase que uma repetição do passado. O regime estava claramente nervoso, e precisava afastar Anwar. A acusação de sodomia tinha a intenção de deixá-lo embaraçado, especialmente perante os eleitores malaios mais conservadores. Entretanto, o fato do país já ter vivido esta farsa antes fez com que as novas acusações se tornassem ainda mais desacreditadas aos olhos da população. A motivação política para o caso tornou-se ainda mais evidente em vista da esmagadora vitória da sua coalizão em março. Como um distinto homem de negócios malaio disse-me mais tarde: "Apenas um malaio foi acusado do crime de sodomia. E agora, este mesmo homem foi acusado duas vezes".[260]

---

259. Entrevista do autor com Anwar Ibrahim. Kuala Lumpur, abr. 2008.

260. Entrevista do autor com um empresário malaio. Kuala Lumpur, fev. 2011.

Aparentemente, até mesmo o regime duvidava que uma campanha difamatória pudesse impedir Anwar de alcançar seus objetivos. Então, apelou para outra ferramenta tradicional: suborno. Numa ação um tanto bizarra, o partido situacionista enviou 50 dos seus representantes para Taiwan, numa viagem de uma semana. O pretexto para a extravagância arranjada de última hora era supostamente estudar as técnicas agrícolas da região. "Vamos a Taiwan para estudar agricultura", disse Bung Mokhtar Radin, membro do parlamento, a um repórter local.[261] Na verdade, a finalidade parece ter sido encontrar o preço da lealdade. O que seria necessário para persuadir os membros a permanecer no partido situacionista e não debandar para a coalizão de Anwar? "Eu sabia que, no momento em que entrassem no avião, tudo estaria perdido", Anwar disse-me, referindo-se às suas chances de conseguir os votos necessários para destronar o partido situacionista. "Eles fizeram debates, transações, o diabo. Muitos foram indicados como vice-ministros e presidentes disto e daquilo. Alguns ainda mantiveram sua palavra [de debandar], mas, então, não tínhamos os números."[262] A extravagância pode ter sido uma tática barata, mas funcionou. Anwar tinha subestimado o regime, e este provou mais uma vez que a corrupção é uma das moedas mais duráveis.

Na manhã depois das atuações de Anwar em Penang, eu voltei para Kuala Lumpur para encontrá-lo pela última vez em sua casa. O recente afastamento de Hosni Mubarak pelo povo egípcio tornou-se um ponto importante em seus discursos, e eu queria saber como a Primavera Árabe poderia afetar os acontecimentos na Malásia. Para Anwar, o Egito era um ponto crucial. A Revolução na Tunísia, mesmo com sua importância, parecia algo remoto. Poderia ser considerada fora de cogitação. Mas não o Egito. "Aqui, entre os malaios, eu diria que toda família tem uma associação direta ou indireta com um imã[263] treinado no Egito ou familiares que moram ou estudam lá", diz Anwar.[264] Estima-se que cerca de 13 mil malaios estejam estudando fora no Egito. Alguns certamente foram movidos pelos acontecimentos que testemunharam em janeiro e fevereiro de 2011, quando a juventude egípcia tomou às ruas. A Revolução no Cairo foi significativamente suficiente a ponto de compelir o Primeiro-ministro a se manifestar com uma declaração surpreendentemente defensiva. "[O Primeiro-ministro] emitiu uma vigorosa declaração de que a Malásia não era o Egito, que o que aconteceu lá não iria acontecer na Malásia", Anwar relembra. "Somos uma democracia, blá, blá, blá..." Então, retruquei dizendo que aquilo

---

261. Ver Fuller (2008, p. 10).

262. Entrevista do autor com Anwar Ibrahim. Kuala Lumpur, fev. 2011.

263. Líder religioso muçulmano. (N.T.)

264. Entrevista do autor com Anwar Ibrahim. Kuala Lumpur, fev. 2011.

era exatamente o que Mubarak disse depois dos acontecimentos na Tunísia – "O Egito não é a Tunísia". Sua implicação era clara: não precisamos ser cópias exatas para sermos inspirados a seguir o mesmo passo.

Obviamente, Anwar admite que a Malásia não é o Egito. Para começo de conversa, a Malásia é uma economia muito melhor do que a do Egito. Mesmo não tendo um desempenho tão bom quanto algumas economias asiáticas, levantou-se e saiu daquela massacrante miséria ainda comum no Oriente Médio. Além do mais, até mesmo um crítico feroz como Anwar não acredita que seja necessário uma revolução para provocar mudanças na Malásia. Ele e sua coalizão acreditam que as mudanças podem vir das urnas, se as eleições forem justas e livres. Eles acreditam que o regime cometerá alguns truques sujos como adulteração e fraude eleitoral, mas se defenderem seus votos, o poder poderá passar pacificamente da UMNO para a oposição. Ainda assim, Anwar sustenta que a riqueza, desenvolvimento e espaço político limitado são meramente o brilho que faz o autoritarismo mais palatável, não menos desleal. "Agora não é como o Egito. É preciso que 800 pessoas sejam fuziladas para que se considere a mesma coisa", ele diz referindo-se aos manifestantes que foram mortos na Praça Tahrir. "O sistema é o mesmo, mas a fachada é diferente. Não saímos por aí prendendo oposicionistas sem julgamento; usamos os tribunais. Seguimos a ordem estabelecida!"

E a ordem estabelecida, como Anwar explicou, ainda poderia ser eficaz. Mesmo se o regime não tivesse conseguido manchar sua imagem com o segundo julgamento sobre sodomia, ele acreditava que o mesmo regime tinha atingido seu objetivo principal: mantê-lo ocupado. O julgamento, agora perto do terceiro ano, estipulava que Anwar se apresentasse ao Tribunal todo dia, cinco dias por semana e que permanecesse lá até as 16 ou 17 horas. O juiz alertou Anwar que nenhuma ausência seria tolerada e provavelmente resultaria na sua prisão. E essa era a razão do apertado esquema de Anwar nas noites e nos finais de semana; eram os únicos momentos que o regime lhe permitia agir. "Não posso parar porque é o que eles querem", ele afirma. "Dirão que minha mente está ocupada com o caso. Então, imediatamente após as 17 horas, eu me desloco para outros lugares." Em média, ele atendia 10 eventos públicos ou comícios nos finais de semana. De fato, sem conseguir minar a energia do homem de 64 anos, o regime viu-se num dilema. Se fosse suficientemente corajoso para condenar Anwar, poderia haver ofensa suficiente para provocar um grande número de malaios. E se Anwar fosse inocentado, o regime poderia parecer fraco e inútil, desperdiçando tempo e dinheiro com o julgamento. Muitos acreditavam que ele, o regime, tentaria algum tecnicismo que o permitisse encerrar o caso ainda a tempo de salvar a própria aparência. "Foi um 'Catch-22'",[265] disse Anwar. "Eles me prendem, enfurecem uma multidão e atraem a atenção da comunidade internacional. Se não me prenderem, estarão em apuros."

Ainda assim, a ideia de voltar para a prisão era certamente aterrorizante, e uma possibilidade que ele era forçado a ponderar. Ele sabia que Najib seria capaz de emitir tal ordem. De fato, muitos acreditavam que, mesmo agora, Najib se mantinha obediente a Mahathir. Refletindo sobre esta velha inimizade, Anwar disse: "Mahathir provavelmente me subestimou. Sempre acreditou que as pessoas se dobram perante tortura ou prisão. Ele sempre me dizia que o que mais temia era ser preso sem saber quando seria solto. Então, foi o que fez comigo. Achou que pudesse me dobrar".[266] Mas, ironicamente, são as lembranças daqueles seis anos de solitária que alimentam seu incansável ritmo hoje. "Sua paixão pela democracia e pela liberdade se torna muito mais forte", Anwar diz.[267] "Porque, quando você está lá na solitária, você percebe o significado de liberdade, e o fato de que milhões de pessoas em piores condições reinvidicam liberdades básicas."

Conversamos sobre sua época na prisão por alguns instantes. Contou-me sobre o que lia – Shakespeare, filosofia chinesa, os clássicos – e como passava o tempo. Quando estávamos terminando, perguntei-lhe o que ele achava que aprendeu na prisão. Ele simplesmente respondeu: "Paciência".

Ele não estava brincando, estava sendo sincero. Talvez seja a mais importante qualidade para aqueles que assumem a condição de líder oposicionista num sistema político repressivo, mais importante que ousadia, coragem ou malícia. Ao desafiar um ditador, estão se dispondo a enfrentar uma longa luta. Com certeza, será uma contrariedade após a outra. Paciência não deve ser equiparada com aceitação ou subserviência. Anwar não é nem um pouco acomodado como Rifaat Said com as derrotas do passado. Ao contrário, ele é persistente na luta, uma luta vigorosa que, para a maioria dos líderes, não terminará de uma hora para outra. Não é uma corrida curta. Como Henrique Capriles dizia, aquele que se cansar, perde.

---

265. Referência a uma situação paradoxal, cunhada por Joseph Heller, em que um indivíduo não consegue evitar um problema por causa de restrições contraditórias. Já foi traduzido como "Ardil 22". (N.T.)

266. Entrevista do autor com Anwar, abr. 2008.

267. Ibid.

V – A juventude

Adiante, uma *blitz* atravessava a estrada escura. Sem problemas, ele pensou, algumas vezes encontramos "batidas" policiais. Não era surpresa encontrar uma aqui, mesmo a esta hora. Ele pisou suavemente no freio, reduziu a marcha e começou a desacelerar. Assim que o Fiat 128 parou, ele olhou de relance um micro-ônibus. Dirigindo na contra mão, o pesado veículo veio em sua direção. Era tarde demais. Ele não poderia fazer nada a não ser preparar-se para o impacto quando o micro-ônibus bateu na lateral do seu carro. Naquele momento, ele percebeu que vinham atrás dele. Foi assim que a polícia o prendeu há dois anos.

Todavia, ele decidiu fugir. Numa manobra vertiginosa, virou a direção o mais rápido que pode e pisou no acelerador. Com o carro fechado pelo ônibus, colocou-se na direção contrária e rapidamente chegou à ponte principal.

Droga. Mais uma *blitz*.[268]

Em vez de atravessar a ponte, desviou e tomou a primeira saída. Outro posto policial o aguardava no final da rampa. De longe ele podia ver o bloqueio policial pronto para capturá-lo se escolhesse uma rota diferente. O cerco deve ter sido por causa de alguma pista dada à polícia de que ele estaria naquela região. Eles agiram rápido. Então, ele ficou sem saída. Com o carro naquelas condições, sem poder fazer nada, ele viu o micro-ônibus reaparecer no retrovisor. Desta vez, ele parou bem perto do seu carro – o carro que ele tomou emprestado do seu pai. Eles sabiam que agora o haviam pegado. A porta lateral do ônibus se abriu e os policiais saltaram carregando cassetetes. Ele conseguiu enviar uma mensagem de texto antes de ser retirado do banco dianteiro do seu Fiat. Tão logo, uma venda apertava seus olhos.

---

268. A descrição minuciosa dos acontecimentos de 16 de fevereiro de 2010 é de uma entrevista do autor com Ahmed Maher. Cairo, mar. 2010.

Era a noite de 16 de fevereiro de 2010 e Mohamed Elbaradei, o ex-líder da Agência Internacional de Energia Atômica e Prêmio Nobel da Paz, estava em vias de retornar ao Egito dentro de três dias. Elbaradei recentemente havia declarado em público a possibilidade de retornar ao seu país natal para enfrentar Mubarak nas próximas eleições presidenciais. Antes da chegada de Elbaradei, o motorista e alguns de seus amigos decidiram recebê-lo com cartazes de apoio. Para os jovens ativistas, esse apoio tinha a forma de grafite pintado nas paredes e muros do Cairo. Desta vez, ele tinha decorado a Praça Líbano, que fica bem na entrada da rodovia. Milhares de carros passam pela praça diariamente. Ela também fica próxima da casa do Ministro do Interior, ademais, os ativistas ficaram sabendo que os policiais eram punidos toda vez que o Ministro encontrava pichações antiMubarak na praça. Naquela noite, as mensagens eram "Baradei está chegando" ou "Mubarak está acabado". E, embora ninguém tivesse notado, os logotipos deixados na Praça Líbano eram praticamente cópias perfeitas daqueles usados por um grupo de jovens sérvios que derrubaram o ditador Slobodan Milosevic 10 anos atrás.

Talvez tivesse sido mais fácil classificar este jovem como uma pessoa qualquer ou simplesmente como um simples desordeiro e, de fato, muitos classificaram. Mas as autoridades egípcias não estavam totalmente atentas quanto à conservação das praças públicas do Cairo, nem com a contenção das atividades dos pichadores. Vários policiais foram incumbidos de prender este jovem e seu material de pichação porque, embora tivesse apenas 29 anos, era um veterano das campanhas contra Hosni Mubarak. Na verdade, ele era o líder de um movimento da juventude pró-democracia que ajudou a iniciar a Revolução no Egito menos de 10 anos depois.

Seu nome é Ahmed Maher e aquela noite de fevereiro não foi sua primeira vez numa delegacia de polícia egípcia. Já tinha sido interrogado muitas vezes e, dois anos antes – quando viu pela primeira vez a polícia usar um micro-ônibus como aríete – foi torturado. Em comparação, sua prisão naquela noite foi relativamente suave. Ele foi acusado, como já tinha sido antes, de criar uma organização ilegal para derrubar o governo. Seu interrogador era surpreendentemente inepto; insistia em repetir absurdos como "o Presidente é um bom homem. Gamal é um bom homem", como se a simples repetição convencesse Ahmed que aquilo era verdade. Felizmente, ele tinha enviado sua mensagem de texto segundos antes de ser jogado no fundo do micro-ônibus vendado e algemado. Com sua rede avisada, os manifestantes rapidamente se agruparam na delegacia de polícia e no gabinete do promotor. Depois de dois dias Ahmed foi solto.

Nos países autoritários pelo mundo, os primeiros anos do século XXI testemunharam um crescente número de movimentos juvenis desafiando alguns dos mais rigorosos regimes e ditadores. Na Sérvia, foi o Otpor ("Resistência"), movimento organizado pela juventude, que ajudou a tirar Milosevic em 2000. Inspirado no exemplo sérvio, o jovem grupo da Geórgia, Kmara ("Basta"), convocou as pessoas às ruas reivindicando com sucesso reformas políticas em 2003. Um ano depois, Pora ("É a hora") mobilizou milhares de jovens durante as fraudulentas eleições da Ucrânia. Em 2007, com a desorganização dos partidos políticos oposicionistas, o movimento estudantil venezuelano direcionou suas energias contra o regime autoritário de Hugo Chávez. De fato, os estudantes venezuelanos tiveram maiores taxas de aprovação do que qualquer outra força política do país, inclusive a Igreja Católica.[269] No Irã, não haveria o Movimento Verde sem a participação de incontáveis jovens que protestaram contra as fraudulentas eleições presidenciais em junho de 2009. E foi a dramática força de milhões de jovens se espalhando pelas ruas no começo de 2011 que abalou o Norte da África e o Oriente Médio, derrubando regimes e reescrevendo a história da região para sempre.

Naturalmente, jovens ativistas, como qualquer outro tipo de ativista que atinge um sistema repressivo, de modo frequente falham na tentaviva de alcançar seus objetivos. Grupos do Azerbaijão e do Zimbábue levantaram-se e foram brutalmente reprimidos. Todavia, entre os países autoritários, em geral, pairam duas constantes. Os ativistas mais atuantes, criativos e declarados são geralmente membros mais jovens da sociedade. E uma significativa porcentagem deles prefere ir à luta contra o regime como políticos independentes, evitando deliberadamente os partidos, facções ou organizações que, por muito tempo, têm sido o cabo de guerra político do seu país. Em conversa com jovens ativistas de vários países nota-se um senso comum: longe de ver sua idade e inexperiência como sinais de fraqueza, eles acreditam que essas qualidades lhes proporcionam um certo status de inovadores políticos, sem vícios, tornando-se uma potente força contra os regimes que insistem em manter o poder. "Nossa força está no fato de não sermos um partido político", Ahmed Maher me disse.[270] "Fazemos o que quisermos, não importa a hora. Não precisamos de escritório central que poderá ser fechado. Não há limites para a nossa oposição. Decidimos o que devemos fazer e pronto. Os partidos oposicionistas sempre estão preocupados em planejar suas táticas e estratégias."

Ativistas de todas as partes concordam com Maher. A atmosfera política nos modernos regimes autoritários é típica e altamente artificial. Na Rússia, com exceção do Partido Comunista, os chamados partidos oposicionistas representados na Duma são organismos do Estado, literalmente criados pelo Kremlin. Ninguém dis-

---

269.   Entrevista do autor com Roberto Patiño, líder estudantil. Caracas, nov. 2009.

270.   Entrevista do autor com Maher.

corda que os partidos oposicionistas na Venezuela, que comandaram o país por décadas, são responsáveis pelos incríveis desmandos que resultaram na ascensão de Chávez. Todavia, apesar da sua incompetência, levou mais de 10 anos para que a oposição venezuelana se livrasse de muitas figuras políticas para apostar em gente nova. No Egito, os seculares partidos oposicionistas rotineiramente estavam mais preocupados com suas divergências internas do que criar um verdadeiro desafio a Mubarak. Não é de se estranhar que a juventude, em tais circunstâncias, via os tradicionais atores políticos comprometidos com negociações muito próximas do regime ou com significativo acúmulo de fracassos. Evitavam as tentativas de recrutamento não só do partido situacionista como também da tradicional oposição. Permaneceram fora da principal corrente política que consideravam contaminada ou polarizada, frequentemente desafiando a ordem estabelecida. E, por causa de suas ações, porque, enquanto movimento, não buscam o poder para si mesmos, são vistos pelo regime como uma das maiores ameaças para a sua continuidade no comando. "Isto nos permite efetivamente ficar imunes às políticas", diz Douglas Barrios, um dos líderes do movimento estudantil venezuelano de 2007. "Não estamos aqui como parte da oposição, não estamos aqui como parte da situação, não estamos aqui como parte do passado. Somos apenas alguns milhares de jovens exigindo algo melhor."[271]

Em vista de fracassadas alternativas, Ahmed Maher, Douglas Barrios e incontáveis jovens vinculados a outros movimentos pelo mundo tornaram-se inesperadas ameaças aos modernos regimes autoritários.

Como lutar contra Mike Tyson?

Hugo Chávez não podia perder. No final de 2006, o carismático Presidente da Venezuela estava no ápice do poder. Naquele dezembro, foi eleito com uma estrondosa vitória, destroçando o candidato oposicionista Manuel Rosales por uma margem de 26%. Um ano antes, ele tinha assegurado controle total da Assembleia Nacional quando a mesma oposição política boicotou as eleições parlamentares. Seus cofres estavam transbordando. Os preços do petróleo já estavam mais de 60 dólares o barril – mais de três vezes e meia acima do que eram antes de sua chegada ao poder – e não demonstravam qualquer sinal de queda. A derrota da oposição foi apenas o mais recente fiasco numa série de perdas desde 1998. Na noite da eleição, quando Chávez subiu na sacada do palácio presidencial e vislumbrou a Venezuela, não havia restado nenhum oponente. Se quisesse briga, Chávez teria que procurar um inimigo. O que talvez explicasse o porquê do seu próximo alvo ter sido uma emissora de TV.

---

271. Entrevista do autor com Douglas Barrios. Caracas, dez. 2010.

A rádio Caracas Televisión, ou como era mais conhecida, RCTV, estava funcionando há 53 anos. Era a mais velha emissora de TV da Venezuela, com seu canal sempre nos primeiros lugares, com 40% da audiência. Embora quase toda a programação fosse voltada para o entretenimento – transmitia algumas das mais famosas novelas latinas da Venezuela – a linha editorial na cobertura do noticiário se posicionava claramente contra Chávez e suas políticas. Então, algumas semanas após a vitória do seu novo mandato, Chávez, em uniforme militar, anunciou que não renovaria a concessão governamental que permitia a RCTV operar. Com a chegada de 28 de maio de 2007, data do término do contrato, a RCTV sairia do ar. A maioria dos venezuelanos, até mesmo os partidários do Presidente, estava atônita com a medida. A RCTV era uma instituição, o canal de TV que todos cresceram assistindo. As pesquisas mostravam que de 65% a 80% do público eram contra seu fechamento.[272] Entretanto, Chávez estava irredutível.

Na época, Douglas Barrios era um estudante do 4º ano do curso de Economia na Universidade Metropolitana. Ele tinha 20 anos, então, como a maioria dos seus colegas de classe, fazia parte da primeira geração de jovens venezuelanos que cresceram sob o governo de Chávez. Barrios estava na 6ª série quando Chávez foi eleito pela primeira vez, portanto, não se lembrava de como era a vida com outro presidente a não ser Chávez. Mas se lembrava muito bem, sentado em casa, da noite de 27 de maio de 2007 como um "momento poderoso". Nos meses depois daquele dia, Barrios e muitos dos seus amigos constataram indignados que ninguém apareceu para organizar algum protesto contra o decreto presidencial. "Quando tento explicar isto às pessoas, digo que é como fechar a NBC, ABC e CBS ao mesmo tempo", disse Barrios. E naquela noite, precisamente à meia-noite, a RCTV apagou. A última imagem que as pessoas viram foi os jornalistas da emissora, os âncoras dos noticiários, atores e demais empregados cantando o hino nacional, muitos chorando, enquanto acenavam adeus. "Você estava sentado em frente ao seu aparelho de TV, provavelmente com as luzes apagadas, observando aquela emissora de TV tornar-se estática", Barrios relembra. "Representava simplesmente o desaparecimento de uma escolha, o desaparecimento das opções, como algo que era absolutamente estabelecido pode simplesmente desaparecer."[273]

Geraldine Alvarez, uma estudante da Universidade Católica Andrés Bello, lembra-se daquela noite do mesmo jeito. Ela era uma estudante do 4º ano de Propaganda e Jornalismo. Enquanto adolescente, nunca havia se interessado por política. Mas no dia anterior ao fechamento da RCTV, ela foi eleita pelos seus colegas para o Con-

---

272. Ver Forero (2007).

273. Entrevista do autor com Barrios.

selho Universitário. Ela sempre imaginou que se tornar ativa no movimento estudantil significaria organizar debates acadêmicos ou assuntos sobre o campus universitário. Certamente não via isso como uma plataforma para um campo político mais amplo. Tudo mudou em 28 de maio. "Foi a primeira vez que senti que o Governo iria a minha casa para me dizer para não fazer algo", Alvarez disse.[274] "Foi por isso que tantas pessoas ficaram tão chocadas. No dia seguinte fechamos a universidade."

De imediato, a reação foi espontânea. Todos os líderes estudantis venezuelanos daquela época dizem que não havia nenhum plano minuciosamente esquematizado. Não pensaram muito além das próximas horas. Com certeza, ninguém imaginava que suas ações estavam prestes a iniciar um movimento. Porém, um pequeno grupo de estudantes das cinco principais universidades de Caracas decidiu que 28 de maio de 2007 não poderia ser simplesmente mais um dia.[275] Naquela manhã, centenas desses estudantes acordaram cedo e se colocaram em frente de suas universidades em protesto ao que todo mundo tinha visto acontecer na TV na noite anterior. Eles estavam furiosos. "Simplesmente dissemos que amanhã não poderá ser um dia normal", disse Barrios. "Porque, se permitirmos que seja um dia normal, se o aceitarmos como normal, então estaremos perdendo um pouquinho de nós mesmos."

Ademais, as cinco principais universidades de Caracas ocupam pontos estratégicos pela cidade. Quatro delas estão localizadas nas entradas de Caracas; a quinta fica bem no centro da cidade. Então, se até mesmo um número relativamente pequeno de pessoas bloqueasse as ruas em frente dessas universidades, fecharia a cidade. E foi exatamente o que estes estudantes fizeram.

Como era de se esperar, os manifestantes estudantis rapidamente encontraram resistência. O Governo destacou unidades da polícia e da guarda nacional para desbloquear as ruas. Os estudantes da Universidade Metropolitana foram atingidos com balas de borracha e gás lacrimogêneo. Não tiveram escolha a não ser se abrigarem nas universidades. Quando tentaram voltar às ruas, foram rechaçados novamente. Em vez de aceitar o impasse, os líderes estudantis decidiram se reagrupar. Deixariam suas escolas e se reuniriam na Praça Brión. A praça localizava-se numa parte mais segura da cidade, tinha uma estação de metrô e as autoridades não esperavam que fossem para aquela localidade. E foi então que algo realmente surpreendente aconteceu: o número de participantes começou a crescer.

---

274.   Entrevista do autor com Geraldine Alvarez. Caracas, dez. 2010.

275.   Meus conhecimentos sobre os acontecimentos de 28 de maio de 2008 baseiam-se nas entrevistas com líderes estudantis, como Geraldine Alvarez, Douglas Barrios, Yon Goicoechea, Francisco Márquez e David Smolansky.

Quando outros estudantes, amigos e familiares souberam do confronto em frente às universidades, muitos resolveram aparecer e demonstrar sua solidariedade. Onde, pela manhã, havia apenas algumas centenas de estudantes espalhados pelas cinco universidades, em breve mais de 2 mil pessoas se juntavam na Plaza Brión. Esse número continuou subindo, chegando perto de 10 mil pessoas durante a tarde. Finalmente, lotaram a praça e as ruas vizinhas. Novamente o regime reagiu, enviando a polícia e a guarda nacional para dispersar a multidão. Mas a manifestação chegou a um ponto que não havia mais limites de tempo ou espaço. Os protestos do dia seguinte surgiram novamente. Todavia, além daqueles em Caracas, estudantes de outras cidades importantes começaram a erguer bloqueios e fazer demonstrações. "Nós não tínhamos um plano", disse Yon Goicoechea, um aluno da Faculdade de Direito e líder estudantil da Universidade Católica Andrés Bello, que logo se tornou o rosto mais conhecido do movimento estudantil venezuelano. "Mas compreendemos que teríamos que fazer alguma coisa no dia seguinte. Tínhamos que organizar aquela manifestação espontânea. Não podíamos imaginar as dimensões do protesto."

Durante o mês seguinte, os protestos dos estudantes contra o fechamento da RCTV aconteceram todos os dias pelo país afora. Mesmo com a demonstração causando uma centelha e se espalhando rapidamente, na verdade, eles praticamente não tinham chance de mudar alguma coisa. Chávez já tinha forçado o fechamento da RCTV e a substituiu por um canal estatal. Se o objetivo fosse salvar a RCTV, já era causa perdida. Mas aquele não era o objetivo. Melhor, os protestos de maio e junho de 2007 anunciaram a presença do movimento estudantil como uma força em andamento na vida política venezuelana. "Não atingimos um objetivo concreto", admite Goicoechea. "Mas quando você está numa ditadura, o ato de causar esperança e derrotar o medo é um objetivo por si próprio muito importante."[276]

Os estudantes não se sentiram totalmente isolados no seu novo papel político. De diversas maneiras, eles se viram como herdeiros do presidente Rómulo Betancourt, o primeiro presidente democrático da moderna Venezuela. Betancourt foi membro do movimento estudantil de 1928 que lutou contra a ditadura repressiva de Juan Vicente Gómez. Na época, os estudantes foram os únicos que queriam se levantar contra Gómez. Durante 30 anos foram aprisionados, perseguidos e exilados por causa da sua luta pela democracia. Em 1959 Betancourt foi eleito presidente. Em 2007, os estudantes venezuelanos se viram vinculados a esta tradição. Mesmo se não tivessem conseguido algum objetivo concreto, Goicoechea acreditava que estes protestos no começo do verão fizeram parte do período mais importante do movimento estudantil porque estabeleceram um vínculo com os antigos defensores da

---

276. Entrevista do autor com Yon Goicoechea. Caracas, dez. 2010.

democracia venezuelana. "Durante nossa história, em toda ditadura, os estudantes foram às ruas", ele disse. "A relevância do movimento da juventude depois de décadas de marasmo foi muito importante para mobilizar a oposição. Estávamos dizendo que a oposição não é apenas representada pelos partidos políticos, mas também pelas pessoas que querem viver numa democracia na Venezuela." Se ninguém mais iria se levantar contra Chávez, os estudantes iriam.

Eles não precisaram esperar muito por mais uma brecha. Em 15 de agosto, Chávez propôs um referendo constitucional que lhe concederia novos e significantes poderes como presidente. Era uma proposta incrivelmente abrangente contendo 69 Emendas Constitucionais separadas.[277] Uma revisão permitiu que ele declarasse estado de emergência durante o qual poderia censurar toda a mídia. Outra lhe dava o direito de controlar novas regiões administrativas governadas por seus protegidos. Outra dificultava a coleta de assinaturas para afastar o Presidente – uma tática experimentada pela oposição em 2004. Outra, talvez a mais controversa, abolia os limites do mandato presidencial, abrindo caminho para Chávez se tornar presidente vitalício. E, num esforço para gerar apoio popular para o referendo, foi a proposta totalmente populista que oferecia um turno de trabalho de 6 horas e seguro social para todos, do camelô à dona de casa. Chávez não pensava em meramente revisar a Constituição; ele pretendia mudar fundamentalmente a relação entre o Estado e a sociedade. Suas propostas de reforma perfaziam 44 páginas bem preenchidas.

Desta vez, os estudantes tinham um objetivo claro: derrotar o referendo. Mas provavelmente não havia ninguém na Venezuela – mesmo entre os estudantes – que apostaria em uma vitória. A magnitude da vitória eleitoral de Chávez oito meses atrás fez com que ele parecesse invencível. Ele tinha o suporte de todo o aparato estatal, que parecia aumentar claramente enquanto ele nacionalizava um gigante industrial atrás do outro. Embora tivesse sobrado muito pouco da mídia crítica de antes, as que permaneceram foram amplamente domesticadas pelo exemplo do que Chávez fez com a RCTV. Os partidos oposicionistas estavam tão desmoralizados pelas dolorosas derrotas que parecia que poderiam entrar em estado de prostração total.

Na verdade, não tinha ficado claro que os estudantes venezuelanos estavam interessados em defender seus direitos democráticos. Depois que Chávez anunciou seu referendo, Barrios lembra que os estudantes convocaram uma assembleia em sua universidade; apareceram oito pessoas. Ele disse que os líderes estudantis perceberam que, apesar do sucesso conseguido pela mobilização realizada apenas há alguns meses sobre o caso RCTV, teriam que começar tudo de novo outra vez. "Esse era um desafio real para nós, recomeçar algo que tinha sido espontâneo", Barrios disse.

---

277. Ver Romero (2007a; 2007b); e Padgett (2007).

Os líderes do movimento gastaram quase um mês tentando motivar seus colegas de classe para a luta. O primeiro passo seria essencialmente educativo. Eles precisavam fazer com que os estudantes entendessem o que estava em jogo e forçá-los a se informar cada vez mais. Algumas das propostas do referendo permitiam ao governo confiscar propriedades particulares. Então, os líderes estudantis confiscariam as cantinas escolares, marcando-as com fitas adesivas amarelas e cartazes indicando que agora elas eram propriedade do governo. Encheram os jardins das universidades com lápides artificiais; em cada lápide escreveram um direito político que logo expiraria. Ao passo que as pessoas se reuniam, eram levadas a se sentirem parte do movimento. Cada um tinha sua tarefa e todos se sentiam donos da causa, até mesmo aqueles que não faziam parte da liderança. Os líderes foram bem pragmáticos na forma de nomear o movimento. Confeccionaram camisetas. Criaram sua própria versão das pulseiras *Live Strong*.[278] "Era preciso que fosse atraente, divertido, para que os estudantes participassem do movimento", disse Barrios. "E se era aquilo o que seria preciso fazer para levar milhares de pessoas às ruas, era aquilo que seria feito."

O discernimento mais perspicaz dos estudantes foi como eles escolheram se apresentar ao público. Uma das armas retóricas mais poderosas de Chávez contra a oposição era lembrar o passado. Os venezuelanos se lembram de que os governos democráticos das últimas décadas viviam atolados em corrupção, incompetência e má administração. Uma vez que Chávez pudesse associar os partidos oposicionistas àqueles dias – o que não era difícil, visto que muitos deles serviram naqueles governos – ele poderia vencer. Mas os estudantes compreenderam que não tinham essa bagagem política. Ademais, muitos deles não tinham mais do que 10 ou 12 anos quando Chávez foi eleito pela primeira vez.

O *slogan* dos partidos oposicionistas era "Chávez, dê o fora agora!". Para os estudantes aquilo era um erro. Eles não tinham interesse em polarizar mais ainda a guerra de palavras iniciada por Chávez. Para começar, o objetivo era derrubar o referendo, não destronar Chávez. O Presidente já tinha demonstrado sua popularidade, portanto, os estudantes perceberam que demonizá-lo provavelmente seria uma estratégia fracassada entre os eleitores que eles precisavam influenciar. "Não éramos contra Chávez", disse Goicoechea. "Não começamos isso para derrubar Chávez. A primeira coisa importante que nos distinguia era nossa mensagem. Não era radicalizar as pessoas contra Chávez. Começamos a campanha focando em pontos positivos." De fato, levaram a coisa tão a sério que evitavam até mesmo mencionar o

---

278. Pulseiras amarelas de silicone criadas nos Estados Unidos para arrecadar fundos para a Fundação Livestrong em apoio às vítimas de câncer. (N.T.)

Presidente. "Trabalhei no setor de comunicação," relembra Alvarez, "e jamais disse-mos 'Chávez'. Falávamos sobre o Governo. Sempre falávamos sobre valores".

E, como em qualquer movimento de juventude, a mais clara vantagem dos estudantes era sua idade e sua independência política. "As pessoas começaram a nos apoiar porque éramos muito jovens para sermos políticos e éramos muito jovens para ficarmos pedindo algo em troca", disse Alvarez. "Não estávamos lutando para sermos eleitos para alguma coisa." Tais sentimentos aparentemente tão verdadeiros colocaram o regime na defensiva. Chávez recorreu à sua famosa retórica, referin-do-se aos estudantes como "garotinhos ricos", "filhos do imperialismo" e "fascistas". Mas essas tentativas de vincular os estudantes a posses ou aos Estados Unidos fra-cassaram feio perante a população. E, pelo fracasso, ficou claro que o movimento estudantil tinha conseguido algo jamais obtido por alguém: Chávez estava reagindo à mensagem política do seu oponente, ao contrário de outros tempos.

Naturalmente, Chávez usou mais do que suas retóricas políticas neste embate. Como todos líderes autoritários, ele tinha o poder de reprimir os estudantes por meio da força e da intimidação. Aqui os estudantes gostavam de dizer que a abor-dagem usada para lutar contra Chávez era como tentar lutar com Mike Tyson. "Se você vai lutar com Mike Tyson, você não vai entrar no ringue com ele porque, além disso ser loucura, ele te mataria", disse Barrios, rindo da situação. "Mas, se puder de-safiá-lo para um jogo de xadrez, talvez tenha uma chance de derrotar Mike Tyson. Nós não vamos lutar contra [o poderio militar ou a polícia de Chávez] porque eles têm um número significativo de armas; eles nos matariam. Mas se pudermos fazer com que joguem o nosso jogo, um jogo que podemos controlar, então poderemos derrotá-los. Sim, é possível que Mike Tyson fique zangado porque perdeu no xadrez e bata em você. Mas, se ele fizer isso, você terá o apoio da população. Se o Mike Tyson te surrar numa luta de boxe, todo mundo vai dizer que você mereceu. Afinal, você entrou num ringue para lutar com ele."

Como manter Chávez e seu regime sob controle? A resposta apareceu em for-mas criativas, originais e inesperadas de protestos. Era bom fazer passeatas e mani-festações nas ruas. Mas os estudantes não caíram no velho padrão de sair às ruas, fazer passeatas e serem reprimidos dia após dia. Ao contrário, em outubro e no-vembro, os venezuelanos testemunharam uma incrível onda de protestos novos e criativos realizados pelos estudantes. Como muitas das primeiras ações feitas nas universidades, suas manifestações estavam sempre voltadas em esclarecer as pes-soas sobre os efeitos que o referendo de Chávez poderia causar à vida dos venezue-lanos. Algumas vezes, quando bloqueavam as estradas, permitiam que as pessoas passassem somente se pudessem dizer um artigo da Constituição que Chávez queria mudar.[279] Confeccionaram e distribuíram folhetos que explicavam os assuntos em linguagem simples e clara. No lugar de um protesto com milhares de pessoas, enviavam equipes de dez estudantes para várias estações de metrô. Lá poderiam distribuir jornais criados com manchetes do futuro. Cada manchete revelava as consequências que atingiram os venezuelanos por causa dos poderes ilimitados do governo.

O humor provou ser uma arma valiosa. "A Venezuela é muito famosa pelas suas misses universo. Nós realmente nos preocupamos com a Miss Venezuela", Alvarez me disse. Então, os estudantes fizeram um retrato da Miss Venezuela do futuro como uma velha senhora que recusava entregar a coroa. "Todos querem uma nova garota a cada ano", Alvarez dizia rindo. "Mas, e se a real Miss Venezuela quisesse manter sua coroa por 15 anos?"

Numa ação típica dos regimes autoritários, Chávez e seus seguidores começaram a declarar que os estudantes eram agentes da CIA. Então, um grupo de estudantes começou uma manifestação em frente a um banco do governo. Uma vez lá, gritavam que eram espiões da CIA e que vieram buscar seus cheques. "Começamos o protesto em frente ao banco dizendo que o Governo estava atrasando o pagamento da CIA", relembra Alvarez. "Fizemos as pessoas compreenderem quão idiota nosso Governo pode ser, não com confrontos, mas com gozações. E fomos capazes de fazê-lo porque éramos estudantes."

Perto da data do referendo, os estudantes diziam que as forças de segurança tornaram-se mais agressivas. Eles e seus familiares começaram a receber ameaça de morte. Ademais, eram espancados nos comícios por assassinos, enquanto a polícia permanecia nas imediações. Um líder estudantil em especial começou a sofrer muita repressão. Era ninguém menos que Yon Goicoechea.

Em 2007, enquanto Goicoechea ajudava no comando do movimento estudantil, sua própria família estava em crise. No começo daquele ano, seu pai foi julgado por assassinato. Seu pai e seus familiares argumentavam que o ocorrido foi em legítima defesa. Apesar das circunstâncias, o fato do pai de Goicoechea estar preso e sob julgamento deu forças ao regime. Certo dia, o vice-presidente da Venezuela, Jorge Rodríguez, ordenou aos seus guarda-costas que trouxessem Goicoechea a sua presença.[280] Rodríguez queria fazer um acordo. "O Vice-presidente da República disse que tiraria meu pai da prisão se eu parasse com os protestos. Eu não aceitei e meu pai continua preso. Tivemos consequências, fizemos sacrifícios. Não foi fácil."

---

279. Entrevista do autor com Alvarez.

280. Entrevista do autor com Goicoechea.

Pedi a Goicoechea que me explicasse. "O Vice-presidente queria que você deixasse o movimento estudantil ou queria miná-lo?"

"Se o Vice-presidente tivesse me dito que se eu saísse do movimento meu pai seria libertado, eu teria saído", Goicoechea respondeu sem hesitação. "O que eu não poderia fazer é parar algo que já era maior do que mim mesmo e do qual eu era responsável. Tive consequências e todo dia pago por elas." Depois que Goicoechea recusou a oferta do Vice-presidente, as acusações contra seu pai foram modificadas para que sua provável sentença fosse aumentada. Em vez de seis anos, seu pai foi condenado a 20 anos. Depois de alguns instantes, Goicoechea disse baixinho: "Eles realmente intimidam e jogam duro".

Definitivamente, se o referendo constitucional fosse bem-sucedido seria uma questão de números. Nos últimos dias de campanha, os estudantes acreditavam que precisariam mostrar a seus conterrâneos venezuelanos que tinham apoio suficiente para vencer. Eles decidiram que fariam a manifestação final na Avenida Bolívar, no coração de Caracas. A Avenida não é necessariamente o espaço público mais amplo do país, mas é historicamente associada a imensos e importantes movimentos políticos. Também era comum dizer que o presidente Chávez era o único capaz de lotar a Avenida Bolívar. Aquilo se tornou altamente estimulante para os estudantes. Todavia, o Ministério do Interior, que precisaria aprovar a solicitação dos estudantes de realizar a manifestação ali, também compreendeu o valor simbólico da avenida. Repetidamente negou a solicitação dos estudantes, dizendo-lhes que poderiam ter qualquer lugar ao invés da Avenida Bolívar. Os estudantes retrucaram dizendo que aceitariam qualquer dia e qualquer hora, desde que fosse naquela avenida. Então o Ministério do Interior deu aos estudantes o dia 29 de novembro, quinta-feira, às 14h30, três dias antes da votação do referendo, em 2 de dezembro. "Deram-nos um péssimo dia para protesto" – muitos dos possíveis simpatizantes teriam que sair do trabalho e enfrentar os frequentes congestionamentos do meio-dia – "mas empenhamos todas as nossas energias – físicas, financeiras e humanas – no propósito de encher a Avenida Bolívar, e conseguimos", relembra Barrios. De acordo com a maioria das estimativas, mais de 150 mil venezuelanos estiveram presentes naquele dia. E no dia seguinte, Chávez realizou seu próprio comício, e encheu a avenida também.[281] "A diferença é que ele é o presidente e nós somos estudantes universitários", afirma Barrios. "Um significativo número de pessoas provavelmente saiu pensando: 'Esses garotos estão falando sério. Quero dizer, pressentimos que poderíamos vencer'."

---

281. Entrevistas do autor com os líderes estudantis Douglas Barrios, Yon Goicoechea e Francisco Márquez.

Seis coletes à prova de bala

No domingo, 2 de dezembro, os venezuelanos apareceram para a votação do referendo. Nenhum dos lados sabia se tinha votos suficientes para vencer. A farsa começou quase que em seguida.

Yon Goicoechea recebeu uma chamada de um líder estudantil chavista ao meio--dia. Disse que precisava se encontrar com Goicoechea e que era importante. "Encontramo-nos num lugar público onde havia um funcionário da alta patente da polícia secreta", relembra Goicoechea. "E o agente da polícia secreta me disse que tinha recebido a informação que tinham vencido. Ele ofereceu todos os recursos que eu pudesse precisar – qualquer que fosse – para evitar derramamento de sangue na Venezuela. Claro, a maneira de evitar isso seria não ir às ruas." Depois de usar o fatídico destino do seu pai para ameaçar Goicoechea, agora o regime estava recorrendo ao suborno. Goicoechea precisaria simplesmente convencer seus colegas estudantis a não protestar o resultado da eleição.

Goicoechea sabia que o regime realmente não sabia se tinha vencido ou não. Era apenas meio-dia e as pessoas ainda estavam votando. Mas ele também poderia blefar. Então, disse ao oficial da polícia secreta que tinha a informação que os estudantes tinham vencido. "Se nós vencemos, iremos às ruas em defesa da nossa vitória", Goicoechea retrucou. "E se vocês quiserem evitar derramamento de sangue é sua responsabilidade, pois vocês são a segurança nacional."

Os estudantes não tinham ilusões sobre o que seria preciso para triunfar em 2 de dezembro de 2007. Goicoechea disse-me que há duas coisas que você tem se quiser vencer uma eleição na Venezuela. "Você tem que vencer e tem que ter o exército. Se um desses elementos falhar, você perde. Porque o exército não te defenderá se você perder, e se você vencer, o exército não te protege, você também perde."

Todavia, o poder militar precisava apoiar seus objetivos ou seu projeto político. Ao contrário, precisaria avaliar o custo de interferir numa eleição tornando-a grande demais. "Uma coisa é entender como funciona o poder militar, especialmente em países como a Venezuela", disse Barrios. "Se houvesse algum grau institucional ainda vivo entre os militares, provavelmente optariam por decisões que demandassem menos força. Então, queríamos criar uma ameaça real dizendo que se não reconhecessem o resultado oficial, seriam forçados a usar uma incrível quantidade de força."

Durante todo o dia, as informações que chegavam eram bastante positivas, entretanto os estudantes não tinham ideia se estavam vencendo. Acreditavam estarem dentro de uma margem de erro anteriormente calculada. De qualquer forma, mantinham um pensamento confiante. Por volta de 19 horas, Goicoechea, com um largo sorriso, concedeu uma entrevista parabenizando os estudantes e simpatizantes pelo trabalho e dizendo que tudo que teriam que fazer era defender a votação. O claro subtexto era que tinham vencido, e que era apenas uma questão de anunciarem o resultado. Sua atitude era puro teatro. Ele não tinha a menor ideia se estavam na frente ou não.[282]

Por volta da meia-noite, o Conselho Nacional Eleitoral ainda não tinha anunciado o resultado. Entre os líderes estudantis os nervos estavam a flor da pele. Goicoechea conversou com contatos dentre os militares que disseram que os generais tinham dito a Chávez que ele deveria aceitar o resultado, mas os estudantes cada vez mais imaginavam que o regime pretendia fraudar a eleição. Quase a uma hora da manhã, o vice-presidente Rodríguez falou com Leopoldo López, um jovem líder da oposição que estava apoiando a campanha dos estudantes e estava lá com os líderes do movimento. De acordo com Barrios, o vice-presidente deixou transparecer que o regime pretendia modificar os resultados da eleição, e que seria melhor que os estudantes não fizessem nada contra, para o bem de sua própria integridade pessoal. "E eu me lembro de Leopoldo lhe respondendo, dizendo que se ele modificasse o resultado das eleições, milhares de pessoas iriam para as ruas, e que ele, Leopoldo, e os estudantes universitários estariam encabeçando o movimento", disse Barrios. A eleição tinha se tornado um grande desafio para ver quem recuaria.

Mesmo hoje, os estudantes não dirão que tinham planejado os acontecimentos daquela noite e do dia seguinte. Seria responsabilidade de Barrios arquitetar o contra-ataque do movimento estudantil caso o Governo tentasse fraudar a eleição. E, poucos minutos depois da 1 hora da manhã, com o Governo ainda silencioso quanto ao resultado do referendo, o momento que eles achavam que jamais aconteceria tinha chegado; o movimento estudantil teve que sair para defender seus votos. "Era um cenário já preparado", relembra Barrios. "Lembro-me que todos nós começamos a deixar o lugar. Tínhamos apenas seis coletes à prova de bala, portanto, demo-nos para os líderes mais populares que estariam protestando. E me lembro de que não havia sobrado nenhum para mim."

Quando Barrios ia sair, parou por alguns instantes para ligar para seus pais. Sua mãe atendeu.

"Como está, querido?", ela perguntou.

"Mamãe, a coisa complicou", ele respondeu.

---

282. Entrevista do autor com Goicoechea.

"O que aconteceu? Perdemos a eleição?"

"Não, vencemos, mas eles podem querer tomá-la." Então Barrios lembra que sua mãe disse a "coisa mais legal que ele tinha ouvido".

"Não se preocupe, querido, essas coisas acontecem. Conseguiremos na próxima vez."

"Não", Barrios disse a sua mãe. "Não haverá próxima vez. Ou seja, nós vencemos a eleição e agora vamos até o fim."

"O que quer dizer? Quando você voltará para casa?", sua mãe perguntou.

"Não acho que voltarei para casa hoje, mamãe."

"Então, voltará amanhã? Quando?"

"Acho que não vou mais voltar para casa, mamãe", ele respondeu. Sua mãe largou o telefone e começou a chorar. Seu pai pegou o telefone e Douglas Barrios disse-lhe o que tinha dito a sua mãe. Seu pai exigiu que lhe dissesse onde estava. Ele ainda ouviu seu pai repetindo, "Onde você está? Onde você está?", quando disse adeus e desligou o telefone. Então, Barrios retirou a bateria do seu celular. Colocou-a num bolso e o aparelho no outro e saiu. Montou numa motocicleta, dirigindo-se para o próximo local onde colocaria seu plano em ação. Quando estava para dar a partida, alguém gritou, "Douglas, Douglas, espere, espere! Vão anunciar os resultados".

Barrios pulou da moto e correu para dentro.

Eles venceram. Às 1h20 da manhã, o vice-presidente rendeu-se aos fatos. Foi várias horas antes de Chávez encarar seus próprios aliados. Até esse dia, o resultado da eleição de 2 de dezembro de 2007 jamais teria sido liberado. E embora seja impossível afirmar, nunca teria sido o mesmo, caso Chávez não tivesse fechado a RCTV.

Uma demonstração de força

Parecia uma festa: jovens se divertindo embalados pelo rock. Usando gorros, cachecóis, braçadeiras e fitas cor de laranja, dezenas de milhares de ucranianos, muitos deles muito jovens, estavam vivendo nas ruas de Kiev por quase três semanas. Eles lotaram a Praça Independência e outras áreas da capital para protestar contra uma eleição forjada e apoiar seu candidato. Com a queda da temperatura em novembro, eles se agasalhavam, bebiam um pouco a mais e juntavam-se nos cânticos: "Juntos somos muitos! Não podemos ser derrotados!". Antes do final do ano, esta explosão de "poder do povo" tinha revertido uma eleição fraudulenta e feito com que os ucranianos retornassem às urnas, elegendo democraticamente o principal candidato oposicionista do país.

178 | ESCOLA DOS DITADORES

A colorida Revolução Laranja foi saudada como uma manifestação democrática pacífica. E realmente foi. Porém, os jovens ativistas que tiveram papel importante na organização dos protestos de rua em Kiev naquele inverno não podem ser considerados totalmente originais. O movimento da juventude ucraniana, conhecido como Pora, foi bastante beneficiado pelas consultas e conselhos do Otpor da Sérvia, o movimento jovem que ajudou a derrubar Milosevic em 2000. Também trocaram ideias com o Kmara, organização jovem que ajudou na propagação da Revolução Rosa[283] na Geórgia em 2003. E se olhássemos atentamente o mar de cor laranja da "cidade-acampamento" de Kiev naquele novembro, teríamos percebido que outras tribos vieram aprender com a experiência ucraniana.[284] Os jovens do Casaquistão foram os primeiros a chegar. Ativistas bielorrussos misturaram-se na multidão, chegando até a levantar sua bandeira nacional em apoio aos novos colegas ucranianos. Jovens das ex-repúblicas soviéticas compareceram para ver como se faz uma "revolução colorida".

O Kremlin não precisou esperar para aprender a lição até ver a juventude russa nas ruas de Moscou e São Petersburgo. Tendo testemunhado o desempenho dos jovens grupos oposicionistas na Sérvia, Geórgia e especialmente na Ucrânia durante a Revolução Laranja, o Kremlin decidiu fabricar o seu próprio movimento juvenil. O resultado foi o Nashi. O grupo, que no começo tinha um tom militante nacionalista, hoje é um instrumento-chave de intimidação e ataque aos líderes oposicionistas, ativistas da sociedade civil e críticos do Kremlin. No dia que cheguei a Moscou, em abril de 2010, o Nashi [que literalmente significa "Nosso"] estava celebrando seu 5º aniversário. O orador da cerimônia não era ninguém mais do que o braço direito de Putin, Vladislav Surkov, na época um dos principais ideólogos do Kremlin, tido como um dos criadores do Nashi. Survok agitava uma turbulenta multidão de delegados do Nashi, cerca de 2 mil jovens. "Vejamos o que está acontecendo no Quirguistão – isso quer dizer que precisam de nós e devemos estar prontos", Surkov disse à plateia em um amplo salão de conferência, referindo-se à guerra civil que recentemente aconteceu na fronteira da Rússia.[285] "Aqueles que escolheram para si a luta política, jamais poderão descansar novamente." Suas declarações foram seguidas por Vasily Yakemenko, líder do Nashi e fundador oficial. "O movimento Nashi é o movimento daqueles que se sentem ofendidos pelo o que acontece ao seu

---

283. A *Revolução Rosa* foi um protesto político realizado na Geórgia em 2003 que depôs o então presidente do país, Eduard Shevardnadze. Ademais, representou parte de um processo de manifestações naquele período conhecido como "revoluções das cores", ou coloridas. (N.E.)

284. Ver Kartnycky (2005).

285. Ver Bratersky (2010).

redor", Yakemenko disse aos presentes. "Nosso movimento não reconhece nenhuma autoridade, a não ser a autoridade das diretrizes de Medvedev e Putin."[286]

Um oficial do Kremlin que se reúne regularmente com líderes do Nashi descreveu as origens da organização como algo muito parecido com um ataque preventivo. "Depois da Revolução Laranja, toda a oposição local começou a falar sobre tomar o controle das ruas e realizar uma Revolução Laranja aqui. Entendemos muito bem que uma Revolução Laranja seria terrível, que destruiria o país."[287] Então o Governo se empenhou em recrutar jovens, a maioria entre 17 e 25 anos, nas universidades das províncias e escolas vocacionais do país. "Para alguns deles, o então chamado patriotismo aconteceu naturalmente", ele explicou. "Eles podem se organizar e dizer que os norte-americanos querem destruir nosso país, que os norte-americanos querem fazer revolução, portanto, vamos proteger nosso país."

E se fizeram presentes quase que imediatamente. Em 12 de maio de 2005, mais de 50 mil membros do Nashi ocuparam as ruas de Moscou numa maciça demonstração de apoio ao presidente Vladimir Putin e seu regime. Embora a maioria dos ativistas russos da época achasse que os receios do Governo de uma revolução nascida no próprio país fossem exagerados, qualquer conversa sobre uma Revolução Laranja foi interrompida. O aviso para qualquer um que pudesse ter sido inspirado pelos eventos da Ucrânia era simples: Você acha que tomará as ruas? *Nós* tomamos as ruas.

Passados cinco anos, o Kremlin continua alimentando o movimento da juventude que fundou. O grupo é um dos maiores recipientes de provisões governamentais alocadas para as organizações da sociedade civil russa. Em 2008, o Nashi foi agraciado com mais de 500 mil dólares, ou cerca de 1% do orçamento governamental para concessões de recursos às ONGs.[288] Recebe uma cota ainda maior do fundo do setor privado estimulado pelo governo para ser generoso com seus projetos de estimação.[289] Uma grande parte deste dinheiro é direcionada ao apoio do acampamento de verão do movimento juvenil pró-Kremlin, realizado às margens do Lago Seliger, mais ou menos cinco horas a nordeste de Moscou. Os membros desfrutam as mesmas atividades disponíveis para os jovens em qualquer acampamento. A programação diária é preenchida com atividades de canoagem, natação, longos passeios de bicicleta etc. Mas essas atividades de verão também servem como treinamento

---

286. Ver Brotersky (2010).

287. Entrevista do autor com um funcionário do Kremlin, abr. 2010.

288. Ver Human (2009, p. 21).

289. Ver Myers (2007).

ideológico.[290] Os jovens do Nashi frequentam palestras políticas que enaltecem a liderança de Putin e são ensinados sobre as ameaças que os membros dos partidos oposicionistas e das organizações de direitos humanos representam à pátria mãe. Em 2007, os organizadores nomearam uma parte do acampamento como "o distrito da luz vermelha". Lá os campistas podiam ver os rostos de líderes oposicionistas como Garry Kasparov e o ex-primeiro-ministro Mikhail Kasyanov expostos em cartazes de mulheres seminuas enfiando dinheiro em suas roupas íntimas.[291] Durante o retiro de verão de 2010, o acampamento organizou uma exposição que incluía montagens fotográficas das cabeças de alguns dos principais ativistas políticos, dentre eles a ex-dissidente soviética de 84 anos, Ludmila Alexeeva, e do oposicionista político Boris Nemtsov.[292] Apesar dessas atividades, o fundo do Nashi nunca foi questionado; apenas crescia.

Para muitos, o Nashi não é nada menos do que uma encarnação moderna do Komsomol da União Soviética, a ex-ala jovem do Partido Comunista. A ênfase ideológica, as exigências de lealdade absoluta, até mesmo as cores e os símbolos são reminiscências. E o Kremlin convidava muitos a filiarem-se distribuindo títulos de sócios como uma maneira de se destacar. "Já ouviu falar no Komsomol? O Nashi é quase a mesma coisa", dizia Ilya Yashin, membro do movimento oposicionista Solidariedade.[293] "Você tem que ser leal. Se quiser ter uma carreira, você tem que vestir uma camiseta com uma imagem do Putin no peito, entrar em forma e marchar ao longo de toda *Lenin Prospect*, a imensa avenida no centro da cidade. Se não, logo você será um marginal."

Encontrei Yashin e outro membro do movimento Solidariedade num restaurante boêmio no centro de Moscou, a poucos passos do Kremlin. Quando lhe perguntei sobre o Nashi, os colegas de Yashin disseram rindo: "Ele é um perito nisso". Isso porque Yashin, que tem apenas 28 anos, é um frequente alvo dos jovens do Kremlin. Ele foi um dos primeiros críticos das atividades do Nashi, tendo como represália agressões físicas, vandalismo no seu carro e ridicularizado durante seus discursos perante seus simpatizantes. Tentaram também difamá-lo na internet. Poucas semanas antes do nosso encontro, um vídeo apareceu no portal do Nashi supostamente mostrando Yashin tentando subornar um policial para evitar uma multa de trânsito. Yashin estava convicto de que o vídeo era forjado e de que não tinha subornado ninguém. Poucos dias depois do nosso encontro, mais um vídeo apareceu mostrando

---

290. Ver Buckley (2007).

291. Eram conhecidos como "prostitutas políticas".

292. Ver Arutunyan (2010).

293. Entrevista do autor com Ilya Yashin. Moscou, abr. 2010.

vários proeminentes líderes oposicionistas fazendo sexo com uma mulher. Soube-se mais tarde que a mulher, chamada Katya, tinha seduzido estas e outras figuras da oposição e levado-as ao seu apartamento onde foram filmados inadvertidamente. Embora não tivesse tido sexo com a mulher, Yashin rapidamente se adiantou e admitiu que também tinha sido seduzido por Katya, sendo levado ao seu apartamento. Ao chegar lá, ela lhe ofereceu cocaína. Percebendo que era uma emboscada[294] armada pelo regime (e incidentalmente típica do velho manual de espionagem soviético), Yashin partiu imediatamente. Ele argumenta que o Nashi organizou toda a trama contra ele e outros e registrou uma queixa no gabinete do promotor público, por invasão à privacidade e distribuição de pornografia.

Notadamente, há algo bizarro no que diz respeito às ações do grupo jovem do Kremlin tentando forjar fitas de sexo para difamar líderes da oposição. Mas há um outro lado do Nashi e outros grupos jovens pró-governamentais similares que deixa as pessoas mais nervosas. Desde o começo, o Nashi tinha um claro propósito paramilitar. Os membros que querem avançar na organização têm que participar em treinamentos de campo, ser aprovados em cursos de ataque militar e praticar tiro ao alvo. Também estudam como se defender de uma Revolução Laranja. Um grupo similar, ligado à Rússia Unida, conhecido como a Guarda Jovem, chegou a praticar atacando uma "cidade acampamento" como aquela que surgiu em Kiev durante a Revolução Laranja.[295] Nesse exercício, essas jovens tropas de choque destroem o improvisado vilarejo com bastões de beisebol.

O único problema é que não havia nenhuma Revolução Laranja para destruir. Ao criar uma organização de quase 120 mil jovens enfurecidos, o Governo russo parecia não saber o que fazer com eles. O regime treinou, motivou e aparelhou este vigoroso movimento e então, correu o risco de deixá-lo ocioso, sem nenhuma missão para executar. Quando tal força é criada e então deixada inoperante, uma tragédia como a que ocorreu na manhã de sábado do dia 6 de novembro de 2010 dificilmente seria encarada como uma surpresa.[296]

Naquela manhã, o jornalista de 30 anos, Oleg Kashin, retornava ao seu apartamento depois de um jantar festivo. Quando chegou em casa, dois homens o atacaram brutalmente com barras de aço.[297] Foi deixado em frangalhos na rua. Fraturaram seu crânio, quebraram parte da sua mandíbula e esmagaram uma de suas pernas. Ele

---

294. Espécie de investigação para testar a fidelidade de alguém. (N.T.)

295. Ver Mathews e Nemtsova (2007).

296. Ver Barry (2010b).

297. Uma câmera de segurança em frente ao apartamento de Kashin captou as imagens do brutal espancamento por dois agressores.

foi levado a um hospital de Moscou e deixado em coma induzida por alguns dias. Como aconteceu com outros jornalistas que também já foram atacados, seus agressores quebraram seus dedos, deslocando vários deles. Um dos dedos teve que ser amputado. Embora ninguém saiba quem foram os autores da agressão, a suspeita de Kashin é evidente: grupos da juventude pró-Kremlin.[298] Em agosto, a Guarda Jovem publicou a foto de Kashin no seu portal. Cruzando a imagem estavam as palavras "Será punido".

"Putin mata Kenny"

Claro, a estratégia do Kremlin no engajamento dos seus jovens não pode ser só força. Tão útil quanto os batalhões de jovens militantes leais poderiam ser, é igualmente importante que a ampla faixa de jovens russos, ou seja, aliada do regime ou, pelo menos, não esteja suficientemente interessada em política para despertar alguma voz dissidente. Aqui Putin – tanto com sua imagem como com sua retórica – foi bem-sucedido por muito tempo. Depois de passar pelas experiências decadentes do país nos anos 1990, os jovens russos se orgulharam imensamente das ações de Putin ao resgatar o respeito internacional do seu país. As pesquisas sempre mostraram consistentemente que a juventude russa era o suporte mais sólido do estilo nacionalista severo e rígido de Putin. Enquanto eles possam não se lembrar da vida na União Soviética, desejavam ardentemente que seu país tivesse o reconhecimento e o poder que o Estado comunista desfrutou. De fato, de acordo com uma pesquisa realizada em 2007, 63% dos jovens russos acreditavam que o "colapso da União Soviética foi a maior catástrofe geopolítica do século XX".[299]

Uma comparação entre os jovens russos e ucranianos foi reveladora.[300] Na Ucrânia, os jovens com menos de 30 anos eram três vezes mais propensos a aderir à Revolução Laranja do que os de outra geração. Enquanto isso, na Rússia, a grande maioria dos jovens aceitava as explicações de Putin de que a revolução na Ucrânia tenha sido uma conspiração ocidental com a finalidade de enfraquecer a pátria-mãe. A mesma pesquisa de 2007 indicava que 89% dos jovens não queriam uma Revolução Laranja na Rússia.[301] Em vez de mudança política, eles queriam uma Rússia forte, estável e poderosa no cenário mundial. As nada sutis imagens de um vigoroso Putin pilotando uma Harley-Davidson de três rodas, sem camisa, em busca de aventuras, ou usando a faixa preta do seu kimono enquanto atirava algum infeliz

---

298. Oleg Kashin especula sobre quem estaria por trás da sua agressão. Ver Kashin (2010).

299. Ver Mendelson e Gerber (2007).

300. Ver Kuzio (2006).

301. Ver Mendelson e Gerber (2005).

sparring ao chão são os símbolos que muitos jovens russos projetam para o seu país. Putin era, em três palavras, um cara legal. "Temos realmente que admitir que Putin e sua retórica são bastante populares na Rússia", disse Dmitri Makarov, um ativista russo de 28 anos.[302] "Simplesmente não se pode negar isso, especialmente entre minha geração, que é mais conservadora, mais nacionalista, e mais Stalinista que as gerações anteriores."

Da mesma forma, é igualmente importante que o regime não faça nada que possa inadvertidamente motivar ou radicalizar uma então apática geração mais interessada em rublos[303] do que em revolução. "Se você perguntasse diretamente: 'Você precisa de direitos humanos na Rússia?' A maioria [dos jovens] responderia não", disse Ivan Ninenko, vice-diretor do escritório de Moscou da Transparência Internacional.[304] "As pessoas não confiam no movimento dos direitos humanos; muitos deles nem mesmo entenderiam a pergunta." Todavia Ninenko, que tem 27 anos e tem sido bem ativo nos protestos políticos, acredita que não é porque os jovens russos não sejam capazes de se mobilizar. Ao contrário, ele credita ao Governo o fato de nunca fazer inimizade entre a população jovem do país. "Se amanhã, por qualquer razão estúpida o Governo decidir proibir o livre acesso à internet," disse Ninenko, "teremos milhares de jovens nas ruas, porque para eles isto é uma necessidade básica".

Um raro exemplo de um deslize das autoridades que agitou a juventude russa aconteceu em setembro de 2008.[305] No começo daquele mês, um promotor em Moscou processou uma emissora de TV chamada 2x2. A queixa contra a emissora, que é bem parecida com a Cartoon Network, apareceu sob a ampla acusação de engajamento em "atividades extremistas". Os promotores, agindo em nome de um grupo religioso, tinham sido ofendidos por um episódio do *South Park* chamado "Os Clássicos Natalinos do Sr. Hankey". Além das costumeiras apresentações de Kenny, Cartman, Kyle e Stan, esse episódio destacava as aparições especiais de Satã, Adolf Hitler e o Sr. Hankey, uma parte da escória humana que canta e atua no programa infantil de Natal. As autoridades argumentaram que o episódio poderia inflamar "conflitos étnicos e ódio inter-religioso". Eles também citaram uma série de desenhos animados transmitidos pela 2x2, incluindo *Os Simpsons* e *Family Guy*, por conterem material danoso à criança. Representantes da Duma sugeriram que a licença de transmissão da 2x2 fosse revogada e transferida para uma emissora estatal que deveria ressaltar valores patrióticos.

---

302. Entrevista do autor com Dmitri Makarov. Washington, D.C., fev. 2010.

303. *Rublo* é o nome da moeda oficial da Federação Russa. (N.E.)

304. Entrevista do autor com Ivan Ninenko. Moscou, abr. 2010.

305. Ibid.; ver Young (2008).

184 | ESCOLA DOS DITADORES

As autoridades foram longe demais. Os jovens em Moscou e São Petersburgo começaram a realizar manifestações e protestos em defesa da 2x2. Deram início a um show de rock com entrada franca para divulgar o assunto e encaminharam uma petição para manter a emissora no ar. "Aqueles jovens que nunca participam de atividades políticas, saíram às ruas. Fizeram as manifestações mais criativas jamais vistas em Moscou", relembra Ninenko, rindo. "Portavam cartazes como 'Putin mata Kenny'. Estavam protegendo a liberdade de expressão indiretamente. Diriam que estavam protegendo Kenny e Cartman. Assim, de um lado, não estavam se manifestando pelos direitos humanos, mas de outro, estavam prontos para se manifestar pela liberdade de expressão."

O Governo rapidamente percebeu seu erro. Em dias, a campanha contra a 2x2 foi cancelada e a licença de transmissão foi renovada. Contudo, a emissora teve que fazer uma concessão. Concordou em não retransmitir "Os Clássicos Natalinos do Sr. Hankey". Foi um preço pequeno para deixar Kenny viver.

Mas os jovens são muito volúveis. Quando dezenas de milhares de russos se manifestavam em Moscou em vista das fraudulentas eleições parlamentares de dezembro de 2011, os jovens russos estavam entre os que cantavam "Rússia sem Putin!". Eles também se sentiram ofendidos pelos métodos obscuros de Putin. Alguns pesquisadores acreditavam que o Kremlin criaria um novo partido para absorver esta descontente juventude classe média. Qualquer resposta do regime poderia ser apoiada pelo Nashi que, finalmente, poderia servir ao seu propósito original. De qualquer forma, envolver-se com a batalha dos jovens russos seria bem mais sério do que com desenhos animados.

"Quando chega a hora"

Mostafa El-Naggar, um dentista de 30 anos, se diverte quando me conta sobre sua mais recente prisão. Aconteceu há dois meses, em janeiro de 2010; foi a primeira vez que foi detido por ser um blogueiro. Antes, apenas tinha sido preso por ser filiado à Irmandade Muçulmana, que foi oficialmente proibida.[306] Enquanto conversávamos num café fora da Praça Tahrir, ele me disse que realmente pressentia que logo seria preso novamente. Naggar chegou a combinar com um colega para que tomasse conta do seu consultório. Os amigos já tinham confeccionado faixas de solidariedade exigindo sua libertação. Ele não sabia se seria porque estava participando da campanha de Mohamed ElBaradei, ou por causa do seu blog, ou por causa da sua filiação à Irmandade ou ainda uma combinação de todas as três situações. Mas tinha certeza

---

306. Entrevista do autor com Mostafa El-Naggar. Cairo, mar. 2010.

que o regime de Mubarak estava nervoso. "São essas manifestações de rua que os amedrontam", ele afirma.

Naggar, casado e pai de duas crianças, com feições agradáveis e maneiras polidas, permanecia sereno, mesmo quando falava sobre coisas terríveis. Sorria enquanto relatava que era perseguido e atacado pela polícia. Chegava a brincar quando dizia que recebia ligações ameaçadoras do serviço de segurança. Pensei que suas atitudes fossem assim por ter crescido numa família de ativistas. Gamal Abdel Nasser prendeu seu avô por 10 anos por ser membro da Irmandade; seu tio sete anos, também sob o regime de Nasser, por ser um marxista. Perguntei-lhe porque tanta amabilidade, mesmo em vista de uma possível prisão e ele me disse que não tinha escolha. "Tenho que ser otimista, não há alternativa. A única alternativa é se desesperar", disse Naggar. "Nós rimos das desgraças."

Mas havia algo mais. Ele estava convencido que alguma coisa estava para acontecer. As pessoas se encontram num constante estado de crise, ele me dizia. Estão ficando cansadas de sentir medo. "Tenho pesquisado todas as causas dos movimentos sociais e das revoluções. Tenho analisado as razões por trás deles e as tenho encontrado [aqui]." Naggar gesticula como se estivesse conferindo os ingredientes de uma revolução numa lista. "Algumas pessoas dizem que somos um povo muito paciente. Porém, a nova geração já não tem tanta paciência. As pessoas estão realmente sufocadas. Os últimos cinco anos têm sido particularmente sufocantes. Não acredito que o Egito esperará por muito mais tempo. Tem que haver uma mudança."

Assim, 10 meses e 10 dias depois que Naggar disse essas palavras num pequeno café perto da Praça Tahrir, começou a Revolução no Egito, com a juventude liderando. De fato, depois de décadas de marasmo político e econômico, muita coisa no Norte da África e no Oriente Médio surgiu em questão de semanas, sendo que quase todas elas conduzidas por uma geração jovem que já tinha perdido a paciência. Fazendo uma retrospectiva, a região tinha todos os ingredientes de um estopim. Sabe-se que 60% da população tinha menos de 30 anos, a maior porcentagem do mundo.[307] Nos últimos 20 anos, a população jovem do Oriente Médio explodiu, com um aumento de 50% na Tunísia e na Líbia, aumento de 65% no Egito e 125% no Iêmen.[308] Eles não eram apenas jovens; eram geralmente desempregados também. O desemprego entre a juventude era de 63% pela região afora, duas vezes a média global. Ironicamente, as taxas de desemprego subiam ainda mais entre os milhões que tinham formação superior. As corruptas e estagnadas economias da região eram

---

307.   Ver Pew (2011).

308.   Ver Goldstone (2011, p. 12).

melhores em criar empregos para os analfabetos do que para os engenheiros. No Egito, aqueles com formação universitária tinham dez vezes mais possibilidades de ficarem desempregados do que aqueles com apenas alguns anos de escolaridade primária.[309] Enquanto passavam seus dias procurando empregos que pagavam muito pouco ou eram fora do país; Sua raiva, humilhação e ressentimento cresciam. Muitos chegavam a arriscar a própria vida, esperando por décadas, para juntar dinheiro suficiente para sair de casa, conseguir um apartamento e começar uma família. Um jovem que encontrei no Cairo chamado Khalid disse-me que simplesmente não podia se dar ao luxo de se casar. "Apaixonei-me, mas não pedi sua mão em casamento", ele confessou. "Você não consegue economizar nem mesmo 10 mil libras." Ele, como 60% dos egípcios, viveu toda a sua vida sob o regime de Mubarak. "Todos que parecem apáticos sabem mais de política do que eu e você", disse Khalid. "Presenciaram os abusos pessoalmente. Caminham pelas ruas e não se sentem como seres humanos. Chegamos ao limite do aceitável."[310]

Mas alguém teria que ser o primeiro. Ninguém poderia imaginar que fosse um vendedor de frutas tunisiano de 26 anos de idade.[311] No dia 17 de dezembro de 2010, a humilhação, os insultos e a desesperada luta diária foram demais para Mohamed Bouazizi. Naquela manhã, enquanto conduzia seu carrinho para o mercado na cidade de Sidi Bouzid, uma policial o parou. Quando ela começou a tomar os cestos de maçã para si – frequentemente policiais agrediam os camelôs impunemente – Bouazizi protestou. Sua mãe e familiares dependiam do dinheiro que ele conseguia vendendo frutas. A policial o atingiu com seu cassetete e o esbofeteou no rosto. Outros dois policiais jogaram-no ao chão e tomaram sua balança. Bouazizi ficou lá no chão, totalmente indefeso, implorando a seus agressores. As pessoas que estavam lá disseram que ele chorava, gritando repetidamente: "Por que estão fazendo isso comigo?". Mais tarde naquele dia, Bouazizi parou em frente da prefeitura. Num ato desesperado, banhou-se com solvente e acendeu um fósforo. Ele morreu na unidade de queimados 18 dias depois. A ditadura da Tunísia não durou muito tempo mais.

A Tunísia era tida como uma das mais estáveis ditaduras, um moderno ducado autoritário às margens do Mediterrâneo. O presidente Zine El-Abidine Ben Ali tinha mantido a sociedade tunisiana sob controle absoluto durante mais de duas décadas. Dentre os regimes ditatoriais do Oriente Médio, a Tunísia era uma das mais repressivas, com controle total da mídia, rígida vigilância dos defensores dos direitos humanos e prisão aos críticos do sistema. Por mais de uma década, o Governo se

---

309. Ver Goldstone (2011, p. 12).
310. Entrevista do autor com Khalid. Cairo, mar. 2010.
311. Ver Fisher (2011, p. 1).

recusou a reconhecer legalmente qualquer organização independente dos direitos humanos.[312] Embora totalmente corrupto, o pequeno país de 10 milhões de habitantes prosperava relativamente em relação aos seus vizinhos. As taxas de alfabetização chegavam perto de 80% e tinha a maior porcentagem de internautas dentre os países árabes. Mas quando a notícia do desesperado ato de Bouazizi começou a se espalhar pelo Facebook, a modernidade tunisiana – em particular, sua educada e antenada população jovem – acelerou o fim do regime.

As tentativas do regime de conter uma crescente onda de protestos usando seus próprios meios de repressão só alimentaram a raiva da população, enquanto a maioria da comportada juventude tomava as ruas. Rapidamente a Al Jazira captou as imagens dos manifestantes tunisianos e as espalhou pelo mundo árabe. Cada ato de repressão resultava em mais reações das pessoas e as imagens da polícia tunisiana atirando nos cidadãos só separavam ainda mais o povo do regime, contando pontos para os manifestantes. Os seguidores de Ben Ali estavam sempre um passo atrás, incapazes de prever onde seria a próxima manifestação.

Até mesmo quando o número de jovens tunisianos nas ruas aumentou e os protestos se aproximavam da capital, poucos acreditavam que o regime cairia. Pela segunda semana de janeiro, um inseguro Ben Ali se dirigiu à nação prometendo passar o poder no final do seu mandato. Todavia, depois de 23 anos no comando, as promessas do ditador já não faziam sentido. Sentindo que poderia se tornar o próximo Nicolae Ceausescu – o tirano romeno que foi sumariamente executado com o colapso do comunismo – Ben Ali fugiu do país com sua família. Pela primeira vez um ditador árabe moderno tinha sido deposto pelo seu povo. Rumores de um "cenário tunisiano" contaminando outras autocracias no Oriente Médio tomaram conta da região.

As revoluções nunca são inteiramente orgânicas. Elas requerem líderes, pessoas na vanguarda para planejar, empurrar e atiçar outros a assumir o risco que sempre procuraram evitar. A Revolução egípcia teve muitos autores; um deles foi Ahmed Maher. Ele foi politicamente ativo por cerca de cinco anos. Seu ativismo realmente veio, dentre outras coisas, do seu envolvimento com estradas e concreto. "Começou quando eu estava na universidade cursando Engenharia [Civil]", ele me disse quando nos encontramos num café ao ar livre no Cairo, em março de 2010.[313] Como qualquer um que já tenha dirigido no caótico trânsito do Cairo pode atestar, é difícil imaginar que a cidade alguma vez já empregou engenheiros civis. E isso foi a semente para a mudança de Maher. "Há regras para a construção de estradas, regras para

---

312. Os ativistas egípcios sempre me diziam o quão felizes se sentiam por não viverem num país tão repressivo como a Tunísia.

313. Entrevista do autor com Ahmed Maher. Cairo, mar. 2010.

a construção de túneis e pontes. Estudamos todas essas normas, mas não foram implementadas e, portanto, houve o caos. Estudamos tudo isso, compreendemos toda a coisa, mas não foram aplicadas", ele continuou. "Percebi que o sistema em si era corrupto. O Conselho local, a municipalidade e todos que faziam parte da corrente eram corruptos. Descobri que o problema era sistêmico."

Ele rapidamente tornou-se profissional em protestos de rua. Depois de um breve período, desiludiu-se com a política interna e a burocracia do Partido El Ghad de Ayman Nour. Ele o trocou pela ala jovem do Kefaya ("Basta"), uma espécie de agrupamento de ativistas políticos antiMubarak. Lá ele organizou protestos, panfletagens e teatro de rua com uma mensagem totalmente política. Uma das táticas preferidas do grupo era o que se chamava de "demonstrações relâmpago". Equipes de cinco ou seis jovens selecionavam uma vizinhança. Uma escolta tinha função de assegurar que a área estava limpa. Então, duas garotas, uma do lado esquerdo e outra do lado direito da rua distribuíam folhetos políticos. Dois rapazes que vinham logo atrás providenciavam a segurança e um supervisor que acompanhava toda a operação os seguia. Cada ação era planejada para durar não mais do que 20 minutos – geralmente o tempo que a segurança governamental levava para reagir. Ao primeiro sinal de encrenca, as meninas deixariam os folhetos cair e corriam, os garotos improvisariam uma cena e o supervisor distrairia a segurança gritando como se fosse um transeunte qualquer. "Era uma época muito otimista, uma época de esperança", disse Maher. "Havia pressão para a democratização do Egito. Aquilo nos dava liberdade de ação nas ruas."

Mas não durou. No final de 2005, 88 candidatos da Irmandade Muçulmana conquistaram cadeiras no Parlamento Egípcio. Um pouco mais de um mês depois, o Hamás triunfou nas eleições da Palestina. Maher concorda com a afirmação convencional que o triunfo dos Islâmicos nas pesquisas, junto ao fracasso dos Estados Unidos em progredir com suas guerras no Afeganistão e no Iraque, levou a administração Bush a reduzir sua promoção democrática no Oriente Médio. A administração Bush precisava de aliados estáveis na região, mesmo que fossem autocratas. Dada essa situação, o regime de Mubarak voltou-se novamente contra aqueles que pressionavam por maiores reformas políticas. "Eles reprimiram uma manifestação que fizemos em frente ao Clube dos Juízes. Fomos detidos e presos por dois meses. Aquela foi uma grande repressão e muitas pessoas ficaram com medo de retornar às ruas novamente", relembra Maher. Entretanto, aquilo não significaria o fim absoluto das manifestações para ninguém. "Então, o blog bombou", Maher continuou. "Era o que podia ser feito. No lugar das ruas, tomamos as telas dos computadores."

A primavera de 2008 foi uma época de grande insatisfação no Egito. A queixa mais comum era econômica: os preços dos alimentos dispararam enquanto os salários estagnaram. O preço de itens básicos, como pão e óleo de cozinha, praticamente dobrou. Em abril de 2008, o Programa Mundial de Alimentos das Nações Unidas informou que as despesas nacionais no Egito subiram mais de 50% desde o começo do ano.[314] A insatisfação mais os salários estagnados rapidamente fizeram do Egito um estopim do ativismo trabalhista. Embora as manifestações trabalhistas fossem oficialmente ilegais, o Governo egípcio testemunhou um aumento significativo de trabalhadores exigindo melhores condições por meio de manifestações, paradas no trabalho e greves. Em 2002 e 2003, houve um pouco menos de 100 protestos trabalhistas no Egito.[315] Entre 2004 e 2008, quase dois mil. As ações não vinham de um canto específico do país ou de um simples grupo de trabalhadores; vinham de todos os lugares. Trabalhadores da área têxtil, taxistas, médicos e enfermeiras, lixeiros e professores universitários, todos ameaçavam entrar em greve. Até mesmo os fiscais de impostos do próprio governo entraram em greve na esperança de melhores salários.

Se a atividade trabalhista tinha um epicentro, este era a arenosa cidade industrial do nordeste de El Mahalla El Kubra. É a cidade da Misr Spinning and Weaving Company, a maior fábrica têxtil do Egito e, com aproximadamente 27 mil empregados, uma das maiores do Oriente Médio. Seus trabalhadores estiveram envolvidos em negociações conflitantes sobre salários e condições de trabalho desde 2006. Quando os trabalhadores reclamaram que a estatal mais uma vez não tinha honrado suas promessas, anunciaram que entrariam em greve em 6 de abril de 2008.

Com muito pouca atividade nas ruas egípcias, os blogueiros direcionaram sua atenção para a crescente onda de insatisfação trabalhista pelo país afora, tornando públicas as greves dos trabalhadores e a repressão governamental. Maher tinha algum contato com os líderes grevistas de El Mahalla El Kubra. Ele, como muitos ativistas que moravam no Cairo e Alexandria, não estabeleceu maiores ligações com os líderes trabalhistas em outras partes do país. Foi difícil convencer os organizadores que suas exigências econômicas – melhores salários, condições de trabalho seguras, direitos trabalhistas – poderiam ser melhor resolvidas por meio de demandas políticas. Entretanto, Maher pressentiu uma oportunidade. Em discussões com os jovens colegas ativistas, ele queria encontrar um jeito em que as pessoas sem conexões com

---

314.   Ver Soaring (2008).

315.   Agradeço a Khaled Ali, do Centro Egípcio de Direitos Econômicos e Sociais, por esses dados. Ele pacientemente passou horas comigo analisando os números sobre as recentes atividades trabalhistas (Cairo, mar. 2010).

190 | ESCOLA DOS DITADORES

a Misr Spinning and Weaving Company ainda pudessem apoiar a luta dos trabalhadores. "Pensamos bastante e chegamos à ideia de uma greve geral", disse Maher. "A palavra de ordem era: 'Fique em casa. Não vá à universidade, não vá trabalhar, não saia. Fique em casa'."

Esses ativistas não tinham uma estratégia. Mesmo depois de anos de manifestações e protestos agiam instintivamente. Eles assumiam os riscos e tentavam aprender com eles, procurando detectar os pontos fracos do regime. E havia muito a aprender: organização de protestos, defesa própria, divulgação das mensagens, conexão com a população local, manutenção da moral e a tentativa de driblar o aparato de segurança do Estado. "Como um movimento de jovens, estamos muito mais na tática do erro e acerto", Maher admitiu. "Estamos estudando as ações não violentas, analisando suas consequências e tentando adaptá-las às circunstâncias egípcias. Mas o nosso grande foco é tentar associar as questões sociais com as políticas."

A convocação de 2008 para uma greve geral seria uma das suas primeiras grandes lições. Depois que apareceram com a ideia, o próximo passo não seria organizar uma passeata, portar cartazes ou realizar uma manifestação pacífica. Maher recorreu ao Facebook. Ele e um amigo, Esraa Rashid, criaram um grupo no Facebook – denominado O Grupo Greve 6 de Abril – em apoio aos trabalhadores. As pessoas que acessavam o site e se tornavam membros podiam postar suas ideias no mural do grupo, informando como as pessoas poderiam mostrar sua solidariedade. Para sua surpresa, a adesão ao Grupo Greve 6 de Abril explodiu da noite para o dia.[316] No primeiro dia já tinham mais de mil membros. Toda vez que atualizavam a página os números subiam. Dentro de poucos dias estavam passando da casa dos 20 mil, 30 mil membros. Maher e Rashid tiveram que trabalhar em turnos para administrar a página do grupo, aprovando ou deletando uma avalanche de mensagens postadas no seu mural. Poucos dias antes da greve, o grupo do Facebook ultrapassou 76 mil membros.

Em parte, Maher credita a resposta ao poder da ideia. Para um público que tinha motivos para temer represálias, uma greve geral era bastante interessante. As pessoas não precisariam tumultuar as barricadas ou enfrentar a fúria policial. Não precisariam assumir grandes riscos pessoais; simplesmente precisariam permanecer dentro dos limites de suas casas. Ainda assim, se um número suficiente de pessoas aderisse, o regime sentiria os efeitos com o país totalmente paralisado. O grupo da internet não apenas ofereceu uma oportunidade para as pessoas por todo o Egito demonstrar seu apoio aos trabalhadores têxteis, mas também enviar um poderoso sinal de insatisfação e cólera latente entre a população.

---

316. Entrevista do autor com Esraa Rashid. Washington, D.C., mar. 2010. Ver também Shapiro (2009, p. 37).

Mas Maher e seus colegas não acreditam que o Facebook foi o instrumento mais eficaz para divulgar a greve. Acreditam que foi o próprio regime egípcio. Logo após se inteirar do apoio à greve, o Governo começou a emitir ríspidos alertas contra a participação nos protestos. "A segurança [do regime] caiu na armadilha de colocar avisos, ríspidos e autoritários, na televisão, no rádio e na mídia em geral a cada meia hora", disse o jovem ativista Ahmed Salah, gargalhando ao se lembrar. E, impostando uma profunda e severa voz, ele continuou: "uma declaração do Ministério do Interior: aquele que não comparecer ao trabalho, aquele que participar disso, aquele que participar daquilo, será punido de acordo com as leis em vigor. Não é permitido qualquer tipo de desordem".[317]

O regime foi pego desprevinido. O crescente apoio aos trabalhadores em El Mahalla El Kubra, em parte despertado pela convocação de Maher de uma greve via Facebook, levou o Governo a cometer um erro estatístico. Em 2008, o dia 6 de abril caiu num domingo, que é o primeiro dia útil no Egito. Mas as pessoas diziam que parecia sexta-feira, o dia de descanso nos países predominantemente muçulmanos. As ruas no Cairo e na Alexandria estavam notoriamente silenciosas. O mínimo de tráfego encontrado nas partes centrais da cidade movia-se freneticamente. A polícia e as tropas de choque eram as únicas aglomerações de pessoas nas típicas agitadas praças e mercados, enquanto as forças de segurança se organizavam. Para todo o povo egípcio, tido como dócil e apático, um significativo número deles aparentemente não queria que o Ministério do Interior ordenasse que fossem trabalhar. "[O regime] foi de grande ajuda na divulgação da notícia porque, notoriamente, nossos meios de comunicação com as pessoas são bastante limitados", disse Salah. "A televisão é absolutamente o melhor meio possível de divulgação, e esta foi muito bem-sucedida em 6 de abril."

Contudo, as ruas não estavam silenciosas em El Mahalla El Kubra.[318] A greve na fábrica têxtil estava programada para começar às 7 horas da manhã, quando terminava o turno noturno. Seguranças à paisana tinham se infiltrado na fábrica durante a noite e aniquilaram qualquer esforço de organização. Do lado de fora, formava-se uma multidão furiosa. As tensões aumentavam com as pessoas atirando pedras e erguendo barricadas com pneus em chamas enquanto a polícia revidava com gás lacrimogêneo e balas de borracha. Os manifestantes rasgaram um *outdoor* do presidente Mubarak e incendiaram edifícios públicos. Pelo menos duas pessoas morreram e 150 ficaram feridas nos enfrentamentos. Por todo o Egito o serviço de segurança

---

317. Entrevista do autor com Ahmed Salah. Cairo, mar. 2010.

318. Ver Egypt (2008a); e Clashes (2008).

prendeu centenas de pessoas acusadas de organizar o dia nacional do protesto. Sentindo o perigo, Maher procurou refúgio.

Tendo acabado a greve pela força, o regime então procurou amenizar as tensões com doações. Dois dias após a violenta repressão, o primeiro-ministro Ahmed Nazif, juntamente com um grupo de assessores, visitou os trabalhadores na fábrica têxtil. Nazif informou aos trabalhadores que receberiam um bônus equivalente a um salário de 30 dias. Várias semanas depois, o presidente Mubarak fez um gesto ainda mais generoso. Num discurso na véspera do 1º de Maio, ele anunciou um significativo aumento de salário para os funcionários públicos, junto com grandes esforços para fornecer pão, óleo de cozinha e outros alimentos básicos subsidiados. "Tínhamos falado em um aumento de 15%", Mubarak disse, "mas resolvemos dar 30%. O governo terá que encontrar recursos".

Enquanto isso, Maher e seus colegas, esperançosos de capitalizar seu recente sucesso, convocaram uma segunda greve marcada para o dia do octogésimo aniversário de Mubarak, em 4 de maio. Nesse dia, Ahmed Salah saiu às ruas e perguntou às pessoas se sabiam que havia uma greve naquele dia. "Greve? Que greve? Ninguém estava sabendo", ele disse. Foi um fracasso. O regime tinha aprendido a lição rapidamente.

O regime também sabia que Ahmed Maher tinha sido o cabeça por trás da campanha da internet. Então, esperou. Maher permaneceu escondido por um mês. "Eu costumava deixar meu telefone desligado o tempo todo e somente acessava o Facebook nos cafés, ficando no máximo meia hora on-line", ele relembra. Em 7 de maio, quando achou que as coisas tinham se acalmado, ele reapareceu. Foi imediatamente preso e levado para o temível Lazoghly, como os egípcios chamavam o imponente quartel general do Serviço de Segurança e Inteligência, localizado na Praça Lazoghly. Uma vez sob custódia, seus interrogadores arrancaram suas roupas e o espancaram. Eles ameaçaram sodomizá-lo com um bastão. Maher disse que os abusos e espancamentos continuaram por mais 12 horas. Depois de golpeá-lo brutalmente nas costas e no pescoço, seus algozes utilizavam loções para tentar conter os hematomas e os inchaços, e então, começavam a bater novamente. O motivo era simples: queriam a senha do Facebook de Maher. Ele se recusou. Do lado de fora, as manifestações e protestos conclamando a libertação de Maher já tinham começado. Quando os seguranças perceberam que não iriam chegar a lugar algum e que a pressão pela sua libertação estava aumentando, resolveram tentar negociar.[319] "Começaram dizendo coisas como: 'Tudo bem, que tal você criar uma ONG? Ou, o que acha de se tornar

---

319. Ver Egypt (2008b).

o mais jovem líder de um partido oposicionista legalizado? Não somos más pessoas. Também somos nacionalistas. Você pode trabalhar conosco'", relembra Maher.

O regime pretendia introduzir Maher no mundo artificial da política egípcia. Ele e seu movimento se tornariam os mais novos membros de uma oposição cooptada que coordena suas atividades dentro dos rigorosos limites estabelecidos pelo governo. Maher não tinha intenção de aceitar as propostas do serviço de segurança, mas queria ser solto. "Eu disse que iria pensar sobre as propostas. Fui libertado e a primeira coisa que fiz foi botar a boca no mundo", ele relembra. "Um oficial me chamou e disse: 'É assim que você concorda?' Então, pararam de me chamar. E recomeçamos o movimento a partir dali."

Os próximos dois anos representaram uma época de enorme aprendizado para Maher e os membros do movimento 6 de Abril, pois vislumbravam muito além das ruas do Cairo para adquirir suas lições. Maher contou-me sobre o fato de estudar exemplos de movimentos pacíficos ocorridos na Polônia, no Chile e na Sérvia, sobre a leitura de partes do livro *Da Ditadura à Democracia*. Seu autor, Gene Sharp, foi um ex-pesquisador de Harvard e importante estudioso da estratégia de conflitos pacíficos. Seu livro já foi traduzido em 12 idiomas e lido pelos movimentos democráticos mundo afora. "Estávamos seguindo a teoria errada", Maher me disse. "Achávamos que tomaríamos as ruas e iniciaríamos as manifestações. As pessoas ficariam furiosas, se juntariam a nós e, de repente, seríamos um milhão e derrubaríamos o regime. Mais isso estava errado."

Outros membros do movimento viajaram para o exterior para aprender mais. A primeira vez que encontrei Ahmed Salah foi em Boston, em junho de 2009, quando ele participava de um curso de seis dias organizado pelo Centro Internacional de Conflitos Não Violentos. O centro, fundado pelo multimilionário Peter Ackerman, reuniu mais de 40 pessoas de diferentes países para estudar as estratégias e táticas da luta não violenta. Cada dia os participantes se juntavam numa sala de aula para palestras e debates. Mas Salah me disse que os mais importantes discernimentos surgiram da comparação de observações com os outros ativistas. Especificamente, concentrou-se nos conselhos que recebeu de dois dos líderes do movimento estudantil sérvio que ajudaram a derrubar Milosevic. Tentativas anteriores de se organizar contra o governo, particularmente pela ala jovem do Kefaya, tinham sido detectadas devido à infiltração de informantes do regime. Ademais, Salah concluiu que as ações do seu movimento tinham sido abertas demais, na verdade, democráticas demais. "Eu sempre fui extremamente simpatizante da democracia, e diria que temos que ser o maior exemplo de democracia", disse Salah. Mas os sérvios explicaram que isso era um engano. "Deram-me a resposta referindo-se à maneira como conseguiram combater sabotagem e tentativas de infiltração. Não há democracia na liderança de um movimento de resistência. Um movimento de resistência não é um clube", ele disse. "Você não pode deixá-lo exposto a eleições e debates porque isto pode torná-lo vulnerável a todo tipo de interferência."

O modelo de um movimento democrático bem-sucedido não seria uma democracia; seria uma operação militar. Uma das principais observações de Gene Sharp era que os movimentos democráticos, mesmo se pacíficos, precisariam ser tão estratégicos e disciplinados quanto qualquer unidade militar. Foi uma lição posta em prática com muito sucesso pelos sérvios em seu movimento, o Otpor. Segundo sua perspectiva, isso era algo que os ativistas egípcios confundiam. Salah voltou ao Cairo com novas ideias para a organização do grupo. "Devido nossas experiências e participações na Juventude por Mudança, tínhamos reuniões mensalmente, que eram constantemente infiltradas pela segurança", disse Maher. "Ahmed Salah esteve comigo na Juventude por Mudança e aprendemos nossas lições no 6 de Abril. Quando Ahmed foi a Boston, ele entendeu: 'Sim, não se pode conduzir isto democraticamente'. Estamos numa luta, e numa luta contra o regime. Somos algo como uma organização militar."

Naquele mesmo mês, Mohamed Adel, membro do movimento 6 de Abril, viajou para Belgrado para participar de um *workshop* diferente. Dentre todos os movimentos jovens que estudaram, Adel relatou, eles deram especial atenção ao exemplo sérvio.[320] O logotipo do movimento 6 de Abril – o contorno de um punho fechado – era uma cópia da própria estampa do grupo sérvio. Até mesmo alguns dos *slogans* que eles pichavam nas ruas do Cairo – por exemplo, "Mubarak está acabado" – eram tirados do Otpor.[321] O *workshop* foi organizado pelo Centro de Estratégias e Ações Não Violentas Aplicadas, ou CANVAS,[322] um grupo fundado pelos líderes do movimento jovem sérvio. Seu objetivo era treinar outros ativistas para comandar uma campanha pacífica a fim de derrubar seus ditadores. Quando me encontrei com Adel no Cairo, perguntei-lhe o que tinha aprendido em Belgrado. "Aprendemos a diferença entre um movimento de protesto e um movimento de resistência", Adel me disse. "O ponto fundamental é como tirar proveito dos erros do regime."

Maher já tinha dito que eles estavam trabalhando com a "teoria errada". Estava errada porque, embora a Revolução pudesse parecer espontânea, seria preciso muito mais do que uma passeata para provocar mudanças. O desafio para o movi-

---

320. Entrevista do autor com Mohamed Adel. Cairo, mar. 2011.

321. Em 2000, na Sérvia, distribuíram adesivos que diziam: "Milosevic está acabado".

322. Sigla em inglês para *Centre for Applied Non Violent Action and Strategies*. (N.T.)

mento 6 de Abril – ou qualquer grupo de ativistas atuante em um ambiente repressivo – era manter o clima de mudança que ele tentava conseguir. Não é fácil, Maher admitiu. O modesto sucesso que conseguiram naquele dia de abril de 2008 foi o resultado inesperado do uso concomitante de uma ferramenta tecnológica (Facebook) com uma tática de resistência não violenta (uma greve geral). Obviamente, o movimento 6 de Abril deu duro para encontrar a próxima tática criativa que pudesse causar o tropeço do governo.

Um pouco mais de um mês depois que Mubarak foi deposto, sentei-me com Mohamed Adel num café no Cairo. O relógio marcava quase 23 horas e ele estava exausto. O ritmo dos acontecimentos tinha desacelerado um pouco desde os 18 dias de Revolução que forçaram a saída de Mubarak. Adel, que agora atuava como o oficial de informação do movimento 6 de Abril, disse que o grupo estava em constante contato com os militares egípcios, com partidos políticos e outros ativistas e grupos jovens. Depois de décadas sem mudanças políticas, cada semana agora parecia um ano. Perguntei então a Adel a razão do sucesso do movimento naquele momento. A pobreza, a repressão, os abusos, a falta dos direitos básicos – tudo isso foi real por anos. O que fez desse movimento diferente dos outros?

Adel viu muitos fatores. Primeiro ele apontou o caso de Khaled Said, um jovem que foi brutalmente assassinado por dois policiais em frente a uma *LAN house* sete meses antes. A campanha em razão da sua morte – especialmente a página do Facebook "Somos todos Khaled Said" – serviu como um enorme despertar, inflamando a opinião pública e, um pouco antes da Revolução, contribuindo na divulgação da mensagem para participar das manifestações. Mas logo ele admitiu que já houve muitos "Khaled Saids" antes, que muitas pessoas conheciam alguém que já tinha sido abusado, torturado, sofrido muito nas mãos da polícia. Então ele mencionou as eleições parlamentares de novembro de 2010, que tinham sido uma farsa. Claro, não foi a primeira eleição adulterada pelos correligionários de Mubarak. Por último, ele ressaltou mais um ponto: Tunísia. "Depois da Revolução na Tunísia, dissemos que deveríamos começar", disse Adel. "Porque a Tunísia permitiu que a opinião pública finalmente se convencesse de que os protestos realmente poderiam conseguir alguma coisa."

A Tunísia alimentou o momento, e a juventude egípcia, especialmente uma turma de velhos lutadores, agarrou a oportunidade. O exemplo dos tunisianos se rebelando contra Ben Ali mudou as condições em que os jovens ativistas do país agiam. Desta vez, quando se dirigiram à periferia do Cairo em busca de apoio, as pessoas saíram de suas casas, juntaram-se aos vizinhos e engrossaram as manifestações. O temor coletivo que impedia as pessoas comuns de levantarem suas vozes estava desaparecendo. Se os tunisianos podiam se livrar de um tirano, por que eles não poderiam fazer o mesmo? Em vez de protestos de centenas, os números rapidamente subiram para milhares, dezenas de milhares, enquanto os egípcios se encaminhavam para a Praça Tahrir. Todos procuravam um jeito de participar. "A menor coisa que pudessem fazer, eles faziam", relembra Adel. "Quando começaram a jogar gás lacrimogêneo em nós, as mulheres sabiam que o que poderia nos ajudar muito seria o vinagre. Então, começaram a jogar garrafas de vinagre de suas sacadas para nós."

Todavia, foi mais do que milhares de pequenos atos de coragem. Anos de aprendizagem, anos de erros e acertos foram importantes nas decisões que nesse momento fizeram a diferença. No passado, os protestos geralmente aconteciam no centro do Cairo, em frente dos edifícios do governo ou do Sindicato dos Jornalistas. Em 25 de janeiro de 2011, as manifestações seguiram um caminho diferente. Os ativistas escolheram mais de uma dúzia de localidades pela cidade, priorizando as áreas mais pobres onde chamavam as pessoas para participar. "A ideia era tentar criar muitos pontos estratégicos onde pudessem surgir mais protestos", relembra Salah.[323] Além de começar as manifestações onde as pessoas moravam, esta estratégia tinha uma vantagem importante: forçaria as tropas de segurança a se dispersarem por vários locais em vez de se concentrarem num ponto central. Pequenas equipes de ativistas demarcaram ruas específicas em determinadas áreas onde começariam as manifestações. "Sua função era percorrer as ruas secundárias gritando e fazendo com que as pessoas aderissem", disse Salah. "Assim que formassem um número significativo de pessoas, dirigiriam-se para uma rua maior, e assim sucessivamente. Quando tivessem uma grande multidão, iriam para as áreas mais centrais estabelecidas."

Kamel Arafa, um jovem de 25 anos do movimento 6 de Abril, fazia parte de uma das equipes avançadas enviadas para recrutar as pessoas. Ele passou vários dias na Rua Arab League, área de classe média alta de Mohandessin. Arafa conhecia a região muito bem, pois já tinha morado ali, mas sua preparação tinha um foco particular. Ele passou vários dias monitorando a área por causa dos caminhões que o serviço de segurança usava para transportar as tropas de choque. Perto de 25 de janeiro, ele queria saber quais as rotas utilizadas e onde os caminhões estacionavam. Arafa planejou começar pelas ruelas mais apertadas, ruas estreitas demais para a circulação dos caminhões da segurança. Ele também assinalou rotas de fuga que permitissem uma saída rápida dos manifestantes, se fossem forçados a recuar. Quando chegou o dia, Arafa estava espantado com o rápido crescimento da multidão. Ele acredita que

---

323. Entrevista do autor com Salah.

foi devido às táticas. A preparação foi essencial. Todavia, como os outros, ele acreditava que isso era bem mais do que um plano bem articulado. O momento também foi crucial. "A Revolução tunisiana despertou a fé das pessoas de que as coisas podem mudar", disse Arafa.[324]

Pode-se imaginar o choque no Ministério do Interior do Egito quando a tropa de choque do regime foi completamente dominada pela multidão nas ruas. Mas o Ministro do Interior, Habib El-Adly, deve ter reconhecido as digitais de um de seus antigos adversários nos planos que abalaram suas unidades de segurança. Omar Afifi – o mesmo policial egípcio que foi forçado a deixar o país vários anos antes, encontrando-se com Adly lá pelos idos de 1995, quando Adly comandava a polícia do Cairo – tinha sido um dos arquitetos da estratégia que a juventude usou contra a polícia. Foi Afifi quem recomendou começar nas menores vielas e trilhas da cidade. Ele também recorreu ao seu conhecimento de táticas policiais para ajudar desenvolver um manual que possibilitaria mais eficiência dos manifestantes contra as forças de segurança.[325] O documento de 26 páginas estava repleto de conselhos úteis. Ele, por exemplo, instruía os manifestantes a usarem vestimentas e óculos apropriados para se protegerem do gás lacrimogêneo.[326] Mostrava como transformar material caseiro, como papelão e garrafas plásticas, em espécies de armaduras. O manual demonstrava como as tampas de latas de lixo poderiam ser usadas como escudo contra os cassetetes. Aconselhava os manifestantes a gritar palavras de ordem positivas – como "Vida longa ao Egito" – e tentar serem amigos dos seguranças sempre que possível. "Distribuímos [o manual] e muitas pessoas o fizeram também", disse Adel. "Dei aos manifestantes porque precisavam de algumas orientações. Orientava como se proteger das balas de borracha, por exemplo."

Depois que a Praça Tahrir foi ocupada, outros se apresentaram. Muitos se dispuseram a fornecer comida ou suprimentos médicos. Com o passar dos dias, a divisão de tarefas na praça se tornou mais organizada. Antes, as pessoas apenas gritavam se precisassem de um médico. Pouco depois, pessoas com conhecimento médico estavam usando adesivos indicando que eram médicos. Membros da Irmandade Muçulmana, há muito acostumados a lidar com movimentos proibidos, ajudaram a estabelecer um perímetro para proteger os manifestantes do regime. Algumas das dicas eram como soltar os paralelepípedos se precisassem se defender de algum ataque. Vários meses após a Revolução, só sobrou areia em muitos trechos da Praça

---

324. Entrevista do autor com Kamel Arafa. Cairo, mar. 2011.

325. Entrevistas com Salah e Omar Afifi. Falls Church, Virgínia, jul. 2011.

326. Entrevistas do autor com Adel e Afifi.

Tahrir, onde os paralelepípedos foram retirados. "Houve uma época que tudo o que queríamos era fazer uma manifestação na Praça Talaat Harb. Talvez a presença de não mais do que 500 pessoas seria o nosso sonho", disse Kamel Arafa. "Mas, quando você está na Praça Tahrir cercado de um milhão de pessoas – Uau, é emocionante!"

* * *

Naquele primeiro encontro com Ahmed Maher, ele estava quieto, preciso em suas respostas e extremamente sério. Por quase três horas ele não sorriu; jamais gargalhou. Ele estava sentado em sua cadeira, ligeiramente inclinado para frente, ombros arqueados e as mãos no colo. Ocasionalmente, espiava as mesas das pessoas mais próximas a nós ou então para a saída do restaurante. Ele não parecia nervoso, apenas extremamente atento ao ambiente, como um animal alerta à presença do seu predador natural, músculos tensos e prontos para qualquer emergência. A última coisa que me disse foi: "Cortar o relacionamento entre o regime e suas ferramentas que é o difícil. Eliminar os canais entre o exército e o Estado é realmente difícil. Quase impossível. Mas, temos esperança que, com números e vontade suficientes para mudar, quando chegar a hora, eles cairão fora ou se juntarão a nós, como o que aconteceu na Sérvia".

A hora chegou. Na sexta-feira, 11 de fevereiro de 2011, depois de 18 dias de protestos e incontáveis egípcios tomando as ruas, o exército preferiu abandonar Mubarak.

Vi Ahmed Maher mais uma vez, depois da Revolução. Foi ao acaso. Eu caminhava pela rua e, ao dobrar uma esquina, lá estava ele, sentado em frente a um café. Era quase meia-noite no Cairo e ele estava com uma dúzia de amigos mais ou menos. Eles juntaram várias mesinhas para ficarem mais próximos. Um grupo de jovens amigos, reunidos numa sexta-feira tarde da noite, divertindo-se animadamente. Nada poderia ser mais natural. Eu não teria olhado duas vezes se não tivesse reconhecido seu rosto.

VI – O Faraó

Samira Ibrahim, uma gerente de vendas de uma companhia de cosméticos no Alto Egito, viajou oito horas para chegar à Praça Tahrir. Os protestos já tinham começado. Embora com apenas 25 anos, ela já participava de manifestações e passeatas desde a adolescência. Assim que chegou ao Cairo, decidiu ficar. Acampou com a multidão durante dias. Ela estava lá quando o presidente Hosni Mubarak caiu fora, e também participou das estridentes celebrações que se seguiram. Todavia, mesmo depois da saída de Mubarak e do retorno de muitas pessoas para suas casas, Samira permaneceu lá. Ela estava no meio de aproximadamente mil manifestantes que estavam convictos em permanecer acampados na praça como um lembrete para os generais egípcios, agora no controle do país, sobre as promessas ainda não cumpridas. Na sua cabeça, a Revolução estava incompleta. Portanto, na tarde de 9 de março, quase um mês após a saída de Mubarak, Samira ainda estava lá.[327]

A violência começou logo depois das 15 horas. Um imenso grupo de capangas reuniu-se perto da rotatória em Tahrir. Dirigiam-se violentamente aos presentes, manifestantes pacíficos como Samira, gritando: "A população quer a praça limpa! Vamos tirá-los da praça!". Esses assassinos, muitos com bastões de madeira e canos de metal, começaram a cercar a rotatória. Quando chegaram perto da entrada da estação do metrô, começaram a atirar pedras e paus nos manifestantes. Acabaram com o acampamento dos manifestantes no meio da praça, destruindo barracas e espancando quem estivesse no caminho. "Começamos a enviar pedidos de socorro pelo Facebook, tentando conseguir ajuda", relembra Ahmed Amer, um ativista de 24 anos que estava na praça na época. "Nossos números começaram a crescer e [os novatos]

---

327. Entrevista do autor com Samira Ibrahim. Cairo, mar. 2011.

200 | Escola dos ditadores

estavam nos ajudando a defender nossas barracas. Enquanto [os capangas] nos atacavam com lâminas, nós nos defendíamos com pedras."[328]

Quando os manifestantes de imediato viram a chegada das primeiras unidades militares, imaginaram que tivessem vindo para defendê-los. Afinal de contas, os militares egípcios ficaram do seu lado durante a Revolução. Os oficiais do exército ficaram de prontidão na praça e quando finalmente chegou a hora, os militares ficaram do lado do povo, não de Mubarak. Foi quando os soldados entraram na praça que Samira percebeu que algo estava errado. Os soldados não estavam prendendo os capangas; estavam prendendo os manifestantes enquanto os agressores armados perseguiam as pessoas fora da praça.

Samira, contudo, não conseguiu fugir. Um soldado a agarrou, rasgou seu capuz e a atirou no chão. Os soldados a espancaram e lhe deram vários chutes. E então, ela e cerca de 200 manifestantes foram arrastados para o Museu do Egito, situado ao norte da praça, para serem torturados. Para muitos que arriscaram tudo para depor um ditador e colocar o Egito no caminho da democracia, a quarta-feira, dia 9 de março, foi um ponto decisivo: o momento em que ficou inequivocamente claro que os militares egípcios não eram os guardiões da Revolução que os manifestantes pensavam que fossem.

Assim que adentrou o complexo do museu, Samira foi algemada a uma parede com cabos elétricos. Por quase sete horas – a cada cinco minutos, ela relatou – um soldado lhe aplicava choques elétricos que percorriam todo o seu corpo com um espeto de marcar gado. Os soldados jogavam água nela e nos outros para intensificar os choques que eram aplicados nas pernas, ombros e estômago. Os agressores continuavam repetindo: "Vocês pensam que são melhores que Hosni Mubarak? Digam que o amam!". Ela implorava que os soldados parassem. Em resposta, ela repetia o que os manifestantes tinham cantado antes na Praça Tahrir durante a Revolução: "Vocês são meus irmãos. O exército e o povo são um só". Os soldados riam e retrucavam: "Não, os militares estão acima da Nação. E vocês merecem isso".

Quase às 23 horas, Samira e mais 16 mulheres foram levadas ao gabinete do promotor. Lá, os oficiais militares argumentaram que encontraram facas e material para a confecção de coquetel Molotov com as manifestantes femininas; na verdade, os soldados tinham plantado todas as provas. Então, as mulheres foram levadas para uma das principais prisões militares. Samira foi mantida lá durante os próximos três dias. Nesses dias, os abusos, insultos e intimidações continuaram. Os soldados cuspiam nela. Todos os seus pertences foram roubados. Quando reclamou, um oficial

---

328.   Entrevista do autor com Ahmed Amer. Cairo, mar. 2011.

lhe disse: "Não diga uma palavra ou eu lhe mato e ninguém perguntará por você". Suas refeições eram pão molhado com querosene.

Entretanto, o momento mais humilhante foi quando a trouxeram pela primeira vez para a prisão. Ela e as outras mulheres tiveram suas roupas arrancadas e forçadas a passar por um exame para provar se eram virgens. Os oficiais disseram a Samira que toda mulher que não fosse virgem também seria acusada de prostituição. Eles a levaram para uma sala; não era um consultório e ela não acreditava que o oficial fosse um médico. Um pouco antes de sofrer tal humilhação, ela gelou. Logo atrás do homem que iria atendê-la, ela se deparou com uma foto pendurada na parede. Era o retrato de Hosni Mubarak. Ela perguntou ao soldado: "Por que vocês mantêm isso aí?".

"Porque gostamos dele."

Revolução ou Sucessão

Os egípcios amam seus militares.[329] São os protetores do Egito, os defensores da nação. Desde pequenos, as escolas os educam sobre o heroísmo e o sacrifício dos militares durante a guerra de 1973 contra Israel. Os regimes sob o comando dos presidentes Gamal Nasser, Anwar Sadat e Hosni Mubarak – todos ex-generais – endeusaram as Forças Armadas pelo seu patriotismo e o papel que desempenharam no término da monarquia egípcia em 1952. Considerando que as instituições civis do país se permitiram deteriorar em irresponsáveis e corruptas ilhas de desmandos, os militares egípcios mantiveram uma linha de profissionalismo. O cidadão egípcio acredita muito mais nos militares do que na inchada e ineficiente burocracia do país ou na odiada polícia. Quando os altos preços resultaram nos tumultos sobre a escassez de pão em 2008, foram os militares que apaziguaram a situação distribuindo pão de suas próprias padarias. Eu mesmo presenciei fatos correlatos em 2006. Naquele ano, o Egito foi escolhido para receber a Copa das Nações da África, o mais importante campeonato de futebol do continente. Todavia, ao se aproximar a data da competição, era evidente que as empreiteiras contratadas pelo governo para a construção e reforma de estádios não conseguiriam honrar o prazo de entrega. Novamente, os militares entraram em ação enviando seus equipamentos e mão de obra para terminar o serviço a tempo. Mesmo durante os últimos anos do reinado de Mubarak, ouviram-se rumores da oposição conclamando abertamente pelo comando dos militares. A mensagem era clara: o militarismo egípcio era a única instituição que funcionava.

---

329. Robert Springborg, professor da Escola Naval de Pós-graduação, é um dos principais especialistas sobre o militarismo egípcio. Para uma excelente análise da relação entre o militarismo egípcio e o regime, ver Springborg e Henry (2011); e Golberg (2011).

202 | ESCOLA DOS DITADORES

Foi mantendo essa crença que os militares se tornaram um dos heróis da Revolução de 2011. No começo, quando os tanques adentravam a Praça Tahrir e as unidades militares marcavam posições erguendo barreiras de concreto e arame farpado, os jovens oficiais egípcios eram bem-vindos e saudados. Os agora famosos *slogans* dos manifestantes – "O exército e o povo são um só!" – ecoava pelo Cairo. Mesmo se a mais alta patente ainda não tinha decidido a quem apoiar, não era difícil para as pessoas aceitar os soldados rasos como "irmãos de sangue". E quando finalmente chegou a hora, os generais do país entenderam que o ditador a quem serviam tinha se tornado um fardo pesado demais. Abandonaram seu comandante e silenciosamente assumiram o controle do governo em 10 de fevereiro de 2011. No dia seguinte, perto das 18 horas, um solene Omar Suleiman deu a notícia à população. Suleiman, o ex-chefe do Serviço de Inteligência que tinha se tornado o primeiro vice-presidente de Mubarak há apenas 13 dias, anunciou que Mubarak tinha "decidido renunciar ao posto de Presidente da República e instruiu o Alto Comando das Forças Armadas a assumir o comando do país". Os militares, conforme o sentimento popular, tinham escolhido ficar com o povo.

Os acontecimentos de 9 de março foram uns dos primeiros numa constante série de incidentes que manchariam a imagem dos militares. Entretanto, com o imenso prestígio dos militares ainda aflorando, demorou para que a sociedade egípcia questionasse a integridade e intenções dos seus homens fardados. "As pessoas adoram o exército. Eles apoiarão o exército mesmo que esse cometa abusos", disse-me um ativista dos direitos humanos.[330] "As pessoas se recusam a acreditar nos casos de tortura. Eles acessam o Facebook onde há vídeos de vítimas de tortura mostrando as marcas em suas costas, e os comentários ainda continuam sendo, 'Não é verdade!'."

Em primeiro lugar, ninguém acusou o Conselho Supremo das Forças Armadas de protagonizar um golpe. Havia uma grande expectativa de que o Marechal de Campo Mohamed Hussein Tantawi e mais 18 generais governassem por um curto período, cobrindo o espaço entre a queda de Mubarak e a realização das novas eleições que, esperava-se, colocaria o Egito numa direção realmente democrática. Com essas eleições, os militares voltariam aos seus quartéis. O único problema neste cenário era que os militares egípcios não tinham estado confinados em seus quartéis por décadas.

Especificamente falando, o Egito de Mubarak não poderia ser rotulado de uma ditadura militarista tão claramente como, digamos, a junta militar da Birmânia certa vez foi. O Egito tinha um presidente, realizava eleições, tolerava moderados partidos oposicionistas, tinha ramificações governamentais e outros truques democrá-

---

330.   Entrevista do autor com ativista dos direitos humanos. Cairo, mar. 2011.

ticos. Além disso, o poder político estava nas mãos de Mubarak. Mas a rotulação de uma ditadura militarista carrega muito mais veracidade do que outras possíveis descrições. Por contraste, os militarismos da China, Irã, Rússia e Venezuela são altamente influentes, mas não são melhores do que as instituições militares do Egito. A influência militar no Governo egípcio foi muito além da de Mubarak como ex-general. A maioria dos governantes do país foi composta por ex-generais. Era normal, então, que os conselheiros diretos e oficiais de gabinete de Mubarak tivessem uma patente militar. E, como a instituição mais influente no regime, as Forças Armadas puderam expandir seus interesses além da defesa da nação. De fato, o império com o qual os atuais militares egípcios estão preocupados é o seu próprio império empresarial.[331] Os militares engarrafam água, constroem estradas, vendem azeite, operam minas, fabricam veículos e administram uma bem-sucedida cadeia de hotéis e *resorts*. No cotidiano egípcio é fácil entrar em contato com algum empreendimento com ligações militares. O controle de tantos negócios resulta em atraentes bonificações e privilégios principalmente aos oficiais militares mais graduados. Então, a pergunta que não poderia faltar: Por que uma instituição que tanto tem se beneficiado do sistema procuraria mudá-lo?

Após algumas semanas do afastamento de Mubarak, muitos egípcios começaram a ter uma temerosa sensação de que a definição dos militares de uma revolução democrática era bem diferente daquela que eles imaginavam. Os militares não se movimentaram no sentido de fazer com que os civis participassem das tomadas de decisões. Ao contrário, os ativistas acreditavam que as então chamadas sessões de diálogo dos militares eram inúteis e muito semelhantes às velhas táticas do regime anterior. Os militares recusaram-se a acabar com a Lei de Emergência[332] – uma exigência prioritária dos manifestantes – que permitia prisões sem provas, por exemplo, a detenção de civis sem acusações e proibia greves e manifestações públicas. Essas leis estiveram vigentes durante todos os 30 anos do reinado de Mubarak e eram um dos piores símbolos do seu regime repressivo. Na verdade, em vez de abrandar alguns dos instrumentos mais repressivos de Mubarak, os militares aplicaram alguns dos seus – como o julgamento de civis em tribunais militares – com mais intensidade.[333] Em vez de tentar acabar com o aparato de segurança estatal que oprimiu as pessoas

---

331. Ver Kilpatrick (2011b); e Cambanis (2010).

332. A *Lei de Emergência* foi imposta por Mubarak após o assassinato do presidente Anwar Sadat, em 1981, sendo renovada ano a ano. Mubarak instituiu essa norma a fim de suspender as liberdades de imprensa, associações e ONGs, ampliar os poderes dos órgãos de segurança e anular os direitos civis e políticos, com a justificativa da luta contra o terrorismo ou a intervenção estrangeira no país. (N.E.)

333. Ver Dobson (2011c); e Human (2011).

por décadas, os generais simplesmente trocaram seu nome. A partir desses exemplos, Hayam Ahmed, um professor de meia idade e ativista em Tahrir, disse-me: "Descobrimos que o regime ainda está aí. E faz parte do exército".[334]

De qualquer forma, 2011 não poderia ser um novo 1952 num importante aspecto. Embora o golpe final tenha partido dos militares, Mubarak não tinha sido deposto por um pequeno grupo de generais, como aconteceu com o rei Faruk. Foi uma rebelião popular. O povo egípcio, desafiando o mito da sua própria apatia, levantou-se para exigir e acabar com o regime de Mubarak. E, conscientes do seu poder coletivo, não hesitariam em retornar à Praça Tahrir, lugar que se tornou o marco das mudanças políticas. Os manifestantes continuaram conquistando concessões do Conselho Supremo das Forças Armadas logo depois que esse assumiu o poder. Poucos duvidavam que os militares egípcios pretendiam voltar ao que era antes e que Tantwai queria permanecer à frente do regime. O centro das atenções poderia cegar, e era um território não muito familiar aos generais. Entretanto, com o passar dos meses, tornou-se cada vez mais difícil argumentar que eles não procuravam por uma versão do velho *status quo*, embora renovado. O autoritarismo, como os egípcios aprenderam, era muito mais duradouro do que o destino de um simples ditador.

Não é como um negócio qualquer

A piada era assim. Na véspera das eleições presidenciais, o Primeiro-ministro foi ver Hosni Mubarak. Ele disse ao presidente: "Embora eu tenha certeza que o senhor não precisará, apenas por precaução, o senhor poderia preparar um discurso de despedida para o povo egípcio".

Mubarak retrucou: "Por que? Para onde eles estão indo?".

Era uma piada popular em 2010, quando Mubarak se preparava para entrar na terceira década como presidente do Egito.[335] Na época, havia especulações maldosas entre os egípcios de que seu presidente finalmente deveria sair de cena. Mubarak não tinha dado nenhum sinal de que estivesse saindo. Ao contrário, ele permanecia internado no Hospital da Universidade de Heidelberg na Alemanha, recuperando-se de uma cirurgia de urgência. Naquele momento, a única coisa que os egípcios poderiam imaginar que pudesse livrá-los do seu ditador seria sua própria morte.

Mesmo para uma civilização antes comandada por faraós, 30 anos no poder era um feito considerável. Mubarak foi o terceiro governante com mais tempo no comando durante seis mil anos de história do Egito. Por volta de 2011, ele superou

---

334. Entrevista do autor com Hayam Ahmed. Cairo, mar. 2011.

335. Ouvi a mesma coisa de três pessoas diferentes em apenas uma semana.

a marca dos três últimos presidentes juntos em tempo de permanência no poder. Durante anos ele acompanhou a entrada e saída dos chefes de Estado do seu mais importante aliado estrangeiro, os Estados Unidos. Barack Obama foi o quinto presidente norte-americano a recebê-lo na Casa Branca.

Mubarak, um irrelevante e pálido vice-presidente e ex-comandante da Força Aérea, chegou ao poder depois do assassinato do presidente Anwar Sadat pelos militantes islâmicos.[336] Dizem que Mubarak alertou Sadat a não comparecer na parada militar que foi o palco de sua morte.[337] Sadat, que supostamente recusou-se a vestir um colete à prova de balas porque estragaria a aparência do seu uniforme estilo prussiano, foi atingido no estande de revista das tropas, ficando com o corpo crivado de balas. Surpreendentemente, Mubarak, que estava junto a ele naquele 6 de outubro de 1981, quando os assassinos abriram fogo, saiu totalmente ileso. Após oito dias, ele estava prestando juramento como o quarto presidente do Egito desde a independência do país.

Hosni Mubarak não era uma figura inspiradora. Não tinha o dom da oratória. Até mesmo os seus amigos admitiam que ele não tinha conseguido nenhuma vitória relevante, nem política ou militar, durante décadas desde que se tornou presidente. Quando o Cairo foi atingido por um enorme terremoto em 1992, que matou centenas e feriu milhares, foi a Irmandade Muçulmana, o poderoso grupo oposicionista islâmico, e não o seu governo, que primeiro socorreu as pessoas com alimentos, água e cobertores. Fora um mísero crescimento econômico registrado nos últimos anos, o Egito não se saiu muito bem sob o comando de Mubarak. Aproximadamente 44% dos egípcios ainda vivem com não mais de 2 dólares por dia.[338] Menos da metade dos lares têm saneamento básico.[339] Praticamente, 30% da população adulta é composta de analfabetos.[340] No *Relatório de Desenvolvimento Humano* do Programa de Desenvolvimento das Nações Unidas, o Egito está classificado no 101º lugar num universo de 169 países, logo atrás do Casaquistão, Turquemenistão e do devastado Sri Lanka.

Naturalmente, como acontece com outros autocratas do Oriente Médio, a longevidade do governo de Mubarak em parte baseava-se no temor. O Ministério do

---

336. Como vice-presidente, Mubarak esteve sempre à sombra de Sadat. Durante uma reunião com Sadat, Henry Kissinger tinha imaginado, erroneamente, que o vice-presidente Mubarak fosse um mero auxiliar de Sadat. Ver obra de Mary Anne Weaver (1999, p. 36).

337. Sobre o assassinato do presidente Anwar Sadat, ver Weaver (1999, p. 61).

338. Ver Beinin (2010).

339. Ver Rodenbeck (2010).

340. Ibid.

Interior, responsável pela supervisão do aparato de segurança interna do regime, empregava mais de 1,5 milhão de pessoas e tinha um orçamento de mais de um milhão de dólares.[341] Mas a fórmula de Mubarak dependia de mais coisa além da rigorosidade do regime. Sua ferramenta política básica era alimentar o medo das pessoas sobre o que poderia acontecer se ele não estivesse lá. Ele e seu partido governista, o Partido Nacional Democrático (PND),[342] constantemente lembravam os egípcios disso, mas, conforme o conhecimento do seu presidente, desde muito tempo o país tem sido atingido pelas agitações violentas do Oriente Médio ou se tornado vítima de uma crescente onda de fundamentalismo islâmico. Ele baseava sua legitimidade numa história alternativa, em eventos que não tinham acontecido, mas que ele insistia que poderiam acontecer. O principal argumento político de Mubarak era um temeroso desconhecimento que ele habilmente apresentava à população com a convicta certeza. A mensagem era o ponto principal das conferências anuais do partido governista.[343] Em 2009, por exemplo, momentos antes de Mubarak subir ao púlpito para um discurso, os delegados assistiram a um breve vídeo. Lá, na grande tela, os membros do partido foram brindados com uma montagem de ações violentas pelo Oriente Médio afora – bombardeios, fuzilamento com metralhadoras, o caos da devastação causada pela guerra em subúrbios e ruas – com uma mensagem familiar: sem Mubarak, estas imagens seriam de redondezas e ruas egípcias.

Ainda assim, como uma década dá lugar à outra, torna-se cada vez mais difícil depender do mesmo método e mensagem – mesmo que tenham sido eficazes – para manter um regime. Qualquer sistema, até mesmo uma ditadura, deve sempre encontrar formas de renovar sua legitimidade perante seus cidadãos. Vladimir Putin trocou o gabinete de presidente pelos aposentos de primeiro-ministro, ainda que temporariamente, para manter uma fachada democrática. Em tempos ruins, Hugo Chávez costumava atacar o "império" do norte. A China, claro, teve seu vistoso crescimento econômico. E, com as mudanças no mundo, também cresceram as pressões sobre os atuais faraós do Egito. Pelo menos foi assim que um graduado membro do partido governista me explicou: "Mubarak reconheceu que não é como um negócio qualquer. E ele não poderia continuar agindo ou governando do mesmo jeito".[344]

Essas palavras eram de Ali Eddin Hilal, o secretário de imprensa e porta-voz do partido governista. Hilal serviu ao governo de Mubarak por muitos anos. Ele rece-

---

341. Ver Brownlee (2011). Brownlee é um proeminente estudioso tanto do Egito quanto do autoritarismo. Recomendo ver sua profunda obra: Brownlee (2007).

342. O *Partido Nacional Democrático* é um partido político egípcio, fundado pelo presidente Anwar El Sadat em 1978. (N.E.) *National Democratic Party* (NDP), em inglês. (N.T.)

343. Entrevista do autor com funcionário do PND. Cairo, mar. 2010. Ver também Saleh e Khalaf (2009).

344. Entrevista do autor com Ali Eddin Hilal, mar. 2010.

beu seu mais importante posto em 2001, quando Mubarak o indicou – juntamente com seu próprio filho, Gamal Mubarak – para o Comitê Executivo do Secretariado Geral, o pequeno organismo que supervisiona as atividades diárias do partido governista. Com formação em ciência política, Hilal obteve um grau de Ph.D. na Universidade McGill de Montreal nos anos 1970, estagiou como professor visitante na UCLA e em Princeton, e durante um bom tempo manteve um cargo na Universidade do Cairo. Embora fosse velho o suficiente para pertencer à velha guarda do regime, Hilal era polido e incisivo e tinha um grande poder de persuasão, qualidades que o aproximavam da geração pró-empresarial mais jovem associada à Gamal. De fato, várias pessoas com quem falei referiam-se a Hilal como o "treinador de Gamal" – um dos encarregados a auxiliar na preparação do filho que um dia substituirá o pai. Nós nos encontramos em menos de 10 meses antes do fim do regime na empresa de advocacia do seu filho, cujas dependências eram tão atraentes e estilosas como qualquer firma de arquitetura de Manhattan.

Fiquei surpreso quando Hilal disse que Mubarak tinha reconhecido a necessidade de mudar a forma de governo. É bastante raro um porta-voz de um ditador associar qualquer mudança de comportamento a forças além do controle do regime. Tipicamente, poderia se esperar muito falatório insosso sobre uma "escolha cuidadosa em nome dos interesses da população", conversa especificamente destinada a encobrir as verdadeiras razões das direções tomadas ou revertidas.

A questão óbvia era, por que, depois de governar por tanto tempo, Mubarak tinha decidido que não era mais um negócio como outro qualquer? O que tinha mudado?

"Porque você reconhece que a democratização está se expandindo", Hilal explicou. "Você reconhece que é preciso democratizar cada vez mais."

"Um fator ainda maior", ele continuou, "pode ser a mudança do ambiente global. Lembre-se que estes são os anos dos satélites, da Al Jazira, da internet. Você começa a pensar: 'Bem, as coisas não podem continuar como antes. Não tenho mais a habilidade de monopolizar as informações'. Você começa a reconhecer a importância da transparência. Não necessariamente porque é uma pessoa aberta, mas para manter sua capacidade. Simplesmente por razões práticas, pragmáticas".

Os 10 anos anteriores foram tumultuados para o regime.[345] Protestos políticos, provocados pelo bombardeio de Israel à Cisjordânia e a guerra norte-americana no Iraque, surgiram nas ruas do Cairo e rapidamente voltaram-se em forma de manifestações contra o Governo egípcio. Esses acontecimentos, assim como o crescente

---

345. Agradeço profundamente o blogueiro Hossam El-Hamalawy por sua ampla abordagem desses anos e sobre o papel que os blogueiros começaram a desempenhar desde então (Cairo, mar. 2010).

número de greves trabalhistas, foram transmitidos por redes de TV a cabo como a Al Jazira. As notícias se espalharam ainda mais pelos blogueiros que frequentemente mostravam os terríveis vídeos sobre as violentas ações repressivas do governo. Durante algum tempo, as críticas dos governos estrangeiros, principalmente dos Estados Unidos e da União Europeia, cresceram. Mesmo com um pequeno espaço para operar, jornais opositores tornaram-se altamente críticos a Mubarak. Em resposta a essas e outras pressões, Hilal explicou, tinha que encontrar novas formas de manter seu controle. Tinha que se adaptar. "A elite governista de plantão foi inteligente o suficiente para ver a escrita na parede", disse Hilal, referindo-se às pressões por liberdade. "Assim que você vê a escrita na parede, você inicia o processo. De um lado, você vê os *slogans* dos seus oponentes e, em vez de tornar-se um alvo das mudanças, você se torna um aliado, na verdade, um líder das mudanças."

Em outras palavras, o regime tentou manter o controle do seu próprio destino, em parte pela cooptação daquelas tendências que ameaçavam enlouquecê-lo. Hilal apressou-se a ressaltar que era importante entender que tudo continuava bem calculado. "Era uma reforma iniciada, esquematizada e regulada pela elite governista e, em particular, pelo presidente", ele disse. Mubarak imaginou tirar proveito da situação; ele procurou adiantar-se a essas forças e ajustá-las.

Pelo menos, esta era a teoria.

O Egito não foi abençoado com grandes reservas petrolíferas. Diferente da Rússia e da Venezuela, o regime não tinha como canalizar as grandes fortunas da comercialização do petróleo ou do gás natural na compra do apoio popular. E também não criou nada parecido com um milagre econômico ao longo das margens do Nilo. Diferentemente da China, ninguém quer seguir o "modelo egípcio" de tirar o povo da miséria, modernizar a infraestrutura ou criar um crescimento econômico sustentável. Todavia, como explicou Hilal, sob constantes pressões, o regime de Mubarak estava tentando aperfeiçoar mais uma estratégia de sobrevivência para os ditadores modernos: a arte de conceder espaço político para poder mantê-lo.

Nos últimos anos do governo de Mubarak, se você mantivesse os olhos fechados e apenas ouvisse os pronunciamentos públicos dos oficiais egípcios, você acreditaria que o sistema político do país estava sob constante renovação. Políticas e práticas estavam sendo "reformadas", "alteradas", "revistas", "modernizadas", "melhoradas" e "desenvolvidas". Mas toda aquela improvisação e falatório tentavam encobrir o fato de que nada tinha mudado. Na verdade, a verdadeira especialidade do regime era redesenhar os limites do que era permissível – e do que não era. Como uma válvula de segurança, o regime tentava liberar a pressão do sistema sem comprometer seu controle fundamental. O desafio do governo era manter uma aparência democrática sem acidentalmente conceder alguma liberdade que se tornasse uma significativa ameaça ao seu domínio.

Veja, por exemplo, um elemento básico da liberdade de expressão: o direito de criticar publicamente o presidente.[346] Durante os anos 1980 e 1990, ninguém no Egito sairia às ruas e denunciaria Mubarak. Entendia-se que qualquer um que ousasse fazê-lo arriscava-se a ser trancafiado na prisão. De fato, a proibição informal era tão grande que os egípcios somente se referiam à "instituição presidencial" ou à "presidência" – algo que realmente não existia na Constituição – como um código para Mubarak. Declarar-se abertamente contra o presidente era um limite que não poderia ser ultrapassado.

Mas, finalmente foi abandonado. Nos últimos anos, quando os protestos atingiram o centro do Cairo, não era raro ouvir o povo gritar: "Abaixo Mubarak!". Assim, começando com as manifestações por causa das intervenções militares de Israel em Jenin e outras cidades da Cisjordânia em 2002, os estudantes e ativistas começaram a direcionar sua fúria aos seus próprios governantes, e alguns dizem que foi quando a gritaria contra os seus líderes de longa data foi ouvida pela primeira vez. Em 12 de dezembro de 2004, Kefaya, o indireto movimento oposicionista ao qual Ahmed Maher se juntou mais tarde, organizou o primeiro manifesto essencialmente antiMubarak.

A partir de 2005, era comum a crítica abertamente declarada ao presidente ou à corrupção exercida pela sua família. Em algum ponto, o regime calculou que os custos da manutenção da proibição seriam maiores que os benefícios. No final, com a continuação desse sentimento, que diferença faria se algumas centenas de pessoas gritassem: "Mubarak deve sair!", até ficarem roucas? Na verdade, era bastante adequado para que os oficiais egípcios pudessem usar o fato de que a população poderia amaldiçoar seu presidente em praça pública como um sinal de que a sociedade estava ficando cada vez mais livre. "Portanto, os limites não são aqueles que existiam antes", Abdel-Razek, o ativista dos direitos humanos, disse-me no início de 2010. "Mais uma vez, não que Mubarak acordará um dia e dirá: 'O lugar desse filho da puta é na prisão', e esse filho da puta será preso imediatamente. Todavia, eles aprenderam."[347]

A prova mais evidente dessa mudança nas táticas foi como o regime se pronunciou. Pouco tempo antes, o governo de Mubarak recebia as críticas com negações e insultos. Se um grupo de direitos humanos publicasse algum relatório sobre o amplo uso de tortura nas delegacias de polícia egípcias, o Governo negaria categoricamente,

---

346. Estou em débito com Gasser Abdel-Razek por esta observação (Cairo, mar. 2010).

347. Entrevista do autor com Gasser Abdel-Razek. Cairo, mar. 2010.

alegando que as acusações eram infundadas e falsas. "Em 2000, se houvesse um evento das Nações Unidas e ONGs egípcias comparecessem para apresentar algum relatório, os diplomatas [egípcios] evitariam completamente o contato com essas ONGs ou as acusariam de traição e tentativa de implementar políticas estrangeiras", disse Hossam Bahgat, fundador da Iniciativa Egípcia pelos Direitos Pessoais.[348]

Mas essa não foi a experiência que Bahgat, de 30 anos, teria vários anos depois. Sua organização é uma ONG no Cairo, internacionalmente respeitada, que defende os direitos civis e as liberdades; sua atuação fez dela uma das mais declaradas críticas do regime. Em 2010, Bahgat foi a Genebra para participar da revisão anual dos registros dos membros do Conselho dos Direitos Humanos da ONU. Ele estava lá para ressaltar os constantes e sistemáticos abusos em andamento no Egito. Enquanto estava em Genebra, foi convidado para um jantar na residência do embaixador egípcio, e ficou surpreso ao ouvir promessas que trabalhariam juntos na revisão da agenda dos direitos humanos. Retoricamente, o moderno regime egípcio aprendeu que ganharia mais admitindo algumas de suas falhas do que castigando todo e qualquer crítico como mentiroso e traidor. "Se você conversar agora com o pessoal do Ministério de Exterior sobre violações dos direitos humanos, eles irão dizer: 'Sim, sim, temos problemas muito sérios e esses são desafios, estamos empenhados em mudá-los, estamos no caminho das reformas. Talvez não sejamos rápidos o suficiente, deveríamos ser mais rápidos'," Bahgat comenta no início de 2010. "Claro, está implícito nessas declarações que há resistência da velha guarda do regime, ou que talvez, se tivéssemos um presidente mais jovem com formação ocidental e preocupações reformistas, quem sabe...". Um presidente mais jovem, como Gamal Mubarak.

O Faraó sob medida

É impossível separar o fracassado esforço do regime de adaptar sua ditadura aos tempos modernos da ascensão política de Gamal Mubarak, o filho do presidente. Gamal interrompeu sua atividade bancária em Londres para retornar ao Cairo para assumir um papel de liderança no partido governista. Quando se dirigiu à imprensa, o sereno descendente presidencial de 46 anos falou sobre a injeção de sangue novo no partido governista no sentido de revigorar suas políticas para melhor servir o povo egípcio. Sua oratória era salpicada por palavras como "reforma", "processo" e "consenso" – estranhas rubricas para alguém que pretendia herdar a presidência de um ditador envelhecido.

A partir do dia que retornou ao Egito, as atividades políticas de Gamal eram vistas com uma preparação para sua sucessão, ações no sentido de desenvolver suas

---

348.   Entrevista do autor com Hossam Bahgat. Cairo, mar. 2010.

credenciais para torná-lo uma escolha aceitável para o cargo. Gamal quase que imediatamente adquiriu um importante portfólio no partido. Seu pai o indicou para o Comitê Executivo do Secretariado Geral tornando-o representativo nos assuntos cotidianos do partido. Ele também foi presidente da recém-criada Comissão de Políticas que um oficial do PND me descreveu como o "cérebro do partido".[349] A Comissão de Políticas foi um importante veículo para Gamal trazer uma geração mais jovem de oficiais para o governo. Onde os membros da velha guarda possam ter sido domesticados sob o regime de Sadat como veteranos praticantes de políticas clientelistas, as pessoas ao redor de Gamal pareciam mais como consultores da McKinsey[350] do que chefões da Tammany Hall.[351] Como Gamal, eram jovens, com formação ocidental e inglês fluente. Nos seus 30 ou 40 anos, possivelmente possuíam um título de Ph.D. ou M.B.A. de alguma universidade da costa leste. Alguns passaram algum tempo em Wall Street e tinham certa prática em atrair dólares de investimentos estrangeiros. Aqueles na Comissão de Políticas estavam encarregados de auxiliar no desenvolvimento de ideias, programas e políticas muito além das estáticas e moribundas posições socialistas que mofavam há muito tempo.

No campo econômico estes tecnocratas obtiveram relativo sucesso. A economia egípcia cresceu a uma taxa maior do que 7,2% ao ano, entre 2005 e 2008, embora tenha ficado claro que esses ganhos não atingiram todos os egípcios.[352] O Banco Mundial classificou o Egito como o principal reformador econômico da região por três anos seguidos. Os investimentos estrangeiros chegaram perto de 7 bilhões de dólares, mais de três vezes do que tinha sido cinco anos antes, e o país controlou os efeitos da crise financeira global bem melhor do que muitos esperavam. Mas o projeto político de Gamal – a intenção de modernizar o partido governista – não chegou a lugar algum. Nunca se tornou um partido de ideias, um partido com uma visão além da continuação do seu próprio poder. Na verdade, no final, era mais uma poderosa máquina clientelista do que um partido.

Entretanto, uma pessoa que não aceitaria esta descrição era Mohamed Kamal. Ele era um dos principais conselheiros políticos de Gamal e membro da Comissão de Políticas que tentava auxiliar na revitalização do partido governista. O cientista político de quarenta e tantos anos obteve seu Ph.D. na Escola de Estudos Internacionais Avançados John Hopkins, e se sentia tão à vontade no centro de Washington

---

349. Entrevista do autor com um funcionário do PND. Cairo, mar. 2010.

350. Uma das mais importantes consultorias do mundo. (N.T.)

351. Organização política norte-americana, fundada em 1786, que desempenhou um importante papel no controle da cidade de Nova York. (N.T.)

352. Ver Boutros-Ghali (2010).

como no Cairo. Um estudioso da política norte-americana e campanhas eleitorais, Kamal transitava com facilidade por conversas sobre o Colégio Eleitoral norte-americano ou sobre as complexidades da política egípcia. Chegou, certa vez, a trabalhar no Capitol Hill para um congressista de Ohio. Quando o encontrei pela primeira vez no Cairo, perguntei quais jornais gostava de ler, imaginando que responderia que seria o noticiário local. "Os mesmos que você, acredito", ele respondeu. "Gosto de começar as manhãs com o *The Washington Post* e com o *The New York Times*. Então, gosto de verificar se as usinas de ideias da Avenida Massachusetts estão produzindo coisas novas."[353] Foi um golpe certeiro; a usina de ideias em Washington, D.C., onde eu trabalhava na época, era na Avenida Massachusetts.

Quando conversamos pela última vez, apenas alguns meses antes do fim do regime que servia, ele tentou sem sucesso argumentar que o partido governista era mais dinâmico do que parecia. "O PND pode se reinventar", ele me disse. "Tem as pessoas e as ideias."[354] Na verdade, não havia indícios de que isso fosse verdade. Mas ele estava certo quanto a uma concessão que o partido tinha feito, talvez fosse "o mais significante desenvolvimento político dos últimos sete anos" – notadamente a decisão de abraçar a eleição presidencial de 2005. Naquele ano, pela primeira vez, o presidente Mubarak se engajou na campanha e pediu o voto dos egípcios.[355] Um dos mais velhos ditadores do Oriente Médio saía a campo, apertando mãos e se misturando à multidão. E Kamal, que encabeçava a equipe de comunicação de Mubarak, armou um esquema de campanha digno de James Carville[356]. O pessoal do Comitê de Campanha separou as informações demográficas sobre os eleitores. Equipes avançadas monitoravam o comparecimento dos eleitores nas milhares de zonas eleitorais. Anúncios publicitários caros e bem produzidos apresentavam o velho Mubarak como o candidato reformista. Kamal me disse que sua inspiração veio das corridas presidenciais norte-americanas, particularmente a de Bill Clinton em 1992.

Tudo aquilo significava que, pela primeira vez, Mubarak também tinha um adversário presidencial. Ayman Nour, advogado e ex-legislador, era o principal adversário de Mubarak, o qual tirou proveito da situação atacando a corrupção e os abusos da Lei de Emergência do regime. Ninguém esperava que Nour pudesse derrotar Mubarak nas urnas. Os votos que a astuta campanha do presidente não pudesse capturar ainda poderiam ser obtidos por meio de fraude ou adulteração da votação. Mas a

---

353. Entrevista do autor com Mohamed Kamal. Cairo, jan. 2006.

354. Entrevista do autor com Mohamed Kamal, mar. 2010.

355. Nos seus primeiros 24 anos, os eleitores simplesmente recebiam um referendo com as alternativas: sim e não.

356. Um eminente comentarista político norte-americano. (N.T.)

corrida presidencial de Nour era mais significante do que o número de votos que pudesse conseguir. Ao permitir até mesmo uma falsa disputa, o regime tinha feito mais uma concessão vital no seu esforço de se manter no poder. De agora em diante, o regime não mais poderia escolher seu líder sem a constatação de que ele tivesse sido eleito popularmente. Mais um limite tinha sido redesenhado.

Ali Eddin Hilal me disse que Mubarak tinha entendido que não mais poderia praticar o negócio como de costume. A estratégia de Mubarak era criar uma fachada de liberalização política de modo que ele pudesse tentar assegurar que o regime nunca tinha sido vítima da coisa real. Se todas as liberdades e reformas fossem criadas pelo Estado, então este poderia, pelo menos, tentar manter a liberalização nos seus próprios termos. Mubarak poderia afrouxar o laço no pescoço do país e então, esticar a corda, apenas para afrouxá-la mais tarde. Todavia, nunca esteve em questão quem seguraria a corda.

Mas a estratégia tinha seu preço. Quando as pessoas experimentam a liberdade, torna-se bem mais difícil negá-la a elas depois. Com a eliminação dos limites, o regime conteve seu raio de ação e espaço para suas manobras. Há alguma polêmica nos meios acadêmicos se uma falsa abertura política como a do Egito pode, em algum ponto, tornar-se menos uma estratégia de sobrevivência e mais uma condição permanente, uma espécie de ostracismo entre a autocracia e uma autêntica democracia. É uma questão pendente. Contudo, sobre o que estava em vigor, membros do regime de Mubarak duvidavam se poderiam "jogar o jogo para sempre", como me disse um representante do partido governista.[357] Quando coloquei a questão para Hilal, ele respondeu de modo um tanto vago. "Você pode continuar com isso indefinidamente?", ele retrucou. "A resposta é não, claro que não."

Sua reação me lembrou da declaração de Alexis de Tocqueville que "o momento mais perigoso para um regime corrupto é quando tenta se reformar". Os perigos específicos para o regime de Mubarak apareceram rapidamente. O fim da proibição de criticar o presidente levou a uma onda de protestos e atividades antiMubarak jamais vistas no país. Ocasionalmente, o Governo intensificaria a repressão, mas todos os ativistas políticos com quem conversei consideraram os anos de 2005 a 2010 os mais importantes no aperfeiçoamento de suas habilidades como opositores do regime. Da mesma forma, depois da eleição presidencial de 2005, o regime continuou rechaçando qualquer um que vislumbrasse ameaçar sua permanência no poder.[358] Ainda assim, agora era possível que alguém pudesse se candidatar ao posto máximo

---

357. Entrevista do autor com um funcionário do PND. Cairo, mar. 2010.

358. Rapidamente tomou Ayman Nour como exemplo, trancafiando-o sob acusações de motivação política por quatro anos.

do país. Para um regime que detesta surpresas, havia agora uma pista. Certamente, em 2005, ninguém poderia imaginar que quatro anos mais tarde as pessoas estariam se perguntando declaradamente se o ex-chefe da Agência Internacional de Energia Atômica e Prêmio Nobel da Paz, Mohamed Elbaradei, estaria interessado em ser o próximo presidente do Egito. Em 2010, Mohamed Kamal já tinha me falado desdenhosamente sobre o "fenômeno Elbaradei". Enquanto muitos dos próprios seguidores de Elbaradei reservadamente duvidavam da sua aptidão política, a mera injeção de um novo nome na conversa provocou o entusiasmo dos egípcios politicamente engajados e abriu um novo front contra o regime.

E talvez nada tenha causado mais ressentimento e estimulado mais a oposição do que o esforço de valorizar as credenciais de Gamal para ser o novo presidente do Egito. Apesar do firme comando do país por Mubarak, nunca foi assegurado que a presidência passaria de pai para filho. A possibilidade, embora mais real a cada ano, conflitava com as tradições políticas do país. Mesmo tão autoritário quanto o regime possa ter sido, não se tratava de uma dinastia familiar. A sugestão de que ninguém além dos Mubaraks estivesse apto a comandar o Egito violava a tênue ligação ainda existente entre o regime e seu povo.

E a fúria não permanecia apenas no coração da população. Os militares egípcios estavam profundamente ressentidos com a classe das novas elites – pessoas intimamente ligadas a Gamal e seu irmão, Alaa – que rapidamente transformaram suas relações em consideráveis fortunas. Claramente, tinham motivos para temer que se Gamal se tornasse presidente, sua evidente intenção de privatizar as indústrias continuaria favorecendo aqueles próximos a ele – e não ao império empresarial dos militares. Apesar de quão sofisticado Gamal possa ter se mostrado em seus ternos londrinos, havia uma vestimenta que ele nunca usou: o uniforme militar. As Forças Armadas egípcias tinham sido o campo de provas para cada presidente do país. Sem experiência militar no currículo de Gamal, eis que surgia a questão: se os generais jamais concordariam com sua sucessão ou se insistiriam que um deles assumisse o posto.

Jamais saberemos. Quando as pessoas se manifestaram em 25 de janeiro de 2011, negaram a Mubarak a oportunidade de impingir seu filho ao Egito. Uma questão que dominou a política egípcia por quase uma década permaneceria sem resposta. Entretanto, uma coisa não surpreendeu: tão logo Hosni Mubarak caiu, os militares confiscaram todos os bens dos amigos mais próximos de Gamal.

"Os egípcios se sentem livres"

Toda ditadura tem faces, independente do próprio ditador, que personificam a corrupção, os privilégios e o poder dos mais altos escalões. No Egito, na véspera da

Revolução, essa face pertencia a Ahmed Ezz. O bilionário magnata e presidente da EzzSteel era tido como o mais influente dos líderes da "jovem guarda" do partido governista que subiram significativamente em vista de suas íntimas conexões pessoais com Gamal Mubarak. Em 2010, se perguntassem aos egípcios quem mais se beneficiou com sua ligação com o filho do presidente, a resposta era quase sempre a mesma: "Ezz". No caso dele, sabe-se que transformou um empreendimento médio familiar em uma das maiores companhias de aço do Oriente Médio, devido sua grande amizade com Gamal. Seus bens eram estimados em aproximadamente 2 bilhões de dólares, sendo que o grosso deles foi adquirido desde que se tornou membro do parlamento em 2000.[359] Mesmo se sua fortuna viesse dos corruptos acordos de pai para filho, Ezz era muito mais do que apenas um beneficiário deste capitalismo de grupo. Ele era um sofisticado jogador político com a missão de dar uma nova roupagem a uma velha e embolorada ditadura. "Nós precisávamos de um plano", disse-me um representante do partido governista. "Ezz era quem tinha o plano."[360]

Sintetizando, a tarefa de Ezz era vencer eleições. Vários anos antes das eleições parlamentares de 2010, o PND encarregou Ezz de supervisionar a estratégia organizacional do partido para conquistar cadeiras. Naturalmente, o partido governista sempre conseguia a maioria das cadeiras no Parlamento.[361] O problema era que, como um partido governista, era significamente descentralizado. A fragilidade da marca do partido tornava-se evidente em como seus candidatos escolhiam competir pelas cadeiras.[362] Muitos competiam como independentes, confiando em ligações pessoais ou familiares para obter favores dos eleitores locais. Posteriormente, de modo simples, empenhariam sua lealdade ao PND porque ser um membro do partido governista era a única maneira de acessar o clientelismo governamental. De fato, uma grande maioria dos 311 parlamentares do PND conseguiram suas cadeiras como independentes apenas para juntar-se novamente ao partido. A tarefa de Ezz era impingir mais disciplina e profissionalismo no partido. Vários oficiais me disseram que Ezz tinha estudado os métodos do Novo Partido Trabalhista de Tony Blair na Inglaterra e pretendia adotá-los no Egito.[363] Em 2010, Ezz descreveu seu papel para minha amiga, ex-repórter do *The Washington Post*, Janine Zacharia. "O que eu faço é mais profissional", ele explicou, "como se preparar para conseguir os eleitores, como

---

359.   Ver Leiby (2011).

360.   Entrevista do autor com um funcionário do PND. Cairo, mar. 2010.

361.   Desde 1976, o partido do presidente conseguia uma significativa maioria em nove eleições consecutivas.

362.   Estou em débito com Tarek Masoud por este ponto. Para mais detalhes sobre a estratégia eleitoral e o desempenho do partido governista, ver obra de Masoud (2009).

363.   Entrevista do autor com Mohamed Kamal, Gehad Auda e Ali Eddin Hilal. Cairo, mar. 2010.

216 | ESCOLA DOS DITADORES

selecionar os candidatos, como organizar a escolha dos candidatos pela liderança do partido e como preparar a organização para disputar a eleição."[364]

Como muitas coisas que Ezz dizia, aquilo soava bem. Mas, em vista de toda aquela conversa de ajuda ao eleitor, modernas mensagens eleitorais e organização profissional, as eleições parlamentares de novembro de 2010 não passaram de um jogo de cartas marcadas. Assim, estava totalmente claro por que o regime recusou-se de modo irrefutável a permitir qualquer observador estrangeiro nos locais de votação. Como secretário organizacional do partido, Ezz presidiu uma das mais fraudulentas eleições de que se tem notícia. O PND conseguiu mais de 90% do total de cadeiras.[365] A Irmandade Muçulmana, que tinha preenchido 88 cadeiras na última eleição de 2005, improvavelmente perdeu todas as 88. A fraude eleitoral pelo regime foi tão descarada que foi considerada ousada até mesmo pelos padrões do opressivo clima político egípcio.

Na campanha eleitoral, Ezz tinha muito orgulho de dizer quão mais livre o Egito se encontrava do que há apenas cinco anos. Se as coisas estavam tão ruins, por que os egípcios pareciam tão despreocupados? Suas principais reivindicações, de acordo com Ezz, eram emprego, comida a preço baixo e água limpa – e não eram preocupações políticas que afetavam a legitimidade de comando do regime. "Por que o povo não está se rebelando? Por que não estão saindo aos milhões quando as liberdades políticas estão sendo discutidas pela oposição?", perguntou Ezz. "Por que? Porque os egípcios se sentem livres. A liberdade que almejam está aí. A liberdade de expressão, a liberdade de se filiar a partidos, a liberdade de pegar Ahmed Ezz, quem as pessoas imaginam ter alguma influência, e fritá-lo e mandá-lo para o inferno se for preciso... Os egípcios se sentem livres."

É impossível saber precisamente porque o partido optaria por fraude tão acintosa. Talvez o partido que Ezz ajudou a comandar fosse fraco demais para reinar com seus próprios membros. Mas o descarado comportamento do partido era praticamente o produto de uma simples verdade: o regime chegou a acreditar em suas próprias mentiras. Essa é uma das melhores explicações porque, depois de ter promovido a abertura da vida política para permitir mais críticas e oposição na mídia, o regime se sentiu tão à vontade em roubar uma eleição. Parecia ter tal desprezo pelas pessoas que acreditava que ainda poderia fraudar eleições impunemente, sem a menor consequência. O Governo fez de tudo para criar a arquitetura de um moderno sistema

---

364. Estou em débito com Janine Zacharia, ex-chefe do escritório de Jerusalém do *The Washington Post*, por compartilhar a transcrição da sua entrevista não publicada com Ahmed Ezz, em abril de 2010.

365. Ver Hamzawy (2010); e Worth e El-Naggar (2010).

O Faraó | 217

autoritário. Tinha as ferramentas – partidos oposicionistas para afogar o ressentimento popular, eleições para recompensar e punir os simpatizantes, um parlamento para dar voz aos anseios da população – mas, no final, escolheu não usá-las. Essas armadilhas da democracia tornaram-se ainda menores do que aparentemente deveriam ser. As fachadas são feitas para cobrir algo indesejável, mas somente funcionam se as pessoas agirem como se elas fossem reais. Depois da eleição, alguns membros da oposição planejaram estabelecer um "parlamento sombra" que seria mais representativo do que o real. O presidente Mubarak respondeu com desdém: "Deixe eles se divertirem".[366]

Mesmo os membros do regime já não se preocupavam em agir como se as aparências fossem reais. Assim, um bom exemplo foi o Conselho Nacional dos Direitos Humanos. O governo de Mubarak estabeleceu o Conselho em 2003 e este teria a incumbência de assegurar a "observância dos direitos humanos" no Egito. Dado o sistemático uso de tortura, muitos ativistas eram compreensivelmente céticos quanto a um órgão estatal com tal missão. Parecia ser uma boa definição de "vitrine". E, grosso modo, era mesmo. Mesmo discretamente, um diplomata na embaixada egípcia em Washington não conseguiu conter o riso ao relatar como brincaram com a vaidade do ex-secretário-geral da ONU, Boutros Boutros-Ghali, ao solicitar que se candidatasse como presidente do Conselho.[367]

Entretanto, o Conselho contava com alguns sérios e honestos advogados dos direitos humanos dentre seus 25 membros.[368] Um dos respeitados membros era o homem que ostensivamente exercia o comando do Conselho, seu vice-presidente, Ahmed Kamal Aboul Magd. Talentoso advogado constitucional e intelectual, Aboul Magd era, no Egito, uma daquelas raridades: alguém cuja integridade e comprometimento com as causas dos direitos humanos eram impecáveis e, mesmo assim, também respeitado pelo próprio regime. Aboul Magd foi ministro de Anwar Sadat e tem a cautela e sabedoria de um jurista experiente. Entretanto, em fevereiro de 2010, foi inesperadamente demitido do seu posto no Conselho Nacional dos Direitos Humanos.

Um mês depois de sua demissão, eu o visitei em sua casa em Giza, próximo às Pirâmides. Aboul Magd explicou que, ao voltar de uma viagem de negócios no Kuwait,

---

366. Ver Abdel-Baky (2010).

367. Entrevista do autor. Washington, D.C., dez. 2005.

368. Entrevistei vários membros do Conselho e, em geral, concordaram que de 8 a 10 dos seus colegas estavam realmente compromissados com as demandas dos direitos humanos. Enquanto o resto era um bando de oportunistas e simpatizantes do regime. Entrevistas com os atuais e ex-membros do Conselho que incluíam Hafez Abu Saeda, Ahmed Kamal Aboul Magd e Bahey El-din Hassan. Cairo, mar. 2010.

encontrou uma carta que o esperava. Era uma carta pessoal do presidente Mubarak. Agradecia pelos serviços prestados mas pontuava que sua função tinha terminado. Eu queria saber por que ele foi afastado do seu cargo. "Por que eles decidiram se livrar de mim?", Aboul Magd disse. "As pessoas diziam que estavam planejando coisas e que eu não seria a pessoa certa para lidar com elas. Então, vamos evitar esta situação deixando que ele saia antes que tente fazer algo."[369] Ainda mais surpreendente do que a demissão de Aboul Magd foram os nomes que o regime sugeriu para substituí-lo. A primeira escolha foi um ex-policial e funcionário do Ministério do Interior – o órgão governamental principal responsável pelos terríveis registros de abuso dos direitos humanos do país. Essa sugestão foi rapidamente descartada. Mesmo assim, Aboul Magd estava preocupado com a lista de nomes do Governo. "Eles não são boas escolhas", ele comenta. "Enviaram a mensagem errada."

Todavia Aboul Magd estava preocupado com mais coisas além da atitude do Governo de formar um conselho dócil com amigos do regime. Ele acreditava que Mubarak e seus confidentes fecharam os olhos para o país em que viviam. Ele não conseguia dizer exatamente o que era, mas sentia um certo desconforto sobre o momento que o país estava prestes a enfrentar. "Eu ouço silêncio", dizia Aboul Madg. "E isso me preocupa, porque não é realmente silêncio."

Aboul Magd queria dizer que o regime se mostrava muito autoconfiante. Ele, o regime, acreditava que sua autocracia seria sempre um lugar seguro para os autocratas, e isso era um momento perigoso na vida de qualquer sistema autoritário. No caso do Egito, o caminho escolhido era particularmente volátil. A vida não tinha melhorado para a maioria dos egípcios. A repressão política básica continuava corriqueira. Ainda assim, numa tentativa de liberar alguma tensão do sistema, o regime concedeu pequenos espaços para críticas públicas e limitados tipos de manifestações. Então, mesmo quando o Governo começou a tolerar mais liberdade de expressão, continuou manipulando as eleições, restringindo severamente os manifestantes e, talvez sua ação mais infeliz, preparando terreno para uma sucessão dinástica. O regime tornou-se indiferente aos indícios vindos da população, entendendo aquelas preocupações como irrelevantes à força do seu poder. Wael Nawara, consultor sênior do líder oposicionista Ayman Nour, disse-me um mês após a Revolução que nos cinco anos antes da queda de Mubarak, o regime e seu povo efetivamente entraram em rota de colisão. "Estas duas curvas tinham que colidir. Lembro-me escrevendo no meu blog depois das eleições de novembro que o regime tinha embarcado num trem em direção ao terminal, e não havia paradas entre o embarque e

---

369.   Entrevista do autor com Ahmed Kamal Aboul Magd. Giza, mar. 2010.

o terminal. Ele não poderia descer, mesmo se quisesse", Nawara disse em seu escritório. "Acho que o golpe final estava no manual: como começar uma revolução, como derrubar um ditador. Aquilo era a Tunísia."[370]

Talvez Ezz tivesse uma premonição. Já no final da sua entrevista em abril de 2010, ele gabou-se por vários minutos sobre a agitação que tomou conta das ruas do Egito, as manifestações na Universidade do Cairo e em outros lugares, pelo menos a cada mês. Pintou o quadro de um Egito efervescente com a vida política e opiniões, e rejeitou a ideia de que o regime tinha usado a Lei de Emergência para sufocar os opositores. Então, fez uma pausa e disse: "Contudo, direi-lhes com muita franqueza, não gostaria de ver uma manifestação na Praça Tahrir".

Nove meses depois, a população ocupou a praça. No dia 29 de janeiro, no quinto dia de protestos, Ezz retirou-se do partido governista. Poucos dias depois, sua conta bancária foi congelada e ele foi proibido de viajar para o exterior. Mubarak, que certamente sabia o quanto Ezz era odiado, apressou-se em oferecê-lo como um sacrifício aos manifestantes, uma das primeiras de uma série de concessões desesperadas feitas pelo regime nos seus dias finais. Em 17 de fevereiro, uma semana após o afastamento de Mubarak, Ezz foi preso por ordem do Conselho Supremo das Forças Armadas. Em setembro de 2011, um Tribunal egípcio o condenou a 10 anos de prisão sob acusações de corrupção. Agora era ele quem estava sem sua liberdade.

A última linha vermelha

A população tinha sido alertada.[371] Nenhum protesto – nem mesmo protestos pacíficos – seria tolerado. Receberam ordens de evacuar a praça. Aqueles que permaneceram, o regime declarou que eram "agitadores" e "agentes estrangeiros" interessados na destruição do Egito. Havia tensão por toda parte, então, não foi surpresa quando a primeira remessa de bombas de efeito moral foi lançada no meio da multidão. As pessoas, algumas uniformizadas, outras à paisana, atacavam os manifestantes. Capangas contratados pelo Ministério do Interior portavam facas e correntes. Outros tinham cassetetes que usavam violentamente contra os manifestantes que se desgarravam dos grupos maiores. Bateram neles até perderem a consciência. Saraivadas de balas de borracha atingiam a multidão indiscriminadamente; atiradores de elite pareciam se posicionar nos prédios em volta da Praça Tahrir. Tiros eram ouvidos por toda parte. Um ativista no meio do caos postou um apelo urgente no Facebook: "Respirei gás lacrimogêneo!", escreveu. "Ajudem-nos contra os militares!"

---

370.   Entrevista do autor com Wael Nawara. Cairo, mar. 2011.

371.   Para mais detalhes sobre os tumultos de 28 de junho, ver artigo de Sharif Abdel Kouddous (2011).

Não era janeiro de 2011. Era o final de junho. E as forças de segurança que ataram os manifestantes por toda a Praça Tahrir e aos arredores não o fizeram a mando de Hosni Mubarak. O ditador destituído há muito permanecia confinado num hospital em Sharm El-Sheikh aguardando julgamento. Elas agiram sob as ordens do Conselho Supremo das Forças Armadas.

Ademais, não foi um acontecimento isolado. Depois do ataque de 9 de março na Praça Tahrir, o qual prendeu Samira Ibrahim, os confrontos entre os militares e os manifestantes tornaram-se recorrentes. Durante o verão, tinham se tornado praticamente uma ocorrência semanal. Nos meses seguintes à queda de Mubarak, as ações do Conselho Militar cada vez mais pareciam dissimular as promessas de conduzir o Egito a um futuro democrático. Embora os generais tivessem jurado que terminariam com a Lei de Emergência, ela continuava ativa. Ao invés de dissolver o temido Serviço de Investigações de Segurança do Estado, mantiveram-nos, alterando apenas o seu nome para Agência Nacional de Segurança. Além disso, empossaram um antigo indicado de Mubarak como responsável pelo Ministério do Interior. Os militares egípcios não demonstraram o menor interesse em compartilhar uma transição comandada por civis; na verdade, mantiveram o controle dos mínimos detalhes. Longe de estimular a cooperação com os ativistas, o Conselho Militar começou a emitir comunicados acusando falsamente o Movimento 6 de Abril – o movimento de jovens líderes que tiveram papel importante na mobilização do levante – de ter recebido treinamento militar na Sérvia. Os generais egípcios proibiram os estrangeiros de monitorar as próximas eleições e acusaram as ONGs do país que tinham interesses similares com as votações de adotarem comportamento conspirador. Juntas, as ações dos militares sugeriam que estes não estavam interessados numa abertura democrática para o Egito tanto quanto estavam na proteção do que sobrou do velho regime, particularmente seus próprios feudos. As concessões oferecidas pelos militares aos manifestantes não tinham a intenção de acabar com o autoritarismo de Mubarak e sim, redefini-lo. "Já não acredito mais na credibilidade do Conselho Militar", disse-me Kamel Arafa, um ativista de 25 anos. "É um monstro enorme e ainda mantém seus tentáculos bem ativos".[372]

Ninguém sabe quão poderoso é o militarismo egípcio.[373] De fato, ninguém sabe nada mesmo sobre o militarismo egípcio. Seu contingente é estimado entre 300 mil e 400 mil; o número exato não é revelado. Nem o nome das corporações dos seus generais. O segredo que envolve o militarismo egípcio se estende por quase todos os

---

372. Entrevista do autor com Kamel Arafa. Cairo, mar. 2011.

373. Ver Stiff (2010). Para uma visão mais minuciosa do militarismo egípcio, recomendo ver obra de Steven Cook (2007).

aspectos da instituição. Recebeu quase 40 bilhões de dólares dos Estados Unidos nos últimos 30 anos, mas ninguém sabe o tamanho da fatia que lhe cabe do orçamento do país. Nem mesmo o próprio Parlamento do Egito. Os militares se recusam a abrir seus livros.

Sob o regime de Mubarak, embora outros setores do governo tenham se fortalecido – notadamente o aparato de segurança interna do Ministério do Interior e as novas elites empresariais associadas à Gamal – o militarismo permanecia como a espinha dorsal do governo. E, fazendo jus ao posto como a mais poderosa Instituição do país, as críticas aos militares e seus interesses sempre representaram a última e descompromissada linha vermelha do regime. Se o próprio Parlamento não podia conhecer seu orçamento, o povo estava autorizado a conhecer – ou falar – menos ainda. "A única coisa que não podemos discutir é sobre o exército", Hossam Bahgat, ativista da ONG, disse-me no início de 2010. "Essa é a restriçãxo que as pessoas pagam muito caro por comentar". Então ele perguntou: "Você ouviu falar sobre o blogueiro de 20 anos?".[374]

O blogueiro de 20 anos era Ahmed Mustafa,[375] um estudante de Engenharia do Alto Egito. Ele foi preso em fevereiro de 2010 por causa de um blog que ele tinha escrito há mais de um ano. Mustafa havia criticado o nepotismo que ele declarava ser praticado nas academias militares do país. Especificamente, ele relatou que um estudante tinha sido forçado a parar de frequentar uma das academias para dar lugar a um futuro estudante com melhores relações com a Instituição. Nunca encontrei alguém que estivesse familiarizado com o blog de Mustafa ou lido suas mensagens antes de sua prisão. Imagino que os militares levaram mais de um ano para prendê-lo, pois também não conheciam o seu blog.

Entretanto, as autoridades não estavam preocupadas se Mustafa tinha seguidores ou não. Ele foi preso e levado a uma Corte Militar por "difamar" as Forças Armadas. As acusações foram finalmente retiradas após a prevista reação internacional exigindo clemência, mas o regime tinha marcado presença: não enfrente os militares.

Era uma proibição que ia além dos jovens blogueiros. O regime deixou isso bem claro em 2006 com a rápida prisão e condenação do parlamentar Talaat Sadat. Sadat era sobrinho do ex-presidente Anwar Sadat. Em 4 de outubro de 2006, Sadat participou de uma entrevista na TV e declarou que o assassinato do seu tio nunca foi totalmente investigado e que era evidente que facções dentro do militarismo

---

374. Entrevista do autor com Bahgat.

375. Agradeço a Gamal Eid, diretor executivo da Rede Árabe de Informações Sobre os Direitos Humanos, por debater profundamente este caso comigo (Cairo, mar. 2010).

egípcio estavam por trás disso. No dia seguinte, Sadat, de 52 anos, perdeu sua imunidade parlamentar. Seis dias depois, aconteceu seu julgamento perante um Tribunal Militar. Antes do fim do mês, ele foi considerado culpado por difamar as Forças Armadas e condenado a um ano de prisão com trabalho forçado. Um ano depois, um castigado Sadat foi solto e recebeu permissão para assumir seu posto no Parlamento. "Isso aconteceu porque esta é uma restrição, e as pessoas não têm permissão nem mesmo para brincar ou especular a respeito", disse Bahgat. "Simplesmente não mencione o exército."[376]

Mesmo depois da saída de Mubarak, não era uma proibição que os militares pretendiam suspender. Os repórteres egípcios com quem conversei no Cairo contaram-me sobre a pressão que sofreram para não publicar a tortura dos manifestantes e os testes de virgindade praticados pelos militares. Caso algumas dessas histórias fossem escritas, os editores automaticamente as barravam. O Conselho Supremo das Forças Armadas enviava cartas aos representantes da mídia alertando-os para revisar qualquer cobertura no campo militar antes de liberá-la. Uma famosa apresentadora de televisão egípcia foi demitida em julho de 2011 depois de entrevistar um oficial aposentado da Força Aérea no seu programa matutino.[377] Seu erro foi ter perguntado ao oficial se ele teria condições de comprovar suas alegações sobre o apoio que dois potenciais candidatos presidenciais deram a uma intervenção política norte-americana no Egito. No militarismo egípcio, pedir a um general para comprovar alegações era uma grande ofensa.

A pior forma de intolerância à crítica foi dramaticamente revelada no caso de mais um jovem blogueiro. Maikel Nabil sempre foi bastante crítico em relação ao militarismo.[378] Ele organizou uma campanha contra o alistamento militar e denunciou os militares pela realização de testes de virgindade. Escreveu no seu blog: "Até agora, a Revolução conseguiu se livrar do ditador, mas não da ditadura". Por isso, o rapaz de 25 anos foi preso em casa no fim de março, acusado de "insultar o militarismo" e "disseminar falsas informações". Logo, uma Corte Militar o condenou a três anos de prisão.

As Cortes Militares rapidamente se tornaram a mais sistemática ferramenta do militarismo egípcio para negar qualquer direito civil ou político a milhares de cidadãos.[379] Há um mês no poder, os militares começaram a usar seus próprios tribunais

---

376. Entrevista do autor com Bahgat.

377. Ver Gundy (2011).

378. Ver Kinkle (2011).

379. Entrevistas do autor com Hossan Bahgat e Gasser Abdel-Razek. Cairo, mar. 2011. Ver publicação de Human (2011).

para julgar civis, algumas vezes centenas num só dia. De acordo com organizações dos direitos humanos, uma ampla campanha de prisões militares atingiu manifestantes, ativistas e até mesmo simples transeuntes. As pessoas pegas nesta indiscriminada varredura eram levadas para a promotoria militar e depois para um tribunal militar, onde seriam condenadas e transferidas para uma prisão.[380] Poderia levar não mais de cinco horas para que uma pessoa fosse condenada a cinco anos. Estes réus não tinham representação legal, não tinham acesso ao processo e nem mesmo direito à apelação. Na chegada do verão, os ativistas dos direitos humanos estimaram que as Cortes Militares tinham condenado cerca de mil egípcios – mais do que tinham sido julgados nos 30 anos do regime de Mubarak.

O que incomodava os ativistas era a dificuldade que tinham para combater os abusos dos militares. Se o Ministério do Interior do velho sistema parecia uma caixa preta, o militarismo era ainda mais obscuro. "No antigo regime, com toda sua violência e horrores, sabíamos como funcionava. Poderíamos salvar pessoas se fôssemos avisados a tempo", disse Gasser Abdel-Razek, um conhecido ativista dos direitos humanos. "Agora, os advogados não podem nem mesmo abordar a promotoria militar. Às 20 horas, as pessoas são condenadas a cinco anos de prisão, num julgamento militar sem nenhum advogado de defesa. É pior do que no nosso pior pesadelo sob o comando de Mubarak. Pelo menos, quando ele usava as Cortes Militares, as pessoas eram representadas!"[381]

Qual foi o impasse dos militares em 2011? A maioria acreditava que Tantawi não alimentava o desejo de tomar o lugar de Mubarak como o próximo presidente do Egito. Realmente, com tantos ativistas políticos antenados a qualquer movimento do Conselho Militar, seria difícil para um general egípcio remover seu uniforme, vestir um terno e gravata e se declarar um candidato presidencial. O gesto seria transparente e inaceitável por liberais egípcios, conservadores religiosos e seus pares. De fato, há muito poucas juntas militares totalmente preparadas no mundo, e a maioria dos ativistas acreditava que os generais egípcios não tinham interesse em criar mais uma. Ao contrário, os generais tinham um objetivo mais modesto: preservar o antigo sistema, principalmente sua primazia nele.

A fundação desse sistema foi estabelecida em 1952, quando Gamal Nasser e os Oficiais Livres afastaram o rei Faruk. Fizeram mais do que retirar um rei; eles tam-

---

380. Ironicamente, muitas dessas pessoas eram acusadas de serem *baltagiya* [termo egípcio que significa "capanga", "bandido"] ou pistoleiros, ainda que já estivesse evidente que os próprios militares, situação muito parecida com o regime anterior, continuavam contratando capangas à paisana na maioria de suas investidas para evacuar a Praça Tahrir.

381. Entrevista com Abdel-Razek, mar. 2011.

bém eliminaram o limitado sistema parlamentarista e qualquer tipo de pluralismo político então existente. No seu lugar, estabeleceram uma forte república de estilo presidencial, composta com seus próprios homens desde então. Portanto, não foi surpresa o fato dos generais egípcios se apressarem em manter o sistema presidencial tão logo a queda de Mubarak. As Emendas Constitucionais propostas no fim de março – e ganhas numa votação incontestável – pouco representaram na redução dos infindáveis poderes da presidência e pareciam acabar com qualquer movimento que o setor legislativo talvez pudesse suscitar à custa do executivo.[382] Realmente, os generais egípcios chegaram ao ponto de sugerir a adoção de uma "declaração dos princípios básicos" para orientar o esboço de uma futura Constituição; há uma crença geral de que a finalidade de tais princípios será proteger os interesses militares de eventuais escrutínios. Em outubro, o gabinete governamental formado por indicações militares soltou uma proposta que colocaria o militarismo acima da supervisão parlamentar e permitiria que os oficiais vetassem qualquer legislação envolvendo assuntos militares.[383] A proposta também nomeava o militarismo como o guardião da "legitimidade constitucional" – uma vaga terminologia que era amplamente interpretada como uma maneira de consolidar sua posição como o árbitro final da política egípcia. Tendo desfrutado uma posição quase que sacrossanta durante 60 anos, os militares egípcios não têm o menor interesse em diminuir esse papel em nenhum futuro arranjo político. "Eles compreendem o jogo agora", disse Sherif Mickawi, um ex-oficial da Força Aérea que se tornou ativista político. "Quando uma grande tempestade aparece, você precisa sujeitar-se a ela. Quando a tempestade passa, você pode se levantar novamente. Eles não querem perder o que conquistaram em 1952."[384]

Oficiais da Revolução

O primeiro tenente Sherif Osman tinha uma vida confortável na época de Mubarak. Nascido numa família de classe média alta recebeu excelente educação, formado na Academia Militar Egípcia, e seguiu uma carreira com vistas a se tornar um oficial das comunicações da Força Aérea. Seu inglês fluente fez dele uma peça importante para os oficiais mais antigos na Base da Força Aérea Cairo Oeste, onde serviu. Sua mãe, que atuou no militarismo como médica, aposentou-se com

---

382. Se os generais egípcios estiverem familiarizados com a experiência dos antigos Estados soviéticos, sabem que todo país ex-comunista que optou por um forte sistema presidencial voltou à autocracia.

383. Ver Kilpatrick (2011a; 2011c); e Bradley (2011b). Nos meses seguintes, representantes do Conselho Supremo das Forças Armadas emitiram declarações contraditórias sobre o papel que o próximo Parlamento teria na elaboração de uma nova Constituição, surtindo suspeitas de que o militarismo não pretendia abrir mão de alguns controles e proteção.

384. Entrevista do autor com Sherif Mickawi. Cairo, mar. 2011.

a patente de general de uma estrela. Na verdade, vários membros de sua família pertenceram ao militarismo. Embora estivesse longe de ser rico, Osman transitava em círculos bastante privilegiados e, onde conhecer pessoas pode tornar a vida bem mais fácil, ele se relacionava muito bem. "Eu realmente conhecia uma magnífica rede de pessoas", ele me disse. "Até mesmo no meu ponto noturno favorito, o Clube de Jazz do Cairo. Eu conhecia o dono."[385] Ele morava em Maadi, uma das melhores regiões do Cairo, que também é moradia de muitos expatriados da cidade. "Havia garotinhas da comunidade multinacional do Cairo", relata Osman. "Eu não sentia falta do Ocidente. Há uma liga de *softball* em Maadi. Eu estava vivendo uma vida ocidentalizada."

Entretanto, Osman não estava nem um pouco contente. Sabe-se que o militarismo não foi sua melhor escolha de carreira. Conforme ele mesmo admitia, tinha uma tendência para falar fora de hora e alguns traços de rebeldia que não se encaixavam bem com as características dos oficiais mais graduados. Ele disse que logo percebeu que provavelmente não passaria de coronel, o ponto em que o militarismo depura o corpo de oficiais destinados a postos mais graduados. Todavia, o que lhe incomodava ia além de uns poucos anos desperdiçados como um oficial militar júnior. O tempo que Osman passou na Instituição abriu seus olhos a respeito do país e especificamente sobre o próprio militarismo. Quando passou de primeiro tenente para capitão e começou a ter mais contato com os oficiais mais graduados, ele viu e ouviu mais sobre a corrupção nos meios militares. Qualquer ilusão que tinha que havia uma distância entre o militarismo e a corrosiva política do país desapareceu. "Entre a patente de capitão e major você começa a perceber que é parte de uma ditadura – você é parte do regime", disse Osman. "O Egito é um país comandado por militares há 60 anos. É uma ditadura militar com pele de civil."

Uma de suas primeiras percepções a respeito dessa situação aconteceu em 2002. Osman estava sem fazer nada no final de uma tarde, então resolveu visitar um amigo que era major. Ele sabia que seu amigo estaria trabalhando até tarde, então pensou em apenas dar uma passadinha para dizer um olá. Quando ele entrou em seu escritório, o major, que trabalhava com operações militares, estava ao telefone com um comandante. Eles estavam discutindo a respeito de um mapa colorido aberto sobre a escrivaninha. Pelo lado da conversa do seu amigo, Osman podia concluir que o comandante estava lhe dizendo para revisar o mapa, adicionando localidades e marcas diferentes. Curioso, Osman espiou o mapa. Tinha o título de "Plano Defensivo de Pontos Estratégicos", e cobria toda a cidade do Cairo. Passagens-chave e balizas

---

385.   Todas as citações de Sherif Osman são de três entrevistas com o autor realizadas em julho de 2011.

pela cidade – pontes, rodovias, edifícios governamentais, palácios presidenciais, distritos hoteleiros – tudo marcado com cores diferentes. Era o plano de defesa da Força Aérea do Cairo.

Seu amigo desligou o telefone. "Esta é a coisa mais estúpida que já vi", disse Osman depois que teve a oportunidade de estudar o mapa. "Realmente não acredito que os israelenses entrarão com seu exército na cidade do Cairo. Seria uma missão suicida. Quero dizer, eles poderão bombardear a cidade, mas não irão ocupá-la."

"Quem falou de Israel?", seu amigo perguntou.

"O que você quer dizer?", Osman retrucou.

"O que você acha?", seu amigo respondeu.

Osman ficou parado, olhando o mapa em silêncio por alguns segundos. Então, virou-se para o amigo. "Você quer dizer que isto é um plano de defesa da cidade do Cairo – contra os próprios egípcios? Isto é um plano de defesa contra a Revolução?"

Seu amigo o olhou de volta e zombou da sua ingenuidade dizendo: "Claro, é isso mesmo". Osman disse que se sentiu estupidamente jovem naquele momento. "A partir de então fiquei com os olhos mais abertos", disse-me.

E então, foi impossível não perceber as propinas, corrupção e os arranjos escusos ao seu redor. Enquanto Osman atuava como comandante de grupo do Esquadrão 660, uma unidade móvel de comunicação, alguns dos seus soldados lhe abordaram e lhe contaram sobre um general de uma estrela que tinha um negócio paralelo de venda de motores e peças de veículos militares no mercado comum. O lugar onde esses veículos eram desmontados para revenda ficava bem perto da unidade de Osman. Quando Osman levantou essa questão com seus superiores, disseram-lhe que sua patente era "muito leve" para discutir tais assuntos. "Denunciei aquele general de uma estrela e não ganhei nada com isso", comentou Osman. Ele logo foi transferido para a Base da Força Aérea do Cairo Oeste.

Cairo Oeste, como é conhecido, é um centro operacional das Forças Armadas norte-americanas no Oriente Médio. Mubarak já serviu como seu comandante de base nos idos 1960. Hoje, os norte-americanos e os egípcios são responsáveis pela Operação *Bright Star*, importante operação multinacional conjunta de treinamento no Cairo Oeste a cada dois anos. Osman se interessou pela transferência porque viu que o tempo que passasse no Cairo Oeste poderia ser uma oportunidade de estar em contato com os oficiais norte-americanos e praticar seu inglês. Porém, sua percepção dos seus próprios superiores tornou-se ainda mais cética. Lá, os generais mantinham vários esquemas que lhes permitiam tirar proveito do que deveriam ser legítimos empreendimentos. Um recente exemplo na Cairo Oeste era o negócio da mineração de areia. Companhias particulares tinham contratos de mineração conforme o estabelecido pela base. Na chegada dos caminhões, um dos oficiais a serviço do comandante da base interpelava o representante da empresa solicitando propina. Osman questionou um dos membros do pessoal do comandante sobre o caso. "Ele disse: 'Sim, mas, sabe, se o comandante quer dinheiro, temos que providenciar algum dinheiro'." Osman disse que aquele método era praticado numa vasta gama de "negócios da base Cairo Oeste". Todo graduado tinha direito a provar do bolo. "Uma parte vai para o comandante da base. Outra para o comandante da Força Aérea. E a maior delas para Tantawi. É assim", afirmou Osman. "É uma máfia."

Osman disse que a maioria da corrupção que viu com os próprios olhos era coisa pequena, dinheiro para usar na carteira, em vez de robustas contas bancárias no exterior. Mas, com o tempo, começou a ouvir de outros oficiais um pouco mais graduados – majores e tenentes-coronéis – que os verdadeiros mandachuvas eram os generais. Osman disse que um dos mais notórios era o general Hassan Al-Ruwaini, comandante no Cairo e membro do Conselho Supremo das Forças Armadas. Ruwaini, que era responsável pelo comando da parte norte, era suspeito de possuir um lucrativo portfólio imobiliário. Os oficiais disseram que ele estava encarregado de organizar a construção de propriedades ao longo da costa do Mediterrâneo, da Alexandria até a fronteira com a Líbia. Nos últimos 15 anos, trechos dessa costa marítima tornaram-se chalés, condomínios fechados e atraentes recantos litorâneos. Depois, Ruwaini foi transferido para o comando central no Cairo, onde continuou suas transações imobiliárias com os militares. "O regime não gosta de tantas caras. Eu não vou contratar mais um sujo e escandaloso general e testá-lo nesta área", disse Osman. "Não, eu já conheço esse sujeito e tenho 100% de certeza que ele é corrupto e que conduzirá o negócio adequadamente. Vou mudá-lo do posto A para o B para dar continuidade às transações."

Não foi uma escolha fácil, mas Osman decidiu que deveria agir também. Ele acreditava que sua proficiência em inglês poderia ser sua liberação do militarismo egípcio. Um significativo número de oficiais egípcios é escolhido periodicamente para ir aos Estados Unidos durante seis meses a fim de receber treinamento avançado do idioma. Depois, tornam-se instrutores de inglês para os integrantes da Força Aérea Egípcia. Osman conseguiu uma nota suficiente para passar no exame e foi selecionado para o treinamento. Entretanto, ele tinha um plano diferente. Enquanto participava do curso em 2005 na Base Aérea de Lackland em San Antonio, Texas, ele também analisava a ideia de viver nos Estados Unidos – permanentemente. Ele pensava consigo mesmo se conseguiria sobreviver lá. E logo concluiu que sim.

Então, no último dia de treinamento, quando deveria voltar para o Egito, Osman não apareceu. Ele desertou do militarismo egípcio.

Seis anos depois, em janeiro de 2011, Osman já tinha se estabelecido numa típica vida norte-americana. Ele casou-se, tinha um emprego fixo como tradutor, e adotara San Antonio como seu lar. Durante aqueles 18 dias entre janeiro e fevereiro, Osman estava grudado ao seu aparelho de televisão, assistindo ao começo da queda do regime. Assim que Mubarak caiu, ele ficou ansioso para contatar seus amigos no Cairo, especialmente os colegas militares. Passou horas ao telefone, conversando com amigos que ainda eram oficiais. Eles lhe disseram que as coisas estavam diferentes; nunca houve uma época melhor para participar do militarismo egípcio. Eles receberam aumento e as pessoas os olhavam como os líderes a serem seguidos. "Recebi tantas ligações dos oficiais egípcios. Eles diziam: 'Estão tomando conta de nós. As pessoas nos respeitam em todos os lugares. Somos heróis'."

Durante algumas semanas, Osman se perguntava se as coisas realmente estavam diferentes. Se os generais pretendiam inserir o Egito num novo caminho, poderia significar uma relação totalmente nova entre os militares e o Governo. Ia contra seus instintos, mas ele queria acreditar que era verdade porque, se realmente fosse, também poderia significar que ele poderia voltar ao seu país. "Tive a impressão, da qual duvidava totalmente, de que Tantawi e seu Conselho teriam a oportunidade única de gravar seus nomes a ouro na história egípcia. Tiveram a chance de se tornarem fundadores de um país moderno", relembra Osman. "Era como ver mais um 4 de Julho acontecendo no Egito."

Suas esperanças desapareceram em 25 de fevereiro. Naquele dia, com milhares de manifestantes na Praça Tahrir, os militares e seus capangas à paisana atacaram os ativistas. Mais tarde, os militares se desculparam por este primeiro confronto sério com a população. Mas Osman já tinha visto tudo o que precisava. "Eu vi as imagens da Polícia Militar e seus capangas usando cassetetes e entrando na Praça Tahrir com seus caminhões", disse Osman. "Naquele momento, tive 110% de certeza de que Tantawi continuava a mesma pessoa. Ele era e sempre será o brinquedinho de Mubarak."

Então, no dia 1º de março, Osman fez o que agora possa parecer como um familiar impulso de alguém que procura desafiar as autoridades no Egito: ele criou uma página no Facebook. Depois de consultar vários oficiais egípcios da ativa, criou a página "Oficiais da Revolução". Ele não se surpreendeu com o fato de que a maioria dos oficiais com quem conversou, de imediato foi resistente à ideia. O preço por ser pego criticando o militarismo seria alto demais. "Muitos deles diriam: 'Bem, o que você

está dizendo é certo – Tantawi é corrupto –, mas agora não é a hora apropriada'",
Osman comenta. Entretanto, tão logo convenceu cinco oficiais que concordaram
em aderir, ele começou a página.

Ele tinha um propósito claro desde o começo. "Este é o primeiro chamado para
alertar as pessoas para não confiar no Conselho", disse Osman. "A página está funcionando, de um lado, para esclarecer as pessoas de que o Conselho Militar é algo para
se temer, não ficar abraçando, e do outro, contatar os corajosos oficiais que apoiam
a ideia." Osman atacou a noção de que o militarismo egípcio era de certa forma
algo sacrossanto e que estava acima de qualquer crítica utilizando-se de tons como
"cruel", "ofensivo" e "sarcástico". Todavia, para aqueles que esperava conquistar e persuadir – egípcios politicamente ativos que tinham pouco conhecimento da obscura
Instituição que comandava o país – ele oferecia informações reais sobre os métodos
militares, baseadas em sua própria atuação e dicas dos próprios oficiais militares.

Para ser mais convincente, ele precisava de números – não apenas leitores e
pessoas desejosas de aderir à pagina, mas também oficiais que se dispusessem a ser
seus olhos e ouvidos. Porém, Osman disse que nunca esteve preocupado com isso;
ele tinha certeza de que o próprio militarismo facilitaria o seu trabalho em ambos
os casos. "Quanto mais Tantawi prejudicar o país, mais adesões surgirão na página",
disse Osman.

Ele estava certo. A princípio, a chegada da página "Oficiais da Revolução" encontrou resistência. As pessoas escreviam que quem estava por trás da página de-
viam ser "desleais" e "traidores". Mas, no dia 9 de março, quando a Polícia Militar
atacou a Praça Tahrir e arrastou os manifestantes para o Museu do Egito para serem
torturados, a resposta foi diferente. "A partir de 9 de março, a história começou a
mudar", Osman me disse. "Os números estavam aumentando." E não só o número
de pessoas que estavam se juntando ao grupo. Osman disse que mais e mais oficiais começaram a se apresentar e oferecer seu apoio à página, compartilhando
informações sobre as táticas e pensamentos dos militares. Dentro de poucos meses,
desde que Osman iniciou a página, quase 25 mil pessoas tinham aderido. Osman
calculava que o número de oficiais que ativamente apoiavam a página tinha crescido
dos primeiros cinco para perto de 100.

Osman sabia que tinha atingido um ponto vulnerável quando conversou com
um velho amigo de Maadi. Quando a página tinha alcançado apenas 4 mil pessoas,
ele foi contatado inesperadamente por "um amigo muito próximo" pelo Skype.

"Hey, há uma oferta", seu amigo disse.

"Que tipo de oferta?", Osman perguntou.

"Uma oferta para fechar a página."

Osman estava emocionado. Isso significava que a página tinha realmente chegado aos generais. Todavia, seu amigo não estava tão entusiasmado.

"Dude, não é brincadeira. O cara do Serviço de Inteligência me ligou e disse para que eu conversasse com Sherif e visse o que ele queria, e estamos rezando para que Tantawi aceite o que ele quer."

"Uau! Estão pechinchando com os meus três anos", disse Osman. Quando ele desertou das Forças Armadas, o regime o condenou *in absentia*[386] a três anos de prisão.

"Com certeza", seu amigo retrucou.

"Não vou encerrar a página", disse Osman.

"Encerre a página você mesmo porque eles vão encerrá-la em poucos dias", seu amigo aconselhou.

"Você está me dizendo que o Governo egípcio é tão poderoso que pode encerrar uma página do Facebook feita em San Antonio, Texas, só porque diz algo que eles não gostam?"

"Sim, disseram que sim."

"Se eles realmente pudessem encerrar a página, não teriam me oferecido nada", respondeu Osman. "Eles querem é fechar minha boca antes que ela se torne realmente incômoda."

E assim, a cada dia Osman e seu exército de oficiais cada vez maior conduziam sua luta contra os mais poderosos generais do Egito. "Informação, informação, informação", dizia Osman. "Eu digo às pessoas que se realmente querem ajudar a Revolução, é a informação que sempre nos colocará à frente do Supreme Council of the Armed Forces – SCAF, ou seja, Conselho Supremo das Forças Armadas."

A última vez que falei com Osman, ele tinha acabado de expor a nomeação de um gabinete que os militares estavam tentando realizar sem revelar o verdadeiro histórico da pessoa. "Hoje eles anunciaram que irão escolher os novos membros do gabinete no Governo Egípcio. Um dos nomes era o ex-chefe do comando da Força Aérea, o Nº 2. E eles o anunciaram como Sr. Fulano de Tal", Osman me disse, rindo. "Eu disse, 'Céus, não'. Este era um ex-general escolhido por Mubarak para ser o vice da Força Aérea. Mas eles não dizem General Fulano de Tal porque as pessoas iriam dizer: 'Ah, mais um general!'. Se alguém é general, morre general. Ele não é um senhor."

---

386.   Quando o réu não está presente no julgamento. (N.T.)

Ações como a página do Facebook de Osman eram precisamente o tipo de forças que faziam com que o militarismo egípcio procurasse se esconder nas sombras e passar as responsabilidades formais de governar para outrem. Para uma instituição que preza pela sua privacidade, havia muito pouco a ver com pessoas críticas como Osman. Então, novamente os generais preferiram formalmente substituir Mubarak, mesmo que temporariamente. Mal ficariam surpresos com o fato de que as mesmas ferramentas que antes atingiram o ditador agora seriam usadas contra eles mesmos.

O legado do Faraó

Por muitos anos os egípcios falavam sobre a "Revolução". Quando o faziam, não estavam se referindo ao futuro, sobre algum esperançoso e distante dia em que pudessem se ver livres de décadas de ditadura. Estavam falando sobre o seu passado, relembrando o movimento de 1952 chamado de Oficiais Livres, quando um grupo de oficiais liderados por Gamal Nasser forçou a abdicação do rei Faruk. No imaginário popular, revoluções remetem a algo grandioso. Pacíficas ou sangrentas, introduziram uma nova época na vida política de um país, uma ruptura com o passado. Nos séculos XVIII e XIX, alguns monarcas tornaram-se, determinadas vezes – quase que literalmente –, vítimas de ideias mais progressivas. As revoluções pacíficas dos últimos tempos – digamos, por exemplo, na Indonésia em 1998 e na Sérvia em 2000 – abriram caminho para lideranças civis, democracia multipartidária e o gradual desmantelamento das instituições corruptas que as precederam. Entretanto, um elemento é geralmente verdadeiro: se a Revolução realmente pretende causar uma mudança real, o povo tem que participar.

Não foi o caso no Egito em 1952. No final, as pessoas não esquartejaram seus opressores e nem mesmo julgaram seu rei. Ao contrário, os militares lhes proporcionaram uma festa de despedida com direito à salva de 21 tiros e tudo o mais. No alvorecer de 26 de julho, três dias depois da tomada do poder pelos militares, o rei Faruk simplesmente embarcou em seu iate e viajou para a costa italiana, passando o resto dos seus dias em Capri. Os egípcios chamaram isso de Revolução, mas foi o golpe militar mais gentil do mundo. E o mais importante, o povo egípcio não teve nenhuma participação nisso.

Nesse sentido, não poderia ter sido mais diferente em 2011. As pessoas não esperaram para ver se Gamal Mubarak seria mais justo ou generoso do que seu pai. Eles não esperaram os militares se levantarem contra um regime totalmente corrupto, como aconteceu em 1952. Ao contrário, organizaram-se e tornaram-se a própria força independente de mudança, reunindo-se na praça, defendendo seu ter-

232 | ESCOLA DOS DITADORES

ritório e destruindo qualquer ilusão de legitimidade que Mubarak ainda pudesse ter. E, mesmo com a dramaticidade daqueles 18 dias, o impacto desta rebelião popular foi muito maior do que os primeiros espasmos de coragem que levaram as pessoas às ruas. De fato, porque a rebelião foi um movimento popular nacional, alimentado, idealizado e protegido pelo próprio povo, as pessoas se sentiram intrinsecamente donas dela.

Em 2011, a vida política do Egito despertou de um longo sono. Eu vi isso com meus próprios olhos um mês depois que Mubarak foi deposto, na véspera da votação das Emendas Constitucionais militares. Embora o debate sobre as emendas fosse intenso na liderança da votação, de certa forma, as opiniões divergentes eram menos importantes do que o voto em si. Pela primeira vez , milhões de egípcios estavam preenchendo urnas com cédulas que eles poderiam acreditar honestamente que seriam contadas. Na noite anterior ao referendo, eu perambulava pelos cafés no centro do Cairo. Parecia que o único tema das conversas era a votação do dia seguinte. Os amigos debatiam esta ou aquela cláusula das emendas. Os membros das famílias tentavam persuadir cada um a votar sim ou não. Um pouco antes da meia-noite, as ruas em direção à Praça Tahrir ficaram repletas de pessoas com cartazes fazendo uma espécie de campanha de última hora. Numa de suas mais absurdas diretivas, os militares emitiram uma ordem dois dias antes proibindo a mídia de imprimir ou debater qualquer coisa sobre o referendo constitucional que pudesse influenciar as opiniões. Porém, o povo egípcio não precisava depender de jornalistas para debater seu futuro político. Como um ativista disse-me: "Nestes dias, todos são peritos em Constituição".[387]

Atualmente, o Egito se encontra praticamente entre a ditadura e a democracia. Tão difícil quanto imaginar o país voltando ao autoritarismo de Mubarak é ter certeza do que será o Egito no futuro. Devido ao papel dominante ainda praticado pelo militarismo, o ceticismo quanto aos prospectos democráticos do país certamente está garantido. O Egito pode chegar mais perto do tosco esboço de uma democracia – eleições mais limpas, partidos oposicionistas mais atuantes, até mesmo um rodízio ocasional de líderes – mesmo retendo uma porção significativa da sua mesquinha substância. Quarenta anos atrás, antes do começo da onda democrática que se iniciou em 1972, a linha que separava as ditaduras das democracias era bem mais clara. Naquela época, poucos Estados democráticos se escondiam atrás de uma fachada democrática. Hoje, dúzias e dúzias de Estados – muitos tidos como na rota da democracia – tornaram-se apenas uns poucos tons menos escuros do seu

---

387.   Entrevista do autor com um ativista. Cairo, mar. 2011.

O Faraó | 233

passado autoritário. A Ásia, a África e a Ásia central estão cheias de governos mais democráticos na forma do que na prática. A imitação da democracia não é uma mera possibilidade para estes regimes. É a realidade.

Felizmente, muitos egípcios estão cientes disso. Eles possuem um saudável resto de ceticismo causado por anos de mentiras. Vale a pena lembrar que nem sempre era óbvio que Hosni Mubarak se tornaria um dos ditadores com mais tempo em atividade no Oriente Médio. No começo, protagonizou uma figura bastante diferente da do seu predecessor, Anwar Sadat. Ele parecia se colocar na direção oposta de muitas das mais rigorosas políticas de Sadat. Um mês antes de ser assassinado, ele tinha trancado mais de 1.500 prisioneiros políticos, muitos deles pertencentes a importantes elites, considerados culpados simplesmente por discordarem dele. Acadêmicos, jornalistas, advogados, políticos e burocratas estavam entre aqueles que foram jogados na prisão de Tora. Quando Mubarak assumiu, começou a libertá-los quase que imediatamente. O Mubarak de antes declarava que "a democracia é a melhor garantia do nosso futuro" e que "não tinha o menor desejo de monopolizar as tomadas de decisão". Os partidos oposicionistas tiveram permissão para reabrir suas portas e mais uma vez publicar seus jornais. O número de ONGs e grupos da sociedade civil aumentou. Mubarak mudou as regras eleitorais utilizadas no regime de Sadat de um jeito que, inicialmente, mostraram-se mais generosas com os partidos de oposição. Membros da oposição eram convidados a viajar com o presidente quando ele se dirigia ao exterior. Na época, Mubarak chegou a sugerir que ninguém poderia ser presidente por mais de dois mandatos.

Mas, apesar do seu falatório sobre estar inclinado aos "ares democráticos", logo surgiram sinais de uma política um tanto diferente. Mubarak não indicou um vice--presidente. Cada um dos seus predecessores tinha, no final, sido substituído pelo seu Nº 2. Apesar desta tradição, ou talvez por causa dela, Mubarak nunca designou seu próprio sucessor – apenas nomeou Omar Suleiman vice-presidente nos seus últimos dias, quando a Praça Tahrir foi tomada pela multidão. A Lei de Emergência que ele invocou depois do assassinato de Sadat não foi afrouxada um único dia em 30 anos. O único instrumento do Governo que presenciou o crescimento constante do poder foi o gabinete do presidente. "A criação da ditadura que temos hoje", disse-me Gasser Abdel-Razek, ativista dos direitos humanos, "começou no dia em que ele assumiu e as pessoas decidiram não enfrentá-lo".[388]

E, isso foi um erro crucial. Mubarak era fraco e politicamente inexperiente. Sadat o tinha indicado como vice-presidente precisamente porque ele não demonstrava

---

388. Entrevista com Abdel-Razek, mar. 2010.

qualquer ambição ou sinal de ser o próximo líder da nação. Depois de um assassinato e um governo em crise, Mubarak precisava ganhar tempo. E as figuras públicas do Egito, incluindo a elite política que tinha sido libertada Cairo afora no outono de 1981, aceitaram as pequenas e incrementadas reformas oferecidas por Mubarak. Deram a Mubarak o tempo necessário para controlar o jogo de separar os partidos oposicionistas e jogar com o medo do povo do radicalismo islâmico. Um ano antes de Mubarak ser finalmente retirado do poder, Abdel-Razek me disse: "Hoje, estamos pagando o preço pelo fato de aquelas pessoas que apareceram terem repetido um erro comum de dar-lhe o benefício da dúvida. Deram-lhe a chance de desenvolver suas próprias táticas e técnicas para continuar comandando o país durante 30 anos".

Em julho de 2011, uma delegação de generais egípcios do Conselho Supremo das Forças Armadas visitou Washington, D.C. Numa reunião privada com eminentes especialistas sobre o Egito, eles soltaram uma mensagem familiar. "Por favor, confiem que não somos uma extensão do antigo regime. Estamos totalmente comprometidos com os direitos humanos e com o direito do povo egípcio de viver com dignidade", declarou aos presentes o Major General Said El-Assar. "Por favor, confiem nisto."[389]

Os egípcios não são iniciantes. Eles sabem que agora são as maiores testemunhas da história se repetindo. E devem ser perdoados por seu ceticismo; eles sabem, melhor do que ninguém, que dar tempo ao que sobrou de um regime autoritário nunca é para o bem daqueles que procuram estabelecer uma autêntica democracia. Assim, estar atentos durante os meses e anos que virão determinará, no final das contas, se 2011 foi realmente o ano da Revolução.

---

389. Agradeço a Tarek Masoud pela transcrição de uma reunião com uma delegação visitante de generais egípcios em Washington, D.C., em 25 de julho de 2011.

VII – Os profissionais

O seminário acontecia em um hotel litorâneo de segunda classe a cinco minutos do aeroporto. Do lado de fora, os veranistas relaxavam tomando sol na beira da praia. Os guarda-sóis com estampas coloridas os protegiam do sol de verão enquanto bebiam cerveja e apreciavam a vista do Mediterrâneo. A praia se localizava praticamente na pista de pouso das aeronaves. E, a cada 20 minutos, as crianças gritavam e acenavam toda vez que um jato invadia o céu. A paisagem era monótona, havia algumas palmeiras, uma série de barracas de peixe e hoteizinhos baratos, generosamente nomeados com duas estrelas, que salpicam a ensolarada estrada que margeia a praia em direção ao centro da cidade. Muitos dos terrenos estão abandonados ou descuidados. O edifício cor de salmão do outro lado anuncia "Apartamentos litorâneos", porém, os únicos hóspedes são os gatos e centenas de pombos empoleirados em sacadas fechadas. A ilha se vangloria de caros *resorts* e das excelentes praias. Todavia, eles não estão aqui. Este trecho é uma área de veraneio para a população e os viajantes europeus não muito exigentes. Não aparecia no guia *Fodor's*.[390]

A reunião era no 2º andar do hotel. Vinte pessoas – entre treze homens e sete mulheres – dirigiram-se à sala de conferência, tomando seus assentos distribuídos em semicírculo. Eles tinham entre 20 e 40 anos, embora todos estivessem vestidos como estudantes. Um palestrante se dirigia ao grupo, ocasionalmente apontando para a apresentação em *Power point* projetada na parede.

O hotel havia reservado o 2º andar para reuniões e eventos, e com o auxílio de repartições e divisórias, era palco de várias atividades diferentes simultaneamente.

---

390. *Fodor's Travel* é um conhecido guia de viagens publicado pela Fodor, uma divisão editorial da Random House, de Nova York. (N.E.)

Nesta tarde em particular, um grupo local envolvido com dietas, parecido com os Vigilantes do Peso, reunia-se ao lado. Tínhamos que passar no meio da sua reunião, cumprimentando um grupo de 30 a 40 senhoras consideravelmente acima do peso padrão, para chegar ao nosso seminário.

A cada cinco minutos, ouvíamos os gritos e as palmas quando uma das participantes relatava o quanto de peso tinha perdido desde a última reunião. Nisso chegou a um ponto em que o palestrante em nossa reunião teve que repetir o que dizia, aumentando o tom de voz devido ao barulho ao lado. "Se o seu movimento crescer rápido demais, pode ser muito perigoso. Você não terá a estrutura necessária. Não terá a disciplina, arriscando a tornar-se uma nova Líbia", ele dizia, referindo-se ao massacre dos manifestantes executado pelo coronel Muammar Gaddafi meses antes. A projeção na parede atrás dele listava os "pilares de apoio" para um regime autoritário.

Do outro lado da sala ouviu-se a voz de uma mulher: "Nove quilos!". As palavras foram seguidas por uma acalorada salva de palmas.

Neste modesto hotel, em um canto qualquer de uma ilha do Mediterrâneo, 20 ativistas participavam de uma reunião clandestina sobre revolução. Na realidade, mais especificamente sobre como começar uma. Os instrutores deste curso de uma semana eram dois ex-membros do grupo da juventude sérvia Otpor, o qual contribuiu para a derrubada do ditador Slobodan Milosevic em 2000. Hoje, trabalham como treinadores de uma organização chamada Centro de Estratégias e Ações Não Violentas Aplicadas, conhecida como CANVAS. A organização tem base em Belgrado, e é constituída de veteranos nos movimentos democráticos não violentos na Sérvia, Geórgia, Líbano, Filipinas e África do Sul, é um dos principais grupos que treina movimentos políticos democráticos pelo mundo. Nos últimos nove anos, deram consultoria em mais de 50 países. A lista compara-se a um manual de campo global de batalha entre ditadores e democratas: Bielorrússia, Bolívia, Birmânia [atualmente Myanmar], Egito, Geórgia, Guatemala, Irã, Maldivas, Tibet, Venezuela, Vietnã, Saara Ocidental e Zimbábue. E, os responsáveis por este seminário são dois dos mais experientes instrutores do CANVAS, eles já realizaram mais de 70 *workshops* em dezenas de países.

Os 20 participantes deste seminário eram todos membros de algum movimento democrático de certo país do Oriente Médio.[391] Eles vieram com muitas questões: Como poderiam impulsionar apoio para sua causa? Como poderiam conter um re-

---

391. Para poder participar deste curso de uma semana, tive que concordar com as regras estabelecidas para preservar a segurança dos envolvidos. Ou seja, eu não poderia revelar a localidade da reunião, o país dos ativistas, muito menos a identidade dos participantes.

gime que se tornava cada vez mais draconiano? Que tipo de protesto poderia tirar o povo do comodismo rotineiro? Eles queriam ser mais eficientes enquanto organização para articular a transição de um grupo de protesto a um movimento de resistência. Mas, depois de 18 meses, depararam-se com um obstáculo. Eles temiam que tivessem se tornado reativos, previsíveis. "Sempre nos sentimos em um estado de alerta. E, isso bloqueia nosso raciocínio lógico", disse um dos ativistas. "Continuamos fazendo o que já sabemos como fazer."[392]

Para a liderança do grupo, o seminário era mais do que aulas de táticas e metodologias; era uma encruzilhada. O movimento, que seguramente poderia levar centenas de pessoas às ruas, cresceu mais rápido do que se podia imaginar. Muito desse crescimento se deve aos ativistas que se engajaram em ações diretas e, assim, uniram forças em uma causa comum. Todavia, a liderança, um grupo de cinco a seis pessoas, queria levar o movimento de forma mais séria, calculada e estratégica. O problema era que eles sabiam que alguns tenentes do grupo, uma espécie de liderança de segundo escalão de aproximadamente 20 a 30 pessoas, estavam divididos em seus propósitos. Alguns compartilhavam plenamente da necessidade de avançar de modo profissional. Outros, eles temiam, quase que se divertiam protestando pelo simples fato de protestar. Esses não teriam dúvida em convocar uma campanha traindo os mais autênticos objetivos revolucionários do movimento. Entretanto, os principais líderes do grupo estavam preparados para o momento em que se daria essa divisão ou desentendimento, e até instigavam isso. Mesmo sabendo que isso pudesse enfraquecê-los temporariamente, eles compreendiam que seria necessário uma maior unidade de propósitos se quisessem ser bem-sucedidos e tornarem-se uma força política mais forte e sofisticada. Então, recorreram ao CANVAS, em parte para provocar essa discussão, influenciar alguns colegas e, talvez, deixar que alguns compreendam melhor a situação. "Não estamos pensando no que podemos ganhar com nossas ações. Precisamos ter acordo em estratégias coerentes ao movimento", relatou um dos líderes. "Se isso significar que somos a minoria, pelo menos por algum momento, então, que assim seja."[393]

Os instrutores do CANVAS já presenciaram esta dinâmica em um movimento diversas vezes. Assim, sentem-se felizes se o seminário prova ser uma provocação para o grupo, se lhes proporciona "a distância crítica para analisar sua própria luta", como me explicou um dos instrutores.[394] O que eles não farão é um plano ou guia

---

392. Entrevista do autor, verão de 2011.

393. Ibid.

394. Todas as citações dos instrutores sérvios aconteceram no seminário do CANVAS durante o verão de 2011.

para derrubar um ditador. Eles seguem duas simples e rigorosas regras: só lidam com grupos que não tenham histórico de violência, e recusam-se a dizer-lhes o que fazer. "Não quero essa responsabilidade", disse um dos treinadores sérvios. "Não nasci nem fui criado lá, portanto não posso decidir por eles."

O papel deles é ensiná-los a pensar estrategicamente. Dando dicas, apontando erros comuns e armadilhas que já surpreenderam outros. Assim, utilizam a própria experiência para discutir exemplos da vida real, de como lidar com a lealdade da polícia, como diminuir a autoridade de um ditador e como, finalmente, fazer um regime voltar-se contra si próprio. "Não estamos aqui com uma cartola mágica para apontar o que fazerem: isto, isto e isto", um dos sérvios comentou no início do seminário. "É uma luta usando métodos não violentos. É como uma guerra, sem usar armas."

Estudantes da Revolução

Quando multidões se levantam contra um ditador, tornam-se o epicentro do mundo. E um determinado público (os outros ditadores) tem um interesse particularmente aguçado em saber como os levantes são resolvidos. No Natal de 1989, o povo romeno executou sumariamente o presidente Nicolae Ceausescu e sua esposa horas após a derrocada do brutal regime comunista. Dizem que o homem forte do Zaire, o presidente Mobutu Sese Seko, ficou horrorizado ao ver a imagem do cadáver do seu amigo romeno pela CNN.[395] Paralelamente, na distante Beijing, a liderança chinesa reforçou a segurança na capital, impedindo qualquer pessoa de se inspirar nos eventos de Bucareste.[396] Em 2005, depois que uma onda de movimentos democráticos balançou as estruturas dos regimes da Geórgia, da Ucrânia e do Quirguistão, dizem que Vladimir Putin e Hu Jintao foram vistos durante o intervalo de uma reunião de cúpula discutindo os perigos das "revoluções coloridas".[397] E, por quase 20 anos consecutivos, Ministros do Interior árabes – homens encarregados de reprimir oposições nacionais – reuniram-se anualmente para comparar suas anotações.[398]

As causas e complicações da Primavera Árabe, inquestionavelmente, tornaram-se a mais nova preocupação dos regimes autoritários. O Partido Comunista chi-

---

395. Ver Huntington (1991, p. 288).

396. Ver Shambaugh (2009, p. 47).

397. Ibid., p. 91.

398. Entrevista do autor com Gamal Eid, diretor executivo da Rede Árabe de Informações sobre os Direitos Humanos. Cairo, mar. 2010.

nês apressou-se em banir da internet qualquer menção de palavras-chaves como "Mubarak", "Ben Ali" e "jasmim" – referência à Revolução do Jasmim na Tunísia. Essa censura simbolizava o princípio de uma investida em grande escala contra os dissidentes, os críticos do regime e os defensores dos direitos humanos, o que muitos acreditavam ser uma medida preventiva para impedir tumultos políticos. Ademais, é compreensível concluir que as rápidas quedas de Zine El-Abidine Ben Ali da Tunísia e de Hosni Mubarak do Egito assustaram outros autocratas árabes, resultando assim nos sangrentos ataques contra os oposicionistas na Líbia, no Iêmen e na Síria. Alguns dos ditadores dessa região não se contiveram em aguardar a chegadas dos tumultos. A Arábia Saudita enviou suas próprias tropas para auxiliar a acabar com a rebelião no Bahrein, e mais tarde presenteou o Conselho Militar egípcio com 4 bilhões de dólares a fim de ajudar a conter as mobilizações.[399]

Entretanto, os ditadores não são os únicos a analisar e tomar decisões políticas com base nas lutas dos outros. No século XXI, os movimentos democráticos estão se tornando cada vez mais peritos nos fatores que fazem de uma revolução um sucesso ou um fracasso. Na Venezuela, grupos estudaram profunda e detalhamente como a oposição conseguiu derrubar Augusto Pinochet do Chile. Um ano antes da derrubada de Mubarak no Egito, os ativistas já tinham começado a reproduzir as táticas do Movimento Verde do Irã. Ademais, em quase todos os países que visitei, os contestadores do regime estavam bastante familiarizados com o movimento Solidariedade de Lech Walesa da Polônia nos anos 1980.

Num mundo globalizado, alguns aprendizados ocorrem simplesmente pelo imediato contato com as informações disponíveis. Vejamos, por exemplo, Girifna, um movimento democrático pacífico no Sudão que objetiva acabar com o comando repressor de Omar Al-Bashir.[400] O movimento possui uma página no Facebook, e seu nome – cuja tradução livre é "Estamos fartos" – é semelhante ao de alguns grupos da Geórgia. Na Ucrânia e no Egito observam-se nomes que literalmente significam em português "Basta". Ademais, coincidentemente semelhante com as organizações atuantes nas "revoluções coloridas", o Girifna possui a seguinte cor para representar seu movimento: o laranja.

Recentemente, esse movimento do Sudão produziu uma versão de um comercial de sabão, na qual aparece um jovem utilizando um pedaço de sabão com a marca "Girifna" para limpar uma camiseta com a estampa do rosto de Bashir.[401] Enquanto o

---

399. Ver MacFarquhar (2011).

400. Ver Dobson (2011b).

401. Ambos os comerciais de sabão estão disponíveis na internet. O comercial sudanês está disponível em: <https://www.youtube.com/watch?v=lE4FbdhLpU0>. E o comercial original sérvio está disponível em: <https://www.youtube.com/watch?v=hEZYdGDkkV4&feature=related>.

jovem lava a peça de roupa, uma voz no fundo diz: "Se você está descontente, não se preocupe, já existe o sabão Girifna. Não vai ser fácil depois de mais de 20 anos sem nenhuma mudança política. Você terá que esfregar e esfregar... torcer e torcer... mas ficará feliz com o resultado". Então, o jovem levanta a camiseta e a imagem do rosto de Bashir desapareceu. Vê-se apenas uma camiseta totalmente branca.

O mais interessante não era simplesmente o conteúdo do anúncio; era, na verdade, a adaptação fiel de um comercial produzido na Sérvia dez anos atrás. Nele, uma dona de casa sérvia joga uma camiseta com a imagem do rosto de Milosevic numa máquina de lavar roupa, produzindo o mesmo resultado: "Tenho tentado remover esta mancha há dez anos", ela diz referindo-se a Milosevic. "Acreditem, já tentei de tudo". Logo, questionei um membro do Otpor, que foi um dos criadores do anúncio original, se o grupo tinha indicado ao Girifna a realização do seu comercial provocador. "Não tínhamos a menor ideia", ele confessou.[402] O grupo do Sudão encontrou o vídeo original na internet e criou sua própria versão.

A ânsia por esse tipo de informação é grande demais para se limitar à internet e ao YouTube. Os grupos não desejam simplesmente copiar as táticas e estratégias bem-sucedidas dos movimentos democráticos, eles querem compreender a estratégia e métodos que deram legitimidade a essas ações. Assim, como resposta, uma rede de organizações e indivíduos altamente treinados surgiu para auxiliar aqueles que iniciaram suas próprias lutas contra ditadores e regimes autoritários. De fato, é exatamente assim que Srdja Popovic, um dos líderes do movimento sérvio Otpor, explica a decisão de fundar o CANVAS.

Em 2003, ele se encontrava na Cidade do Cabo reunido com um grupo do Zimbábue que pediu sua ajuda na campanha contra Robert Mugabe. Quando se encontraram, Popovic surpreendeu-se com o grau de familiaridade que eles demonstravam com a experiência do Otpor. Eles se chamavam Zwakana ("Basta é Basta") e haviam incorporado o *slogan* do Otpor no seu movimento. Antes disso, um grupo da Bielorrússia também havia recorrido a Slobodan Djinovic, outro líder do Otpor e cofundador do CANVAS. Esses foram alguns exemplos de tantas outras solicitações de ativistas, incluindo ainda da Geórgia e da Ucrânia. Mas a viagem para a África do Sul foi a experiência decisiva para Popovic. "Foi um alerta para mim", ele declara, e logo confessa emocionado: "Meu Deus! Quero dizer, se as pessoas na zona rural de Zimbábue se inspiraram no que fizemos em Belgrado, há aí algo bem maior que ainda não percebemos. O mercado [para essas ideias] estava vindo a nós. E o mais interessante é que esse mercado continua vindo até nós".[403]

---

402. Entrevista do autor com Srdja Popovic. Washington, D.C., mar. 2011.

403. Todas as citações de Srdja Popovic são de uma entrevista com o autor em julho de 2011.

Quando presenciamos dezenas de milhares de pessoas nas ruas de uma capital estrangeira exigindo maiores liberdades ou o fim de um regime repressivo, é inegável supor que estamos testemunhando um ato espontâneo. Que havia uma inesperada fagulha simplesmente escondida em algum lugar levando as pessoas a ocuparem as praças e exigirem direitos, os quais haviam sido negados por tanto tempo. Isso, na verdade, é um caso raro. As revoluções, para serem bem-sucedidas, requerem planejamento, preparação e uma dose de inteligência de como se antecipar e derrotar um regime repressor que praticamente só pensa na manutenção do poder. Quando a maré muda, os acontecimentos podem acontecer rapidamente. Mas, em geral, há um movimento ou organização que se dedica meses ou anos trabalhando de modo arriscado (frequentemente em tarefas monótonas) para atingir seus objetivos. O trabalho do CANVAS e de outras organizações desafia um dos mitos centrais da revolução. "Não existe esse negócio de revolução espontânea. A espontaneidade apenas te matará", afirma Popovic. "Quanto mais você planejar, maior será sua chance de vencer."[404]

E, se há uma única ideia otimista por trás do tipo de revolução que estes grupos propagam, a ideia é esta: não violência estratégica. Não é porque estes movimentos sejam compostos por pacifistas, eles não o são. Ainda, na maioria das vezes, os movimentos democráticos pacíficos são motivados pelo pragmatismo. Os ativistas observam a lógica, e gostam das probabilidades. De acordo com um recente estudo, entre 1900 e 2006 mais de 50% dos movimentos não violentos tiveram sucesso comparados com cerca de 25% de rebeliões violentas.[405] Quando os ativistas se deparam com a escolha de derrubar ditadores com balas ou votos, acreditam que terão mais chances de vitória pelos meios não violentos. Eles entendem que o maior monopólio de uma ditadura é o uso da força. Então, ao invés de confrontar o inimigo no campo que lhe favorece, os ativistas optam por arenas onde possam utilizar seu tamanho, sua força e sua esperteza em benefício próprio. Não há garantias para quem entra na luta. Mas, se olharem ao redor, encontrarão pessoas dispostas a dar-lhes – e à sua revolução – um peso essencial.

O coronel e o professor

O coronel Robert Helvey estava sem nada para fazer. Era 1987, e ele estava perto de completar 30 anos no Exército Americano. E, como recompensa, foi enviado à Universidade de Harvard para passar um ano como estudante graduado do exército.

---

404. Entrevista do autor com Srdja Popovic. Boston, jun. 2009.

405. Ver Chenoweth (2011). Para uma excepcional análise da eficácia histórica da luta não violenta, recomendo ver a obra de Erica Chenoweth e Maria J. Stephan (2011).

Era um ano sabático, uma época de estudos e aperfeiçoamento profissional. Helvey estava familiarizado com o ambiente universitário. Ele trabalhou um tempo como instrutor na Escola Superior de Guerra Naval, além de ter sido reitor da Escola Americana de Inteligência e Defesa do Exército. Contudo, o ritmo de vida no campus da Harvard não lhe era familiar. O cotidiano era tranquilo, comparado com o que já conhecia. Então, neste dia, como em muitos outros, ele caminhava pelas dependências da Harvard procurando o que fazer – um evento, uma palestra, um discurso – alguma coisa.

De repente, ele se deparou com um cartaz colado em uma porta: "Programa sobre Sanções Não Violentas – 14h". Helvey não tinha certeza do que "sanções não violentas" significava, mas teve um palpite. Pacifistas e ativistas antiguerra. "Eu nunca tive qualquer experiência com [o programa], mas sabia que não gostava deles por causa da minha estada no Vietnã", disse Helvey. "Eram muito brutos, filhos da puta com cabelos compridos e argolas no nariz, toda aquela baboseira."[406]

Helvey, era uma pessoa rude e direta, oriundo do oeste da Virgínia, tinha servido primeiro como um consultor militar no Vietnã no início dos anos 1960. Logo, retornou novamente com a Primeira Divisão de Cavalaria em 1967 e presenciou o grosso da luta. Sua liderança e coragem enquanto servia como capitão na Companhia A do 2º Batalhão, na 12ª Cavalaria eram creditadas à sua participação no resgate de centenas de colegas militares.[407] Um dos oficiais que serviu ao seu lado o descrevia como um "normal".[408] Pelo que mostrou em combate, ele foi agraciado com a Cruz de Serviços Distintos, a segunda maior condecoração militar do país.[409] Ele não dava crédito para pessoas que criticavam o militarismo sem saber, mas era curioso. Portanto, decidiu participar da conferência. "Calculei que fosse uma oportunidade para confirmar meus preconceitos", ele me confessou.

Assim, foi a partir de um encontro casual que tudo mudou para este soldado profissional. Ele se recorda de entrar e escolher um assento na sala do seminário. "E então aquele carinha se levanta e diz quase que num sussurro: 'Olá, meu nome é

---

406. Todas as citações de Robert Helvey são de uma entrevista com o autor em julho de 2010, em South Charleston, W.V.

407. Ver Krohn (2008, p. 18).

408. Ibid., p. 12.

409. Ver a citação de Helvey pela Cruz dos Serviços Distintos, que pode ser encontrada em Direction (1968). A citação do oficial descreve sua bravura enquanto superado em número e poderio militar pelos soldados norte-vietnamitas. Sob fogo pesado, ele comandou seus homens por uma "trincheira inimiga, combatendo os soldados norte-vietnamitas a uma distância de menos de um metro". Até mesmo quando foi ferido na perna, recusou tratamento médico até que seus soldados estivessem a salvo.

Gene Sharp e estou aqui para falar sobre sanções não violentas. É sobre poder, tanto a sua negação aos outros como sua apropriação. É sobre isso que falaremos'."

"E aquilo me pegou. Porque era aquilo meu meio de vida", Helvey relembra. "Quando os governantes querem algo, recorrem aos militares e nós o conseguimos para eles, ou então impedimos que alguém possa tomá-lo deles."

Em seguida, Helvey apresentou-se a Sharp, e então decidiram almoçar juntos no Harvard Faculty Club. "Ali começou uma longa amizade", disse Helvey. "Fiquei fascinado ouvindo-o falar, e acredito que ele tenha se interessado em conhecer minhas experiências."

Foi também o começo do aprendizado de Helvey sobre a estratégia de conflitos não violentos. Gene Sharp, um acadêmico pouco conhecido, havia dedicado a maior parte da sua vida ao estudo de como as pessoas poderiam "negar" ou "confiscar" o poder dos regimes ditatoriais por meio de campanhas não violentas. Ele escreveu diversos trabalhos sobre a genialidade estratégica de Mahatma Gandhi, analisando como ele usou a resistência civil contra os colonizadores britânicos. Sua contribuição mais relevante, *The Politics of Nonviolent Action* [A Política da Ação Não Violenta], um trabalho de três volumes com quase mil páginas, oferecia uma análise abrangente da estratégia não violenta. Ademais, seguiram-se outros livros. Helvey envolveu-se profundamente no estudo do trabalho de Sharp. "Eu não tinha nada para fazer, portanto, li quase tudo o que Gene tinha escrito", confessou Helvey. Enquanto isso, ele e Sharp começaram a almoçar juntos frequentemente no clube da faculdade, o que contribuiu muito para o seu próprio tutorial particular sobre estratégia não violenta.

Uma das razões do grande interesse de Helvey pelo estudo das ditaduras justificava-se pelo seu último posto, aquele que tinha ocupado um pouco antes de aparecer no campus de Harvard. Helvey esteve dois anos na Birmânia como agregado da defesa das Forças Armadas americanas. Isto lhe causou um baque. "As pessoas, quando eu ia falar com elas, algumas vezes cobriam a boca, de modo que, se alguém estivesse observando-as, não pudesse ler seus lábios. Em alguns casos, elas simplesmente viravam de costas. Elas queriam evitar ter que explicar porque estavam conversando com este babaca norte-americano", relembra Helvey. "Eu achava aquilo terrível. Todo mundo parecia desconfiado de que alguém os estivesse observando. O Governo tinha esta onipresença de vigilância." Assim, Helvey desenvolveu uma curiosidade intelectual a respeito de como a junta birmanesa conseguia comandar o povo por meio do medo. "O que faz com que as pessoas obedeçam a um regime que lhes trata tão mal, que é tão corrupto? É aí que o trabalho de Gene – por que as pessoas obedecem? – realmente entra."

O coronel Helvey aposentou-se do Exército americano em 1992. Meses depois, voltou à Birmânia. Em Washington, D.C., ele realizou uma apresentação sobre estratégia não violenta, e membros do Karen National Union, um grupo oposicionista birmanês pró-democrático, participaram da conferência. Após o término, eles convidaram Helvey para voltar à Birmânia para fazer esta apresentação ao general Bo Mya, o lendário líder da resistência birmanesa. Depois de passar anos estudando e absorvendo as ideias de Sharp, Helvey estava ansioso para colocá-las em prática. Quando ouviu a apresentação, o general Bo Mya foi convencido e pediu a Helvey que estabelecesse um programa piloto para treinar os oficiais oposicionistas em cursos rápidos de três dias.

Assim que o programa ficou pronto e em funcionamento, Helvey convidou Sharp para ir à Birmânia para avaliar o treinamento. Para Sharp aquilo era uma nova experiência; ele estava curioso para ver suas próprias ideias sendo aplicadas. Então, ele voou para Bankok, onde Helvey colocou alguém para esperá-lo. De lá, eles viajaram de caminhão para Mae Sot, uma cidadezinha na fronteira da Birmânia com a Tailândia. De Mae Sot, entraram na Birmânia e dirigiram-se para o rio Moei. Sharp embarcou em uma lancha de alta velocidade enviada pela oposição, transportando-o secretamente para Manerplaw, então a base estratégica do *Karen National Union*. "Eu estava em Manerplaw e ouvi no rádio", relembra Helvey. "Atenção! Há uma lancha vindo nesta direção. Transporta um homem branco e uma mala grande."

Helvey desceu até o rio. Uma lancha se aproximava com Sharp a bordo. Ela aportou e o professor desembarcou. Helvey sorriu: "o Dr. Sharp, presumo".

Ele lembrava com satisfação aqueles dias na selva birmanesa, e acredita que significou muito para Sharp também. O programa de treinamento o impressionou. Além disso, Sharp estava surpreso ao encontrar membros da resistência birmanesa que podiam soletrar cada palavra do seu trabalho. Uma pessoa em particular, um professor universitário e membro da oposição, queria ansiosamente se encontrar com Sharp. "Acho que Gene atingiu o nirvana", comentou Helvey. "Aqui, neste pequeno posto no meio da selva, ele encontra um cara que já leu seu livro e pode lhe fazer perguntas específicas. Era maravilhoso ver estes dois professores caminhando por estes espaços cobertos de sombra, conversando por horas. Gene fez grande sucesso por lá. E claro, foi quando ele começou a escrever *Da Ditadura à Democracia – uma Estrutura Conceitual para a Libertação*."

Sharp passou anos estudando os sistemas totalitários do século XX. Ele escreveu tomos de como a estratégia não violenta podia explorar as fraquezas de uma ditadura. Todavia, seu trabalho mais conhecido é um pequeno ensaio de 79 páginas que ele começou a escrever na selva do sudeste asiático. Os birmaneses deixaram bem claro que, tão valioso quanto as reflexões de Sharp, eles precisavam de algo que destilasse sua sabedoria em um volume conciso, algo que pudessem compartilhar e disseminar facilmente. Então, *From Dictatorship to Democracy* atendeu às reivindicações. Foi publicado em mais de 25 idiomas e disponível para download na internet centenas de milhares de vezes.[410] Nele, Sharp é direto e frio. Seu ensaio nunca se detém ou objetiva apenas um regime, mas, ao contrário, oferece uma análise genérica de como destituir um ditador. Conhecido como Machiavelli pelas pessoas.

Logo no início do ensaio, Sharp faz duas simples, porém centrais, observações. Primeiro, a violência quase sempre favorece os ditadores. "Qualquer que seja o mérito da opção violenta... um ponto fica claro", ele escreve. "Ao confiar em meios violentos, a gente opta pelo único tipo de luta com a qual os opressores são constantemente superiores."[411] Segundo, as pessoas têm poderes inimagináveis. "Os ditadores precisam da assistência das pessoas que eles governam", ele pontua.[412] Em outras palavras, um governante não pode governar se as pessoas não obedecerem. Qualquer governante, até mesmo os ditadores, governa por meio do consentimento das pessoas. Quando um número considerável de pessoas retira o seu consentimento, o ditador perde seu alicerce fundamental, não tendo razão sua permanência. Sharp então prossegue na identificação das origens do poder das ditaduras, as vulnerabilidades comuns destes regimes e as formas como a estratégia não violenta pode explorar estas fraquezas a fim de acabar com a legitimidade deste governo, aumentando a probabilidade da sua derrubada. Apesar de uma ampla e abrangente análise, às vezes o ensaio é surpreendente em suas especificidades. Sharp, por exemplo, identifica 17 fragilidades comuns nas ditaduras.[413] Muitas pessoas acreditam que as campanhas não violentas se resumem a greves ou passeatas de protesto. Sharp assinala 198 métodos específicos de protesto não violento, incluindo funerais zombeteiros, escritos no céu com fumaça e a retirada de depósitos bancários. Entretanto, ele ressalta a necessidade de preparação e planejamento, indo de ações motivadoras de baixo risco, que visam a objetivos limitados, à iniciativas mais ousadas. Não seria exagero dizer que, para muitos ativistas, *From Dictatorship to Democracy* é como se fosse sua Bíblia. Durante minha reportagem, encontrei venezuelanos, iranianos, tibetanos e egípcios que conheciam de cor e salteado a obra.

---

410. Ver o livro de Gene Sharp (1993), que pode ser baixado em 26 diferentes idiomas, incluindo Amárico, Azeri, Tigrínia e mais quatro línguas étnicas da Birmânia (www.aeinstein.org).

411. Ver Sharp (1993, p. 4).

412. Ibid., p. 16.

413. Elas incluem um sistema rotineiro incapaz de se adaptar, um temor entre os subordinados de relatar informações que possam desagradar a liderança do regime, uma erosão da ideologia e uma burocracia cada vez mais incoerente.

246 | ESCOLA DOS DITADORES

Em uma monótona manhã de inverno em fevereiro de 2010, visitei Sharp em sua casa no lado leste de Boston. Ele mora em um simples condomínio que também funciona como os escritórios do Instituto Albert Einstein, uma organização fundada por Sharp em 1983 para auxiliar na divulgação do seu trabalho. A organização não é mais do que a junção de duas salas no 1º andar da casa. Os funcionários são Sharp e uma assistente. Ele mora neste endereço desde 1968, quando encontrou a construção abandonada e a comprou por 150 dólares.[414] Embora o lugar ainda precise de algumas reformas, ele comentou que isso não é nada comparado com as condições em que foi encontrado. "A casa estava em ruínas", Sharp alega. "Quando chovia, enormes goteiras formavam um lago no 3º andar. Não havia sistema de aquecimento nem banheiros."[415] Hoje, ele mora no 2º andar, aluga o 3º e mantém uma estufa no 4º andar "para ajudar a clarear a mente".

O 1º andar é mal iluminado. A única luz vem de duas luminárias de mesa que clareiam sua escrivaninha. O lugar em si é de difícil circulação, com pilhas de livros, caixas e o que parece ter sido um velho aquário em desuso. Além de alguns adornos orientais, há um quadro de Gandhi ornamentando a parede. Ocasionalmente, enquanto conversávamos – uma cachorrinha – "seu nome é Sally, mas eu a chamo de boa menina" – surge para ser acariciada e logo desaparece por detrás das pilhas de livros. Ele a adotou recentemente em um canil ao norte de Boston depois que seu dinamarquês, Caesar, faleceu.

É difícil imaginar Sharp como um homem perigoso. Aos 82 anos, ele é ligeiramente corcunda, fala baixinho e caminha com a ajuda de uma bengala. Mas, para muitos dos ditadores do mundo, ele é considerado um inimigo público Nº 1, uma terrível ameaça de críticas e denúncias. Os generais da Birmânia o veem como "um espião norte-americano" engajado em "diabólicas e sujas guerras psicológicas".[416] Hugo Chávez já alegou que o octogenário tem ligações com a CIA e tentava derrubar seu governo.[417] O Governo iraniano levou Sharp tão a sério que chegou a requisitar seus livros – "Nós lhes enviamos alguns exemplares", ele comentou. Dizem que os iranianos montaram uma unidade voltada a focar e conter as técnicas de não violência estratégica. Ademais, ele já foi denunciado e teve seus livros proibidos na Bielorrússia, na China, na Rússia e no Vietnã, só para citar alguns lugares. Sharp via todos os ataques, acusações e teorias conspiratórias apoiadas pelo Governo como

---

414. Entrevista do autor com Gene Sharp. Boston, fev. 2010.

415. Ibid.

416. Ver Sharp (1995). (Relatório não publicado do Instituto Albert Einstein.)

417. Ver Romero (2007a).

pontos positivos. "É um bom sinal", ele dizia. "Significa que o conhecimento de que este tipo de luta pode ser poderoso chegou a eles. É um elogio."

A estranha verdade é que Sharp seja provavelmente mais conhecido nos locais menos livres do mundo do que em qualquer outro lugar. No dia da minha visita, sua assistente, Jamila Raqib, disse-me que tinha acabado de receber uma nova solicitação da Venezuela. Alguém lá estava interessado em fazer uma edição local do trabalho de Sharp. A maioria das pessoas tem acesso aos seus escritos baixando-os do site da organização. Tipicamente, ela comenta que eles não têm ideia da identidade daqueles que entram em contato em busca de livros ou cópias. "Se as pessoas nos contatam diretamente, em geral o fazem de modo anônimo. Uma coisa é escolher um livro e lê-lo em sua própria casa. Outra é estar em contato com uma organização localizada nos Estados Unidos que já tem um nome, já foi denunciada pelo seu governo, que tem ligações com a Casa Branca e todas essas loucuras", ela disse. "As pessoas são muito inteligentes. Sabem os riscos que poderiam correr e o que não deve ser feito."[418]

Raqib sabe, por exemplo, que o trabalho de Sharp é popular no seu nativo Afeganistão.[419] "[Os afegãos] acham muito instigante a ideia de que somos realmente responsáveis pelo nosso próprio futuro. Podemos ser autossuficientes", ela confessa. "Não temos que esperar pelos intrusos, porque eles só nos causaram danos. Estamos sozinhos aqui, e a violência não funcionou."

Embora a demanda possa estar em toda parte, há uma frase que é dita sempre. "'Este livro foi escrito para nós'. Já ouvimos isso inúmeras vezes", Raqib comenta. "É um indicativo de qualidade das análises."

Em relação a sua parte, Sharp está otimista. Ele acredita que está ficando a cada dia mais difícil ser um ditador atualmente e, o mais importante, as pessoas que estão desafiando os regimes estão a cada dia mais espertas. "Estamos aprendendo mais sobre os meios de luta e como aplicá-los com inteligência, como também ter noção do que não se deve fazer." Ainda assim, ele se assusta com o número de pessoas que assumem tantos riscos e ainda não conseguem pensar estrategicamente. "Aqueles que advogam a liberdade política não estão usando a inteligência o tanto quanto deveriam", comenta Sharp. "É um tremendo poder, e as pessoas podem utilizá-lo. Mas precisam fazer o dever de casa."

Às vezes, elas só precisam de professores.

---

418.   Entrevista do autor com Jamila Raqid. Boston, fev. 2010.

419.   Ela fugiu do país com seus pais quando tinha cinco anos, no início da invasão soviética.

Histórias de Guerra

Está chovendo em South Charleston, West Virginia. Estou sentado na varanda de trás da casa de Bob Helvey, localizada em uma densa redondeza de onde se contempla o rio Kanawha. Já estamos na segunda xícara de café quando ele me relata os detalhes sobre o treinamento de ativistas democráticos em conflitos não violentos. Sua xícara denuncia um pouco do seu passado. Nela está escrito: "Líder da Democracia da Birmânia", e mostra o retrato de Aung San Suu Kyi, Prêmio Nobel da Paz e líder do movimento democrático do país. Depois da Birmânia, Helvey continuou treinando ativistas na Bielorrússia, na Venezuela, na Nigéria, no Iraque, na Palestina e no Zimbábue, entre outros. Ele comenta que uma das razões que fez com que ele treinasse tantos grupos é que as pessoas ficavam intrigadas ao ouvir um militar discutindo estratégias não violentas. "Acredito que isso abriu portas", disse Helvey, referindo-se à sua experiência militar. "As pessoas pensam: 'O que este oficial de infantaria está fazendo ensinando essas porcarias? Vamos ouvi-lo. Talvez ele esteja maluco, mas é melhor ouvi-lo'."

O que eles estavam ouvindo era um estrategista utilizar três décadas de serviço militar e aplicá-las em princípios para derrubar um ditador de forma não violenta. Ele os ensinava os rudimentos do pensamento estratégico de maneira tão simples quanto o jeito que eles viam suas ruas e vizinhanças. "A vida não é nada mais do que a análise de padrões. Planejamento envolve o hábito de analisar padrões, e todo ser vivo vive em função de um padrão", disse Helvey. "Precisamos saber que padrão é esse, de modo que, quando ele mudar, a primeira pergunta que fazemos é: 'Por quê?'"

"Quando o jovem policial se afasta das lindas mensininhas e se dirige à velha e feia senhora, eu quero saber o porquê. Talvez ela seja uma informante? Talvez ela seja uma traficante? Eu quero saber o porquê", Helvey continua. "E essa é uma das coisas que você quer ensinar às pessoas que você está treinando. Que você está sempre procurando uma oportunidade. Então, você começa a desenvolver um rol de oportunidades que você poderá utilizar porque fez esta análise de padrões."

Ele os ensina a fazer uma estimativa estratégica que determina o objetivo ou a missão do movimento. Ao citar Clausewitz e o estrategista britânico Liddel Hart, ele os ensina a aniquilar as fontes de poder do regime e a entender a diferença entre suas capacidades e suas intenções. Além disso, apresenta pequenas doses de sabedoria de conflitos passados.[420]

---

420. Por exemplo, é muito importante o recrutamento de filhos de generais e policiais para o seu movimento. "Os generais não gostam de atacar multidões com seus filhos na linha de frente."

Mas se você participar de um curso de Bob Helvey, o que talvez compreenda melhor seja o poder da propaganda. Em um confronto onde você está desarmado, sua mensagem é crucial. "Como queremos que eles vejam nosso movimento?", pergunta Helvey. "Queremos fazer com que estas pessoas acreditem que este movimento para mudanças democráticas não ameaça ninguém, principalmente os militares." A propaganda de um grupo oposicionista é frequentemente o primeiro assalto à legitimidade de um regime, e sua finalidade é destruir essa legitimidade. "Na minha opinião, a propaganda é a arma mais poderosa", disse Helvey. "As pessoas não gostam de usar essa palavra porque ela parece desgastada. Elas gostam de dizer 'relações de mídia' ou 'PR'. Mas é tudo propaganda."

Helvey toma como exemplo a Venezuela no período de Hugo Chávez. De certo ponto de vista, o caso da Venezuela é um tanto difícil. O Governo chavista tem condições de conclamar mais legitimidade do que a maioria dos regimes devido ao seu sucesso nas urnas, ainda que esse sucesso seja totalmente forjado. Ainda assim, Helvey acredita que um propagandista tem mais aberturas para explorar. Primeiro seria a dependência do governo chavista a governos estrangeiros, especialmente a Cuba de Fidel Castro. "Quem são estes porras de estrangeiros? Vocês estão me dizendo que não podemos treinar nosso próprio povo para serem médicos? Estamos comprando jatos russos, mísseis russos, aviões russos ao invés de treinarmos nossos próprios médicos. Vocês estão me dizendo que não podemos treinar nosso próprio pessoal para ser segurança do nosso próprio país? Por que dependemos do único Estado comunista do hemisfério ocidental para formar nosso Governo? Oh, cara, nosso pessoal é muito bom também", disse Helvey esfregando as mãos. "Diga a seu propagandista: 'Segure esse pessoal! Sempre que algo acontecer, culpe aqueles filhos da puta. Se houver alguma inundação em algum lugar, não é obra de Deus; é resultado da incompetência do Governo'."

Helvey treina seus alunos para que sejam excepcionalmente disciplinados, especialmente no que diz respeito à sua mensagem. "Nenhum porta-voz ou representante do movimento jamais dever dizer algo desagradável sobre alguém. Não odeie o policial, não odeie o agente de segurança, porque, como um movimento democrático, queremos trazer essas pessoas para o nosso lado, e não poderemos fazer isso espalhando ódio", ele comenta. "Temos que ser a maioria para vencer. Movimentos estrategicamente não violentos não podem ser a minoria. Se o ódio aparecer, ele deve ser focado o mais estreitamente possível. Um homem: Mugabe. Se você quiser odiar alguém, não odeie todo mundo do regime. Odeie Mugabe."

E há mais um ponto sobre o qual Helvey aconselha seus alunos: a necessidade de paciência. "O detalhe sobre conflito não violento estratégico é que eu gosto de usar a palavra 'ainda' – ainda não vencemos", disse Helvey. "O uso da palavra 'ainda' significa que a luta continua. Como qualquer batalha longa, você tem dias bons e ruins. A coisa sobre os rebeldes, que basicamente são os componentes dos movimentos oposicionistas, é que você não perde até *assumir* que perdeu. Nós determinamos quando perdemos, o Governo não. Essa é nossa decisão, não a deles. E ela é uma poderosa mensagem se você conseguir fazer com que as pessoas entendam o que significa. Nós decidimos quando acabou."

Três horas depois a chuva não dava trégua. As valetas estavam transbordando em um lado da sua propriedade enquanto a água escorria ribanceira abaixo. Ainda sentado na varanda de Helvey, perguntei-lhe se algum dos grupos que treinou obteve um destaque especial. Um que tenha causado uma ótima impressão. "Os sérvios", ele respondeu. "Eles pareciam inteligentes mesmo antes de dizerem qualquer coisa. Eram focados. Não tiravam os olhos de mim e do que eu estava dizendo e, a todo momento, cochichavam alguma coisa entre eles."

Na primavera de 2000, Helvey viajou para Budapeste para se encontrar com alguns membros do Otpor, o grupo da juventude democrática sérvia. Eles já tinham alcançado uma vitória relevante ao desafiar o regime de Slobodan Milosevic, mas temiam que tivessem chegado a um ponto que não pudessem manter o movimento. Antes de o seminário começar, Helvey pediu para se reunir com alguns dos sérvios, apenas para senti-los e ter uma ideia de onde estavam enquanto um movimento. "Pedi-lhes que me dessem uma panorâmica de como estavam estruturados", Helvey relembra.

"Não temos uma estrutura", alguém respondeu.

"Quem é seu líder?"

"Nós não temos um líder", outro respondeu.

"Esperem um pouco!", exclamou Helvey. "Eu não nasci ontem. Vocês têm um movimento que abrange todo o país, os pilares que sustentam o regime de Milosevic estão abalados, as coisas estão acontecendo, as manifestações ocorrem por todo o país e são sincronizadas, e estão me dizendo que não têm uma organização, que não tem ninguém controlando."

Os jovens sérvios apenas sorriram. "É o que dizemos a todo mundo", disseram.

Helvey sabia de cara que não precisava orientá-los com táticas ou como estabelecer um movimento não violento; eles já tinham apresentado métodos inovadores e abordaram a tarefa com a disciplina e o rigor de uma operação militar. Os sérvios, ele comenta, tinham todas as peças. Apenas não tinham ideia de como agrupá-las, como também se planejar para os dias finais do regime. Mas ele tinha certeza de que, quando o seminário terminasse, eles já teriam encontrado. "Suas mentes eram como esponjas. Ninguém deveria se surpreender com sua vitória. Não hesitavam em arriscar", disse Helvey. "Eu sentia que esses caras estavam preparados. Eles nunca descansavam. Eu não gostaria de enfrentar esses caras."

Uma pessoa em particular se destacou. Srdja Popovic, um cara de 27 anos. "Assim que bati os olhos nele, percebi que era um dos líderes", disse Helvey. "Ele era tão intenso." Um esperto e criativo estrategista, Srdja era na verdade um dos 11 líderes originais do Otpor (Resistência). Alto, magro e com um sorriso matreiro nos lábios, Popovic era comissário político de estilo próprio do movimento. Seu carisma e energia fizeram dele um líder natural para o recrutamento e treino dos novos membros, especialmente a juventude sérvia. Srdja, como outros ex-membros do Otpor que encontrei, exalava confiança e tinha a astúcia de um ativista veterano.[421]

Helvey estava certo em acreditar que Srdja e seus colegas iriam se dar bem. Meses depois, em 5 de outubro de 2000, o pequeno grupo de jovens ativistas auxiliou a liderar um movimento nacional que derrubou o brutal ditador do século XX da Sérvia. Quando, nos últimos instantes, Milosevic ordenou suas tropas de choque a abrir fogo e dispersar as multidões de qualquer maneira, a polícia abaixou suas armas e deixou que o povo sérvio se apoderasse do parlamento. O que Milosevic não tinha notado era que Popovic e seus compatriotas passaram mais de um ano convencendo a polícia e os agentes de segurança do regime a ficarem do seu lado. Poucos previram que Milosevic cairia, sem contar que o fez em um golpe democrático sem derramar uma gota de sangue.

Sugestivamente, um grande gato cinzento sai da casa em direção à varanda de trás e pula na mesa. Ele caminha em direção a Helvey e se encosta abaixando a cabeça para receber alguns cafunés. "Sabe, o nome do meu gato é Srdja", Helvey comenta sorrindo. "E Srdja, o gato, aniquilará qualquer coisa do seu tamanho ou menor."

Mais do que apenas mais um ditador

Bob Helvey não precisou descrever Srdja para mim. Eu tinha me encontrado com ele um ano antes, em junho de 2009. Foi em um seminário de seis dias sobre estratégia não violenta, patrocinado pelo Centro Internacional de Conflitos Não Violentos. O centro, financiado pelo ex-banqueiro de investimento Peter Ackerman, mantinha um instituto em Boston que reunia ativistas democráticos, líderes da so-

---

421.   Para uma excelente visão da campanha do Otpor na Sérvia e um perfil de alguns dos seus líderes, ver Rosenberg (2011).

ciedade civil, pesquisadores etc. do mundo todo. Mais de 40 pessoas, de 35 países diferentes, incluindo Egito, Malawi, Nigéria, Síria, Tibet e Tunísia, vieram ouvir especialistas, intelectuais e veteranos de campanhas não violentas. Mas para muitos desses iniciantes nas lutas democráticas, a apresentação de Popovic foi o destaque. Como explicou um nigeriano, ele e outros tinham vindo porque queriam ouvir "como [Popovic] tinha feito isso e se eles poderiam fazê-lo em seus países também".[422]

Na noite anterior ao seu discurso, Srdja e eu nos encontramos em um bar na Praça Davis, perto do campus da Universidade Tufts. Por vários dias a atenção mundial estava voltada às ruas de Teerã, aonde milhares de pessoas, especialmente jovens iranianos, vieram denunciar o aparente roubo da eleição presidencial. Ele tinha cofundado o CANVAS seis anos antes, e agora passava quase cem dias por ano na estrada, conduzindo seminários ou falando para grupos. O CANVAS treinou sete grupos oposicionistas no Irã. Em uma prévia da sua palestra do dia seguinte, perguntei-lhe sua opinião sobre o levante iraniano, que as pessoas agora estavam denominando de Movimento Verde.

Popovic balançou a cabeça. "Vai ser sangrento", respondeu.[423] Era muito cedo para dizer, mas ele já estava preocupado com o fato de que a oposição iraniana estava a ponto de cometer sérios erros estratégicos. Depois de desestabilizar o regime com uma massiva onda de apoio, os manifestantes deveriam ter "se retirado das praças públicas de Teerã e se dispersado pelas 20 maiores cidades do Irã", engajando-se em "táticas de baixo risco e alta visibilidade", como grafite, vigílias e boicotes. Eles já tinham mostrado sua dimensão como movimento, mas agora precisavam provar que não estavam apenas centrados em Teerã. Mais importante, precisavam manter o regime em dúvida. Popovic acredita que não há nada mais perigoso para um movimento do que tornar-se previsível. Uma vez que um movimento tenha chamado a atenção de um regime, é crucial manter a iniciativa e não permitir que o Governo se prepare para planejar seu revide. Se o movimento pretende dividir os pontos-chaves do regime, precisa estar sempre um passo à frente, contagiando as estruturas do governo com incertezas e aumentando a confiança dos manifestantes como também da população. Ele temia que alguns jovens iranianos treinados pelo CANVAS sabiam o que fazer, mas não poderiam porque muitos grupos oposicionistas do país ainda estavam sendo liderados pelos "barbas brancas". Popovic, que se formou em biologia pela Universidade de Belgrado, gosta de fazer analogias com o reino animal. "Os movimentos são como os tubarões", ele explicou. "Eles precisam estar

---

422. Entrevista do autor com ativistas nigerianos. Boston, jun. 2009.

423. Entrevista com Popovic, jun. 2009.

em constante movimento para permanecerem vivos. Se o tubarão para, ele morre. Os tubarões só podem nadar em uma direção – parafrente. O nosso movimento [na Sérvia] foi bem-sucedido ao manter a ofensiva, movimentando-se constantemente e sempre um passo à frente do regime."

Na manhã seguinte, Popovic subiu ao púlpito para se dirigir aos ativistas reunidos. O carisma e o humor que fizeram dele um líder nato de milhares de jovens sérvios – 30% dos membros do Otpor eram adolescentes, sendo que a média de idade dos participantes do movimento era 21 anos – apareceram imediatamente. Com a plateia totalmente atenta, ele começou dizendo: "Minha organização vê [estas lutas] como uma forma de guerra". Falando assim, ele ressaltava a necessidade de união, planejamento e disciplina não violenta. Falou sobre o recrutamento e a necessidade de se adequar ao nível dos novos membros. "Vocês devem ser claros com eles. Haverá vítimas. É justo que se diga isto às pessoas logo no começo", ele comenta. "As pessoas serão espancadas. Serão presas. Seus amigos e familiares também serão atingidos. Talvez sejam intencionalmente infectados com HIV. Nas Maldivas, as pessoas se tornaram intencionalmente viciadas em drogas."

Todavia, nada que o regime faça é uma desculpa para quebrar o compromisso do movimento com a não violência. O Otpor sempre ressaltava seu objetivo não violento durante o recrutamento de alguém. Durante a iniciação – algo criado para ajudar a estabelecer a disciplina – a parte final ouvida era: "a violência é o último santuário dos fracos". O perigo de que os membros pudessem recorrer à violência, dando assim uma desculpa ao regime para contra-atacar violentamente, era um receio sempre presente. Além disso, a partir do momento que um movimento se torna violento, aliena todos os membros de um regime que o próprio movimento esperava que pudesse torná-los solidários à causa. "Vocês precisam observar quais indivíduos ou grupos dentro do movimento podem se tornar violentos", Popovic alertou. "É preciso identificá-los, isolá-los, conversar com eles e obter uma explicação ou excluí-los."

Durante um dia e meio que Srdja permaneceu no seminário, os ativistas o cobriram com perguntas inspiradas em suas próprias lutas. Eles o cercavam nos corredores, fumavam juntos ou saíam para uns drinques tentando colher qualquer tipo de experiência adicional e informações que pudessem. Eles queriam saber quão descentralizada a liderança do grupo deveria ser (os 11 principais ativistas nunca se reuniram no mesmo lugar). Quão eficiente era a inteligência do regime em relação ao Otpor? ("Quando vimos nossos dossiês, depois da Revolução, tinham por volta de 200 páginas cada. Eles conheciam nossos movimentos. Porém, não havia nenhuma análise. Então, e daí?"). O que se faz quando o regime desloca suas tropas de choque de outro lugar do país para comandar o massacre? ("É preciso criar laços mais fortes com a polícia local. Nós desenvolvemos ligações com a polícia local, de modo que ela nos orientava sobre quais ruas deveríamos evitar. Todo regime tem um número limitado de unidades especiais").

Durante os próximos dois anos, Popovic e eu mantivemos contato. Frequentemente trocávamos e-mails ou conversávamos ao telefone para discutir sobre eventos ocorrendo em um país autoritário ou em outro. Logo após a queda de Mubarak e Ben Ali, no auge da Primavera Árabe, tomamos café juntos em Washington, D.C. Os acontecimentos na Tunísia e no Egito foram bons para o CANVAS. As mídias norte-americanas e europeias lançaram uma série de histórias sobre sua organização e o papel que ela desempenhou ao auxiliar os ativistas a promoverem revoluções democráticas, notadamente no Egito. Tal visibilidade resultou, portanto, em mais convites para seminários.

Todavia, a Primavera Árabe fez mais do que superlotar a agenda do CANVAS com futuros seminários. Popovic acredita que ela destruiu mais mitos sobre conflitos não violentos do que qualquer uma das revoluções anteriores. Para começar, ela provou, de uma vez por todas, que os árabes podiam fazer isso. A ideia de que o Oriente Médio somente poderia abrigar ditadores, que, por alguma razão, as pessoas daquele lugar estavam destinadas a serem esquecidas enquanto a democracia avançava em outras paragens, provou-se errônea. E o fato da Tunísia e do Egito terem caído primeiro – dois dos mais fiéis aliados dos Estados Unidos no Oriente Médio – minou a ideia de que as revoluções não violentas estavam se espalhando com a ajuda da CIA ou do Governo norte-americano. O CANVAS tentou ajudar onde foi possível, mas as revoluções foram bem-sucedidas, disse Popovic, porque foram criadas em seus locais de origem. "Estes jovens egípcios superaram o que lhes ensinamos. Penso que foi 100% mérito deles", ele afirma. "Não haveria como um milhão de egípcios seguir o que um sérvio lhes disse, nem mesmo com uma valise e um *lap top* atraentes."

Mas Popovic não seria um bom estrategista se não identificasse uma oportunidade quando ela aparece. "Nós temos este fenômeno histórico que é moldar o mundo perante nossos olhos. Agora é o Oriente Médio, antes foi o Leste Europeu, amanhã talvez seja a África ou a Ásia", comenta Popovic. Ele vê este momento como um possível ponto-chave, uma oportunidade para se obter maiores ganhos. "Não é o caso de derrubar mais um ditador", ele continua. "É sobre transformar conhecimento em ampla escala. Há uma chance de alavancar este conhecimento."

Popovic está preparando o CANVAS para ser parte deste esforço de moldar o futuro. Ele está construindo um currículo na estratégia de conflitos não violentos e se associando com universidades norte-americanas para ensiná-la. Como um primeiro passo, ele já recrutou ativistas egípcios para atuarem como os novos instrutores. "Estes caras são realmente brilhantes", ele comenta sorrindo. "Eles são os treinadores ideais para o mundo árabe."

Campo de treinamento

O início de um seminário sempre acaba sendo um pouco tumultuado. Tão ansiosos quanto possam estar para aprender novas ideias de como conter um regime, os ativistas ficam relutantes em acreditar que estivessem abordando a tarefa de forma errada. Este é o clima no 2º andar do hotel de onde se avista o Mediterrâneo.

Aos 20 ativistas do Oriente Médio foi pedido que se dividissem em pequenos grupos para delinear o que os instrutores do CANVAS denominaram de sua "visão do futuro" – a visão da mudança que eles querem que seu movimento crie. É uma ideia bastante simples: estabeleça a missão ostensiva do seu movimento. Mas os instrutores sérvios colocaram uma questão essencial do problema. Eles pediram aos ativistas para esquematizar a situação de modo que se tornasse atraente para cinco diferentes grupos da sociedade. Eles precisavam expressar seus objetivos para o futuro do país de um jeito que ressoassem com empresários, especialistas em religião, professores, estudantes e membros da mídia. "Quando o Otpor tornou-se uma organização com credibilidade perante o público, então nossos números cresceram", disse Aleksandar,[424] um dos treinadores, um grandalhão sérvio especialista em organização política. "E os números são o que sempre estamos buscando."

Foi uma missão bastante complicada para todos. Quando voltaram a se reunir com o grupo principal, a maioria não conseguiu encontrar denominadores comuns entre as cinco camadas da sociedade. Ao contrário, queriam explicar por que estabelecer uma causa comum entre pessoas de setores tão diferentes no seu país seria praticamente impossível. Um dos ativistas mais velhos comentou: "Bem, é complicado. Somos únicos". Outro o interrompeu dizendo: "Somos um pouco diferentes". Logo um coro de ativistas começou a explicar que há muito jogo de interesses envolvidos, opiniões divididas, grupos diferentes etc., etc., etc. Os instrutores observavam e ouviam, como se já esperassem por estas desculpas. E, ao final, uma das ativistas, visivelmente frustrada com o exercício, esbravejou: "É impossível!".

---

424. Os nomes dos instrutores são fictícios.

Dragana, outra instrutora, uma esbelta loira com um sorriso enigmático, disse secamente: "Você não pode mudar nada se continuar como uma minoria. É muito simples".

"Acho que você não entendeu", disse um dos ativistas, um jovem com tatuagens por todo o antebraço. "Deveríamos estar assim tão instigados a destituir nossos políticos para ampliar nossa luta?"

"Por que você vê isso como destituição?", retrucou Aleksandar, "É um começo. Eles não podem governar sem as pessoas. Mas você precisa das pessoas".

A reação dos ativistas ao exercício era semelhante. Os instrutores já tinham antecipado isto. Popovic tinha me dito certa vez que praticamente todo movimento acredita que sua situação é exclusiva. As pessoas que participam dos seminários sempre se apressam em dizer que o exemplo sérvio não se aplica ao seu próprio ambiente político, ou o regime que eles são contra é notadamente brutal, ardiloso ou pérfido. Os ucranianos comentavam que tinham que se preocupar coma interferência russa, uma vez que Moscou dava suporte ao regime. No Egito, os ativistas apontaram o fato de que Mubarak podia contar com o apoio norte-americano. Geralmente, eles se apressam em dizer o quanto aumentou o orçamento de segurança interna do regime ou quantos policiais e informantes estão espalhados pelas ruas. Popovic é o primeiro a admitir que não há duas situações idênticas. Se elas fossem precisamente as mesmas, então os sérvios não teriam problemas em dizer às pessoas o que fazer. Mas ele insiste, tanto quanto Gene Sharp argumenta em *From Dictatorship to Democracy*, que os fundamentos são os mesmos. Entenda esses detalhes e você poderá construir seu próprio plano de ataque.

Leva um tempo para cair a ficha. Os ativistas admitiram no começo do seminário que um dos seus maiores problemas é que a maioria da população em seu país não se mostra solidária. Eles sabem que têm um problema de comunicação. Os sérvios reconhecem que pode ser difícil construir uma visão que abranja um número suficiente de grupos-chave. No caso do Otpor, eles enviaram seus integrantes por diversas partes do país para entrevistar as pessoas e saber o que elas queriam. Gastaram tempo tentando identificar quem eram algumas das mais respeitáveis pessoas do país. Em algumas áreas rurais, eram os médicos. Em outras localidades, os professores. Em todos os casos, o raciocínio era que se essas pessoas fossem ganhas, ampliariam ainda mais o movimento. No final, um dos ativistas do Oriente Médio, um dos mais jovens na sala, disse o que era dolorosamente óbvio: "Bem, provavelmente não pensamos o bastante como poderíamos formar partidários".

"Finalmente!", suspirou Dragana. É um começo.

Agora os sérvios conduziam a discussão para o que os ativistas lutavam contra. Pediram ao grupo que identificasse os pontos de sustentação do regime – por exemplo: o militarismo, a polícia, a burocracia, o sistema educacional, as religiões organizadas –, as principais instituições de onde o regime extraia sua força. O próximo passo era fazer o que eles denominavam de "gráfico do poder". É uma ferramenta analítica desenvolvida por Slobodan Djinovic, um dos fundadores do CANVAS. "Isto faz com que foquemos em quem está conosco e quem está contra, e como podemos influenciá-los", explica Aleksandar.

Novamente em pequenos grupos, os ativistas classificavam a reação de cada instituição – em um espectro de graus variáveis de positivo, neutro e negativo – quanto a relevantes acontecimentos políticos, protestos, ações ou momentos que cronologicamente se localizavam em dez anos. Popovic disse-me que a produção do gráfico do poder era sempre um momento-chave do seminário. E realmente foi para este grupo de ativistas. O que eles descobriram quando isolaram os diferentes pilares do Estado era que sua lealdade ou atitude diante do regime variou com o tempo. Por exemplo, setores do sistema educacional foram, de certa forma, solidários com algumas de suas ações, ainda que só pela participação dos estudantes. Em outros exemplos, a grande mídia teve uma opinião levemente crítica do governo, se é que se pode dizer "levemente". Olhando o regime deste ponto de vista, os ativistas imediatamente compreenderam duas coisas: o regime não é um monólito, e suas lealdades são maleáveis. "A lealdade não é esculpida na pedra. Ela pode ser mudada", disse Dragana. "Lealdades podem ser trocadas."

Os sérvios salientavam que se você atacar uma parte do regime, a reação natural é que o restante se volte contra. Eles perceberam que seus próprios interesses estão mais alinhados com o regime sob ataque do que com o seu movimento. "O objetivo será retirar os pilares do regime com persuasão, não derrubá-los com ataques", disse Aleksandar.

Alguns pilares são obviamente mais suscetíveis à persuasão do que outros. O militarismo e a polícia geralmente são os últimos a aparecer. Mas, de novo, os movimentos não precisam do apoio das forças de segurança; eles apenas precisam de sua ambivalência. E, como os sérvios explicaram, até mesmo os policiais mais violentos podem ser neutralizados.

Durante sua luta, os sérvios se defrontaram com um chefe de polícia particularmente brutal. Ele agia com a impunidade de um rei na pequena cidade onde servia. "Ele adorava espancar as pessoas, torturando-as com prazer", disse Dragana mordendo os lábios com raiva. "E nunca era punido." Então, eles chegaram à conclusão que não poderiam enfrentá-lo, pelo menos não diretamente.

258 | ESCOLA DOS DITADORES

Ao invés disso, tiraram fotografias dele espancando jovens membros do movimento. Transformaram estas fotos em grandes cartazes e acrescentaram seu nome e número do celular. Depois, colaram os cartazes em todos os lugares em que sua esposa fazia compras. Colocaram cartazes no caminho da escola de seus filhos. Os cartazes incitavam as pessoas a ligar e perguntar a ele porque torturava nossas crianças. Sua esposa ficou chocada. Seus familiares rapidamente se tornariam párias. "Não o atacamos diretamente", disse Dragana. "Nós o atacamos em sua casa, por meio de sua esposa. Não iríamos permitir que este filho da puta se escondesse atrás do sistema ou do distintivo."

O exemplo ecoou no grupo: "Existem estas pessoas monstruosas que se escondem atrás da chancela do regime", acrescentou um ativista. "De certa forma, isto caracteriza o regime." As pessoas concordaram.

Depois da sessão de cada dia, os ativistas se reuniam em seus próprios grupos para digerir as lições e análises daquele dia, debatendo os conceitos discutidos. De modo claro, as discussões estavam levantando questões fundamentais para alguns membros do grupo, exatamente o tipo de questões que a liderança do movimento queria que fossem abordadas. "É um choque para alguns deles", um dos líderes confessou. "Como: 'Caramba! Quer dizer que não estávamos fazendo nada certo?'." Mas a maioria dos ativistas estava engajada e ansiosa para aprender mais.

Uma das fontes-chave do poder para qualquer regime é a autoridade. A percepção da autoridade em si – e o medo de desafiá-la – são as causas da obediência da maioria das pessoas. Então, se um movimento quer encorajar as pessoas a acabar com seu consentimento, interromper sua obediência ao regime, logo, minar a autoridade do sistema é o objetivo-chave. Para o Otpor, a resposta era a zombaria. "O humor mina a autoridade do oponente. O humor também é o melhor remédio contra o medo. Use-o o tanto quanto puder", disse Aleksandar. "Tente surpreender o inimigo. Use quantas artimanhas forem possíveis. Esse é nosso grande conselho."

O humor, de fato, pode ter sido a marca do Otpor. Membros da organização listaram inúmeras maneiras de reduzir a autoridade do regime por meio do humor e do ridículo. Um exemplo envolveu os perus. A mulher de Milosevic, Mirjana, sempre gostou de usar uma flor branca no cabelo. Membros do Otpor viram aí uma oportunidade. Pegaram vários perus e colocaram cravos brancos em suas cabeças. Depois, os soltaram no centro da cidade. Os perus ficaram perambulando pelas ruas. Qualquer um que visse um peru com um cravo branco na cabeça imediatamente o associava à mulher de Milosevic. (Como Dragana lembrou, rindo: "Na Sérvia, chamar uma mulher de perua é uma das piores ofensas"). A polícia foi acionada para recolher as aves. Membros do Otpor estavam de prontidão para fotografar os desesperados policiais correndo atrás dos pobres pássaros. Quando finalmente conseguiram, os perus foram levados para uma delegacia local. Prevendo isto, o Otpor imediatamente lançou um manifesto pela liberação dos perus, informando que eles foram presos ilegalmente e que tinham razões para temer pela segurança das aves.[425]

Os treinadores do CANVAS denominam esta e outras proezas similares de ações dilema. Quando executadas corretamente, essas ações oferecem baixo risco e focam naquilo que o seu oponente fará ou não. "A finalidade destas ações é criar um dilema para o adversário", Aleksandar explicava para o grupo. "As ações criam um dilema para a polícia, que é forçada a optar entre duas escolhas desfavoráveis. Ela não pode permitir que uma ave ridicularize a esposa do presidente. Mas também sabe que seus policiais fazem papel ridículo ao caçar os perus." Qualquer um que receber uma ordem para caçar perus pelo centro da cidade vai perder o respeito pelo regime. E o próprio regime não parece se intimidar quando seus policiais estão por aí, correndo atrás de pássaros. "Nesse ponto, não tivemos como saber o que possa ter acontecido entre eles", disse Aleksandar, ainda gargalhando, "mas adoraria ouvir a repercussão dentro dos quartéis."

Os ativistas do Oriente Médio saíram da sala para tentar esquematizar algumas das suas próprias ações dilema. Enquanto isso, eu conversava com Dragana sobre sua experiência como uma instrutora do CANVAS. Dos 40 seminários que ela ajudou a organizar, disse que um grupo de bolivianos foi um dos mais marcantes. Eles aprenderam rápido, talvez rápido demais. "No quarto dia, quando entramos na sala, vimos que havia jornais sobre todas as cadeiras. Os jornais reportavam na primeira página uma ação que eles realizaram naquela noite depois do seminário! Eu me aproximei e eles disseram: "Olhe o que fizemos!", ela relembrava. "Muitas vezes [depois dos seminários] eu descobria o que tinham feito e dizia: 'Oh, meu Deus, eles estavam planejando isso o tempo todo'."

De vez enquanto, os planos saem pela culatra também. Dragana contou-me sobre um grupo de iranianos que não conseguia analisar nada. Havia escassez de gasolina no Irã na época e o grupo achou que este era um assunto que eles poderiam explorar. "Estes caras planejaram realizar um protesto silencioso nos postos de gasolina. O plano era formar fila nos postos segurando galões vazios", ela relembrou. "O que eles se esqueceram de prever foi a rapidez com que [transeuntes] se junta-

---

425. O Otpor realizou esta particular ação dilema em Kragujevac, a quarta maior cidade da Sérvia. Acredita-se que nenhum dos perus tenha se ferido.

260 | Escola dos ditadores

ram ao movimento. Os números continuaram crescendo e os tumultos começaram. Queimaram 60 postos de gasolina." O problema foi que a ação cresceu rapidamente, a ponto de incluir pessoas que não faziam parte do movimento, portanto, não havia como manter a disciplina não violenta. Mais tarde, Dragana ouviu de membros da diáspora Iraniana que estavam muito felizes com todo o episódio. Ela ficou em choque. "Não, não!", exclamou. "Não foi o que ensinei a eles. Queimar postos de gasolina não ajudará sua causa."

Naturalmente, há alguns grupos com os quais o CANVAS simplesmente se recusa a trabalhar. Em um exemplo, enquanto em Joanesburgo, o CANVAS foi contatado por um membro do consulado britânico. O oficial queria contratar a organização para trabalhar no Reinado de Swaziland, que era governado pela mesma família corrupta há décadas. O problema era que o CANVAS não estaria lidando com um movimento espontâneo; seria uma luta não violenta por procuração. "Ele disse que dinheiro não era problema", relembrou Dragana, rindo. "Bem, isso é muito bom, mas não é assim que trabalhamos. Não somos mercenários."

Com o andar do seminário, o foco voltou-se para a avaliação de algumas das próprias ações do movimento. Os ativistas tinham conseguido um número significativo de vitórias. Por meio de obstinada persistência, eles adquiriram a habilidade de operar em determinadas áreas e vizinhanças que seriam inimagináveis 18 meses antes. Também ganharam o apoio de consagrados e respeitáveis acadêmicos, que emprestaram seus nomes e reputação à causa. Eles construíram uma marca forte, e os números do movimento cresceram. Todavia, depois de ouvir os instrutores, os ativistas perceberam mais um erro que tinham cometido. Eles atuaram com uma mentalidade fechada por tanto tempo que se esqueceram de declarar suas vitórias. Não é apenas uma questão de elevar o ego. Divulgar as vitórias é uma oportunidade importante para se comunicar com a população e construir credibilidade. "Quando estávamos acomodados, não publicamos as vitórias", declarou um dos ativistas. "Nunca as marcamos com um grande V. Isso era um erro."

Os sérvios se referiam ao fato como "pós-produção". "Tudo que você faz deve ser capitalizado", disse Aleksandar. "Primeiro, proclame a vitória. Segundo, certifique-se que os membros e seguidores em potencial estejam cientes. Você precisa de uma vitória toda semana, mesmo as pequenas vitórias. Se você estiver na defensiva, você perde."

"Você precisa estar sempre um passo à frente. Você precisa sempre ter uma resposta para o famoso 'e se'", Aleksandar continuava, reforçando a necessidade de planejamento estratégico, algo que tinha se tornado um mantra com o passar da semana. "Faça a lição de casa, escolha um alvo e construa uma marca vencedora."

No final do seminário, os sérvios ficaram por mais alguns dias para aproveitar o sol e a praia. Eles queriam relaxar em praias melhores, um outro mundo do outro lado da ilha.

Os ativistas tinham que voltar para casa. Tomaram um táxi para o aeroporto e embarcaram em um dos últimos voos. Poucas semanas depois, seus países foram inundados com ondas de passeatas e manifestações. Foram os maiores protestos de uma geração.

VIII – Os tecnocratas

As pessoas foram informadas para se reunirem às 14 horas. Ninguém sabia quem tinha feito a convocação. Um grupo, identificando-se apenas como "os organizadores das Manifestações Jasmim da China", postou uma mensagem no Boxun, um portal eletrônico de notícias em chinês baseado nos Estados Unidos. A mensagem dizia: "Conclamamos cada chinês que tenha um sonho pela China para comparecer a um passeio às 14 horas aos domingos. Cada pessoa que aderir deixará bem claro para o partido governista chinês que se ele não combater a corrupção, se o Governo não aceitar a supervisão popular, o povo chinês não terá paciência para esperar mais".[426] A convocação para uma Revolução do Jasmim – nome da revolução na Tunísia um mês antes – espalhou-se rapidamente por outros portais e no equivalente chinês do Twitter. O grupo por trás da mensagem identificava locais específicos em Beijing, Xangai, Tianjin e mais de uma dúzia de outras grandes cidades pelo país onde as pessoas deveriam aparecer para um "passeio".

O ponto designado em Beijing era uma loja de dois andares do McDonald's em Wangfujing, uma área comercial nobre não muito distante da Cidade Proibida e da Praça Tiananmen. No segundo domingo de protestos, eu e um amigo chegamos ao McDonald's com mais de uma hora antes do horário determinado. Se já não era do conhecimento de todos que as revoluções no Oriente Médio tinham abalado os nervos da liderança do país, a visita a Wangfujing naquela tarde deixou isso explicitamente claro. Policiais e agentes de segurança estavam em todo lugar. Centenas de policiais vestindo uniformes azuis, dispostos em um só bloco. Alguns patrulhavam as ruas, outros permaneciam nas calçadas ou em soleiras, encarando cada pessoa que passasse. Voluntários da segurança com braçadeiras vermelhas aumentavam o

---

426. Ver a carta aberta em Human Rights (2011).

contingente. E, incrementando a demonstração de força, oficiais à paisana no meio da multidão; o número de policiais disfarçados era impressionante. De repente, na multidão, de cada três pessoas uma parecia que tinha um fone de ouvido e fios saindo por baixo da camisa.

Nós nos enfiamos no McDonald's. E, como em qualquer outro dia, a lanchonete estava agitada e lotada de clientes. Dez ou vinte anos atrás, como um estrangeiro viajando na China, você se acostumava com os chineses que ficavam te encarando pelo simples fato de você ser de fora. Atualmente, é raro isso acontecer, especialmente em regiões cosmopolitas como Beijing. Mas, neste dia em particular, tão logo nós entramos, a maioria dos clientes voltou-se para nós espiando-nos por entre as bandejas de comida. Um número significativo deles tinha corte de cabelo militar e fones de ouvido.

Levamos nossos hambúrgueres e batatas fritas para o 2º andar a fim de passar algum tempo por lá. Depois que já estávamos sentados por alguns minutos, dois grandalhões de cara fechada sentaram-se na mesa ao lado. Eles não estavam usando uniforme, nem fone de ouvido, mas eram sem dúvida da *Public Security Bureau* (Agência de Segurança Pública) – como este órgão governamental é chamado na China. Ademais, suas botas eram estilo militar e eles comiam seus sanduíches silenciosamente.

Continuamos ali o quanto pudemos, assim, depois que terminamos de comer parecia-nos constrangedor permanecer sentado ao lado dos agentes de segurança. Além disso, já estava próximo de 14 horas, então decidimos voltar para a rua. Quando estávamos para descer, notei dois caras mal encarados em uma mesa no topo da escadaria observando o restaurante inexpressivamente. Já na metade da escadaria, parei e dei uma olhada para trás. Um dos mal encarados estava com uma pequena câmara de vídeo filmando nossa saída. Ele viu que eu percebi que ele estava nos filmando e apenas sorriu.

De volta às ruas, o número de pessoas perambulando pelo local crescia. Era impossível dizer se as pessoas que andavam para cima e para baixo tinham vindo como manifestantes ou eram simplesmente domingueiros. Esse era o brilhantismo da tática escolhida pelos organizadores. Em lugares politicamente tão restritivos como na China, as pessoas que saem às ruas com cartazes e buzinas para desafiar o regime governante não duram muito. Um ataque frontal ao Partido Comunista chinês quase nunca é tolerado; tais manifestantes são arrastados para prisões, "reeducados", ou simplesmente desaparecem. Ao contrário, a convocação às pessoas para "dar um passeio vespertino" abalou as providências do regime de permanecer de prontidão e evitou riscos desnecessários. Na verdade, essa é uma tática que possui um histórico.

Em 1980, membros do movimento Solidariedade da Polônia foram informados que o regime comunista pretendia abrir fogo quando eles estivessem realizando uma greve já planejada nos estaleiros de Gdansk.[427] Então, ao invés de começar uma artimanha que pudesse provocar a polícia e arrefecer o crescente movimento, eles optaram pela menos agressiva abordagem de formar grandes aglomerações e caminhar pelos lugares públicos. Como na Polônia, as autoridades chinesas estavam sendo colocadas na incômoda posição de tentar impedir uma manifestação que nem mesmo estava acontecendo.

A tarde assumiu um clima surreal ao passo que mais e mais pessoas apareciam, caminhando lentamente pelos arredores do McDonald's. É difícil caracterizar a multidão como um todo. As pessoas não eram majoritariamente jovens, nem velhas; ninguém se sobressaia. Alguns se vestiam com um certo estilo; outros pareciam cidadãos comuns do cotidiano de Beijing. De longe, entretanto, os policiais do regime e o pessoal da segurança formavam o maior grupo presente. O segundo maior contingente era provavelmente os jornalistas estrangeiros que compareceram em busca de possíveis notícias relevantes. Mas as calçadas começaram a ficar congestionadas com o crescente número de chineses. Muitas, até mesmo a maioria, dessas pessoas talvez não estivessem cientes da convocação de um protesto inspirado no Oriente Médio. Possivelmente, elas ficaram curiosas por que tantos policiais foram deslocados para este sofisticado distrito comercial e, quanto mais as pessoas paravam para observar, mais pessoas faziam o mesmo.

Por volta de 14h30, as autoridades chinesas começaram a demonstrar suas habilidades com as técnicas de controle de multidões. Antes do dia do evento, as autoridades tinham diminuído o espaço público em frente ao McDonald's erguendo tapumes de madeira com o seguinte aviso: "Em obras" (claro, não havia nenhum sinal de construção). Ninguém podia parar e ficar olhando por muito tempo. A polícia fazia com que as pessoas se movimentassem, canalizando o fluxo ora em uma direção, ora em outra. Um grande caminhão-pipa começou a pulverizar a rua com jatos d'água de alta pressão; ele ia e voltava, limpando a mesma rua várias vezes, impedindo que alguém parasse ali. Policiais com cães pastores-alemães e *rottweilers* forçavam as pessoas a permanecerem nas calçadas. As estradas circunvizinhas foram bloqueadas para impedir a aglomeração de mais gente. Uma saída de um shopping center próximos ao McDonald's foi fechada. Eu continuei dando voltas no quarteirão; de um lado para o outro. E, deparava-me com as mesmas pessoas várias vezes enquanto os seguranças nos conduziam como se estivéssemos em um balé coreo-

---

427. Para uma contundente e reflexiva visão das raízes do movimento Solidariedade da Polônia, recomendo ver o trabalho de Timothy Garten Ash (2002).

266 | ESCOLA DOS DITADORES

grafado. Havia informações que cenas similares ocorreram em Xangai e em outras cidades, onde a presença da polícia era igualmente impressionante. Em Ürümqi, capital da inquieta província de Xinjiang, praticamente nenhum cidadão tinha permissão de se aproximar do local das manifestações.

A rígida resposta do regime revelava suas próprias preocupações de que protestos ocorrendo em regimes autoritários pelo Norte da África e pelo Oriente Médio pudessem de alguma forma chegar à China. Não havia nenhum sinal de Revolução em fevereiro de 2011, mas os líderes chineses não pretendiam correr riscos. Mesmo antes do primeiro passeio dominical, dúzias de dissidentes e advogados dos direitos humanos foram abordados e detidos preventivamente.[428] Alguns foram mantidos em regime de prisão domiciliar; outros simplesmente desapareceram por semanas. O presidente da China, Hu Jintao, convocou os líderes das províncias, dos ministérios e do alto comando militar para uma reunião especial na Escola do Partido Central em Beijing para tratar de como o regime poderia ajustar suas ferramentas para lidar com o "gerenciamento social".[429] Todos os membros do Comitê Permanente do Politiburo – os nove homens mais poderosos na China – compareceram ao discurso de Hu no encontro, o qual ressaltou a importância de aumentar o rigor no controle de informações do regime. Os caracteres da palavra "jasmim" já tinham sido bloqueados na internet do país. A prerrogativa das pessoas de enviar mensagens de texto para múltiplos receptores foi suspensa. Boxun, o portal de língua chinesa, recebeu vários ataques e foi retirado do ar temporariamente. Em um gesto mais conciliador, o primeiro-ministro Wen Jiabao participou de um bate-papo na internet na manhã de domingo no qual prometia afastar os oficiais corruptos, apertar o controle da inflação e assegurar uma distribuição mais justa do produto da economia chinesa.

Mas quando um regime está abalado e inseguro, ele tende a expandir suas proibições mais ainda. No começo de 2011, não foi diferente na China. Os organizadores por trás dos protestos anônimos acertaram ao se apegar ao rótulo da Revolução do Jasmim. O nome obviamente ligava suas ações à Revolução na Tunísia, onde as rebeliões contra os autocratas árabes tinham começado. Mas a flor do jasmim também tem uma profunda ressonância e simbolismo na cultura chinesa. A flor branca frequentemente aparece nas pinturas chinesas de centenas de anos atrás. E, quase que imediatamente, versões da "Mo Li Hua", uma ode popular à flor do jasmim do século XVIII, foram deletadas da internet.[430] Dentre estas versões há uma de Hu e seu

---

428.   Ver Jacobs (2011); e Johnson (2011).

429.   Ver Chan (2011).

430.   Ver Jacobs e Ansfield (2011a).

predecessor, Jiang Zemin, entoando a canção.[431] As autoridades prosseguiram impondo a proibição da comercialização de jasmim nas floriculturas de Beijing. Além disso, os vendedores eram instruídos a relatar às autoridades sobre quem eram as pessoas que demonstravam interesse em adquirir a agora tão controvertida flor. Em tal ambiente político tão reprimido, a simples menção de "jasmim" tornou-se algo a ser evitado de qualquer jeito. Nas minhas reuniões com funcionários do partido comunista, ninguém nem mesmo pronunciara a palavra, preferindo referir-se "àquela flor".

Fora da China, a República Popular é vista como uma usina econômica. E com razão: o desempenho econômico do Governo chinês desde o começo das reformas em 1978 é simplesmente espetacular.[432] Por 30 anos, a média de crescimento da China era superior a 9%. Nesse ritmo, a economia chinesa dobrava de tamanho a cada oito anos. Em 2010, ela superou o Japão como a segunda maior economia do mundo, uma posição que o Japão ostentou durante as quatro últimas décadas.[433] A maioria dos economistas acredita que a China ultrapassará os Estados Unidos como a maior economia do mundo nos próximos 15 ou 20 anos. Quando Deng Xiaoping lançou pela primeira vez a era de reformas do país, a economia chinesa era inferior a 8% do tamanho da economia norte-americana.

O significado deste extraordinário crescimento foi de extrema relevância para o próprio povo chinês. Mais de 300 milhões de cidadãos – essencialmente a população dos Estados Unidos – saíram de um absoluto estado de pobreza nesta época. Hoje, a China conta com uma vibrante classe média que tem como lar progressistas áreas urbanas. O país também pode se gabar de uma crescente classe de abastadas e super--ricas elites. Em 2010, o valor das IPOs[434] nas Bolsas de Valores chinesas era três vezes maior do que as de Nova York.[435] Na China existe mais de 800 mil milionários e 65 bilionários. No verão de 2011, quando a agência Standard & Poor's estava diminuindo a qualidade de crédito do governo dos Estados Unidos, os líderes do país comunista – depois de muita exultação maligna – expressaram sua fé no capitalismo norte-americano. Afinal de contas, na qualidade de maior credor estrangeiro dos

---

431. A canção folclórica é tão popular que foi tocada durante a cerimônia de entrega de medalhas nos Jogos Olímpicos de Beijing, em 2008, e na cerimônia de abertura da Xangai Expo de 2010.

432. Para uma visão abrangente da economia chinesa, recomendo ver o livro de Barry Naughton (2006).

433. Ver Barboza (2010).

434. Abreviação em inglês de *Initial Public Offer*; em português "Oferta Pública Inicial": quando as ações de uma empresa são colocadas pela primeira vez na Bolsa de Valores para comercialização pública. (N.T.)

435. Ver Ferguson (2011).

Estados Unidos, a China quer proteger seu investimento.[436, 437] Com certeza, a economia chinesa também tem seus riscos e fraquezas, como inflação crescente, uma bolha imobiliária e corrupção institucionalizada. Ainda assim, para um país de 1,3 bilhão de pessoas, o Partido Comunista chinês alcançou o mais surpreendente resultado econômico, não da nossa geração, mas de qualquer geração.

Ademais, mesmo com todos esses superlativos e realizações, a China não se comporta como um poder confiante. Sua imagem de colosso econômico moderno encobre uma simultânea figura de um regime inseguro, constantemente tentando conter as forças que ele acredita que poderiam causar sua destruição. De fato, é compreensível afirmar que nenhum governo pensa mais na sua própria queda do que o Partido Comunista chinês. Os líderes chineses, a julgar por suas ações, políticas e declarações, têm obsessão pela fragilidade que ocorre no seu sistema político. É uma insegurança que se manifesta de forma que, de um lado pode ser trivial, e de outro desesperadora. Internacionalmente, um representante chinês é nos dias de hoje uma das pessoas mais importantes da reunião, não importa se o cenário é o G20, o Banco Mundial ou Davos. Todavia, nacionalmente, é um regime que mobiliza milhares de policiais porque alguém publicou em um site estrangeiro que o povo chinês deveria "sair para dar um passeio".

Logo, hoje, duas afirmações são verdadeiras. O Partido Comunista chinês é a maior, mais rica e mais poderosa organização política do mundo. Mas tem medo de uma flor.

"Se hoje for melhor que ontem..."

O avião de Mikhail Gorbachev aterrissou em Beijing em 15 de maio de 1989.[438] A ocasião foi um encontro há muito tempo planejado entre o líder soviético e Deng Xiaoping para aplacar as rusgas que prejudicaram a relação entre estes dois vizinhos comunistas por décadas. Ambos os líderes procuravam obter os melhores resultados com o encontro. O momento não poderia ser pior. Gorbachev estava chegando na hora em que Deng e o partido chinês estavam enfrentando a maior rebelião popular desde a fundação do regime em 1949. A Praça Tiananmen, o coração da República Popular, tinha sido tomada por manifestantes pacíficos. Um movimento que começou com demandas de reformas, menor inflação e o término da corrupção intensi-

---

436. Ver Zacharia (2011).

437. Na época, o Governo norte-americano devia aproximadamente 900 dólares – ou mais – a cada cidadão chinês.

438. Minha avaliação sobre os eventos que levaram à chacina na Praça Tiananmen baseou-se na soberba obra de Orville Schell (1994).

ficou-se rapidamente; universitários, trabalhadores, pensionistas, monges, taxistas, empresários, até mesmo estudantes agora gritavam palavras de ordem e portavam cartazes exigindo a renúncia de Deng. Em uma brincadeira inteligente com o nome de Deng, Xiaoping, que em chinês soa parecido com as palavras "pequena garrafa", as pessoas quebravam garrafas de vidro na rua. Ademais, em um acampamento improvisado na praça, 3 mil estudantes começaram uma greve de fome exigindo reformas democráticas.

As manifestações corturbaram totalmente o encontro de três dias. A cerimônia de recepção foi abruptamente transferida da Praça Tiananmen para o aeroporto. As autoridades chinesas estavam tão atarantadas que esqueceram de estender o tapete vermelho para Gorbachev. Suas visitas à Cidade Proibida e ao Palácio Imperial tiveram que ser canceladas. Ele foi secretamente conduzido ao Grande Salão do Povo por uma entrada de serviço para cumprir seu compromisso com o presidente Yang Shangkun. A presença de Gorbachev parecia que só alimentava os protestos, em parte porque sua participação decisiva na inserção de novas liberdades políticas e intelectuais na União Soviética o marcou como um reformista. Alguns manifestantes portavam cartazes com os dizeres: "Na União Soviética eles têm Gorbachev. O que nós temos?". Até o último dia do encontro, mais de um milhão de chineses tinham ocupado a praça.

O que aconteceu em seguida não é novidade. Por volta de 21 horas, no dia 3 de junho, tanques e viaturas blindadas começaram a surgir. Sob as ordens de Deng, tropas fortemente armadas do 27º Exército e robustos soldados leais ao seu líder supremo atacaram seu próprio povo. Enquanto abriam caminho por Beijing, atravessando barricadas de ônibus, entulhos e táxis capotados, erguidas pelos manifestantes, as tropas atacavam indiscriminadamente. A infantaria armada com fuzis AK-47 atiravam em civis à curta distância; alguns civis receberam golpes de baioneta. Os soldados baleavam as multidões e atiravam aleatoriamente em pessoas que estivessem visíveis em seus apartamentos. Em pouco tempo os hospitais de Beijing estavam superlotados de cadáveres e feridos. Logo pela manhã de 4 de junho, os necrotérios também estavam entulhados de corpos, principalmente de jovens. Às 2h30 da manhã, a polícia fechou três lados da Praça Tiananmen, e os estudantes que sobraram fugiram quando a tropa de choque entrou para esmagar o que havia sobrado dos protestos. Os soldados rasgaram as barracas do acampamento que tinha servido de abrigo aos estudantes durante semanas e destruíram a imagem de mais de 11 metros de altura, feita de espuma e plástico, que se tornou o símbolo denominado Deusa da Democracia. Antes do amanhecer o Exército de Libertação do Povo tinha reocupado a praça. A Avenida da Paz Eterna, uma das rotas utilizadas pelos tanques para chegar a Tiananmen, estava coberta de sangue.

Era uma cena horripilante, chocante. O partido e sua liderança tinham sido completamente abalados pelo levante. No fim, o regime afastou aqueles que tinham sido solidários aos manifestantes, inclusive o próprio protegido de Deng. E as manifestações na Praça Tiananmen não foram os únicos reveses que o partido experimentou em 1989. Naquele mesmo verão, o Império Soviético começou a sucumbir. Na verdade, no dia que Deng soltou seus militares sobre a população chinesa, os poloneses foram às urnas para destituir o Partido Comunista Polonês do poder. Cinco meses depois, o Muro de Berlim caiu. No Natal de 1991, Gorbachev assinou sua renúncia, tornando-se o último secretário-geral do Partido Comunista Soviético.

Estes choques gêmeos – os protestos da Praça Tiananmen e o colapso da União Soviética – serviram como um alerta para o regime chinês. Foi uma tremenda experiência que reformularia as relações dos governantes chineses e seu povo. Nos anos seguintes, Beijing não se encolheu, tornando-se um Estado militar ou isolando-se do mundo. Ao contrário, o partido lançou um estudo meticuloso dos fracassos do comunismo e adaptou sua própria fórmula de manter o poder.[439] Equipes de pesquisadores foram enviadas à Rússia, ao Leste Europeu e à Ásia Central para estudar os antigos regimes e realizar uma espécie de autópsia dos erros que levaram à sua extinção. O partido compreendeu, depois de Tiananmen, que o fracasso de Gorbachev também poderia ser o seu próprio.

O catálogo de erros da União Soviética era consideravelmente volumoso. Sua economia estava ultrapassada. As condições de vida estavam bem abaixo das do ocidente – um segredo que há muito havia sido descoberto. Além disso, quando se viu diante das suas próprias vulnerabilidades, Moscou tornou-se mais doutrinária e impositiva com suas ideologias. A falta de sensibilidade e inovação de certa forma contagiou a burocracia soviética e seus partidários, que se tornaram resistentes às novas ideias, cansados e distantes da vida das pessoas. Em suma, o câncer da União Soviética cresceu da ineficiência e rigidez do totalitarismo. Em um ambiente assim tão fragilizado, as primeiras experiências com reformas políticas de Gorbachev levaram a um processo que ele não pode controlar, acelerando a queda do regime. Retrospectivamente, o vizinho nortista da China tinha apresentado uma demonstração clara de como não administrar uma ditadura comunista.

A China já estava há mais de uma década com suas reformas econômicas em andamento quando a União Soviética entrou em colapso, e o evento apenas conso-

---

439.   Estou em débito com a exaustiva pesquisa de David Shambaugh (2008) sobre a reação do Partido Comunista chinês ao colapso da União Soviética. Para aqueles que procuram saber mais sobre este ponto crucial na evolução do partido, seu livro é leitura indispensável. No início de 2011, durante o almoço, o professor Shambaugh também compartilhou carinhosamente suas visões sobre as mais recentes tendências no partido.

lidou a decisão de Deng de prosseguir com a abertura econômica – não reformas políticas – como um primeiro passo. Todavia, as reformas e os ajustes adotados pelo partido foram além da economia. O partido governista chinês chegou a um acordo bastante inovador com o seu povo.

O fato é que a maioria dos chineses tem uma vida bem mais livre agora. Os cidadãos chineses, cada vez mais, moram onde e com quem querem. Os limites na vida pessoal das pessoas praticamente desapareceram. Nas últimas duas décadas, mais de 200 milhões de pessoas optaram por mudar da zona rural para uma das novas metrópoles chinesas. Elas podem ter propriedades, podem até comprar um carro e escolher sua própria carreira ou linha de trabalho. Uma geração anterior, muito poucos, senão nenhum grupo de turistas chineses, eram vistos na Europa ou no Havaí. Em 2010, mais de 55 milhões de turistas chineses viajaram para o exterior, mais do que duas vezes o número de cinco anos atrás.

Mesmo se não fizerem parte da progressista classe média, os cidadãos chineses têm acesso a mais e melhores informações. A comercialização da mídia chinesa resultou em um ativo ambiente de notícias e entretenimento, com jornais, revistas e emissoras de televisão rompendo as barreiras em busca de audiência. Desde que trabalhem cuidadosamente, a censura governamental não incomoda os jornalistas. Da mesma forma que mais dispositivos pessoais de comunicação – dos modernos *smartphones* a uma versão chinesa do Twitter – se tornaram corriqueiros. Na internet os chineses navegam nos seus sites favoritos, fazem compras ou jogam *video games*. E, talvez o mais importante de tudo, o Partido Comunista chinês não demonstra praticamente nenhum interesse em controlar a vida particular das pessoas. O partido, diferentemente de décadas anteriores, não mais persegue as pessoas por causa da sua "pureza socialista".

Com certeza, "mais livre" não significa "livre". A liberdade de se reunir e formar associações ainda continua dentro dos rígidos limites, e transgredi-los pode provocar reações assustadoramente severas. A censura mantém rígido controle em aspectos da mídia que possam causar algum embaraço ao regime. O controle do partido sobre tomadas de decisões políticas é obscuro e praticamente total. Organizações políticas de oposição e sindicatos trabalhistas independentes foram proibidos. As minorias, em especial os tibetanos e muçulmanos na província de Xinjiang, são rotineiramente reprimidas. Estranhamente, dada as raízes comunistas do partido, em geral, as liberdades individuais aumentaram para a maioria dos chineses, enquanto maiores liberdades políticas permanecem restritas. Todavia, ao todo, a mesma regra se aplica em todas as áreas da vida moderna chinesa: contanto que você não ameace

272 | ESCOLA DOS DITADORES

o monopólio de poder do partido, você pode levar suas atividades comerciais normalmente e talvez até prosperar.

Para um regime autocrático designado para manter o poder, o partido está indiscutivelmente aberto para encontrar as ferramentas necessárias para sustentar-se.[440] De fato, além de aprender com os fracassos do comunismo, ele também estuda e se utiliza das bem-sucedidas ideias da democracia. A China implementou um amplo leque de reformas – entre elas limites de mandatos, eleições locais, audições públicas e orçamento parcitipativo – numa tentativa de conquistar maior aceitação às suas regras. Naturalmente, é raro o partido adotar alguma coisa por completo, preferindo ficar com as partes que melhor atendem às suas necessidades sem prejudicar sua legitimidade. "Não perdemos tempo com o que é capitalismo ou o que é socialismo", confessou-me um consultor da liderança do partido. "Se hoje for melhor que ontem, então estou de acordo com a política."[441]

Ao se livrar da sua comunista camisa de força ideológica, o partido entendeu que sua legitimidade era consequência da sua habilidade de realizar um bom desempenho – especialmente quando se trata de manter a economia do país tinindo. Assim, ao invés de encarar a iniciativa privada como uma ameaça, o partido recebeu os profissionais e principais empresários de braços abertos. Um partido que foi fundado como uma plataforma dos trabalhadores e camponeses tornou-se uma ampla coalizão entre governo, economia e as elites sociais. Como resultado, muitos grupos com grandes possibilidades de ter certa animosidade com o regime – intelectuais, estudantes e profissionais de classe média – tornaram-se aliados. Como um estudioso de Beijing me disse recentemente: "As pessoas estão mais conservadoras do que em 1989. Hoje não haveria a figura da 'Deusa da Democracia'".

A abordagem do partido nunca foi uma estratégia de liberalização em nome da própria liberalização. Havia mais uma lição que os governantes chineses tiraram de Gorbachev e do colapso da União Soviética que era o perigo de flertar com as reformas democráticas. Depois das manifestações da Praça Tiananmen, Jiang Zemin, o secretário do partido de Xangai, foi indicado para ser o novo sucessor de Deng. Sua promoção deveu-se em parte pela sua eficiência no combate aos grandes protestos de Xangai. No ano seguinte, em uma reunião com Henry Kissinger, Jiang alertou: "As tentativas de encontrar um Gorbachev chinês serão inúteis".[442] Realmente, qualquer um que tivesse aquelas tendências estava descartado. Em abril de 1992, mesmo

---

440. Para uma visão da adoção da China de alguns elementos deliberativos de governo, ver Thornton (2008).

441. Entrevista do autor com um consultor do partido. Beijing, fev. 2011.

442. Ver Kissinger (2011, p. 457).

com o empenho de Deng de realizar maiores reformas econômicas, ele deixou bem claro que sua atitude não deveria ser mal interpretada como uma abertura política. O *People's Daily*[443] reproduziu sua fala de que "liberalismo e tumulto destroem a estabilidade" e que "assim que os indícios de tumulto aparecerem, não hesitaremos em utilizar os meios que forem necessários para eliminá-los o mais rápido possível".[444] O partido esteve prestes a cumprir esta promessa desde então.

Alguns meses após as convocações para a Revolução do Jasmim, alguns dos advogados e ativistas que foram detidos ou raptados em fevereiro começaram a ser soltos. Como grupo, estes profissionais não são facilmente intimidados. Já enfrentaram anos de detenções ilegais, espancamentos e às vezes tortura. Esses abusos não conseguiram dissuadi-los de se expressar no passado sobre as frequentes indignidades que seus algozes lhe impingiram. Mas desta vez parecia ser diferente.[445] Havia um sombrio silêncio da maioria destes tipicamente falantes críticos do regime. O fato de que muitos se mostravam tão relutantes em se manifestar fez com que muitos se perguntassem que tipo de pressão ou abusos eles tiveram que aguentar na prisão. Depois de ser preso e libertado em apenas dois dias, um famoso advogado, Li Xiongbing, twittou: "Eu estou realmente com medo. Por favor, não entrem em contato comigo, ok?". A repressão chinesa desde o ocorrido na Praça Tiananmen não era menos real nem menos brutal, simplesmente era mais calculada e discreta.

Falando sobre Revolução

Ao anoitecer, logo após as multidões deixarem Wangfujing, tomei um táxi em direção ao Jasmine Restaurant & Lounge. O moderno e estiloso restaurante fica no lado oeste do Estádio dos Trabalhadores, no distrito Chaoyang de Beijing. Um amigo esteve lá horas antes e me indicou. Ele disse ter visto pessoas deixarem flores em frente ao restaurante e rabiscarem mensagens alusivas às manifestações com giz. E, consequentemente alguém avisou às autoridades. Quando cheguei, as flores já não estavam mais lá e as mensagens tinham sido apagadas. De qualquer forma, entrei para falar com o angustiado gerente, que provavelmente não podia acreditar na desgraça de ter seu negócio batizado com um nome que agora era associado às revoluções democráticas. Todavia, ele negou que alguém tivesse deixado flores ou mensagens no seu estabelecimento. Mas ele tinha ouvido da polícia, que lhe disse para avisá-la se alguém tentasse alguma coisa. Ele estava claramente ansioso sobre minhas perguntas e bastante aliviado ao me ver sair.

---

443. Título do jornal equivalente a "Diário Popular".

444. Ver Schell (1994, p. 415).

445. Ver Mooney (2011).

Em fevereiro de 2011, era evidente que alguns membros do partido ainda não tinham assimilado o significado das revoluções pelo Oriente Médio. Encontrei-me com um famoso acadêmico chinês 10 dias depois da queda de Mubarak. Devido à delicadeza do momento, ele me pediu que conversássemos confidencialmente. De fato, ele nem mesmo quis me encontrar no seu escritório da universidade. Em vez disso, preferiu um café em um shopping center de Beijing.

Ele começou listando os pontos em que os acontecimentos no Egito não se assemelhavam com as condições na China. O governo de Mubarak estava completamente despreparado para enfrentar um levante popular. Os protestos no Egito foram deflagrados por causa da economia, enquanto a economia na China está melhor do que nunca. "E terceiro, é uma questão cultural. Você tem que entender que a cultura chinesa é uma cultura antiga e"[446] – eu o interrompi: "Desculpe. E a do Egito? Você está querendo me dizer que a cultura do Egito não é uma cultura antiga também?".

Ele corou antes mesmo que eu falasse. De repente, ele percebeu que estava caminhando em um terreno perigoso. Aquela velha conversa – que uma cultura milenar como a chinesa de alguma forma estaria imune às forças democráticas – parecia deslocada enquanto a terra dos faraós clamava por um governo representativo. Foi uma resposta automática. Ele fechou os olhos por um instante, como se estivesse se policiando para não repetir essa linha de pensamento ao discutir o Egito.

Entrei no ponto em que, obviamente, o regime chinês parecia nervoso, até mesmo no limite. A onda de prisões preventivas de advogados e adeptos aos direitos humanos era bastante sugestiva. Quando a mídia chinesa cobriu os acontecimentos que estavam surgindo no Norte da África e no Oriente Médio, ela ressaltou os perigos do caos e da instabilidade, não as demandas democráticas implícitas que deram início à onda de rebeliões populares. Se não fosse algo considerado alarmante, por que a censura então? Ele não estava interessado em especular sobre a disposição do regime, respondendo com um lacônico reconhecimento: "Sim".

Seus próprios temores concentravam-se não na ameaça de instabilidade, mas na habilidade do governo de reagir. "Esta geração de líderes nunca enfrentou uma crise", ele acrescentou. "Eles são mais reformistas do que Brejnev ou Mubarak, mas são tecnocratas, portanto pensam em termos de procedimentos e fazem pequenos reparos."

Ele estava apresentando um panorama que eu sempre ouvia dos cidadãos comuns que tinham uma romântica saudade dos épicos, ainda que bastante imperfeitos, líderes da China do passado. Na sua visão, os líderes chineses talvez pudessem ser precisamente o tipo de figura política para combater a crescente inflação ou es-

---

446. Entrevista do autor com um acadêmico chinês. Beijing, fev. 2011.

vaziar a bolha imobiliária, mas ninguém poderia dizer como eles reagiriam a uma crise que abalou a legitimidade do regime. Eles nunca foram testados. "Eles têm muito mais dinheiro e recursos econômicos para lidar com uma crise do que Deng", ele continuou. "Mas são menos firmes, mais egoístas e carecem da visão estratégica. O que é decisivo é o que se faz no momento."

Não importa o que se pensa dos líderes chineses do passado ou do presente, se a atual safra é uma insossa ou pálida versão dos seus predecessores. Apenas dois homens na história da China moderna – Mao Tsé-Tung e Deng Xiaoping – tiveram as credenciais revolucionárias e a personalidade forte para controlar toda a China. O presidente Mao, por todo o sofrimento e tormento que causou ao povo chinês, foi o fundador. Ele foi uma das figuras mais carismáticas do século XX, e somente sua própria morte poderia por um fim ao seu reinado como o imperador da China dos tempos modernos. Como Mao, Deng combateu os japoneses, sobreviveu à Longa Marcha e comandou as tropas comunistas na guerra civil que expulsou os Nacionalistas de Chiang Kai-shek para Taiwan. Arrojado e independente, natural de Sichuan, Deng era famoso pelo seu hábito de cuspir em uma escarradeira, às vezes em reuniões formais com outros líderes mundiais. O maior feito de Deng talvez tenha sido não sobreviver à guerra civil chinesa, mas ao próprio Mao. As massivas campanhas e convocações para uma "permanente revolução" do Grande Timoneiro tinham uma maneira de selecionar os líderes mais velhos do partido. Duas vezes Mao tirou Deng do poder. E duas vezes Deng foi reabilitado. Com um ano da morte de Mao, em setembro de 1975, Deng já tinha sido renomeado a todos os seus antigos postos. Dois anos depois, ele lançou as reformas econômicas que colocaram a China no cenário mundial.

Atualmente, nenhum líder chinês pode ostentar status parecido.[447] Eles são funcionários públicos e burocratas, não revolucionários e guerrilheiros. Até mesmo uma figura tão austera quanto o presidente Hu Jintao deve comandar por meio de um cuidadoso consenso. Assim, ninguém está acima do partido a que serve. A China é comandada por uma liderança coletiva, não por um homem forte. Para a maioria dos chineses a mudança equivale a progresso. Tendo testemunhado o preço que a China pagou durante a Revolução Cultural, as pessoas acreditam que um sistema mais institucionalizado seja o mais adequado, visto que há menos probabilidade de ficar à mercê dos caprichos de um só homem. Depois da morte de Deng em 1997, o partido implementou novas normas para a sucessão da liderança. Os dois prin-

---

447. Para informações mais precisas sobre Mao Tsé-Tung, Deng Xiaoping e os políticos da elite chinesa, recomendo ver notadamente o trabalho do professor Roderick MacFarquhar (1997). Embora seu conhecimento sobre a Revolução Cultural Chinesa seja insuperável, um leitor iniciante talvez possa escolher começar por outra obra.

cipais líderes chineses – o presidente e o primeiro-ministro – agora governam por dois mandatos de cinco anos antes de passar seus cargos para a próxima geração de líderes que chegarem aos postos depois de intensas disputas internas – tudo a portas fechadas. Assim, espera-se que, em 2012, Hu Jintao e Wen Jiabao passem o bastão a Xi Jinping e Li Keqiang, dois homens pouco conhecidos do povo chinês.

O perigo, na visão deste acadêmico chinês, que é um especialista em política internacional, é que o sistema não esteja produzindo líderes graduados que possam atender às expectativas do regime. Os homens com probabilidade de ascender em uma engrenagem política como esta são cautelosos, avessos aos riscos, sobreviventes burocráticos, notadamente menos pelo seu brilhantismo do que por sua habilidade de não ofender ou ameaçar qualquer facção poderosa que possa impedir sua ascensão. Tecnocratas conservadores com gravatas vermelhas e cabelos tingidos podem dar bons Ministros de Finanças, mas como responderiam à próxima crise existencial do partido? "Já tivemos grandes dinastias. Durante os primeiros 50 ou 80 anos foram conduzidas por grandes pessoas. Mas, logo, elas gradualmente..." o professor parou, sua voz sumiu.

Outro membro do partido com quem mantive contato foi mais otimista. Ele assessora o partido como especialista em Oriente Médio, e tem visitado a região durante os últimos 25 anos. Ele estava seguindo atentamente os acontecimentos no Egito, podendo até relatar com precisão o dia, a hora e a ordem em que os generais egípcios se dirigiram à Praça Tahrir para tentar acalmar os manifestantes. Quando cheguei ao Hotel Intercontinental para o nosso encontro, ele já tinha reservado uma mesa no restaurante. Fumante inveterado de cigarros *Double Happiness*, ele confessou que estava cansado por ter participado de intermináveis reuniões durante semanas. Todo mundo nas altas esferas do partido queria um resumo do que estava por trás das revoluções no mundo árabe. "Ficamos surpresos, bastante surpresos, em termos da dimensão e do nível", ele me disse logo de cara. "Temos problemas até mesmo sobre como dar um nome a isso. Alguns dizem que é um movimento pela democracia. Outros dizem que é um movimento da juventude. Há aqueles que dizem que é uma exigência para uma vida melhor. Estamos bastante preocupados e bem atentos."[448]

Já que ele era o especialista, perguntei-lhe o que achava: Por que agora? Por que estas revoluções surgiram neste momento? "Qualquer país com 60% da população com menos de 30 anos é como algo que está flutuando", ele respondeu, "a gente nunca sabe para onde ele vai."

---

448. Entrevista do autor com um especialista chinês em Oriente Médio. Beijing, fev. 2011.

"Particularmente, acredito que há muitas causas: 30 anos de governo autocrático, questões demográficas, o desemprego e a economia. Mas um fator muito importante foi o computador, o Facebook e o Twitter", ele continuou. "Estamos no século XXI! As pessoas estão muito conscientes sobre democracia e liberdade. A combinação de todos esses fatores fez com que tudo ficasse fora de controle. De repente, tudo que era impossível parecia possível."

Na sua visão, o regime tinha estabelecido a combinação certa de controles para impedir que a instabilidade causasse algum dano. Diferentemente do Egito e de outras autocracias árabes, o partido comunista compreendeu a importância de mudar a cara do regime. (Em um determinado ponto, o analista não se conteve e caiu na gargalhada ao pensar no método de Mubarak. "Digo, 30 anos com um único cara no poder? Quem ainda faz isso?!"). O fluxo de informações na internet foi de fato uma política inteligente, dado um papel que ela desempenhou na organização dos jovens manifestantes árabes. O partido estava empenhado em melhorar a vida das pessoas e atender às demandas sociais o mais rápido possível, ele comenta. E as convocações para uma Revolução do Jasmim não o preocupavam tanto. "Nós vimos alguns resultados. Algumas pessoas acreditavam que pudessem usar os mesmos meios [na China]", ele disse. "Mas nós não temos Facebook, e essa é a nossa vantagem."

Assim, o Governo está pronto para o desafio de manter a estabilidade? "Isto requer uma grande habilidade", ele responde. "Eu sempre digo [à liderança] que o desenvolvimento em si não significa estabilidade. Neste momento, o jeito chinês é o melhor. Isso não é perfeito, mas é o melhor. Não quer dizer que o sistema não precisa melhorar."

Democracia é uma coisa boa

Um pouco antes de visitá-lo em seu escritório em Beijing, Yu Keping havia publicado um artigo declarando que os líderes do Partido Comunista deveriam deixar claro que a Constituição e suas leis, não o partido, são supremas. Uma das maiores razões de sua fama é um ensaio de 2006, "Democracia é uma coisa boa", que sustentava a seguinte ideia: "ainda que as pessoas tivessem a melhor comida, boas vestimentas, ótimas moradias, transporte de qualidade, mas não tivessem os direitos democráticos, elas ainda não teriam a devida dignidade humana".

Contudo, Yu não é nenhum intelectual dissidente.[449] Longe disso. Ele é membro do Partido Comunista, vice-diretor do Departamento Central de Compilação e

---

449.   Para um excelente panorama das ideias de Yu Keping, recomendo ver as recentes histórias dos pensadores contemporâneos chineses de Mark Leonard (2008).

Tradução e, dizem, alinhado ao presidente Hu Jintao. No passado, a principal função do departamento era traduzir obras de líderes chineses ou textos marxistas clássicos como *Das Kapital* (O Capital) e *The Communist Manifesto* (O Manifesto Comunista). Atualmente, apesar da sua leitura monótona e título nada inspirador, também se tornou uma fonte de inovações para o partido governista. Em seu escritório abarrotado de livros, logo de início Yu deixa claro que sua definição de burocracia não deve ser confundida com a da democracia estilo ocidental. A maioria dos ocidentais que ele encontrou pensa muito pouco sobre as reformas políticas chinesas porque eles compreendem a democracia como um sistema multipartidário e com eleição direta para presidente. Eles estão errados, ele afirma. "Há uma enorme divisão entre nossas opiniões e as opiniões dos ocidentais", Yu comenta. "A mudança na China não é grande apenas na economia, mas politicamente".[450]

Yu acredita que a substituição por uma liderança coletiva e a inserção de limites de mandatos foram importantes sinais de progresso, mas essas não são as mudanças políticas que ele tem em mente. Ele pensa em mudanças nas bases, nas vilas e nos municípios país afora. "As mudanças, no meu ponto de vista, são as seguintes", ele começa. "Em termos eleitorais tivemos uma enorme mudança. Pela primeira vez, em milhares de anos, tivemos eleições distritais na China. Não era uma eleição direta, mas era possível indicar pessoas, e elas podiam ser eleitas. Tivemos um sistema de audiência pública. Pela primeira vez, as regras eleitorais foram escritas na Constituição chinesa. Em muitos lugares as pessoas podem processar o Governo, algo sem precedentes em milhares de anos da história chinesa. Nos últimos anos, a China estabeleceu uma lei administrativa. Todos esses acontecimentos são marcos históricos."

Todos os mecanismos democráticos citados por Yu – eleições, audiências públicas, o direito de processar o Estado etc. – foram na verdade instituídos em doses homeopáticas, ou então não poderiam avançar além dos limites estabelecidos, onde possam ameaçar o monopólio político do partido. Mas Yu acredita que as coisas são como teriam que ser. "Na era da informação, a tarefa prioritária do Governo é melhorar seu sistema político", ele comenta. "Se você sai de um sistema com apenas um partido e troca por um multipartidário, e acontece o caos, então não é nada bom." Ele acredita que o partido esteja no vértice de uma nova fase do seu governo, saindo de um período em que "servir o povo" significava "apenas um *slogan*" para algo mais substancial. "Os primeiros 30 anos [da República Popular] foram anos de embates políticos. Os segundos 30 anos, foram anos de desenvolvimento econômico. Nos próximos 30 anos, imagino, haverá uma transformação

---

450.   Entrevista do autor com Yu Keping. Beijing, fev. 2011.

gradual das reformas econômicas para reformas políticas e sociais. Acredito que o nosso objetivo é uma boa administração."

Realmente, Yu está tentando auxiliar a fomentar esta mudança de baixo para cima. Ele administra um instituto dentro do departamento que premia as inovações na democracia local pelo país. Desde o início do programa em 2000, mais de 1.500 iniciativas governamentais locais disputaram o reconhecimento. Dez vencedores são escolhidos a cada dois anos. Em 2010, o instituto de Yu premiou um projeto em Qingdao que desenvolvia um inovador sistema de pesquisa de opinião pública para medir o desempenho do governo. Outro vencedor foi o Programa Aberto de Tomada de Decisões em Hangzhou, que começou a transmitir reuniões governamentais e audiências públicas pela internet para estimular a participação popular. Hangzhou presenciou uma queda de quase 12% nas reclamações da população contra o Governo local depois do primeiro ano. Outros programas envolveram melhoria no sistema de saúde em Fujian e novas creches para os filhos de migrantes na província de Shaanxi. Ao recompensar estas ações locais com o reconhecimento nacional, Yu procura estimular outras administrações locais a desenvolverem seus próprios programas criativos e reformas para melhorar a distribuição dos serviços básicos.

Parte da motivação de Yu talvez venha do fato de que ele começou de uma premissa que não é compartilhada por muitos. "O povo tem o direito de tomar o poder do partido se este não toma conta do povo", ele confessa. "Nosso Governo não é eterno." As revoluções que abalaram os autocratas árabes, em sua opinião, revelaram a necessidade do trabalho que ele estava fazendo. "A lição que podemos tirar do caos dos países do Oriente Médio é a necessidade de melhores serviços públicos e da participação popular – transparência, prestação de contas e justiça social."

Lai Hairong, o vice-diretor de outro instituto dentro do Departamento Central de Compilação e Tradução, concorda com a necessidade de formas de governo mais democráticas a nível local. Ph.D. pela Universidade Europeia Central de Budapeste, ele está intimamente familiarizado com os erros cometidos pelo velho Império Soviético. Lai, especialista em experiências com eleições distritais na China, está bastante atento e não hesita em contradizer o pensamento oficial sobre alguns acontecimentos políticos recentes. Por exemplo, ao discutir as "revoluções coloridas", Lai disse-me: "Bem, para mim, foi obviamente uma [Revolução] interna e não o resultado de influências externas".[451] Ainda que o partido tenha feito um trabalho excepcionalmente bom na implantação das reformas econômicas, ele acredita que a implantação de reformas dentro do partido está longe terminar. Ainda é "muito

---

451. Entrevista do autor com Lai Hairong. Beijing, fev. 2011.

de cima para baixo em estrutura e hierarquia". As pessoas querem participar mais no processo de governar, ele acredita. Elas têm mais informações à disposição e, portanto, querem participar. Assim, as inovações de governo distrital, como aquelas que Yu Keping e seus colegas estão publicando, são vitais. "[Estes programas] são o mecanismo de ter mais pessoas envolvidas no processo político, de modo que o trabalho seja baseado no consenso e não no poder", disse Lai. "Não é uma questão de que estes mecanismos serão aplicados ou não; é apenas uma questão de quando e de que forma. É muito gradual, pacífico e progressivo? Ou é um processo acompanhado de acontecimentos turbulentos? Mas tem que ser feito".

Um dos aspectos mais impactantes destas "reformas", "inovações" ou "mecanismos" é que são todos democráticos. Em praticamente todos os exemplos, o método ou procedimento importado, ajustado e implementado é um traço normal das democracias do mundo. Como tanto Yu como Lai já explicaram, a finalidade não é de forma alguma promover uma ampla democracia chinesa; ao contrário, o objetivo é fazer com que o Governo seja mais ativo, que haja melhoria nos serviços sociais e conquistar a confiança popular para intensificar a durabilidade do comando do Partido Comunista chinês. A noção de que estas reformas resultariam em uma verdadeira disputa pelo poder não foi considerada; realmente, é um risco a ser gerido em troca dos benefícios que o regime poderá usufruir por governar por meio de maior consenso. É inovação democrática a serviço do autoritarismo chinês.

A ideia de tentar salvar o sistema político chinês pela inserção de elementos fundamentalmente discordantes dele não é inédita. No final do século XIX, com o declínio da dinastia Qing, oficiais reformistas conhecidos como "autorreforçadores" desenvolveram uma estrutura única para impingir vida nova na frágil dinastia. O conceito, conhecido pelos símbolos *ti-yong*, referia-se a uma dicotomia entre "essência" (*ti*) e "uso prático" (*yong*).[452] Estes oficiais persuadiram o imperador Qing a adotar técnicas estrangeiras e *expertise* prática para preservar o espírito do Estado confucionista. Conhecimentos estrangeiros de áreas técnicas – tais como metalurgia, construção naval e montagem de equipamentos militares – poderiam ser importados para fortalecer a dinastia, até então impedindo que as influências ocidentais contaminassem aqueles elementos únicos que tornaram o sistema chinês realmente chinês. Era uma estratégia que permitia a adoção do novo para preservar o velho. E talvez tenha funcionado por algum tempo. Embora Karl Marx notoriamente tenha previsto no final dos anos 1850 o colapso da dinastia Qing, esta sobreviveu até 1911.

---

452. Para uma maior explanação sobre esta formulação e seus derivados, recomendo ver a obra de Jonathan Spence (1990).

Perto do fim do nosso encontro, sugeri uma analogia a Yu Keping. Inquestionavelmente, a dinastia Qing – diferente da China moderna – era bem mais fraca do que as potências ocidentais e enfrentava problemas financeiros. Todavia, em termos de política e governabilidade, a China não estava novamente procurando importar inovações para fortalecer o seu próprio sistema político? Ele balançou a cabeça. A China estava fazendo algo muito mais ambicioso do que aqueles velhos oficiais da dinastia Qing.

"Discordo", Yu retrucou. "O *ti* era parte do problema. A China está indo ao seu modo. É diferente da União Soviética, dos Estados Unidos, de Singapura ou outros países asiáticos. Nós estamos mudando o *ti*."

De volta à escola

Se Yu estiver certo e o objetivo for mudar a "essência" do Governo, também é preciso que mude o modo de pensar de alguns oficiais chineses. O partido assumiu a ambiciosa tarefa de dar aos seus funcionários o treinamento, as habilidades e a competência para administrar e governar as cada vez mais complexas situações que testam a elasticidade do regime. Parte desta escolaridade envolve o envio de algumas das estrelas ascendentes do regime ao exterior para estudar programas especialmente designados nas melhores universidades do mundo. Mais de uma década atrás, a primeira safra de promissores jovens oficiais foi enviada a Harvard. Hoje, o Governo chinês expandiu o programa incluindo Stanford, Oxford, Cambridge, Universidade de Tóquio e muitas outras. "Foi uma grande decisão", disse Lu Mai, chefe da Fundação de Desenvolvimento de Pesquisa da China, que supervisiona os programas. "Já enviamos mais de 4 mil [oficiais]. Não conheço outro país que tenha enviado tantos."[453]

Lu, de 64 anos, talvez execute com naturalidade a tarefa de supervisionar programas no exterior para os oficiais chineses. Ele estava na última série do ensino médio quando se iniciou a Revolução Cultural. A campanha revolucionária de Mao forçou Lu a deixar Beijing e passar seis anos no interior fazendo trabalho braçal. Depois, passou quatro anos trabalhando em uma fábrica em Beijing, não muito longe do moderno edifício da fundação onde nos encontramos. Em 1997, ele estava entre a primeira leva de estudantes que passaram no vestibular e voltou à escola, onde estudou economia. Nos anos 1980, ele trabalhou na área de desenvolvimento rural com um grupo de reformistas ligados ao Zhao Ziyang, suposto sucessor de Deng Xiaoping. No fim de maio de 1989, quando cresciam as multidões na Praça

---

453. Entrevista do autor com Lu Mai. Beijing, fev. 2011.

282 | Escola dos ditadores

Tiananmen, Lu foi para os Estados Unidos, onde passou um ano na Universidade do Colorado e vários outros em Harvard, graduando-se pela Escola de Administração Kennedy. Zhao tinha sido afastado imediatamente devido às suas demonstrações de solidariedade aos manifestantes da Praça Tiananmen. Perguntei a Lu se os agravantes políticos tinham alguma coisa a ver com sua decisão de partir. Ele negou, argumentando que seus planos de partir para os Estados Unidos eram bem anteriores aos protestos. Mesmo que sua partida tenha sido simplesmente uma coincidência, intelectuais e oficiais com uma inclinação reformista, especialmente aqueles com certa ligação com Zhao Ziyang, tinham boas razões para ficarem preocupados com a imediata consequência dos ataques em Tiananmen. Depois de seis anos fora, Lu voltou à China e assumiu a função que exerce atualmente.

A grade curricular de Harvard, especialmente projetada para este programa, lembra um curso para executivos de carreira. Os oficiais chineses em Harvard estudam amplas áreas de liderança, estratégia e administração pública.[454] Utilizando-se de estudos de casos e exemplos reais, o curso concentra-se em tópicos específicos, como política e instituições norte-americanas, o modo de pensar e operar da mídia norte-americana, estratégia de negociação e mídia social. As aulas são suplementadas com visitas a locais de destaque, como *The Boston Redevelopment Authority*, *The Massachusetts State House, The State Street Bank* e maiores instituições, como o Banco Mundial, o Fundo Monetário Internacional e a ONU. Além do seu principal programa de liderança, Harvard oferece cursos mais personalizados para os oficiais chineses. Um deles está focado em gerenciamento de crises. Outro é totalmente destinado ao governo municipal de Xangai. "O objetivo é auxiliar o Governo chinês a trabalhar neste ambiente globalizado", disse Lu. "O negócio é atualizar-se."

O partido seleciona meticulosamente os oficiais que serão enviados ao exterior. O programa é competitivo ao extremo, sendo que o Departamento Central de Organização do partido – instituição altamente restrita encarregada dos compromissos do partido pelo país – investiga de modo rigoroso aqueles que conseguem a oportunidade de participar. O grau dos oficiais selecionados pode variar, sendo por exemplo funcionários municipais, prefeitos, governadores de províncias, praticamente todos os cargos chegando até aos vice-ministros do Governo federal. Em um país tão populoso como a China, é importante lembrar que até mesmo oficiais juniores podem ter um portfólio que afeta a vida de milhões de chineses. O que todos têm em comum é que se sobressaíram como estrelas ascendentes no Governo. Lu disse-me que mais da metade dos oficiais enviados a Harvard receberam uma promoção não muito depois que retornaram. "Não sabemos se foi por causa do

---

454. Entrevista do autor por telefone com Anthony Saich, out. 2011.

treinamento ou porque já eram bons", ele comenta. "Mas preferimos pensar que foi por causa do treinamento."

De fato, o programa da Harvard já formou uma lista significativa de ex-alunos. Li Jiange é agora o presidente da China International Capital Corporation, algo bastante parecido com o primeiro banco de investimento chinês. Zhao Zhengyong é o governador da província de Shaanxi, e Chen Deming é o Ministro do Comércio. Nenhum ex-aluno subiu mais do que Li Yuanchao. Li é o primeiro membro do Politiburo treinado em Harvard. Especificamente, ele comanda o Departamento de Organização, um cargo ocupado anteriormente por Deng Xiaoping, o protegido de Deng, Hu Yaobang e Zeng Qinghong, um operador político graduado que trabalhou para Jiang Zemin. Durante a próxima mudança de liderança em 2012, espera-se que Li seja galgado ao Comitê Permanente do Politiburo, tornando-se um dos nove homens mais poderosos da China.

Contudo, as iniciativas de aperfeiçoar os oficiais de elite não são suficientes o bastante para atender as vastas carências administrativas. Se a China pretende se proteger das doenças que infectaram a União Soviética e seus estados-satélite, ela deve continuamente separar o joio do trigo em suas próprias fileiras. Nos mais altos escalões do poder – o Comitê Central, o Politiburo e o Comitê Permanente do Politiburo – o partido parece ter sido muito bem-sucedido. Apesar das preocupações quanto a sua visão estratégica, por padrões objetivos, os líderes mais velhos são impressionantes. Eles são os mais preparados para governar a China desde a fundação do regime. Diferentemente de seus predecessores, que eram formados em engenharia, agricultura ou marxismo, a nova geração de líderes tem mais probabilidade de ter experiência em finanças, economia e legislação. Quase 20% dos ministros e vice-ministros do Governo passaram um ano ou mais em uma universidade estrangeira.[455] E, diferente da maioria dos regimes autoritários, os líderes no topo da pirâmide não puderam manter seus cargos permanentemente. Nos últimos dois congressos do partido, em 2002 e 2007, a liderança sênior do partido teve um significativo grau de mudanças. Mais da metade do Comitê Central, do Politiburo e do Comitê Permanente se revezaram.[456] Como observou o especialista em China David Shambaugh, com exceção dos expurgos da era Stalin, nenhuma direção de Partido Comunista teve tantos líderes seniores demitidos e aposentados. De fato, há menos mudanças nas elites políticas na maioria das democracias do que nos altos escalões do Partido Comunista chinês.

---

455. Ver Steinfeld (2011).

456. Ver Shambaugh (2008, p. 36).

Obviamente, a maioria dos chineses não tem contato com a alta cúpula do partido. O que conta no cotidiano é o profissionalismo e a competência dos oficiais locais, o nível do governo que a maioria das pessoas tem contato e reconhece. Embora seja impossível generalizar sobre um país do tamanho da China, o partido sabe que os sinais não são bons. Uma parcela significativa dos protestos, manifestações e agravantes que ocorrem na China é provocada pela corrupção e abusos dos oficiais locais. Uma pesquisa de um período de 10 anos descobriu que a satisfação dos cidadãos chineses com os oficiais do Governo cai significativamente, bem abaixo do nível de governo que estão avaliando.[457] Em outras palavras, quanto mais próximo do verdadeiro governo no cotidiano dos chineses, mais fraca é a atuação. Esta descoberta também é o oposto direto do que ocorre nos Estados Unidos, onde as reclamações da maioria das pessoas são dirigidas ao Governo federal, não ao local. Todos os esforços de modernização do regime podem ter resultado nulo se seus oficiais não são considerados profissionais, disciplinados e dignos de respeito.

Com o número de membros do partido ultrapassando 80 milhões – praticamente a população do Egito –, aumentar os padrões e livrar-se dos desqualificados não é tarefa fácil. Aqui, o Departamento de Organização do partido desempenha um papel vital.[458] Alguns dos métodos para peneirar oficiais e identificar talentos são tão velhos quanto a China imperial. Os oficiais, por exemplo, se revezam regularmente em uma série de compromissos em partes muito diferentes pelo país para testar suas habilidades e competência. Longe ter como parâmetro apenas os laços familiares, como na maioria dos regimes autoritários, ascender na carreira é extremamente competitivo. Recentemente, o partido instituiu uma ampla gama de requisitos para melhorar os índices de qualidade do grupo de oficiais. Agora, todos os oficiais do partido possuem uma revisão anual de desempenho. O Departamento de Organização avalia os oficiais por meio de uma série de métodos, incluindo entrevistas, pesquisas, inspeções localizadas e exames. Durante uma campanha de 18 meses, lançada em 2005, todos os membros do partido (na época, mais de 70 milhões de pessoas) foram avaliados pelo seu comprometimento e eficiência. Quase 45 mil foram suspensos do partido. Se o seu desempenho recebesse algum questionamento ou não fosse convincente, você logo teria a oportunidade de provar suas capacidades em um dos programas de formação de carreira do partido. Realmente, de acordo com uma diretriz relativamente nova, todos os oficiais do partido devem

---

457. Estou em débito com Edward Cunningham pela dica desta pesquisa conduzida por Anthony Saich e Edward Cunningham, "Satisfaction with Government Perfomance: Public Opinion in Rural and Urban China" (manuscrito não publicado). Ver também o artigo de Anthony Saich (2007).

458. Esses dados são do trabalho de Shambaugh (2008). Para uma visão mais apurada do Departamento de Organização do partido, recomendo o livro de McGregor (2010).

passar por pelo menos três meses de treinamento a cada cinco anos. Entretanto, muitos recebem mais do que isso.

As instruções acontecem em qualquer uma das 2.800 escolas do partido. A rede nacional de escolas é uma peça crucial na supervisão de seus contingentes, na determinação de prioridades e no desenvolvimento das habilidades necessárias. Além do treinamento ideológico, as escolas oferecem treinamentos mais práticos que incluem como conduzir conferências de imprensa, como monitorar sites de mídia social ou como agir nas primeiras horas de alguma catástrofe natural. Algumas das escolas mais ricas têm se concentrado em temas específicos. Por exemplo, a Escola do Partido Central em Beijing é considerada uma incubadora de inovadoras iniciativas e reformas políticas. A mais atraente escola do partido – pelo menos na sua aparência física – é a recém-inaugurada China Pudong Cadre Academy.[459] Situada em uma sofisticada região de restaurantes, cafés e caríssimos *lofts*, a Academia de Pudong se enquadra perfeitamente na moderna e futurista paisagem de Xangai. A escola foi construída em uma área de mais de 40 acres, e o seu prédio principal tem um enorme telhado vermelho que lembra uma escrivaninha da dinastia Ming. A grade curricular aparenta estar mais próxima de produzir portadores de MBA do que membros do Partido Comunista. Enquanto Marx continua como uma das opções de leitura, os estrangeiros lecionam em uma considerável porcentagem dos cursos, e um exército de executivos de empresas como Goldman Sachs, Citibank e Procter & Gamble são palestrantes convidados regularmente. A escola está literalmente ao lado da *Future Expectations Street*.

"Pequenos terremotos"

Nem todos concordam que o futuro da China esteja em utilizar ideias do ocidente. Um estudioso conservador da Universidade de Beijing, Pan Wei tem uma singela visão das supostas vantagens das inovações democráticas e do pluralismo político – e não tem o menor constrangimento em dizer. Nos primeiros cinco minutos, Pan comenta que aqueles que são a favor da disseminação da democracia a nível distrital na China estão mais interessados em legitimar a riqueza que já roubaram, que o princípio majoritário é um princípio ilegítimo e que as políticas eleitoreiras não têm relação com o sucesso das democracias ocidentais. Na Rússia, ele observou, a inserção da democracia fez pouco mais do que "ajudar os governantes a enganar e desorientar o cidadão comum".[460] E até mesmo os mais básicos argumentos em favor

---

459. Visitantes de língua inglesa a conhecem como Academia de Liderança Executiva em Pudong, China, o que os oficiais acreditavam que soaria melhor aos ouvidos estrangeiros.

460. Entrevista do autor com Pan Wei. Beijing, fev. 2011.

da democracia – por exemplo, que ela garante as prioridades da população e auxilia no comprometimento dos oficiais – não se aplicam à China, ele relata. Ciclos eleitorais de dois ou quatro anos são muito lentos. Pan disse: "A China é muito mais rápida do que isso".

Pan é uma das vozes chinesas mais críticas sobre as fragilidades da democracia. Tipicamente, os críticos chineses da democracia ocidental amparavam seus argumentos em questões culturais, sugerindo que pluralismos políticos demais eram, de certa forma, inadequados à sociedade chinesa. Todavia, pessoas como Pan cada vez mais se promovem simplesmente se referindo ao estado das democracias do mundo. Elas citam o alto nível de apatia do eleitorado, ou o intenso partidarismo político que congela as engrenagens dos governos democráticos dos Estados Unidos, da Europa, da Índia e do Japão. O fato de um movimento populista como o *Tea Party* [também conhecido como Partido do Chá] poder sozinho ocupar toda a agenda política norte-americana, dizem, é igualmente absurdo e alarmante. O impasse político que levou a agência Standard & Poor's a rebaixar a capacidade de crédito norte-americana seria totalmente impensável para Beijing. Uma das forças de um sistema leninista é sua habilidade de direcionar massivas quantidades de recursos para um alvo específico. Não importa se o alvo é o crescimento econômico, a amenização de um desastre, um movimento político dissidente ou até mesmo a política ambiental. Para o bem ou para o mal, o sistema pode se concentrar em torno de um objetivo, mobilizar sua mão de obra e agir de modo apropriado. Até o financista e filantropo George Soros, que gastou uma significativa parte da sua fortuna tentando abrir sociedades autoritárias, admitiu que a China tem um "Governo com melhor funcionamento do que os Estados Unidos".[461] Pan concorda. No seu ponto de vista, as vantagens de um sistema mais livre e aberto são menos óbvias quando este consistentemente produz resultados tão insignificantes.

Quando nos encontramos em seu escritório na Universidade de Beijing, a maioria das pessoas estava focada no início da Revolução na Líbia. Mas Pan estava concentrado em outro levante – em Wisconsin. Lá, representantes democratas se ausentaram para impedir que houvesse quórum suficiente para barrar a aprovação de uma lei orçamentária dos republicanos a qual eles se opunham. Foi a primeira semana de um recesso que continuaria por quase um mês. "Todo sistema tem suas fraquezas", disse Pan, enquanto um sorriso matreiro surgia em seus lábios. "E tensões. Agora posso ver que Wisconsin é assim. Como se fosse um desajuste do sistema."

O crítico tornou-se um fervoroso defensor quando o tópico mudou para o moderno sistema de Governo chinês. "A grande diferença entre as civilizações polí-

---

461. Ver McMahon (2010).

ticas ocidentais e chinesas é que os governos ocidentais enfatizam a prestação de contas e o chinês, a responsabilidade", disse Pan, em um inglês fluente provavelmente adquirido enquanto corria atrás do seu Ph.D. em Berkeley, no começo dos anos 1990. "Então, o que é responsabilidade? É o equilíbrio de três grupos de interesse. O número um é o interesse parcial *versus* o interesse total. O número dois é equilibrar o interesse do presente contra o interesse do futuro, por exemplo, o meio ambiente *versus* a demanda das pessoas por riqueza hoje. E terceiro, equilibrar o interesse pela mudança e o interesse pela ordem. Um governo precisa equilibrar estes três grupos de interesse, e isso se chama responsabilidade. E eu acho que a política da responsabilidade é muito mais sofisticada do que a política da prestação de contas."

A formulação de Pan é uma noção peculiar chinesa de meritocracia onde o Estado é administrado por servidores públicos inteligentes, capazes e virtuosos. Hoje, modernos exemplos de um sistema como este seriam Singapura e Hong Kong, administrações serenas, eficientes e bem-sucedidas onde a ligação do Estado com as leis objetiva anular a necessidade de tumultuadas políticas eleitoreiras. Enquanto o tamanho e a complexidade de uma China impõem desafios bem maiores do que uma cidade-estado como Singapura, Pan acredita que os crescentes padrões dos oficiais chineses – exames, avaliações, revezamento, escolaridade etc. – inseriram o país no caminho certo. "A equipe governamental chinesa é a mais jovem do mundo", comenta Pan referindo-se aos rígidos limites de mandato e aposentadoria compulsória que mantêm a rotatividade de pessoal alta. "Como chegar ao topo antes de ser velho demais? Isso é competição."

Mas se a China tem outro arquétipo tão antigo quanto o virtuoso especialista confuciano que administra com destreza, é provavelmente o tirânico oficial local que aterroriza as pessoas, crente que já não existem mais o Império e sua Corte para fazer alguma coisa a respeito. Na verdade, histórias de corrupção e venalidade dos oficiais locais têm servido de munição para algumas das maiores obras chinesas de poesia, música e literatura.[462] O partido sabe que a corrupção é a fraqueza que causou sérios problemas a todos os regimes autoritários do passado e do presente. Tunísia, Egito e Líbia são apenas novas terminologias de um prontuário com uma extensa lista de nomes.

Entretanto, Pan Wei ameniza o problema. "Se dissermos que o Governo chinês está abusando do poder, não, não seria verdade", ele comenta. "Nenhum dos governos da América do Sul ou da América Central – com exceção talvez de Porto Rico e Chile – é mais limpo do que o chinês. Em todo o continente africano, nem um único

---

462. Três dos quatro romances clássicos chineses – *Journey to the West*, *Outlaws of the Marsh* e *A Dream of Red Mansions* – oferecem ricas descrições da corrupção oficial através dos tempos.

governo é melhor do que a China em termos de corrupção. E na Ásia Central nada se compara. Na Europa, acredito que a China é melhor que alguns e pior que outros. Talvez no nível da França, mas certamente melhor que a Itália!"

Ele evita falar sobre o fato de que em muitos desses países, notadamente os democráticos, quando a corrupção é revelada, a população tem como cobrar dos seus representantes. Na China, o próprio partido se policia. Ele se dispôs a fazê-lo porque percebeu que a corrupção é a certeza da rápida erosão da sua legitimidade. Entre 1997 e 2002, a alta cúpula encarregada de controlar os membros do partido – A Comissão Central de Inspeção Disciplinar – puniu quase 850 mil membros e expulsou mais de 137 mil. Recentemente, a comissão instalou "centros de acusação" onde as pessoas podem fazer reclamações anônimas e se utilizar de uma linha direta confidencial para relatar abusos.[463] Em 2005, mais de 115 mil membros do partido foram punidos. Em 2010, o número se aproximava de 146 mil oficiais.

Os números são menos impactantes quando se percebe que a grande maioria não recebe mais do que uma simples repreensão. Ademais, estas investigações representam uma pequena porcentagem do número de casos relatados à Comissão. Minxin Pei, um proeminente estudioso chinês, calculou que as probabilidades de um oficial corrupto ir para a cadeia são no máximo de 3 em 100.[464] Tudo isso sugere que aqueles que realmente enfrentam sérias consequências ou são perdedores de alguma disputa política ou cometeram abusos tão graves que nem mesmo o partido poderia ignorá-los. De qualquer forma, a corrupção permanece endêmica. Quando o Departamento Nacional de Prevenção à Corrupção criou um site em 2007 para que os cidadãos relatassem os abusos, ele entrou em colapso em horas. Não foi possível controlar o tráfego.

Mostrando-se tão confiante no sistema político da China, Pan não estava preocupado com a onda de revoluções no Oriente Médio que já se aproximava das fronteiras chinesas. "[O Governo] teme este tal de movimento das flores, logo gasta dinheiro para monitorá-lo", ele me disse. Mas, afinal de contas, os erros cometidos por estes regimes árabes são "senso comum aqui", portanto, ele acreditava que os levantes populares provavelmente causariam mais complicações à política externa norte-americana nos anos seguintes do que afetariam negativamente a China. Talvez seja verdade, mas também era verdade que os Estados Unidos não precisavam gastar tempo, energia, nem dinheiro censurando as notícias oriundas do Oriente Médio.

---

463. Ver Shambaugh (2008, p. 133).

464. Estou em débito com Minxin Pei por relatar com ênfase os limites de muitas das reformas do partido enquanto éramos colegas no Carnegie Endowment for International Peace. Esta particular avaliação consta no texto de Minxin Pei (2007).

Ainda que a perda de aliados árabes possa ter forçado alguns ajustes na política externa norte-americana, o desaparecimento de ditadores a milhares de quilômetros não ameaçou a legitimidade da forma de governar dos Estados Unidos. Pan admitiu que poderia haver alguns "distúrbios" na China, mas até aí havia vantagens. "Muitos pequenos terremotos são melhores do que um muito grande", ele completou.

No final do nosso encontro, enquanto me preparava para ir embora, Pan fez mais uma observação: "Acredito que o Partido Comunista não passa de uma nova dinastia", ele disse.

Visto que as dinastias chinesas sobem e caem, eu perguntei: "Você acredita que está no começo? Ou você acha que já está na meia idade?".

"Acredito que esteja no começo", ele respondeu. "Para as principais dinastias, a média de vida é por volta de 270 anos na China".

Então, de acordo com seus cálculos, o regime ainda tem mais de 200 anos de vida. Para alguns, entretanto, pode ser tempo demais.

A manutenção da estabilidade

O caminho mais rápido para se chegar ao edifício do Governo era através de um denso emaranhado de *hutongs*, uma rede de estreitas vielas cercadas por residências tradicionais. Tinha nevado durante a noite, e no começo da manhã blocos de gelo e neve ainda permaneciam sob as sombras dessas baixas e alastrantes estruturas. Ao caminhar por ruas tão confusas, deparei-me com um grupo de 45 lavradores, todos juntos por causa do frio. Eles podiam ser identificados imediatamente como lavradores, a maioria de meia idade ou mais, seus rostos, pálidos e envelhecidos, suas roupas eram escuras e rasgadas. Eu não tinha compreendido por que estavam todos reunidos ali até perceber onde estavam; em frente ao gabinete de reclamações do Ministério da Terra e Recursos.

Este grupo de lavradores, todos do mesmo vilarejo na província de Shandong, estava convicto em uma prática consagrada pelo tempo: pressionar o Governo federal com suas reclamações. Eles me disseram que os oficiais locais tinham tomado suas terras e que, coletivamente, tinham a receber mais de um milhão de dólares. Uma mulher de meia idade, vestindo uma jaqueta de lã reforçada, adiantou-se. Ela explicou que começaram com as petições há três anos, mas eram enviados de um departamento para outro. O funcionário do Ministério disse-lhes que deveriam voltar a Shandong e negociar com o Governo local. Isso foi há uma semana, mas eles decidiram voltar todas as manhãs para pressionar. Um homem mais velho, de boné e casaco comentou com desdém: "Nosso Governo local é pior do que uma máfia legalizada".[465] Uma semana depois, passei pelo mesmo lugar. Os lavradores de Shandong continuavam lá.

Infelizmente, eles não estão sozinhos. O sistema de reclamações do Governo chinês está entulhado de cartas, chamados e pessoas que viajam para Beijing a procura de indenização. De acordo com algumas estimativas, mais de 10 milhões de petições estão em andamento.[466] O sistema em si data da China imperial, quando as pessoas procuravam por justiça com um funcionário da nobreza ou com o próprio Imperador. Se a prática é antiga, a motivação não foge à regra. Com descrença nos tribunais chineses e um temor de serem punidos pelos oficiais locais por causa de suas reclamações, milhões tentam em vão driblar o sistema indo direto à fonte.

A causa é praticamente sem esperanças; conforme a estimativa de um recente estudo chinês, cerca de duas dentre mil petições realizadas pessoalmente são resolvidas.[467] E pior, os reclamantes podem enfrentar sombrias consequências ao retornar para casa. É comum habitantes serem espancados ou presos por levarem suas queixas a nível nacional. Nenhum prefeito ou governador quer atrair a indesejada atenção do Governo federal por causa da ida de seus cidadãos a Beijing para manifestar suas reclamações. Não por acaso, surgiu um negócio para impedir que os reclamantes sejam bem-sucedidos em suas jornadas. Os governos locais enviam seus próprios funcionários a Beijing para interceptar os reclamantes quando chegam, e os despacham de volta no próximo trem antes que possam contatar alguém. Outros contrataram este tipo de serviço com empresas de segurança. Dizem que a empresa Serviço de Segurança e Tecnologia Anyuanding mantinha "contratos de interceptação de reclamantes" com 19 diferentes governos de províncias.[468] A empresa recebia por cada reclamante detido e transportado de volta para casa.

O Governo federal fez várias tentativas para reformar o sistema – e até proteger os reclamantes de abusos – mas com muito pouco resultado. Em 2011, em um gesto simbólico, o primeiro-ministro Wen Jiabao tornou-se o primeiro líder comunista a visitar o Departamento Nacional de Petições, com o objetivo de fazer com que se agilizasse os casos pendentes. Iniciativas de especialistas para abolir o sistema foram ignoradas, provavelmente porque o Governo sabe que o seu sistema tradicional não poderia absorver uma carga extra. Pior, o fim do sistema de reclamações poderia provocar uma grande onda de protestos radicalizados, os quais ele foi criado justamente para impedir.

---

465. Entrevista do autor com um fazendeiro chinês. Beijing, fev. 2011.

466. Ver Pei (2006, p. 202).

467. Ibid.

468. Ver Kai e Weiao (2011a). Ver ainda uma tradução inglesa deste artigo que consta em Kai e Weiao (2011b).

Se há algo de reconfortante para o regime por ter tanta gente formando fila em seus gabinetes para reclamar é o fato de que isso sugere que ainda resta uma relativa confiança no sistema. Quando as pessoas perdem a crença nas instituições – Governo local, Tribunais, petições e seus líderes –, elas ficam mais propensas a sair às ruas. E é precisamente o que o partido tem testemunhado nos últimos anos. Em 1993, o Ministério de Segurança Pública relatou que no país todo houve cerca de 8,7 mil "incidentes de massa", um conjunto que inclui greves, manifestações e passeatas.[469] Em 2005, o número explodiu para 87 mil, dez vezes mais. Em 2010, cinco anos depois, o número de protestos mais do que dobrou para 180 mil – ou quase 500 por dia.[470] A lista das causas é longa: corrupção, confiscação de terras, despejos forçados, brutalidade policial, dispensas, discriminação étnica, infraestrutura falha, riscos de saúde e poluição ambiental. Os motivos são tão variados que é difícil imaginar soluções fáceis para estancar a ira e o ressentimento que provocaram seu surgimento.

Diante dessa atmosfera, a preocupação singular da burocracia chinesa é o que se denomina de "manutenção da estabilidade". Recentemente, o partido tem redobrado seus esforços para reprimir qualquer tipo de distúrbio social investindo pesadamente em todos os níveis em instrumentos que mantenham sua própria população sob controle. No começo das "revoluções das cores" e antes dos Jogos Olímpicos de 2008, os orçamentos da segurança chinesa dispararam. Distúrbios étnicos no Tibet e Xinjiang em 2009, assim como o repentino aumento de "incidentes de massa" pelo país provavelmente alimentaram estes resultados. Em 2010, a China gastou mais com sua segurança interna do que com sua segurança nacional.[471] Em 2011, a situação se manteve, visto que o orçamento da polícia e da vigilância interna aumentou em aproximadamente 14%, chegando a 95 bilhões de dólares, comparados com os 91,5 bilhões de dólares das Forças Armadas chinesas[472] – todavia, muitos suspeitam que os números reais sejam ainda maiores. Sabe-se que consideráveis aumentos de gastos também ocorreram em níveis inferiores do Governo. Em 2010, depois dos piores confrontos étnicos em décadas, o Governo da província de Xinjiang aumentou seus gastos com segurança em aproximadamente 88%.[473] Em Liaoning, 15% do orçamento da província é destinado à "manutenção da estabilidade". [474]

---

469. Ver Leonard (2008, p. 72).

470. Ver Forsyth (2011).

471. Ibid.

472. Ver Buckley (2011).

473. Ver Wong (2010).

474. Ver Jacobs e Ansfield (2011b).

292 | Escola dos ditadores

O dinheiro proporcionou uma arquitetura de segurança substancialmente valorizada. Grandes somas foram gastas no controle de informações, tanto na rigidez do filtro governamental sobre o fluxo vindo via internet quanto na transmissão de suas próprias mensagens. Assim, autoridades do setor de publicidade monitoram cuidadosamente a cobertura das notícias, distribuindo instruções detalhadas sobre como eventos mais sensíveis devem ser relatados, de modo frequente via mensagem de texto.[475] Além disso, um considerável aumento do orçamento em segurança parece ter chegado a níveis distritais, onde os protestos haviam se iniciado. Milhares de departamentos de manutenção de estabilidade foram instalados país afora, empregando mais de 300 mil funcionários.[476] Eles contrataram uma rede de informantes na região para que reportassem os distúrbios antes que acontecessem. As autoridades ofereciam dinheiro para aqueles que fossem mais eficientes no desarme de manifestantes. E, se não houvesse incidentes de massa por um ano na região, o bônus seria maior.

Geralmente, os chineses se referem ao padrão cíclico de temporadas políticas como um período de abertura (*fang*) que é seguido por outro de repressão (*shou*). Sabe-se que a China já experimentou uma longa temporada de *shou* quando começaram os levantes árabes de 2011. Alguns acreditam que foi no início dos Jogos Olímpicos de 2008, quando o Governo se articulava para que tudo ocorresse na mais perfeita ordem. Outros opinam que foi durante a Revolução das Cores alguns anos antes. Em ambos os casos, o regime apertou o cerco na sociedade civil chinesa. Um grande número de ONGs, especialmente aquelas que recebiam fundos externos, ficaram sob pressão das autoridades tributárias e outras agências burocráticas. Grupos cujo trabalho nunca tinham sido atingidos antes, como o Centro de Assistência Jurídica e Estudos do Direito das Mulheres, uma ONG que combate a violência doméstica e discriminações empregatícias, perderam o patrocínio e o auxílio financeiro. "Você não ganhava pontos com o partido nas duas últimas décadas por ser liberal", disse-me um especialista ocidental que há muito tempo trabalhava com ONGs chinesas. "Mas nunca vi o partido tão suspeito e repressivo. Repressão seria uma palavra muito branda."[477]

Em fevereiro de 2011, depois que a queda de Mubarak e as convocações para a Revolução do Jasmim apareceram na internet, o regime intensificou a pressão com

---

475. Depois de um grave acidente com um trem em alta velocidade, em julho de 2011, o Governo federal encaminhou uma lista de instruções com vários destaques à mídia chinesa: "Não noticie com frequência"; "Substitua por notícias mais tocantes, ou seja, doação de sangue, serviços gratuitos"; "Não reflita ou comente".

476. Ver Jacobs e Ansfield (2011b).

477. Entrevista do autor com um especialista ocidental em ONGs. Beijing, fev. 2011.

a mais forte reação nacional desde os acontecimentos da Praça Tiananmen. A repressão foi bem mais seletiva e dirigida, mas não menos real. A última vez que o regime agiu tão rapidamente foi em 1999, quando começou uma campanha para erradicar o *Falun Gong*, o movimento espiritual proibido.[478] O grupo religioso surpreendeu as autoridades em abril daquele ano quando 10 mil seguidores realizaram um protesto silencioso ao redor do Zhongnanhai, o condomínio da liderança sênior. Em meses, o regime quebrou a estrutura do movimento atacando seus membros de surpresa e submetendo milhares a prisões e tortura. A diferença em 2011 foi que o partido agiu preventivamente, investindo contra um grupo disperso de pessoas que não pertenciam a nenhuma organização ou facção. O rastreamento do regime focava-se em pessoas que falavam pelas outras, os advogados, os juristas e as figuras públicas, por exemplo, que às vezes representavam aqueles que tinham certas diferenças com o partido. O Governo deve ter imaginado que silenciar essas vozes fosse a maneira mais eficiente de abafar um movimento antes que começasse e, assim, restabelecer os limites do que fosse supostamente permitido. Qualquer que fosse a ideia, o partido havia começado a se utilizar de prisões secretas, detenções e sequestros para fazer com que seus críticos desaparecessem literalmente. E mais, não parecia uma tática que tão logo se abandonaria. Recentemente, o Governo sugeriu reformular os procedimentos nacionais sobre crimes para legalizar tais sequestros.[479]

O partido, inegavelmente, confiava no sucesso de suas ações. É verdade, por exemplo, que o aparato de segurança interna do regime impedia que qualquer protesto ou movimento de âmbito nacional ganhasse força. O *Falun Gong* tinha sido tão ameaçador devido à sua adesão bem debaixo do nariz do regime, provocando um movimento com uma lealdade maior que a do próprio partido, e atingindo pessoas de diferentes setores em várias partes do país. Hoje, ainda que os protestos e manifestações tenham se tornado mais frequentes, eles continuam sendo ocorrências locais. O partido requer uma sociedade fragmentada e, por enquanto, é o que tem. Mas não há dúvida que o sistema está tenso. Apesar de todo esforço e investimento, o partido não tem sido capaz de reverter as tendências. A economia chinesa pode continuar crescendo, mas também cresce o número de pessoas insatisfeitas com a nova China. "A ideologia e legitimidade do Partido Comunista chinês já despareceram", afirma Pu Zhiqiang, um dos mais importantes advogados do país. "Perdeu-se o interesse. Os *slogans* já não funcionam mais. Eles precisam comprar as pessoas."[480]

---

478. Eu estava morando na China em 1999, quando aconteceu o brutal ataque contra o Falun Gong. Em 2011, muitos chineses que encontrei estavam cientes das prisões de advogados e ativistas. Mas, em 1999, eu não fazia ideia de que a campanha tinha começado fora da China.

479. Ver Wines (2011).

480. Entrevista do autor com Pu Zhiqiang. Beijing, fev. 2011.

E, por enquanto, ainda conseguem. Mas o custo da "manutenção da estabilidade" está aumentando. Ademais, outras questões nos instigam à distância: O que acontece se uma solução tecnocrática não for suficiente? O que acontece quando vale mais ser legítimo do que correto?

Uma segunda Tiananmen

Ao ir de um país autoritário para o outro, o único lugar que todo mundo se referia era a China. Sua passagem de uma estagnante calmaria econômica para o maior escalão das principais nações é um objeto de fascinação, inveja e admiração. Na Venezuela, os chavistas falavam sobre o Partido Comunista chinês em tons respeitosos, algo como uma reverência. A poucas quadras do Kremlin, membros do partido governista de Putin comentavam o sucesso da China quase que defensivamente, argumentando que era uma medida injusta para se comparar. No Cairo, funcionários próximos a Gamal Mubarak – que eles pensavam que logo sentaria no trono do pai – explicavam que o Egito precisava seguir o exemplo da China, de primeiro buscar as reformas econômicas e depois as políticas. Ativistas dos direitos humanos de todas as partes se consideravam pessoas de sorte por não ter que lutar contra um regime tão sofisticado e brutal como o de Beijing. Mas, qualquer que fosse a expectativa ou disposição de alguém, a China estava na boca de todos. Era o tópico que estava sempre em pauta.

Para os regimes autoritários, a China era um exemplo muito atraente. Em 1989, ninguém poderia esperar que o Partido Comunista chinês se tornaria imensamente mais forte 20 anos depois. Esteve em grandes apuros por causa de revoltas, enfrentou rupturas em suas fileiras e perdeu a maioria dos seus aliados com o colapso de Império Soviético e, então, recuperou-se para desfrutar do seu mais poderoso estágio até aquele momento. O partido desafiou os especialistas que disseram que a liberalização econômica levaria inexoravelmente à liberdade política, em parte porque ninguém antecipou sua mescla única de capitalismo estatal, repressão política e mercados abertos. Longe de cair vítima das doenças mais comuns de uma ditadura, ele está sendo bem-sucedido além das expectativas. É um fermento intoxicante para Estados de um só partido preocupados com sua própria preservação. A República Democrática oferece um guia não ocidental, não democrático para os sistemas autoritários de qualquer lugar seguir. Para eles, a China é o futuro.

Todavia, por causa de todos os seus sucessos, a tarefa perante a liderança chinesa está se tornando infinitamente mais difícil ao longo do tempo. O problema para o partido é que ele pode estar entrando em um período em que as soluções tecnocráticas não são equivalentes aos problemas que ele tem enfrentado. Veja, por exemplo, o incidente de 13 de novembro de 2005. Naquele dia, uma explosão em uma indústria química na província do nordeste de Jilin derramou 100 toneladas de benzeno no rio Songhua. O rio é uma das principais fontes de água potável para milhões de chineses, inclusive os residentes de Harbin, uma cidade de 10 milhões de habitantes na vizinha província de Heilongjiang. A princípio, as autoridades em Jilin "ficaram em cima do muro". Eles anunciaram que o acidente não representava nenhum risco de poluição do ar e negaram que qualquer toxina tivesse contaminado o rio. Durante dias, enquanto o vazamento de veneno de 50 milhas de extensão cobria parte do Songhua, os oficiais guardaram segredo. Quase uma semana após a explosão, as autoridades de Jilin informaram seus pares em Heilongjiang sobre o perigo que se dirigia para o seu lado. Não ficou claro quando os líderes chineses do Governo federal deram-se conta do desastre ambiental. Mas, mesmo com a notícia do derramamento, os oficiais em Harbin não informaram os habitantes sobre os riscos. Ao invés disso, anunciaram que o suprimento de água da cidade seria interrompido temporariamente para fins de manutenção. Um aviso tão bizarro e sem precedente como este desencadeou uma onda de pânico, pois muitos residentes suspeitavam que um terremoto ou coisa parecida fosse iminente. Então, somente em 21 de novembro as autoridades chinesas realmente alertaram seus cidadãos de que sua água "talvez" tivesse sido envenenada. Assim, equipes do meio ambiente começaram a se articular para lidar com um vazamento que já durava uma semana. Então, a China se desculpou com o Governo russo; o cinturão tóxico de água logo alcançaria as cidades siberianas ao longo do rio.

O desastre e seu subsequente encobrimento revelaram os limites da destreza política do partido. Apesar de todos os esforços para alterar o mecanismo leninista do regime, para torná-lo mais ágil e antenado às necessidades da população, o partido não reinventou seu caráter leninista fundamental. Ele permanece, na essência, um sistema governamental de cima para baixo que mal estimula seus funcionários a enviar más notícias além dos limites do comando. Os oficiais locais que governam pela vontade das autoridades federais e carecem de qualquer fonte independente de legitimidade têm todos os motivos para dissimular, esconder e enterrar seus erros. Entretanto e obviamente, os líderes chineses sabem que essas mentiras podem custar caro. Mas as soluções naturais – mais abertura, maior comprometimento, reformas democráticas mais profundas – poderiam colocar em risco o próprio controle de poder do partido. Apesar de toda a sofisticação, *expertise* e treinamento do seu pessoal, esta fraqueza é inerente ao regime. O partido teve a sabedoria de se empenhar nas reformas, mas, devido às contradições sobre as quais ele tem responsabilidade, pode também minar essas mesmas reformas antes que elas avancem demais. Esta tensão foi expressa por Lai Hairong, funcionário do Departamento Central de Tradução e Compilação: "Na China, a questão não é o sim ou o não. A questão é onde deveria estar o equilíbrio", ele disse. "A questão é a dimensão. É equivocado afirmar que a China é um regime democrático ou uma ditadura. A questão é a dimensão da democracia ou a dimensão do autoritarismo."[481]

A habilidade de descobrir a "dimensão" adequada torna-se mais difícil quando o terreno se transforma sob os pés do partido. Os cidadãos chineses de classe média – aquelas mesmas pessoas tidas como cooptadas, conservadoras e satisfeitas – estão cada vez mais exigindo uma participação maior nas decisões que afetam seu cotidiano. A consciência das pessoas sobre seus direitos e as aspirações de progredir estão aumentando. No final de 2011, um número sem precedente de cidadãos chineses lançou campanhas independentes para concorrer para os Congressos locais, frequentemente buscando apoio para suas candidaturas por meio da versão chinesa do Twitter.[482] Em agosto de 2011, aproximadamente 12 mil chineses na próspera cidade litorânea de Dalian lotaram a praça pública para protestar contra uma indústria química que eles acreditavam que fosse vulnerável a tufões e outros desastres naturais. Antigamente, seria mais fácil para as autoridades chinesas acabarem com as manifestações, mas a convocação para os protestos articulou-se rápido demais por meio da rede social chinesa. As ferramentas de Beijing para manter sua sociedade fragmentada estão se desfazendo gradativamente. Um dos maiores surtos de distúrbio étnico ocorreu em Xinjiang, em 2009. Acredita-se que cerca de 200 pessoas morreram nos confrontos entre os Uigures e os Hans chineses. Os tumultos começaram em Ürümqi depois que rumores indicavam que muçulmanos de Xianjing, trabalhando a quilômetros de distância na província de Guangdong, tinham sido assassinados; os rumores se espalharam pela internet. Hoje, o deslize de um oficial local em uma parte do país é um potencial detonador de distúrbios e instabilidade na outra.[483] A quantidade de aprendizado que o partido recebeu das ocorrências na Praça Tiananmen tornou-se menos relevante desde 1989.

Como dizia a famosa citação de Mao: "Uma simples fagulha pode incendiar uma planície". Hoje, as fagulhas que o partido tem que apagar vêm de todas as direções. Um desastre causado no meio ambiente, um acidente ferroviário, um serviço público de saúde, uma mentira que perdura por muito tempo – tudo isso pode desencadear uma reação em cadeia que pode se tornar muito difícil de controlar. Quando a

---

481.   Entrevista do autor com Lai.

482.   Ver Richburg (2011).

483.   Segundo meu conhecimento, Hugo Restall (2009) foi quem primeiramente fez esta observação em seu artigo.

legitimidade de um regime depende do seu desempenho, qualquer crise – e como o regime reage a ela – pode provocar questões existenciais sobre o direito do regime de governar. Em um momento desses, a *expertise* do partido, ainda que bem aplicada, pode não servir para nada. Já não será mais uma questão de fazer ajustes ou girar o botão em uma direção ou em outra. As pessoas não procurarão a resposta correta; elas questionarão se o regime tem a legitimidade para tentar novamente.

E, como a Primavera Árabe não deixou ninguém esquecer, não basta para os líderes chineses se preocuparem apenas com os tumultos internos. A sorte dos regimes autoritários de todos os lugares é um fato preocupante, visto que seus próprios cidadãos podem se inspirar nas batalhas. Certamente, alguém no partido viu os cartazes na Praça Tahrir que diziam: "Fora Mubarak!", em chinês. Logo após a renúncia de Mubarak, um chinês postou na rede: "Embora as pessoas que estamos vendo sejam egípcias, embora as vozes que estamos ouvindo sejam aquelas dos egípcios, os fatos da história estão ecoando em nossos ouvidos. Este é o som do povo alemão derrubando o Muro de Berlim, dos estudantes indonésios tomando as ruas, de Gandhi conduzindo o povo pela estrada da justiça".[484]

Questionei um membro do partido se havia alguma coisa que o partido tenha visto em Tunes (capital da Tunísia), no Cairo ou em Benghazi que possa ter chamado a atenção ou que fosse motivo de alarme. Sim, ele respondeu. O partido sobreviveu ao seu momento Tiananmen, mas poucos acreditam que ele possa sobreviver a outros. E se os líderes chineses tivessem a autoridade de atirar nas pessoas hoje? "Se eles permitirem que todas aquelas pessoas ocupem uma praça pública outra vez", ele respondeu: "Eles já terão perdido".[485]

---

484. Entrevista do autor com membros do partido. Beijing, fev. 2011.

485. Ver entrevista do autor com Srjda Popovic. Washington, D.C., jul. 2011. Posteriormente, Popovic usou a frase "um ano ruim para os bandidos" como o título de uma conferência TEDx que ele proferiu na Cracóvia, Polônia, em novembro de 2011. Disponível em: <https://www.youtube.com/watch?v=Z3Cd-oEvEog >.

Epílogo

Em julho de 2011, eu e Srdja Popovic estávamos sentados em um restaurante em Washington, D.C., conversando sobre as revoluções e levantes que estavam pipocando pelo globo. O ano era outro distintos de outros, com as pessoas que viviam em países repressores se levantando para desafiar os tiranos e o regime que eles comandavam. "Foi um ano ruim para os bandidos", Srdja disse sorrindo. Seis meses antes, ninguém poderia ter previsto aquilo. "Ben Ali e Mubarak fora, Gaddafi e Saleh de joelhos e Assad seriamente ameaçado. Se você tivesse visto isso na sua bola de cristal e contado às pessoas na TV, homens vestidos de branco imediatamente apareceriam para interná-lo."[486]

Mas não era nenhuma alucinação. Poucas semanas depois, Muammar Gaddafi, que foi obrigado a fugir de Trípoli, era caçado pelas ruas da sua cidade natal de Sirte. Os rebeldes encontraram o ex-ditador escondido no sistema de esgoto. Gaddafi foi o terceiro tirano a cair em nove meses. Embora o mundo árabe estivesse no centro da tormenta revolucionária, os tumultos não se limitavam ao Oriente Médio e ao Norte da África. Próximo ao fim do ano, líderes autoritários de uma longa lista de países, lugares tão distantes como Bielorrússia, China, Malásia, Rússia, até mesmo o Reinado de Swaziland – enfrentaram um clamor público mais positivo referindo-se aos seus futuros. O fenômeno foi tal que a revista *Time* elegeu os "manifestantes" como a Personagem do Ano de 2011.

E, o que estas milhões de pessoas reivindicando tinham revelado sobre os ditadores? Que os tiranos estão menos interessados em estratégias sofisticadas quando se sentem encurralados. Por exemplo, no começo de dezembro de 2011, o partido

---

486. Ver Grove (2011).

governista russo suspeitou que não pudesse ter um bom desempenho nas próximas eleições parlamentares. Pesquisas anteriores à votação mostravam que seus candidatos não estavam indo bem. Então, na Chechênia, talvez a parte mais repressora do país, a Rússia Unida de Putin descaradamente afirmou ter vencido 99% dos votos – semelhante a União Soviética do passado.[487] A primeira reação de Putin aos protestos de denúncia da corrupção nas eleições foi culpar os Estados Unidos por tentar desestabilizar o país – a mesma desesperada atitude conspiratória utilizada por Ben Ali, Mubarak e Gaddafi.

O sofisticado artifício do autoritário moderno tinha o objetivo de impedir que as pessoas fizessem manifestações nas praças. Fundamentalmente, o ditador em seu contínuo aprendizado busca formas de renovar a ditadura, mantê-la resistente novamente, ágil e, de certa forma, eficiente. Um objetivo básico é manter o povo apático e distante. Mas, quando o sistema falha, quando as pessoas realmente se reúnem, os ditadores tipicamente se livram dessas manobras políticas em troca de um leque mais poderoso de opções. Eles mostram realmente quem são. Em março de 2011, um mês depois da queda de Mubarak, um funcionário do partido governista egípcio confidenciou seus ressentimentos a um amigo meu. Observando como outros regimes árabes estavam enfrentando seus próprios tumultos usando a força, o oficial egípcio confessou: "Nós fomos estúpidos. O Iêmen foi mais esperto do que nós. Eles estão controlando a situação. O Bahrein foi mais esperto do que nós. Estão controlando a situação. A Líbia foi mais esperta do que nós. Ao deixar a moralidade de lado, estão *controlando* a situação".[488]

"Controlando a situação" era, obviamente, um eufemismo para o uso de violência. De fato, um pouco antes, Gaddafi invocou o massacre chinês em 1989 na Praça Tiananmen para justificar os fins violentos que pretendia utilizar para se manter no poder.[489] Contudo, a violência não salvou Gaddafi, e nenhum regime que tenha massacrado seus cidadãos arriscou-se a perder o mínimo de direito à legitimidade que ainda pudesse ter. Eles podem perseverar pelo momento, semelhante aos extremistas iranianos quando tentaram permanecer no poder depois da Revolução Verde de 2009, mas não podem esperar que seu governo seja mais fácil com uma população em ebulição, mais inconformada, revoltada e mais enraivecida do que nunca.

---

487. Entrevista do autor. Cairo, mar. 2011.

488. Em 21 de fevereiro de 2011, Gaddafi disse: "Quando houve o problema na Praça Tiananmen, enviaram tanques para lidar com a situação. Isto não é brincadeira. Farei o que for necessário para certificar que parte do país não seja tomada". A citação pode ser encontrada em Lizhi (2011).

489. Ver McDowalL e Said (2011).

Bashar Assad, da Síria, foi outro que optou por um banho de sangue. Quando as revoltas se espalharam, alguns militares desertaram e se juntaram aos rebeldes. Cidades foram destruídas e transformadas em verdadeiros campos de batalha enquanto o país caía em uma guerra civil. A selvageria do regime de Assad provocou denúncias do mundo todo, mas a contagem de corpos não parou de crescer. No final de 2012, mais de 60 mil sírios tinham perecido. Cada vez mais isolado e sem nenhuma legitimidade, o Governo sírio parecia menos convincente desde então. Perante uma revolução do século XXI, Assad optou por uma furiosa repressão do século XX.

Naturalmente, os regimes autoritários não enfrentaram uma restrita escolha entre ceder às exigências por democracia ou simples repressão. Depois de alguns tropeços, alguns rapidamente reconquistaram o prumo e procuraram seguir um familiar meio-termo. Na Arábia Saudita isto significou benesses em massa: em março de 2011, o rei Abdullah distribuiu 60 mil novos cargos públicos, aumentos de salário para o funcionalismo e contribuições mais generosas para os desempregados.[490] Ao todo, as medidas ultrapassaram a soma de 93 bilhões de dólares em gastos públicos. Mas o reino saudita é, sem sombra de dúvida, um caso único. Nenhum regime consegue competir com suas riquezas petrolíferas. Os outros devem confiar mais na astúcia do que na carteira para restaurar a estabilidade.

Um grande exemplo foi a Jordânia. Ela também se movimentou imediatamente para aumentar os salários e pensões do setor público fortalecendo os subsídios em energia e alimentos. Todavia, o rei Abdullah II da Jordânia compreendeu que essas medidas econômicas não seriam suficientes. Depois de afastar líderes governamentais impopulares e indicar um novo primeiro-ministro, ele propôs uma reforma na Constituição. Seis meses depois, ele chancelou as 42 emendas propostas; elas incluíam a criação de uma Corte Constitucional, a restrição de poder das Cortes de segurança interna do regime e a implantação de monitores independentes nas futuras eleições.[491] Obviamente que nenhuma destas reformas afetaria os próprios poderes do rei. Como ele disse, elas tinham a intenção de provar que a Jordânia era capaz de "se revitalizar".

Talvez, o caso mais surpreendente tenha sido a Birmânia. Por volta do final de 2011, parecia que este Estado pária queria sair do ostracismo. Depois de quase cinco décadas de comando com mão de ferro, desde a tomada do poder pelos militares em 1962, o Governo birmanês começou a realizar uma série de reformas abrangentes. As autoridades suspenderam as restrições na internet, desbloqueando sites

---

490. Ver Buck (2011).

491. Ver Wines (2009).

302 | ESCOLA DOS DITADORES

de notícias estrangeiros. As liberdades da imprensa doméstica se expandiram. Um número crescente de presos políticos foi libertado. Vários meses depois, um dos principais dissidentes e Prêmio Nobel, Aung San Suu Kyi, conquistou uma cadeira no parlamento e, no final de 2012, Barack Obama tornou-se o primeiro presidente norte-americano a visitar a nação do sudeste asiático. O que mudou? Será que o desejo do regime de ter as sanções internacionais suspensas era tão grande a ponto de fazer com que ele experimentasse as graduais liberalizações econômicas e políticas? Será que Yangon se assustou com a onda revolucionária que assolava o mundo e calculou que fosse melhor enfrentar estas forças ao seu modo? Parecia improvável que os governantes da Birmânia simplesmente acordaram com o desejo de democracia. O regime estava propenso em apostar que as reformas preventivas seriam a melhor saída para sua sobrevivência, tornando-se a mais nova ditadura a tentar progredir na escola de ditadores.

O jogo será um teste definitivo para o regime da Birmânia. Ainda que seus governantes sejam capazes de liberalizar o país sem perder seu trono político, eles, como os outros anteriores, logo descobrirão que estão imobilizados. Se forem rápidos demais, podem se tornar outra União Soviética. Se forem lentos demais, correm o risco de ter um próximo Mubarak. E o tempo e a experiência não farão com que a tarefa seja mais fácil. A história – na verdade, a própria longevidade de uma ditadura – pode tornar-se uma vulnerabilidade para um regime voltado exclusivamente para a sua própria sobrevivência.

Como uma ditadura moderna com uma longa história, a China talvez seja o melhor exemplo deste perigo. Quanto mais o Partido Comunista chinês permanece no poder, mais aniversários politicamente sensíveis são acumulados pelo regime. O calendário tornou-se entulhado de datas que lembram as pessoas dos crimes do regime ou servem como potenciais pontos inflamáveis. Uma rápida verificação no calendário político chinês destaca 10 de março (aniversário do levante tibetano de 1959), 4 de maio (aniversário do Movimento 4 de Maio de 1919), 4 de junho (o massacre na Praça Tiananmen em 1989), 5 de julho (a supressão dos muçulmanos em Xianjiang em 2009), 22 de julho (repressão ao movimento Falun Gong em 1999) e 1º de outubro (fundação da República Popular em 1949). Qualquer uma destas datas é o momento em que o regime deve estar alerta com aqueles que possam tentar induzir as pessoas a protestar contra o Partido Comunista. De fato, o temor era tanto em 2009 – quando muitas destas datas tiveram grande importância – que dizem que o partido criou uma força tarefa especial de alto nível chamada Grupo 6521.[492]

---

492. Os algarismos 6, 5, 2 e 1 referiam-se respectivamente ao 60º aniversário da República Popular, ao 50º aniversário do Levante Tibetano, ao 20º aniversário do massacre de Tiananmen e ao 10º aniversário do ataque ao Falun Gong.

Tive que lidar com a sensibilidade do regime na realização deste livro. Eu queria viajar para a China quando o clima político estivesse relativamente calmo. Tinha planejado ir lá em dezembro de 2010. Entretanto, quando ficou claro que o intelectual e dissidente chinês Liu Xiaobo receberia o Prêmio Nobel da Paz no começo de dezembro do mesmo ano, decidi mudar os planos e viajar para a China em fevereiro de 2011. Além das comemorações do Ano Novo Chinês, nada acontece em fevereiro. Obviamente, isso foi antes das manifestações no Oriente Médio e das convocações para uma Revolução do Jasmim Chinesa. Assim, uma nova data foi adicionada ao calendário chinês, mais um momento potencialmente sensível para um regime inseguro ansioso em monitorar suas ruas e sites.

Entretanto, seria um engano acreditar que o avanço da democracia sobre a ditadura é apenas uma questão de tempo. A história não interferiu em alguns roteiros inexoráveis do progresso. O totalitarismo do século XX – uma tirania que custou mais de 100 milhões de vidas – era pior do que qualquer coisa que a humanidade tivesse visto antes.

E nem a liberdade política é algo inevitável. É verdade que a onda de transições democráticas identificada por Samuel Huntington, iniciada com a que ocorreu em Portugal em 1974, resultou em uma impressionante expansão de liberdades política e econômica, muito pouco conhecidas em determinadas regiões do mundo. Mas também é verdade que os últimos 40 anos propiciaram o surgimento de novas formas especializadas de autoritarismo que prejudicaram nossas definições de democracia e ditadura.

Particularmente, tornei-me mais otimista quanto aos prospectos de mudança democrática durante minhas viagens pelo mundo. Esse otimismo não resultou da retidão da causa ou até mesmo das imperfeições fundamentais de nenhum dos países autocráticos que visitei. Regimes corrompidos há muito conseguiram esmagar as mais justas e inspiradoras ideias de pluralismo político. Melhor, meu otimismo cresceu quando sentei e conversei com pessoas que se comprometeram a lutar por essas liberdades. Não eram meros sonhadores românticos. Em cada lugar que estive, todos que encontrei eram determinados, ativistas experientes que realizavam seu trabalho com inteligência, cautela e habilidade. Eram estrategistas bem-sucedidos, propagandistas e analistas políticos. Embora quase nenhum deles tivessem carreiras que talvez reforçassem essas habilidades, mas aprenderam rapidamente por meio de erros e acertos – e às vezes imitando os passos de seus antecessores.

E a sorte de muitos dos tiranos do mundo só tornou-se mais nebulosa. Na Rússia, Putin voltou para assumir seu terceiro mandato presidencial, mas seu monopólio político jamais foi como antes. Sua popularidade despencou. Depois de um ano de protestos, ele já não era o mesmo forte e aparentemente inacessível líder. O Kremlin reagiu à energizada sociedade civil russa com leis repressoras, penalidades e condenações dirigidas com o objetivo de intimidar a população. Mas, ao invés de eliminar o ativismo do país, estas ações parecem impulsionarem a insegurança cada vez maior do regime. No final de 2012, Putin iniciou uma campanha anticorrupção com o objetivo de atingir os mais altos funcionários do governo, inclusive o Ministro da Defesa. Parecia ser algum tipo de estratégia para aumentar sua popularidade e reconquistar parte da legitimidade perdida. Entretanto, isso também falhou: um sistema calcado em corrupção só pode combater tanta roubalheira antes que esta se torne crônica.

Na China, por mais de um ano, os desdobramentos políticos foram reféns de um quesito: a questão da sucessão, sempre um momento difícil na vida de um sistema ditatorial. Em novembro de 2012, a China teve sua maior transição política de uma década, quando uma nova liderança sênior se instalou e o presidente chinês Hu Jintao foi substituído por Xi Jinping. O ano em que houve a transição do poder foi bastante tumultuado, com intensas rivalidades, um escândalo que resultou no afastamento do importante oficial do partido Bo Xilai, e as novas revelações sobre a dimensão da corrupção nos altos escalões do Partido Comunista chinês. Quase que imediatamente, os principais líderes fizeram pronunciamentos criticando ferozmente a corrupção e prometendo maiores reformas. Mas estas promessas já tinham sido feitas antes, e havia muito poucos indícios de que agora o sistema estaria mais propício a elas. Realmente, quatro dos sete principais líderes são os então chamados principelhos[493] – herdeiros privilegiados da ex-elite governista do país.

Na Venezuela, Hugo Chávez conseguiu mais um mandato de seis anos, derrotando Henrique Capriles nas eleições de outubro. Embora Capriles e a oposição tenham realizado uma campanha praticamente perfeita, não era páreo para a mescla de temor e mercadoria gratuita de Chávez. O Governo canalizou seu imenso poderio petrolífero para distribuir máquinas de lavar roupa, utensílios domésticos, até mesmo casas, para quem prometesse votar no *El Comandante*. Ao mesmo tempo, chavistas espalharam rumores de que a votação não era verdadeiramente secreta, um poderoso alerta para milhões de funcionários públicos e cidadãos sob o controle do Governo. Ainda assim, a oposição obteve considerável progresso. Chávez recebeu apenas 135 mil votos a mais do que na sua eleição vitoriosa de 2006; a oposição conquistou quase 1,9 milhão. E, dois meses depois, Chávez revelou que seu câncer tinha voltado. Embora apenas Chávez e seus médicos cubanos soubessem das suas

---

493. Terminologia pejorativa que se refere ao nepotismo e ao clientelismo. (N.T.)

reais condições de saúde, a coisa parecia ser séria; pela primeira vez Chávez indicou um sucessor.

No Egito, a eleição do presidente islâmico Mohammad Morsi, em junho de 2012, a princípio foi recebida como um sinal de progresso. Apesar das suspeitas dos liberais egípcios sobre as ligações de Morsi com a Irmandade Muçulmana, viram sua vitória apertada como uma possível ruptura com os tempos de autoritarismo sob o regime de Mubarak. No mínimo, Morsi seria um potencial contrapeso ao domínio militar. Essas esperanças tiveram vida curta. Em questão de meses, Morsi começou a parecer cada vez mais tão autocrático quanto o próprio Mubarak. De fato, se decretou poderes que, pelo menos no papel, eram maiores do que aqueles usufruídos pelo antigo ditador. Embora, no final, ele tenha desistido de algumas dessas medidas depois das massivas manifestações nas ruas do Cairo, o novo presidente ainda insistia em uma nova Constituição que afetaria seriamente as liberdades individuais, expandiria os poderes presidenciais e protegeria o militarismo da supervisão civil. Longe de desafiar os generais egípcios, Morsi parecia ter alcançado apenas uma nova acomodação entre eles. Mas havia uma grande diferença desta vez: ao contrário dos primeiros dias de Mubarak no poder, Morsi teria que enfrentar uma população que já não tinha mais receio de levantar a voz em protesto.

E então, ainda que muitos dos atuais autoritários do mundo ainda continuem reinando, suas vulnerabilidades tornaram-se mais evidentes e sua margem de erro diminuiu significativamente. Estes regimes podem ser duráveis e, em alguns casos, podem até manter certa sofisticação. Mas, se os últimos acontecimentos revelaram alguma coisa, foi que as pessoas que desafiam o regime também estão progredindo nas suas curvas de aprendizagem. De uma capital autoritária à outra, uma verdade é cada vez mais inquestionável: o povo realmente se levanta. Para um ditador, não há nada mais aterrador.

AGRADECIMENTOS

Ao todo foram 93.268 milhas. Essa é minha melhor estimativa da distância que viajei durante dois anos para escrever este livro. Se o próximo destino nunca parecia tão longe foi porque nunca estive sozinho. Durante a realização deste projeto, um incontável número de pessoas se dispôs a me ajudar a encontrar o caminho, oferecendo conselhos, sabedoria e, algumas vezes, um lugarzinho para dormir. O meu mais profundo respeito e admiração vão para os ativistas em cada um destes países que se arriscam tanto por uma ideia que, para muitos de nós, é a coisa mais natural do mundo. Eles não precisavam perder seu tempo – e, às vezes, correr riscos desnecessários – para se encontrar com um jornalista com um notebook cheio de perguntas. Mas abriram suas casas, contaram-me histórias e me apresentaram para suas famílias, amigos e vizinhos. Alguns, devido aos riscos que ainda correm, devem permanecer anônimos aqui. Para mim, eles são simplesmente heróis e a melhor esperança para o futuro da liberdade.

A jornada jamais teria começado sem a ajuda dos meus campeões lá em Nova York, nos escritórios da Doubleday. Entre eles está minha editora, Kristine Puopolo que, desde o primeiro dia, compreendeu o que este livro poderia ser e me ofereceu seu inestimável apoio. Ela nunca me pediu para poupar custos e, pacientemente, aguardava cada reportagem ou capítulo. Também sou muito grato pelo apoio do seu colega William Thomas e o empenho de Stephanie Bowen para que tudo acontecesse da melhor forma possível.

Na época eu não sabia, mas um dos momentos mais importantes para a realização deste livro foi quando me encontrei com meu agente, Will Lippincott. Defensor, conselheiro e amigo, Will desempenhou um papel fundamental durante toda esta trajetória. Seu entusiasmo e otimismo mantiveram meu ânimo nos mo-

308 | Escola dos ditadores

mentos em que mais precisei. Simplesmente não consigo imaginar a existência deste livro sem ele.

Nos últimos anos, tive a felicidade de contar com o apoio de várias instituições importantes. A Carnegie Endowment for International Peace[494] propiciou-me um enorme acervo intelectual durante os primeiros 12 meses do livro. Sou especialmente grato a Jessica Mathews e Paul Balaran, cujo suporte foi crucial na decolagem deste projeto. Uma bolsa jornalística na Hoover Institution da Universidade de Stanford proporcionou-me uma conveniente oportunidade na realização de pesquisas adicionais, e sou grato a David Brady e Mandy MacCalla pelo auxílio na organização de uma semana bastante produtiva de encontros e seminários enquanto me encontrava no campus. Durante o ápice da Primavera Árabe, Fred Hiatt, responsável pelo editorial do *The Washington Post*, ofereceu-me uma incrível oportunidade de fornecer análises diárias daquelas dramáticas ocorrências para o blog *Post Partisan*. Da mesma forma, Carlos Lozada, editor da seção Panorama do *Post*, divulgou meus artigos sobre quase todas as ocorrências significantes envolvendo os ditadores em 2011. Sou excepcionalmente grato a Fred e Carlos por essas tarefas que me forçaram a clarificar minhas ideias em uma época em que clareza parecia estar em falta.

Bem antes de lançar meu estudo sobre as forças e fraquezas do autoritarismo, eu tive o privilégio de trabalhar ao lado de alguns dos melhores editores e jornalistas do ramo. A maioria deles não tem ideia do quanto me ajudaram a realizar meu trabalho, mas a minha maior riqueza veio da oportunidade de aprender com eles durante os anos. Primeiramente, agradeço a Fareed Zakaria. Trabalhar com Fareed – primeiro na *Foreign Affairs* e depois na *Newsweek International* – foi uma oportunidade de aprender a uma velocidade equilibrada, e serei sempre grato por sua amizade e sábios conselhos. Na *Newsweek International*, eu estava cercado de atentos talentosos editores que produziam pequenos milagres quase toda semana, entre eles Nisid Hajari, Jeffrey Bartholet, Michael Meyer, Fred Guterl e Marcus Mabry. Na *Foreign Policy*, tive o privilégio de trabalhar com uma equipe cuja criatividade, inteligência e paixão me inspiravam todos os dias: Travis Daub, Kate Palmer, Carolyn O'hara, Jeffrey Marn, Blake Hounshell, Jai Singh, James Forsyth, David Bosco, Mike Boyer, Christine Chen, Josh Keating, Prerna Mankad, Preeti Aroon, Sarah Schumacher e Beth Glassanos.

Devido a este livro, passei muito tempo trabalhando no exterior. Em todas essas viagens fui assistido por um grupo incrível de tradutores e colaboradores; suas

---

494. Organização privada dedicada a promover a cooperação entre as nações. (N.T.)

funções iam muito além de tradução de logísticas. Na Rússia, tive a companhia de Ludmila Mekertycheva, uma profissional consagrada que nunca aceitava *nyet* [não] como resposta. Acompanhado por vários copos de vodka, diverti-me muito com as histórias que ela contava sobre as raposas que criava em sua *dacha*[495]. Não havia praticamente ninguém no Egito que Nagwa Hassan não conhecesse. Com um sorriso largo e um cigarro na boca, ela dirigia no turbulento tráfego do Cairo melhor que qualquer taxista. Ahmed Salah apresentou-me a todo mundo na Praça Tahrir. Na China, David Yang, um emergente jornalista autodidata, mantinha um ritmo obstinado, sempre um passo a minha frente. Na Venezuela, tive a imensa sorte de ter Francisco Márquez ao meu lado. Um veterano do movimento estudantil, Francisco está terminando sua graduação na Kennedy School da Universidade Harvard e planeja retornar a Caracas depois de formado. São pessoas como ele que me deixam tão esperançoso quanto ao futuro da Venezuela.

Durante a viagem, grandes amigos também serviram como guias insubstituíveis. Vinod Sekhar há muito me convenceu que Kuala Lumpur poderia ser meu segundo lar, e a amizade e hospitalidade de Vinod e sua maravilhosa esposa, Winy, simplesmente confirmaram isso. Edward Cunningham tem muitos dons. Na China, dois deles se destacaram: ele conhece os melhores pratos do cardápio e é um especialista em abrir portas. Tive a incrível sorte de tê-lo comigo. E ninguém poderia ser melhor guia do cenário político egípcio do que meu amigo de longa data Tarek Masoud. Ele me buscou no Aeroporto Internacional do Cairo para a minha primeira entrevista em 2006, e, desde então, vem alimentando minha educação sobre tudo o que é egípcio. Devo a ele minha compreensão e admiração por este magnífico país, e sempre lhe serei grato.

Na Venezuela, foi a gentileza de não apenas indivíduos, mas de famílias inteiras. Primeiro, estou em eterno débito com Maruja Tarre, Isabel Lara e suas famílias. Minha primeira viagem a Caracas foi tão calorosa quanto uma volta para casa, por causa de sua generosidade. Não posso me esquecer de Karla Velazquez e Alvaro Partidas pela prestimosa assessoria nos mínimos detalhes. Alejandro Tarre, um jornalista venezuelano e astuto analista da política do país, brindou-me com excelentes sugestões e tornou-se um verdadeiro amigo. Em cada viagem à Venezuela, Ricardo Márquez e Maria Lara Márquez fizeram com que eu me sentisse realmente em casa. Espero poder, algum dia, ter a oportunidade de retribuir tanta gentileza.

Este livro nunca seria possível se tantas pessoas não tivessem tido a disposição de participar de longas e cansativas entrevistas, às vezes, em várias ocasiões. Este

---

495.   Espécie de chalé na Rússia. (N.T.)

grupo de pessoas incluía professores, advogados, políticos, empresários, escritores, estudantes, intelectuais, blogueiros, militares e ativistas. Embora a lista seja longa demais para que eu possa agradecer a todos individualmente, há alguns que devem ser destacados: Anwar Ibrahim, Nurul Izzah, Peter Ackerman, Gene Sharp, Jamila Raqib, Robert Helvey, Srdja Popovic, toda a equipe do CANVAS, Patrick Meier, Karim Sadjadpour, Omid Memarian, Hazen Hallak, Mohsen Sazegara, Saba Vasefi, Emily Jacob, Mark Belinsky e Tendor Dorjee. Na Venezuela, Alfredo Croes, Douglas Barrios, Carlos Vecchio, Henrique Capriles, Leopoldo López, María Corina Machado, Magalli Meda, Ismael Garcia, Andrés Cañizález, Luis Vicente León, Eugenio Martinez, Teodoro Petkoff, Virginia Rivero, juíza María Lourdes Afiuni, Raúl Baduel, Antonio Ledezma, Milos Alcalay, Carlos Ocariz, Roberto Pariño, Nizar El Fakih, Yon Goicoechea, Geraldine Alvarez, David Smolansky, Phil Gunson, Robert Serra, Calixto Ortega e Iris Varela.

No Egito, aprendi muito com Hossam Bahgat, Gasser Abdel-Razek, Mostafa el-Naggar, Saad Eddin, Dina Guirguis, Gamal Eid, Ahmed Maher, Mohamed Adel, Essam el-Erian, Ahmed Kamal Aboul Magd, Ahmed Salah, Ahmed Amer, Ibrahim Mohamed, Ahmed Mamdoh, Kamel Arafa, Samira Ibrahim, Sherif el Robi, Sherif Mickawi, Hafez Abu Saeda, Sherif Osman, Omar Afifi, Esraa Rashid, Ainda Seif AL Dawla, Ghada Shahbender, Hossam el-Hamalawy, Hisham Kassem, Mohamed Waked, Shady Talaat, Ayman Nour, Wael Nawara, Dalia Ziada, Ali Eddin Hilal, Mohamed Kamal, Gehad Auda, Alia el Mahdi, o major general aposentado Mohamed Kadry Said, Michele Dunne e Moheb Zaki.

Na Rússia, sou grato a Arseny Roginsky, Alexander Verkhovsky, Boris Nemtsov, Ilya Yashin, Vladimir Milov, Sergei Mitrokhin, Olga Radayeva, Dmitri Makarov, Ivan Ninenko, Karinna Moskalenko, Ludmilla Alexeeva, Tanya Lokshina, Yevgenia Chirikova, Mikhail Khotyakov, Yroslav Nikitenko, Ivan Smirnov, Evgeny Gontmakher, Grigory Shvedov, Gleb Pavlovsky, Igor Mintusov, Maria Lipman, Nikolay Petrov, Sergei Markov, Sergei Popov, Alexander Brod e Elena Zelinskaya. Eve Conant, Jeffrey Tayler e Sarah Mendelson também ajudaram na apresentação a figuras valiosas em Moscou. Na China há muita gente que eu espero poder agradecer algum dia. Por enquanto, ofereço minha gratidão a Pu Zhiqiang, Zhang Jinjing, Fang Ning, Feng Yue, Zhou Shuguang, Yu Keping, Lai Hairong, Lu Mai, Du Zhixin, Pan Wei, Yang Jisheng, Wang Weizhi, Mao Xianglin, Wang Xuedong e Yang Jianli. Demetri Sevastopulo, um verdadeiro camarada, tornou possível eu conhecer personalidades vitais em Beijing. Também quero expressar toda minha gratidão a Minxin Pei e David Shambaugh, ambos por seu conhecimento e sua disposição para debater comigo.

AGRADECIMENTOS | 311

Tenho a imensa sorte de poder contar com grandes amigos e colegas que têm me apoiado durante anos. Allison Stanger, minha professora e amiga, tem me ensinado desde que pisei na PS 311, no outono de 1992. Mark Jordan, Robert Trager, Rodney Rothman, John Oberdiek e Alexander Okuliar são os eternos amigos que me mantêm atualizado. Estou particularmente em débito com um pequeno círculo que doou seu tempo para ler os primeiros rascunhos de alguns capítulos e me ofereceram suas críticas e correções. Entre eles estão Kate Palmer, Carolyn O'hara, Stacey Abrams, Tarek Masoud, Edward Cunningham, Maria Lipman, Alejandro Tarre, Francisco Márquez e a incomparável Janine Zacharia.

Durante quase duas décadas, Stacey Abrams tem sido minha *"consigliere"* e a amiga mais verdadeira que alguém poderia ter. Sua contribuição neste projeto não pode ser medida pelas horas que passou lendo os rascunhos e me ajudando a identificar o que era mais importante.

Por meio de conversas caseiras e chamadas telefônicas costa à costa, minha família foi extremamente importante. Meu tio William Joyce e minha tia Gay Bush estavam presentes desde o começo, animando-me com perguntas até tarde da noite. Frances Cole, Tracy Cole e Richard, Allison e Megan Baker são uma constante fonte de apoio e foram extremamente importantes com as questões do lar durante minha ausência. Os Coles da Costa Oeste – todos viajantes do mundo autodidatas – acompanharam meu progresso e me ampararam com palavras de estímulo. Nem meu pai, W. Joel Dobson, nem meu sogro, Barry G. Cole, viveram para ver este livro terminado. Gosto de pensar que ambos teriam adorado vê-lo.

A melhor professora que tive também foi a primeira. Minha mãe, Barbara Joyce Dobson, criou-me e fez de mim quem sou hoje. Foi também minha grande sorte que ela tenha sido uma inspiradora professora de inglês. Na minha infância, ela sentava comigo e me ensinava como escrever (e reescrever) incansavelmente. Sua paciência era inesgotável e ela, muito amável, sempre me estimulando. Ela só queria me proporcionar as melhores oportunidades disponíveis, e minha vida tomou rumos decisivos por causa da sua força e perseverança. Eu a agradeço todos os dias.

Quando você começa uma empreitada como esta, sua família vem junto, às vezes, gostando ou não. Assim, meu mais profundo agradecimento vai para minha esposa, Kelly Cole. Ela viveu cada página deste livro e, houve momentos em que sofreu tanto por minhas ausências como também por um marido mergulhado e perdido em seus pensamentos. Em momentos decisivos, como sempre, era Kelly quem clareava minhas ideias e me mostrava o caminho. Para mim, ela é tudo, amor, humor, força, determinação. Além disso, ela administrou tudo isso durante os anos em que nossa família começou a crescer, primeiro com a chegada da nossa filha, Kate, e então, dois anos depois, do nosso filho, Liam. As únicas coisas melhores do que nossa vida juntos proporcionou acontecer e, no entanto, muitas outras estão por vir. Porque, embora nossa casa seja um tanto barulhenta, não há melhor lugar para se estar.

Sugestões de leitura[*]

ABDEL-BAKY, Mohamed. Shadow play. *Al-Ahram Weekly*, 23-29 dez. 2010.

ABELSKY, Paul. Russian GDP may grow 4,5% in bumpy recovery, World Bank Says. *Bloomberg Businessweek*, 16 jun. 2010.

ARUTUNYAN, Anna. Nashi seen behind Pamfilova's Ouster. *Moscow News*, 2 ago. 2010.

ASH, Timothy Garten. *Polish revolution*: solidarity. New Haven: Yale University Press, 2002.

BADUEL, Raúl. Why I parted with Chávez. *The New York Times*, 1 dez. 2007.

BARBOZA, David. China passes Japan as second-largest economy. *The New York Times*, 15 ago. 2010.

BARRY, Ellen. Research group's report urges radical changes in Russia. *The New York Times*, 4 fev. 2010a.

_____. Russian journalist beaten in Moscow. *The New York Times*, 6 nov. 2010b.

BEININ, Joel. Egyptian workers demand a living wage. *Foreign Policy*, 12 maio 2010.

BIGG, Claire. Fate of Russia's khimki forest uncertain after ecologists attacked, detained. *Radio Free Europe/Radio Liberty*, 23 jul. 2011.

BOHM, Michael. Dmitry gets no respect. *Moscow Times*, 26 mar. 2010.

BOUTROS-GHALI, Youssef. Egypt: trendsetter in the mideast. *The Washington Post*, 5 nov. 2010.

BRADLEY, Mait. Egypt court bars opposition hopeful. *The Wall Street Journal*, 17 out. 2011a.

_____. Egyptians bristle at military's plan. *The Wall Street Journal*, 3 nov. 2011b.

---

[*]. No momento da preparação da obra, todos os links mencionados foram devidamente acessados, assim, constam disponíveis na atualidade. (N.E.)

BRATERSKY, Alexander. Nashi celebrates fifth year with Kremlin support. *Moscow Times*, 16 abr. 2010.

BROWNLEE, Jason. *Authoritarianism in an age of democratization*. Cambridge: Cambridge University Press, 2007.

_____. Egypt's incomplete revolution: the challenge of post-Mubarak Authoritarianism. *Jadaliyya*, 5 jul. 2011. Disponível em: <www.jadaliyya.com/pages/index/2059/egypts-in complete-revolution_the-challenge-of-post>.

BUCK, Tobias. Jordan: rifts in the valley. *Financial Times*, 15 ago. 2011.

BUCKLEY, Neil. Cadre's campfire song to Russia. *Financial Times*, 18 jul. 2007.

BUCKLEY, Neil; CLOVER, Charles; THORNHILL, John. Medvedev rules out poll tussle with Putin. *Financial Times*, 19 jun. 2011.

BUCKLEY, Chris. China internal security spending jumps past army budget. *Reuters*, 5 mar. 2011.

CAMBANIS, Thanassis. Sucession gives army a stiff test in Egypt. *The New York Times*, 11 set. 2010.

CAMERON, Fraser. Dead-end Russia. *The New York Times*, 11 fev. 2010.

CANCEL, Daniel; DEVEREUX, Charlie. Venezuela's inflation rate rises at fastest pace in 7 months. *Boomberg Newsweek*, 4 nov. 2011.

CHAN, Minnie. Hu lecture on harmony as protests roil mideast. *South China Morning Post*, 20 fev. 2011.

CHENOWETH, Erica. Give peaceful resistance a chance. *The New York Times*, 10 mar. 2011.

CHENOWETH, Erica; STEPHAN, Maria J. *Why civil resistance works*. Nova York: Columbia University Press, 2011.

CHIVERS, C. J. Kremlin puts foreign NGO's on notice. *The New York Times*, 20 out. 2006.

CIUDADANIA Activa. *Banned! Political Discrimination in Venezuela*. 22min. 2009. (Documentário). Disponível em: <www.youtube.com/view_play_list?p=46572AE8BBE93290>.

CLASHES in nile delta after strike aborted. *Reuters*, 7 abr. 2008.

CLEEK, Ashley; SAENKO, Alexandra. Russian government OKs controversial highway through khimki forest. *Radio Free Europe/Radio Liberty*, 14 dez. 2010.

COALSON, Robert. Behind the Estonia cyberattacks. *Radio Free Europe/Radio Liberty*, 6 mar. 2009.

COMMITTEE to Protect Journalists. *Anatomy of injustice*: the unsolved killings of journalists in Russia. Nova York: Committee to Protect Journalists, 2009.

_____. *Attacks on the press*: surveillance poses global challenge for free flow of news. fev. 2011a. Disponível em: <www.cpj.org/attacks/>.

_____. *Getting away with murder*: 2011 impunity index. Nova York: Commitee to Protect Journalists, 2011b.

COOK, Steven. *Ruling but not governing*: the military and political developments in Egypt, Algeria, and Turkey. Baltimore: Johns Hopkins University Press, 2007.

CORRALES, Javier; PENFOLD, Michael. *Dragon in the tropics*. Washington: Brookings Institution, 2011.

CORRALES, Javier. For Chávez, still more discontent. *Current History*, p. 81, fev. 2009.

_____. Hugo boss. *Foreign Policy*, n. 152, p. 32, jan./fev. 2006.

DIAMOND, Larry. *The spirit of democracy*: the struggle to build free societies throughout the world. Nova York: Henry Holt, 2008.

DIEHL, Jackson. In Venezuela, locking up the vote. *The Washington Post*, 10 abr. 2006.

DIRECTION of the President of the United States the distinguished service cross. *Is awarded to Robert L. Helvey*. Vietnã, 7 jan. 1968. Disponível em: <www.1stcavmedic.com/DSCs-CAV/Helvey.htm>.

DOBBS, Michael. *Down with Big Brother*: the fall of the soviet empire. Nova York: Alfred A. Knopf, 1997.

DOBSON, William J. Chávez's easter gift: to himself. *The Washington Post, Post Partisan*, 26 abr. 2011a. Disponível em: <www.washingtonpost.com/blogs/post-partisan/post/chavezs-easter-gift-to-himself/2011/04/26/AFVs4gqE_blog.html>.

_____. Learning how to topple a tyrant. *The Washington Post, Post Partisan,* 31 mar. 2011b. Disponível em: <www.washingtonpost.com/blogs/post-partisan/post/learning-how-to-topple-a-tyrant/2011/03/31/AFw76pBC_blog.html>.

_____. Worse than our worst nightmare during Mubarak. *Post Partisan, Washington Post*, 17 mar. 2011c.

EGYPT police clash with protesters after foiled strike. *Agência France-Press*, 6 abr. 2008a.

EGYPT to raise wages after unrest. *The New York Times*, 1 maio 2008b.

EICHENWALD, Kurt. S.E.C. report attacks big drexel bonuses. *The New York Times*, 4 out. 1991.

EIFERT, Benn; GELB, Alan; TALLROTH, Nils Borje. Managing oil wealth. *Finance and Development*, v. 40, n. 1, mar. 2003.

FERGUSON, Niall. Gloating China, hidden problems. *Daily Beast*, 14 ago. 2011.

FISHER, Marc. In Tunisia, act of one fruit vendor unleashes wave of revolution through arab world. *The Washington Post*, p. 1, 26 mar. 2011.

FISHMAN, Mikhail; GAAZE, Konstantin. The directors of the three major TV channels every Friday. *Russian Newsweek*, 4 ago. 2008.

FOER, Franklin. Regime Change Inc.. *New Republic*, 5 abr. 2005.

FORBES list sees russian billionaire numbers double. *BBC News*, 16 abr. 2010.

FORERO, Juan. "Aló Presidente", Are you still talking? *The Washington Post*, 30 maio 2009a.

316 | Escola dos ditadores

_____. Chávez ally-turned-critic is detained by venezuelan military. *The Washington Post*, 4 out. 2008.

_____. Protests in Venezuela reinvigorate opposition. *The Washington Post*, 2 jun. 2007.

_____. Venezuela's Chávez sets up obstacles for opponents who won in fall elections. *The Washington Post*, 12 fev. 2009b.

_____. Venezuelan judge is jailed after ruling angers president Hugo Chávez. *The Washington Post*, p. A16, 25 abr. 2010.

FORSYTH, Michael. 180.000 protests in 2010. *Bloomberg News*, 6 mar. 2011.

FREEDOM House. *Freedom in the World 2011*: The Authoritarian Challenge to Democracy de Arch Puddington. Washington, 13 jan. 2011.

FULLER, Thomas. Malaysians go to Taiwan amid strife. *The New York Times*, 8 set. 2008.

GADDY, Clifford G.; KUCHINS, Andrew C. Putin's plans. *The Washington Quarterly*, p. 121, primavera 2008.

GARRELS, Anne. Anti-graft crusade a dangerous business in Russia. *National Public Radio*, 13 out. 2009. Disponível em: <http://www.npr.org/templates/story/story.php?story Id=113763047>.

GOBLE, Paul. United Russia revives another CPSU tradition: watching officials in the regions for Moscow. *Window on Eurasia*, 31 jul. 2010.

GOLBERG, Ellis. Mubarakism without Mubarak: why egypt's military will not embrace democracy. *Foreign Affairs*, 2 fev. 2011.

GOLDSTONE, Jack A. Understanding the revolutions of 2011. *Foreign Affairs*, p. 12, maio/jun. 2011.

GREENE, Richard Allen. Critics of Venezuela's new media laws fear "dangerous" crackdown. *CNN*, 22 dez. 2010.

GROVE, Thomas. Analysis: Chechnya: how did putin's party win 99 percent? *Reuters*, 21 dez. 2011.

GUNDY, Zeinab El. Famous egyptian tv host sacked after challenging ex-army officer on air. *Ahram Online*, 25 jul. 2011.

GUPTA, Girish. Venezuelan's exclusion of anti-Chávez candidates faces a challenge. *Time*, 13 mar. 2011.

HABER, Stephen. Latin america's quiet revolution. *The Wall Street Journal*, 31 jan. 2009.

HALVORSSEN, Thor. Behind exhumation of Simón Bolívar is Hugo Chávez's warped obsession. *The Washington Post*, 25 jul. 2010.

HAMZAWY, Amr. Egypt faces a legitimacy crisis following flawed elections. *Daily Star*, 14 dez. 2010.

HARVEY, Robert. *Portugal*: birth of a democracy. Londres: Macmillan, 1978.

HASSNER, Pierre. Russia's Transition to Autocracy. *Journal of Democracy*, v. 19, n. 2, p. 11, abr. 2008.

HAUSMANN, Ricardo; RODRIGUEZ, Francisco. *Venezuela Before Chávez*: anatomy of a collapse. University Park: Penn State University Press, 2013.

HOFFMAN, David. Putin's career rooted in russia's KGB. *The Washington Post*, 30 jan. 2000.

_____. *The oligarchs*: wealth and power in the new Russia. Nova York: Public Affairs, 2002.

HSIEH, Chang-Tai; MIGUEL, Edward; ORTEGA, Daniel; RODRIGUEZ, Francisco. The price of political opposition: evidence from Venezuela's *Maisanta. American Economic Journal, Applied Economics*, v. 3, n. 2, p. 196-214, abr. 2011.

HUMAN RIGHTS in China - HRIC. *Jasmine organizers call for rallies every sunday.* 22 fev. 2011. Disponível em: <http://www.hrichina.org/en/content/4895>.

HUMAN Rights Watch. *A decade under Chávez*: political intolerance and lost opportunities for advancing Human Rights in Venezuela. Nova York: Human Rights Watch, 2008.

_____. *An uncivil approach to civil society*: continuing state curbs on independent NGOs and Activists in Russia. Nova York: Human Rights Watch, 2009.

_____. Egypt: retry or free 12.000 after unfair military trials. 10 set. 2011.

HUNTINGTON, Samuel. *The third wave*: democratization in the late twentieth century. Norman: University of Oklahoma Press, 1991.

IOSEBASHVILI, Ira; MAULDIN, William. Russia's econimic czar tackles deficit, bureaucracy. *The Wall Street Journal*, 23 jun. 2010.

JACOBS, Andrew; ANSFIELD, Jonathan. A revolution's namesake is contraband in China. *The New York Times*, 10 maio 2011a.

_____. Well-oiled security apparatus in China stifles calls for change. *The New York Times*, 28 fev. 2011b.

JACOBS, Andrew. Chinese government responds to call for protests. *The New York Times*, 20 fev. 2011.

JIAN, Tianlun. *Priority of privatization in economic reforms*: China and Taiwan compared with Russia. Harvard Institute for Intenational Development, 1996. Disponível em: <www.cid.harvard.edu/hiid/566.pdf>.

JOHNSON, Ian. Calls for a "Jasmine Revolution" in China persist. *The New York Times*, 23 fev. 2011.

JONES, Rachel. Hugo Chávez gives himself a big Christmas gift. *Time*, 29 dez. 2010.

KAHN, Joseph. Vídeo disputes China's claim shooting was in self-defense. *The New York Times*, 16 out. 2006.

KAI, Xu; WEIAO, Li. The machinery of stability preservation. *Caijing*, 6 jun. 2011a.

_____. Translation: the machinery of stability preservation. *Dui Hua Human Rights Journal*, 8 jun. 2011b. Disponível em: <www.duihuahrjournal.org/2011/06/translation-machinery-of-stability.html>.

KARTNYCKY, Adrian. Ukraine's Orange Revolution. *Foreign Affairs*, mar./abr. 2005.

KASHIN, Oleg. A beating on my beat. *The New York Times*, 12 dez. 2010.

KILPATRICK, David D. Egypt military aims to cement a muscular role in government. *The New York Times*, 16 jul. 2011a.

_____. Egypt's military discourages economic change. *The New York Times*, 17 fev. 2011b.

_____. Egypt's military expands power, raising alarms. *The New York Times*, 14 out. 2011c.

KIM, Yun-Hwan. The role of government in export expansion in the Republic of Korea: A Revisit. *Asian Development Bank*, EDRC series, fev. 1994. Disponível em: <http://www.adb.org/sites/default/files/pub/1994/rs61.pdf>.

KINKLE, Frederick. Egyptian tribunal sentences blogger to three years for criticizing military. *The Washington Post*, 11 abr. 2011.

KISSINGER, Henry. *On China*. Nova York: Penguin Press, 2011.

KNIGHT, Amy. The concealed battle to run Russia. *The New York Review of Books*, 13 jan. 2011.

KOUDDOUS, Sharif Abdel. Five months of waiting. *Foreign Policy*, 15 jul. 2011.

KRASTEV, Ivan. Democracy's doubles. *Journal of Democracy*, v. 17, n. 2, p. 52, abr. 2006.

_____. Paradoxes of the new authoritarism. *Journal of Democracy*, v. 22, n. 2, abr. 2011.

KROHN, Charles A. *The lost battalion of TET*: the breakout of 2/12th cavalry at hue. Annapolis: Naval Institute Press, 2008.

KUZIO, Taras. Ukraine is not Russia: comparing youth political activism. *SAIS Review*, v. 26, n. 2, p. 74, 2006.

LEIBY, Richard. The rise and fall of egypt's most despised billionaire, Ahmed Ezz. *The Washington Post*, 9 abr. 2011.

LEONARD, Mark. *What does China think?* Nova York: Public Affairs, 2008.

LEVY, Clifford J. President pick would name Putin premier. *The New York Times*, 12 dez. 2007.

_____. Putin protégé secures election victory. *The New York Times*, 3 mar. 2008.

_____. Russian journalists, fighting graft, pay in blood. *The New York Times,* p. 1, 17 maio 2010.

LINK, Perry. The secret politiburo meeting behind China's new democracy crackdown. *The New York Review of Books*, 20 fev. 2011. Disponível em: <http://www.ny books.com/blogs/nyrblog/2011/feb/20/secret-politburo-meeting-behind-chinas-crackdown/>.

LIPMAN, Maria. Media manipulation and political control. *Chatham House paper*, jan. 2009.

LIZHI, Fang. The real Deng. *The New York Review of Books*, 10 nov. 2011.

LOKSHINA, Tanya. Another voice silenced in Russia. *The Washington Post*, 17 jul. 2009.

MACFARQUHAR, Neil. Saudi Arabia scrambles to limit region's upheaval. *The New York Times*, 27 maio 2011.

MACFARQUHAR, Roderick. *The politics of China*: the eras of Mao and Deng. Cambridge: Cambridge University Press, 1997.

MAIER, Charles S. *Dissolution*: the crisis of communism and the end of east germany. Princenton: Princenton University Press, 1997.

MARCH, Luke. Managing opposition in a hybrid regime: just Russia and parastatal opposition. *Slavic Review*, v. 68, n. 3, out. 2009.

MASOUD, Tarek. *Why islam wins*: electoral ecologies and economies of political islam in contemporary Egypt. Ph. D. diss., Yale University, 2009.

MATHEWS, Owen; NEMTSOVA, Anna. Young Russia rises. *Newsweek*, 27 maio 2007.

MCDOWALL, Angus; SAID, Summer. Saudis raise pay and plan polls, but woes linger. *The Wall Street Journal*, 24 mar. 2011.

MCGREGOR, Richard. *The party*: the secret world of China's Communist rulers. Nova York: Harper Collins, 2010.

MCMAHON, Tamsin. Billonaire soros wins CIC globalist of the year award. *National Post*, 16 nov. 2010.

MENDELSON, Sarah E.; GERBER, Theodore P. Soviet nostalgia: an impediment to russian democratization. *The Washington Quarterly*, v. 29, n. 1, p. 85, inverno 2005.

_____. *The Putin generation*: the political views of russian youth. In: *CSIS*, Apresentação. 25 jul. 2007. Disponível em: <http://csis.org/images/stories/mendelson_carnegie_moscow_corrected.pdf>.

MEYER, Michael. *The year that changed the world*: the untold story behind the fall of the Berlin wall. Nova York: Scribner, 2009.

MEYER, Henry. Medvedev bid to oust officials is "small revolution". *Bloomberg Businessweek*, 3 abr. 2011.

MINAIA, Ezequiel. If Chávez loses venezuelan election, transition may be rocky. *The Wall Street Journal*, 12 set. 2011.

MOONEY, Paul. Silence of the dissidents. *South China Morning Post*, 4 jul. 2011.

MOSCONI, Gustavo Márquez; ALVAREZ, Carola. Poverty and labor market in Venezuela 1982-1995. *InterAmerican Development Bank*, Washington, D.C., n. SOC96-101, p. 1, dez. 1996. Disponível em: <http://idbdocs.iadb.org/wsdocs/getdocument.aspx?docnum=1481392>.

MOST russians expect no results from Medvedev's reforms. *Ria Novosti*, 2 maio 2010.

MYERS, Steven Lee. Youth groups created by Kremlin serve Puttin's cause. *The New York Times*, 8 jul. 2007.

NAGEL, Juan Cristóbal. Red with envy. *Caracas Chronicles*, 13 jan. 2011. Disponível em: <http://caracaschronicles.com/2011/01/13/red-with-envy/>.

NAUGHTON, Barry. *Chinese economy*: transitions and growth. Cambridge: MIT Press, 2006.

NELSON, Brian A. *The silence and the scorpion*: the coup against Chávez and the making of modern Venezuela. Nova York: Nation Books, 2009.

NEMTSOVA, Anna. Beset by a million bureaucrats. *Newsweek*, 21 fev. 2010.

OECD. *Education at a Glance 2007*. 18 set. 2007. Disponível em: <www.oecd.org/docu ment/30/0,3343,en_2649_39263238_39251550_1_1_1_1,00.html#data>.

PADGETT, Tim. Chávez tastes defeat over reforms. *Time*, 3 dez. 2007.

PAN, Philip P. In China, turning the law into the people's protector. *The Washington Post*, p. 1, 28 dez. 2004.

_____. *Out of Mao's shadow*: the struggle for the soul of a new China. Nova York: Simon & Schuster, 2008.

PEI, Minxin. *China's trapped transition*: the limits of developmental autocracy. Cambridge: Harvard University Press, 2006.

_____. Corruption threatens China's future. *Carnegie Endowment Policy Brief*, n. 55, out. 2007.

PEÑALOZA, Pablo. Experts complain that 91 percent of murders go unpunished in Venezuela. *El Universal*, 2 set. 2010.

PETROV, Nicolay; LIPMAN, Maria; HALE, Henry E. Overmanaged democracy in Rússia: governance implications of hybrid regimes. *Carnegie Paper*, n. 106, p. 26, fev. 2010.

PEW Forum on Religion & Public Life. *The future of the global muslim population*. Washington: Pew Forum on Religion & Public Life, 2011.

PRADA, Frank de. *Chavezafiuni*. 57s. (Vídeo). Publicado em: 11 dez. 2009. Disponível em: <www.youtube.com/watch?v=WXtibicptRA>.

PUTIN, Vladimir. *First person*: an astoninshingly Frank self-portrait by Russia's president. Nova York: Public Affairs, 2000.

RAM, Vidya. Medvedev's mea culpa. *Forbes*, 11 set. 2009.

RESTALL, Hugo. The urumqi effect. *Asian The Wall Street Journal*, 10 jul. 2009.

RICE, Stephanie. Ayman nour speaks about disqualification from egyptian presidential election. *Global Post*, 17 out. 2011.

RICHBURG, Keith B. China sees surge of independent candidates. *The Washington Post*, 9 set. 2011.

ROBERTS, Kenneth. Social polarization and the populist resurgence in Venezuela. In: HELLINGER, Daniel; ELLNER, Steve (Ed.). *Venezuelan politics in the Chávez era*: class, polarization, and conflict. Boulder: Lynne Rienner, 2004.

ROBERTSON, Graeme B. Managing society: protest, civil society and regime in Putin's Russia. *Slavic Review*, v. 68, n. 3, p. 540, outono 2009.

RODENBECK, Max. No paradise. *The Economist*, 15 jul. 2010.

ROMERO, Simon; DIAZ, Maria Eugenia. A Bolivar ready to fight against the bolivarian state. *The New York Times*, 21 out. 2011.

ROMERO, Simon. Chávez seeks tighter gripo n military. *The New York Times*, 30 maio 2009.

_____. Criticism of Chávez stifled by arrests. *The New York Times*, 3 abr. 2010a.

_____. Students emerge as a leading force against Chávez. *The New York Times*, 10 nov. 2007a.

_____. Venezuela, more deadly than iraq, wonders why. *The New York Times*, 22 ago. 2010b.

_____. Venezuela vote sets roadblocks on chávez path. *The New York Times*, 4 dez. 2007b.

ROSENBERG, Tina. *Join the club*: how peer pressure can transform the world. Nova York: W.W. Norton, 2011.

RT. *Nothing can stop us*: Putin addresses United Russia congress. 26min 41s. Publicado em: 24 nov. 2011. (Vídeo). Disponível em: <www.youtube.com/watch?v=3ynB2CjtXhQ>.

RUSSIAN Federation Federal State Statistics Service. *Commodity structure of export of the russian federation*: at actual prices. 2009. Disponível em: <http://www.gks.ru/bgd/regl/b09_12/IssWWW.exe/stg/d02/26-08.htm>.

RUSSIA'S Putin set to return as president in 2012. *BCC News*, 24 set. 2011.

SAICH, Anthony; CUNNINGHAM, Edward. *Satisfaction with government perfomance*: public opinion in rural and urban China. (Manuscrito não publicado).

SAICH, Anthony. "Citizens" perception on governance in rural and urban China. *Journal of Chinese Political Science*, v. 12, n. 1, primavera 2007.

SALEH, Heba; KHALAF, Roula. Regime faces an uncertain future. *Financial Times*, 16 dez. 2009.

SALMERÓN, Victor. Foreign direct investment plunges $1,4 billion in Venezuela. *El Universal*, 5 maio 2011.

SCHELL, Orville. *Mandate of Heaven*: the legacy of tiananmen square and the next generation of china's leaders. Nova York: Touchstone, 1994.

SCHWIRTZ, Michael. Kremlin relents, for now, to foes of Russia highway. *The New York Times*, p. 4, 26 ago. 2010.

SHAMBAUGH, David. *China's Communist Party*: atrophy and adaptation. Berkeley: University of California Press, 2008; 2009.

SHAPIRO, Samantha M. Revolution, facebook-style. *The New York Times Magazine*, p. 37, 22 jan. 2009.

SHARP, Gene. Burmese dictatorship attacks nonviolent struggle and its advocates. *Albert Einstein Institute*, p. 2, febr./jul. 1995. (Relatório não publicado do Instituto Albert Einstein).

_____. *From Dictatorship to Democracy*. Boston: Albert Einstein Institution, 1993.

SHOOTING galery. *The Economist*, 19 ago. 2010.

SIEGLE, Joseph T.; WEINSTEIN, Michael M.; HALPERIN, Morton H. Why democracies excel. *Foreign Affairs*, p. 59, set./out. 2004.

SOARING food prices anger egyptians. *Al Jazeera*, 18 mar. 2008.

SPENCE, Jonathan. *The search for modern China*. Nova York: Norton, 1990.

SPRENGER, Carsten. *State-owned enterprises in* Rússia. In: OECD. Mesa Redonda. Moscou, 27 out. 2008. Disponível em: <http://www.oecd.org/daf/ca/corporategovernanceprinciples/42576825.pdf>.

SPRINGBORG, Robert; HENRY, Clement M. Army guys. *American Interest*, v. 6, n. 5, maio/jun. 2011.

STEINFELD, Edward S. China's other Revolution. *Boston Review*, jul./ago. 2011.

STIFF test. *Cambanis*, 11 set. 2010.

TARRE, Alejandro. Venezuela's legislative elections: arm wrestling with Hugo Chávez. *Fletcher Forum of World Affairs*, v. 35, n. 1 , p. 139, inverno de 2011.

THORNTON, John L. Long time coming. *Foreign Affairs*, v. 87, n. 1, jan./fev. 2008.

TIME to shove off. *The Economist*, 10 set. 2011.

TOOTHAKER, Christopher. Chávez opponents say charges trumped up to bar them from running. *Associated Press*, 24 maio 2008.

TORO, Francisco. And all that without suicide bombings. *Caracas Chronicles*, 21 ago. 2010a. Disponível em: <www.caracaschronicles.com/2010/08/21/and-all-that-without-the-suicide-bombings/>.

_____. Welcome to censorship in the 21st century. *New Republic*, 5 ago. 2010b.

TREISMAN, Daniel. *The return*: russia's journey from Gorbachev to Medvedev. Nova York: Free Press, 2011.

VLADIMIR Putin's valdai vision. *The Economist*, 7 set. 2010.

VYAS, Kejal. Venezuela inflation highest among top emerging economies. *The Wall Street Journal*, 29 dez. 2010.

WAIN, Barry. *Malaysian Maverick*: Mahathir Mohamad in turbulent times. Nova York: Palgrave Macmillan, 2010.

WEAVER, Mary Anne. *A portrait of Egypt*. Nova York: Farrar, Straus and Giroux, 1999.

WILSON, Andrew. *Virtual politics*: faking democracy in the post-soviet world. New Haven: Yale University Press, 2005.

WINES, Michael. China sees a calendar full of trouble. *The New York Times*, 10 mar. 2009.

_____. More chinese dissidents appear to disappear. *The New York Times*, 2 set. 2011.

WONG, Edward. China nearly doubles security budget for western region. *The New York Times*, 13 jan. 2010.

WORLD economic and financial surveys: world economic outlook database. *International Monetary Fund – FMI*, set. 2011. Disponível em: <www.imf.org/external/pubs/ft/weo/2011/02/weodata/index.aspx>.

WORLD Economic Forum. *The global enabling trade report 2010*. Geneva: World Economic Forum, 2010.

WORTH, Robert F.; EL-NAGGAR, Mona. Egyptian election shuts out islamists. *The New York Times*, 30 nov. 2010.

YOUNG, Cathy. Kenny will live. *Reason*, 10 out. 2008.

ZACHARIA, Fareed. China's not doing us a favor. *Global Public Square, CNN*, 14 ago. 2011.

ÍNDICE REMISSIVO

A Force More Powerful (*video game*), 20.

Abdel-Razek, Gasser, 209, 223 e 233-4.

Abdullah, Rei da Arábia Saudita, 301.

Abdullah II, Rei da Jordânia, 301.

Aboul Magd, Ahmed Kamal, 217-8.

acampamento de verão, Nashi, 179.

Ackerman, Peter, 19-20, 27-8, 193 e 251.

aço, 215.

açougueiros, 125-6.

Adel, Mohamed, 194-7.

Adly, Habib el-, 90-1 e 197.

Aeroflot, 69.

Aeroporto Internacional,

de Beijing, 67.

de Sheremetyevo, 78-9 e 85.

do Cairo, 94.

Afeganistão,

Guerra norte-americana no, 188.

invasão soviética do, 81 e 247.

Afifi, Omar, 88-95 e 197.

Afiuni, María Lourdes, 120-3.

África, 22, 67, 233, 254 e 299.

África, Copa das Nações, 201.

África do Sul, 236, 240 e 260.

Afro-americanos, 111.

Agência dos Direitos Humanos de Moscou, 46-7.

Agência Nacional de Segurança egípcia, 220.

agentes sanitários, 23 e 69.

agentes sanitários e fiscais de impostos, 23 e 69.

água, 216 e 295.

na Venezuela, 125 e 142-3.

Ahmed, Hayam, 204.

Al Jazira, 187 e 207-8.

Alcalay, Milos, 148.

Aleksandar (instrutor sérvio), 255-60.

Alemanha, 25, 204 e 297.

Alemanha Oriental, *ver* República Democrática Alemã.

Alexandria, 189, 191 e 227.

Alexeeva, Ludmilla, 25-6 e 180.

alimento/comida, 216.

escassez de, na Venezuela, 114 e 125-6.

escassez de, no Egito, 201.

estragado, 129.

inspetores de, 125.

preço do, 125-6, 133, 189 e 201.

subsídios para, 191-2.

alívio de desastres, 205 e 286.

Aló, Presidente [Olá, Presidente], 127.

Alvarez, Geraldine, 167-8 e 172-3.

Amazonas, 111n.

Amer, Ahmed, 199.

América Central, 287.

América do Sul, 22-3, 104, 114, 125, 132 e 287.

América Latina/latino-americanos, 22, 104, 107, 140 e 142.

326 | ESCOLA DOS DITADORES

Amin, Idi, 20.

analfabetismo, no Egito, 186 e 205.

análise de padrões, 248.

Anel viário de Moscou, 77-8.

Angola, 125.

Anistia Internacional, 40.

antissemitas, 158.

Arábia Saudita, 29, 239 e 301.

Arafa, Kamel, 196-8 e 220.

Argélia, 29.

armas, 24, 52 e 102.

Ásia, 15, 22, 158, 233, 254, 270 e 288.

Ásia Oriental, 22 e 50.

   milagre econômico na, 51.

Assad, Bashar, 21, 30 e 301.

Assad, Hafez, 20 e 30.

Assar, Said el-, 234.

assassinato, 20-1, 94 e 296.

   na Rússia, 46-8, 59 e 81.

   na Venezuela, 123-4 e 173.

   no Egito, 195.

Assembleia Nacional venezuelana, 116, 123, 133 e 138-9.

   eleições para, 112, 118, 131-2, 143-4 e 166.

   mídia e, 128-9.

   oposição na, 112 e 133.

assistência médica, 116-7 e 249.

ataques cibernéticos, 49.

autoimolação, 29 e 186.

autoritarismo, 22-7.

   aparência democrática do, 23-6 e 34.

   e desinteresse na vida política, 88.

   economia e, 50-1.

   lei e, 23, 69-71 e 84.

   oposição e, 138.

   Rússia e, 34, 38, 43-5, 50, 54, 57, 62-4 e 83.

   temores e, 27.

Azerbaijão, 165.

Azuaje, Leidys, 122.

Baburova, Anastasia, 47.

Baduel, Raúl, 101-4 e 120.

Bagdá, 124.

Bahgat, Hossam, 210 e 221-2.

Bahrein, 29, 68, 239 e 300.

Bairro 23 de Janeiro, 113.

baltagiya (bandidos), 223.

Banco de Investimento Europeu, 83.

Banco Europeu para a Reconstrução e Desenvolvimento, 83.

Banco Mundial, 52-3, 211 e 268.

Bangladesh, 52.

Bankok, 244.

Barrios, Douglas, 166-77.

Baruta, 139.

Base Aérea de Lackland, 227.

Base da Força Aérea Cairo Oeste, 224 e 226-7.

Bashir, Omar al-, 239.

Beijing, 21, 67-70, 116, 141, 238, 263-81, 285-6, e 290-7.

   Aeroporto Internacional de, 67.

   Escola do Partido Central em, 266 e 285.

   Jogos Olímpicos de, 267 e 291-2.

   Lu Mai em, 281.

   Praça Tiananmen em, 21, 72, 263, 268-73, 282, 292, 294, 296-7, 300 e 302.

   Universidade de, 285-6.

   visita de Gorbachev a, 268.

Beketov, Mikhail, 80-1.

Belgrado, 194, 236, 240 e 252.

Ben Ali, Zine el-Abidine, 186-7, 195, 239, 254 e 299-300.

Benghazi, 297.

benzeno, 295.

Betancourt, Rómulo, 169.

Bielorrússia, 146, 236, 240, 246, 248 e 299.

bilionários, 35-6, 52 e 267.

Birmânia, 202, 236, 243-8 e 301-2.

Blair, Tony, 215.

blogs, blogueiros, 29, 86, 124 e 158.

   no Egito, 184, 188, 207-8, 218 e 221-3.

Bolivar, Simón, 101, 107, 113-5, 119, 141 e 145.

Bolívia, bolivianos, 55, 236 e 259.

Bolsa de Valores, 267.

bombeiros, 45.

ÍNDICE REMISSIVO | 327

Bono, 86.

Boston, Mass., 193-4, 246 e 251.

Bouazizi, Mohamed, 29 e 186-7.

Boutros-Ghali, Boutros, 217.

Boxun, 263 e 266.

Brasil, 51.

Brezhnev, Leonid, 25 e 63-4.

Brod, Alexander, 46.

brutalidade, 27-8 e 291.

ver *também* espancamentos, assassinatos, tortura *e* violência.

Budapeste, 250 e 279.

Bush, George W., 152 e 188.

Bush, Jeb, 55.

Cabello, Diosdado, 139.

Cabul, 124.

cadena, 126-7 e 142.

Caetano, Marcello, 21.

Cairo, 89-94, 148, 150, 155, 160, 164, 191, 193-202, 204-12, 294 e 305.

Aeroporto Internacional do, 94.

Base da Força Aérea Cairo Oeste, 224 e 226-7.

Cairo Today (programa de TV), 94.

Clube de Jazz do, 225.

Lazoghly no, 192.

Maadi no, 225 e 229.

Mohandessin no, 196.

plano de defesa da Força Aérea para, 226.

Praça Líbano no, 164.

Praça Tahrir no, 16, 67, 148, 154, 161, 184-5, 196-202, 204, 219-20, 228-9, 232-3, 276, 297 e 309.

prisão de Tora no, 151 e 233.

quartel general do partido Al-Tagammu no, 148.

retorno de Gamal ao, 210.

Ruwaini no, 227.

terremoto no, 205.

Universidade do, 219.

Caldera, Jesús, 116.

Câmara Pública russa, 42, 46 e 54.

Camboja, 20.

camisetas, 239-40.

Cañizález, Andrés, 128-9.

CANTV, 129.

CANVAS, *ver* Centro de Ações Não Violentas e Estratégias Aplicadas.

Capella, Roger, 116.

capitalismo, 35, 52, 215, 267, 272 e 294.

Capriles, Henrique, 16, 135-41, 145, 148, 162, 304 e 348.

Carabobo, 112.

Caracas, 99-105, 112-3, 121, 124, 129-35, 137, 141 e 145.

Bairro 23 de Janeiro em, 113.

capital perigosa, 124 e 141.

Comício na Avenida Bolívar em, 174.

como "Miami com montanhas", 103.

Distrito da capital de, 112 e 147.

Embaixada cubana em, 139.

favelas ao redor, 132 e 141.

movimento estudantil em, 165-6, 168-9 e 175-6.

Panteão Nacional em, 113.

Plaza Brión em, 169.

Tribunal de (31°), 121.

Caracas Chronicles, 124.

Caribe, 101.

cartazes, 258.

casamento, 186.

Casaquistão, 36 e 205.

Castro, Fidel, 106, 127, 141 e 249.

Castro, Raúl, 139.

Ceausescu, Nicolae, 187 e 238.

Cedeño, Eligio, 121-3.

censura, 288.

na China, 239, 271 e 274.

na Venezuela, 127-9 e 170.

os livros de Sharp e a, 243.

Centro de Ações e Estratégias Não Violentas Aplicadas (CANVAS), 194, 236-7 e 252-60.

Bolivianos e, 259.

"gráfico do poder" e, 257.

Irã e, 252 e 259.

Primavera Árabe e, 254.

328 | ESCOLA DOS DITADORES

Swaziland e, 260.

"visão do futuro" e, 255.

workshops, 194 e 236.

Centro de Assistência Jurídica e Estudos do Direito das Mulheres, 292.

Centro de Pesquisa Levada, 59 e 86.

Centro Internacional de Conflitos Não Violentos, 19-20, 193 e 251.

Chacao, 105, 131 e 145.

Chávez, Hugo, 25, 29, 88, 101-48, 165, 206 e 304-5.

   a relação de Baduel com, 101-4.

   cadena e, 126-7.

   câncer de, 133.

   centralização do poder por, 26, 106-7 e 126.

   como consequência, 104-5.

   como líder carismático, 119.

   como populista, 101, 105 e 107.

   declínio do apoio popular a, 126-31.

   eleições e, 25, 107-20, 129, 132-3, 142-5, 147, 149, 166, 176, 249 e 304.

   estratégia política primária de, 106.

   furacão blindado e, 103.

   movimento estudantil e, 165-76.

   na Ilha Orchila, 101.

   proibição política e, 145-7.

   reconvocação de referendo e, 115-7.

   referendo constitucional proposto por, 170 e 174.

   Sharp como é visto por, 243.

   tomada por, 104-6.

Chechênia, 47-8 e 300.

Chen Deming, 283.

Chen Guidi, 74.

Chiang Kai-shek, 275.

Chile, 193, 237 e 287.

China, 20, 27-8, 50, 246, 263-96 e 302-4.

   Capriles na, 135.

   Constituição da, 277.

   dinastias na, 280 e 289.

   economia da, *ver* economia da China.

   Egito (em comparação com a), 208, 277, 284 e 294.

   eleições na, 278-9, 285 e 296.

   Estados Unidos (em comparação com a), 267, 280, 284, 286 e 288-9.

   eventos romenos e, 238.

   Fundação de Pesquisa de Desenvolvimento da, 271.

   inimigos do Estado na, 67-77, 83 e 94.

   insegurança da, 268.

   manutenção da estabilidade na, 277, 289-91 e 294.

   mídia na, 68, 271, 274 e 292.

   militarismo na, 203.

   reclamações na, 290-1.

   reformas e, 268-80, 285 e 294-5.

   relações norte-americanas com, 27 e 268.

   Revolução do Jasmim na, 68, 76, 239, 263, 266, 273, 277, 292 e 303.

   segurança interna na, 291-3.

   sucessão de liderança na, 275.

   tumulto no mundo árabe e, 67-8, 75, 238-9, 275-9, 288-9, 292, 297 e 302.

   Universidade de Ciências Políticas e Legislação da, 72.

China International Capital Corporation, 283.

China Pudong Cadre Academy (Academia de Liderança Executiva da China em Pudong), 285.

China Reform (revista), 73.

chineses, na Malásia, 156-7.

Chirikova, Liza, 87.

Chirikova, Sasha, 87.

Chirikova, Yevgenia, 71, 76, 79, 88 e 94-5.

   companhia imobiliária chamada por, 86.

   experiência de, 79-80.

   marido de, 76-7 e 80.

   na política, 82.

   pensamento estratégico de, 80 e 83.

   pressão sobre, 86.

CIA, 138, 173, 246 e 254.

Cidade do Cabo, 240.

Círculos bolivarianos, 115.

Cisjordânia, 209-10.

classe média chinesa, 267, 271-2 e 296.

Clinton, Bill, 212.

Clube de Jazz do Cairo, 225.

CNN, 21, 68 e 238.

CNN Internacional, 68.

cocaína, 181.

coerção, formas sutis de, 23, 40 e 70.

Colégio Eleitoral, 25 e 212.

coleta de lixo, 142.

Colômbia, colombianos, 113.

    as relações da Venezuela com, 104, 127 e 129.

    na Venezuela, 141.

comercial de sabão, versão de, 239-40.

Comissão Central de Inspeção de Disciplina, 288.

Comissão de Políticas egípcia, 211-2.

Comitê Central Chinês, 283.

Comitê de Proteção aos Jornalistas, 47 e 81.

Comitê dos Sindicatos Públicos e Organizações Religiosas, 39.

Comitê Permanente do Politiburo chinês, 266 e 283.

Companhia A do 2º Batalhão, 12ª Cavalaria, 242.

computadores, 277.

    ver também blogs, blogueiros, Facebook, Internet *e* Twitter.

comunismo,

    na Polônia, 265 e 270.

    soviético, 34-9.

Confucionismo, 280 e 287.

Congo, República Democrática do, 132.

Connecticut, 55.

Conselho Nacional dos Direitos Humanos egípcio, 217.

Conselho Nacional Eleitoral venezuelano, 108-11, 115, 130, 148 e 176.

Conselho Shura, 150.

Conselho Supremo das Forças Armadas egípcio (SCAF), 202-3, 227 e 230.

    alerta da mídia pela, 222.

    manifestantes e, 204 e 219-20.

    prisão de Ezz e, 219.

    visita a Washington, D.C. da, 234.

Conselho Universitário, 167-8.

Constituições, 25-9 e 58.

    da China, 277.

    da Rússia, 25 e 58.

    da Venezuela, 102, 107-8, 110 e 146.

    do Egito, 224 e 232.

construção, 140-1.

    na Rússia, 77.

    no Egito, 201.

controle de preços na Venezuela, 114 e 125-6.

Coreia do Norte, 24.

Coreia do Sul, 50.

corrupção, 21, 28, 49-52, 185, 209, 212 e 260.

    na Birmânia, 243.

    na China, 74, 263, 266, 268, 284, 287-8 e 291.

    na Malásia, 155, 159 e 304.

    na Rússia, 34, 50-3, 58-9 e 78-81.

    na Tunísia, 187.

    na Venezuela, 101, 103-4, 119, 122, 125 e 137.

    no Egito, 188, 201, 209, 219, 225-9 e 231.

    no Japão, 51.

    tribunais e, 70-1 e 88.

Corte Interamericana dos Direitos Humanos, 146-7.

Cortes Militares no Egito, 221-3.

Costa Rica, 147.

crime, 139-41.

    na Venezuela, 118-9, 123-4 e 129.

Crime Sem Castigo (Mintusov), 56.

Croes, Alfredo, 105 e 131-2.

Cruz de Serviços Distintos, 242.

Cruz Vermelha Internacional, 40 e 91.

Cuba, 24, 101, 106, 131, 133, 139 e 249.

Cunningham, Edward, 284n457.

Cupira, 135.

Da Ditadura à Democracia (Sharp), 193-4, 244-7 e 256.

Dalian, 296.

débito, 104.

Declaração do Milênio, 36.

Decreto de Segurança Interna malaio, 158.

Defensores da Floresta de Khimki, 79-87.

"Democracia é uma coisa boa" (Yu Keping), 277.

democracia, 21-6, 29-30, 138, 193-4, 238-9, 254-5, 301 e 303.

    autoritarismo aparecendo como, 25-6 e 38.

    China e a, 268-9, 272-3, 277-81, 285-6 e 292-3.

330 | ESCOLA DOS DITADORES

crescimento econômico e a, 50-2.

Huntington sobre ondas de, 21.

militarismo como modelo de, 194.

na Malásia, 157.

na Ucrânia, 177-8 e 238-9.

na Venezuela, 101-4, 106-13, 130-4, 140, 169 e 303.

não violência e, 194, 236, 239, 241, 244-50 e 253-4.

no Egito, 154, 188, 202-3, 207, 216-7, 219, 232 e 254.

norte-americana, 26-7 e 286.

promoção da, 21-3, 54, 188 e 253.

Rússia e a, 34, 38, 41, 43, 53, 57-60, 206, 285 e 303.

Deng Xiaoping, 267-73, 275 e 281-2.

morte de, 275.

Departamento Central de Compilação e Tradução Chinês, 277, 279 e 296.

Departamento de Estado americano, 46.

Departamento de Organização chinês, 283.

Departamento Nacional de Prevenção à Corrupção chinês, 288.

Derrubando um Ditador (filme), 20.

desaparecimentos, 67 e 106.

desastre de trem (julho de 2011), 292n475.

desemprego, 104, 116-7, 185 e 276.

desenhos animados, 183-4.

Deusa da Democracia, 269 e 272.

Diamond, Larry, 22n11.

difamação, 73.

dinastia Qing, 280.

direitos humanos, 27 e 294.

abuso dos, 21, 106, 202 e 218.

Afifi e, 90-1.

na China, 239, 266 e 274.

na Rússia, 25, 38, 40, 47-8, 86, 180 e 183.

na Tunísia, 186.

no Egito, 202, 209, 217, 223 e 234.

Vigilantes dos, 40, 42, 46, 48 e 116.

direitos, 25, 115, 234, 241 e 296.

legal, 91-2.

políticos, 22, 147 e 171.

ver também direitos humanos.

dissidentes, 23, 29, 59, 106, 180 e 286.

egípcios, 154-5.

na China, 67-9, 72-3, 266 e 302-3.

Distrito da capital de Caracas, 112 e 147.

ditadores, ditadura,

centralização do poder e, 25-9.

derrubada dos, 19-20 e 29.

favorecimento da violência dos, 245.

grandes crimes dos, 20.

habilidades do regime *versus* oponentes e, 28-9.

momento preocupante para os, 20-2.

mudança de natureza dos, 22-6.

temores dos, 27.

ver também povos e países específicos.

Djinovic, Slobodan, 240 e 257.

Doação Nacional pela Democracia, 117.

Dodd, Chris, 55.

Dragana (instrutora sérvia), 256-60.

Dresden, 31-2.

Duma da Cidade de Moscou, 57.

Duma russa, 39, 42-3, 45 e 183.

as visões de Pavlovsky sobre, 53.

Discurso de Medvedev na, 59.

eleição para (2011), 64 e 299-300.

Markov e, 48 e 54.

partidos de oposição na, 165-6.

economia, 185, 277 e 293.

autoritarismo e, 50.

da Alemanha Oriental, 32-3.

da China, 50, 52, 169-70, 206, 266-8, 271, 273-5, 279-80 e 290-1.

da Malásia, 160.

da Rússia, 51-4.

da Venezuela, 104-5, 108, 114, 125-6 e 132-3.

de Singapura, 49.

do Egito, 188, 205, 211-2, 274 e 291.

do Japão, 50 e 271.

norte-americana, 271.

soviética, 270 e 272.

educação, 91-2 e 257.

desemprego e, 185.

em Singapura, 50.

na China, 71-2.

na Rússia, 45 e 50.

na Venezuela, 135-7, 140 e 143.

no Egito, 160, 185 e 221.

Partido Comunista Chinês e, 280-5.

Egito, 27-30, 88-95, 199-234, 239 e 287.

Alto, 91 e 199.

China (em comparação com), 208, 277 e 291.

como dinastia familiar, 213 e 218-9.

Constituição do, 224 e 232.

desemprego no, 185-6.

Direitos Humanos no, 202, 209, 216-7, 223-4 e 234.

economia do, 188, 204-5, 210-1, 274 e 291.

eleições no, *ver* eleições no Egito.

golpe dos Oficiais Livres no, 149, 223-4 e 231.

greves no, 188-92, 203-4, 208 e 297.

Lei de Emergência no, 203-4, 218-9, 221 e 233.

liberalização e reforma no, 212-3, 215-9, 234 e 291.

Malásia (em comparação com), 161.

mídia no, *ver* mídia(s) no Egito.

militarismo no, 151, 195, 199-204, 213-4, 219-32, 234, 239 e 310.

movimento da juventude no, 95, 154, 163-6, 184-5, 187-98 e 220.

não violência e, 189-90, 193-4, 236, 251-2 e 256.

oposição no, 148-55, 165-7, 202-3, 208, 216, 218 e 234-5.

população jovem no, 185-6.

relações norte-americanas com o, 27-8, 151-2, 154, 188, 204, 208, 220-1, 226, 228, 254 e 256.

revolução no, 27, 29, 64, 66-7, 95, 148-50, 154-5, 159-60, 164, 184-5, 187-200, 202, 204, 216-7, 223, 226, 228-30, 234, 239, 253-4, 300, 303 e 305.

Ekspert, 37.

El Mahalla El Kubra, 189 e 191.

El Universal, 109-11.

ElBaradei, Mohamed, 154, 164, 184 e 214.

Electoral Eye [Olho Eleitoral], 110.

eleições, 24.

fraude das, 21, 23, 54-7, 64-5, 88, 90-1, 109-10, 149, 184, 195, 215-6 e 218.

na China, 277-80, 285 e 296.

na Malásia, 157-60.

na Palestina, 188.

na Polônia, 270.

na Rússia, 24-5, 35, 41, 45, 53-8, 60-2, 82, 284 e 300.

na Ucrânia, 39 e 165.

na Venezuela, 25, 104-18, 129, 132-3, 139, 142-5, 147-9, 151-4, 161, 164-6, 175-7, 252 e 304.

nas vilas e nos municípios chineses, 278.

no Egito, 91-2, 148-51, 155, 165, 195, 203-6, 208, 210-3 e 235.

no Irã, 164-5 e 252.

norte-americanas, 55-6, 111-2 e 212.

emigração russa, 37.

Emissora de TV 2x2, 183-4.

escassez de alimentos,

na Venezuela, 114 e 125-6.

no Egito, 201.

Escola do Partido Central, 266 e 285.

Escola Primária Chaguaramal, 135 e 140.

espancamentos, 192 e 273.

na Rússia, 81, 85 e 182.

no Egito, 192, 199 e 219.

Esquadrão 660, 226.

Estados Unidos, 27, 73, 105, 123, 241-4, 247 e 254.

Afifi nos, 94-5.

China (em comparação com), 267, 280, 284, 286 e 288-9.

democracia nos, 25-6 e 286.

economia dos, 267.

eleições nos, 55-6, 111-2 e 212.

falta de temor dos regimes autoritários dos, 28.

governo local *versus* governo federal nos, 284.

Ibrahim nos, 153-4.

Lu Mai nos, 281.

mídia nos, 55-6 e 253.

movimento estudantil venezuelano e, 172-3.

no Afeganistão, 188.

332 | Escola dos ditadores

no Iraque, 188 e 207.

Osman nos, 227-8 e 230.

promoção de democracia dos, 22 e 189.

relações da China com os, 27 e 267.

relações da Rússia com os, 27.

relações do Egito com os, *ver* Egito, relações norte-americanas com o.

trabalho de Mintusov nos, 55-6.

Venezuela (em comparação com), 109-10.

Estemirova, Natasha, 47-8.

Estônia, 25.

ciber ataques na, 49.

estradas, 104 e 187.

na Rússia, 77-9 e 82-6.

Rodovia Pan-Americana, 99.

"Estudo e Progresso", 143.

Europa, 151, 273, 286 e 288.

Exército chinês (27º), 269.

Exército de Libertação do Povo, 269.

Exército norte-americano, 241-4.

ver também Leste Europeu.

ex-estados soviéticos, 26, 224-5 e 279.

Ezz, Ahmed, 215-7 e 219.

EzzSteel, 215.

Facebook, 95, 150, 187, 239 e 277.

no Egito, 187, 190-2, 194-5, 199 e 219.

Osman e, 228-30.

Falls Church, Virgínia, 95.

Falun Gong, 293 e 302.

Faruk, rei do Egito, 204, 223 e 231.

fascismo, fascistas, 46, 130 e 172.

favelas, 132 e 141-2.

fazendeiros, 290.

Filipinas, 81 e 236.

filmes, 20.

Financial Times, 62.

Flórida, 55.

flores, 273 e 288.

jasmim, 266-7.

Fonden, 134.

Forbes, 52.

Força Aérea egípcia, 222-7.

fotografias, 258-9.

França, 288.

fraude, eleição, *ver* eleições, fraudes das.

Freedom House, 22.

fronteiras livres, 26 e 38.

FSB (sucessora da KGB), 60.

Fujian, 279.

Fundação de Pesquisa de Desenvolvimento da China, 271.

Fundação para Políticas Efetivas, 53.

Fundamentalismo islâmico, 206.

Fundo Global de Combate à AIDS, Tuberculose e Malária, 40.

Fundo Monetário Internacional, 125, 132 e 282.

Fundo Mundial para a Natureza (WWF), 40.

Fuyang, 74.

Gaddafi, Muammar, 27, 29, 76, 236 e 299-300.

Gandhi, Mahatma, 243, 246 e 297.

Garcia (policial militar venezuelano), 98-101.

gás, 50, 208 e 259.

gás lacrimogêneo, 219.

Gattarov, Ruslan, 42.

Gdansk, 265.

Genebra, 210.

Geórgia, 46, 236 e 238-40.

movimento da juventude na, 165 e 178.

Revolução Rosa na (2003), 20, 22 e 178n283.

gerrymandering, 111.

Girifna, 239-40.

Globovisión, 128 e 131.

Glover, Danny, 127.

Goicoechea, Yon, 169-71 e 173-6.

golpe dos Oficiais Livres, 149, 223 e 231.

Gómez, Juan Vicente, 169.

GONGOs (ONGs operadas pelo governo), 45-7.

Gontmakher, Evgeny, 60-2.

Google Maps, 95.

Gorbachev, Mikhail, 38 e 267-73.

governo local,

na China, 283-4, 287, 290-1 e 295.

nos Estados Unidos, 284.

Í N D I C E   R E M I S S I V O | 333

Grã-Bretanha, 215, 243 e 260.

grafite, 164.

"Grande salto adiante", 20.

"Grândola, Vila Morena" (canção), 21-2.

Graterón, Emilio, 131.

greves, 244 e 291.

    de fome, 72, 148 e 269.

    na Polônia, 265.

    no Egito, 188-93, 204, 208 e 297.

Gromov, Boris, 77-8 e 81-3.

Grozny, 47.

Grupo 6521, 302.

Grupo La Colina, 105.

Grupo Niccolo M, 56-7.

grupo Valdai, 62.

grupos neonazistas, 46 e 48.

Guatemala, 236.

Guerra do Vietnã, 242.

Guerra Fria, 76.

    fim da, 21 e 50.

Guiné Equatorial, 24.

Hairong, Lai, 279 e 296.

Hama, 20.

Hamas, 188.

Hangzhou, 279.

Hans chineses, 296.

Harbin, 295.

Heilongjiang, 295.

Helvey, Robert, 241-4 e 248-51.

    na Birmânia, 243-4 e 248.

    sérvios e, 250-1.

Hilal, Ali Eddin, 206-8 e 213.

Himalaia, 21.

Hindus, na Malásia, 156.

Hong Kong, 287.

Hospital da Universidade de Heidelberg, 204.

Hu Jintao, 68, 238, 266, 275 e 277-8.

humor e piadas, 173, 204-5, 253 e 258-9.

Huntington, Samuel, 21, 23, 30, 134 e 303.

Hussein, Sadam, 52.

Ibrahim, Anwar, 155-62.

Ibrahim, Saad Eddin, 153.

Ibrahim, Samira, 199-201 e 220.

Iêmen, 29, 68, 185, 239 e 300.

Igreja Católica, 165.

imóveis, empresas de desenvolvimento imobiliário,

    ligação de Yevgenia para, 87.

    na China, 73.

    no Egito, 227.

impostos (taxas), 134.

Índia, 286.

Indonésia, 22, 28 e 231.

indústrias químicas, 295-6.

inflação,

    na China, 266, 268 e 274.

    na Venezuela, 104, 114, 126, 129 e 132.

informação, 26, 61, 240 e 253.

    em Maisanta, 116.

    na China, 271, 278, 280 e 292.

    no Egito, 195, 207 e 229.

    sobre o ânimo público russo, 40-3.

Ingushétia, 46.

Iniciativa Egípcia pelos Direitos Pessoais, 210.

inimigos do Estado, 67-96 e 106.

    Afifi como, 88-95.

    Chirikova como, 71, 76-88 e 94.

    Pu como, 67-77, 84 e 94.

    ver também oposição.

inspeções de incêndio, 45.

inspetores de alimentos, 125.

Instituto Albert Einstein, 246.

Instituto de Desenvolvimento Contemporâneo, 60-1.

Instituto Nacional de Orientação Feminina venezuelano, 120-3.

Instituto Sociedade Aberta, 53.

Internet, 21, 37, 180, 183, 192, 240 e 301.

    Boxun e, 263 e 266.

    na China, 239, 266, 271, 277, 279, 292, 296 e 301.

    na Rússia, 49, 56, 61, 63, 77 e 183.

334 | ESCOLA DOS DITADORES

na Venezuela, 126-9.
ver também blogs, blogueiros.
investimento estrangeiro, 125 e 211.
Irã, 64, 68 e 146.
  CANVAS e o, 252-3 e 259-60.
  eleições no, 165 e 252.
  militarismo no, 203.
  movimento da juventude no, 165 e 242.
  Movimento Verde no, 64, 119, 165, 239, 252 e 300.
  Sharp e o, 243-7.
Iraque, 81 e 248.
  guerra norte-americana no, 188 e 207.
Irmandade Muçulmana, 149-50 e 184.
  assistência ao terremoto e, 205.
  eleições e, 184 e 216.
  pistas de manifestação da, 197.
Islã/muçulmanos, 205, 271, 296 e 302.
islâmicos, 91, 188 e 205-6.
Israel, 29, 150, 201 e 226.
  Cisjordânia e, 207-9.
Itália, 51-2 e 288.

Japão, 51, 267 e 286.
Jasmine Restaurant & Lounge, 273.
Jenin, 209.
Jesus Cristo, 114.
Jiabao, Wen, 75, 266, 276 e 290-1.
Jiange, Li, 283.
Jilin, explosão em (13 de novembro de 2005), 295.
Jingjing, Zhang, 70.
Jinping, Xi, 276.
Joanesburgo, 260.
Jogos Olímpicos de Beijing, 267 e 291-2.
Jordânia, 29, 68, 207 e 301.
jornais, 23, 35, 52, 73, 93, 208, 212, 259 e 271.
  na Venezuela, 106, 129n217 e 130.
jornalistas, 21, 36, 47, 67, 81 e 93.
  assassinato de, 47, 59 e 81.
  na China, 265 e 271.
jovem guarda (ala jovem), 180-1.
judaica, conspiração, 158.

justiça, 23, 269, 280 e 297.
Juventude por Mudança, 194.

Kamal, Mohamed, 211-2 e 214.
Karen National Union, 244.
Kashin, Oleg, 181-2.
Kasparov, Garry, 180.
Katya (sedutora russa), 181.
Kedah, 156.
Kefaya ("Basta"), 188, 193 e 209.
Keping, Yu, 277-80.
Keqiang, Li, 276.
KGB, 31-2, 34-5 e 59-60.
Khalid (egípcio), 186.
Khimki, 76-87 e 95.
Khimkinskaya Pravda, 80-1.
Khodorkovsky, Mikhail, 35.
Kiev, 177-8 e 181.
Kim Jong II, 24.
King, Larry, 62.
Kissinger, Henry, 272.
Kmara ("Basta"), 165 e 178.
Komsomol, 180.
Kuala Lumpur, 155-6 e 160.
  Torres Petronas em, 158.
Kyi, Aung San Suu, 248 e 302.

La Orchila, 101.
Lago Seliger, 179.
Laos, 125.
Lazoghly, 192.
Ledezma, Antonio, 147-8.
lei/sistema legal, 70.
  autoritarismo e, 24, 69-71 e 84.
  na China, 278.
  na Malásia, 161-2.
  na Rússia, 70.
  na Venezuela, 121-3, 128, 138-9 e 146-8.
  no Egito, 155 e 221-4.
  regras, cumprimento e obediência, 23, 58, 278 e 287.
Leste Europeu, 32, 254 e 270.
  colapso do comunismo no, 21-2.

Levitin, Igor, 78-9.

Liaoning, 291.

Líbano, 236.

liberdade, 22, 26, 38, 241 e 277.

de expressão, 40, 61, 67, 73-4, 184, 209 e 216.

de imprensa, 86.

na China, 270-2.

na União Soviética, 269.

no Egito, 209 e 213-9.

pessoal, 37.

política, *ver* liberdade política.

liberdade política, 37, 247, 269, 271 e 294.

declínio da, 22.

liberdades civis, 22 e 210.

Líbia, 227, 236, 239 e 287.

população jovem na, 185.

Revolução na, 27, 29, 68, 286 e 300.

Liga da Juventude Comunista chinesa, 72.

limpeza étnica, 46.

Linha férrea Outubro, 77.

Lista Tascón, 115 e 119.

literatura chinesa, 287.

Lituânia, 25.

Lokshina, Tanya, 42 e 46-8.

López, Leopoldo, 145-8, 176 e 310.

Los Teques, 97-100 e 120n193.

Machado, María Corina, 117-9.

Mae Scot, 244.

Mahathir Mohamad (Dr. M.), 158-9 e 162.

Maher, Ahmed, 164-6, 187-95, 198 e 209.

Mai, Lu, 281-3.

Maisanta, 116 e 119.

Makarov, Dmitri, 183.

Malásia, 28 e 299.

economia da, 161.

eleições na, 157-61.

oposição na, 155-62.

Primavera Árabe e, 160.

Malawi, 252.

Maldivas, 236 e 253.

Manerplaw, 244.

manufaturados/manufaturas, 50 e 52.

Mao Tsé-Tung, 20, 275, 281 e 296.

Maquiavel, Nicolau, 55n81.

Maracay, 101.

Maradona, Diego, 127.

Markelov, Stanislav, 47-8.

Markov, Sergei, 48-52, 54-5 e 57.

Martínez, Eugenio, 109-10 e 112.

Marx, Karl, 280 e 285.

McDonald's, 263-5.

Meda, Magalli, 118.

Médicos Sem Fronteiras, 40.

Medvedev, Dmitri, 43, 45, 53-5, 58-63 e 179.

Floresta de Khimki e, 87.

transmissões de notícias e, 36.

Medvedev, Svetlana, 36.

Memorial, 47 e 59.

Méndez, William, 146.

mensagem de texto, 292.

meritocracia, 287.

México, 22, 51 e 124.

Mickawi, Sherif, 224.

mídia(s), 48, 80-3, 254 e 257.

na China, 68, 271, 274 e 292n475.

na Rússia, 35-6, 38, 41-2, 45, 47, 52, 59, 61-2, 65, 80-2, 85 e 182-4.

na Venezuela, 114, 120, 122-3, 126-31, 137, 147, 166-70 e 177.

no Egito, 92, 149-50, 190-1, 206-7, 210-1, 216 e 221-2.

norte-americana, 56 e 254.

restrição da, 21.

secundárias, 23 e 80.

social, 68; *ver também* Facebook.

ver também jornalistas, jornais, rádio, televisão e *publicações específicas*.

milionários, 267.

militarismo, 257.

na Birmânia, 301-2.

na China, 203 e 291.

na Rússia, 203.

na Venezuela, 97-103, 120n193, 127, 144, 147, 175-6 e 203.

no Egito, 151, 195, 199-204, 214, 219-32, 234 e 239.

336 | ESCOLA DOS DITADORES

Milken, Michael, 19.

Milosevic, Mirjana, 258-9.

Milosevic, Slobodan, deposição de, 20, 164-5, 178, 193, 194n321, 236, 240 e 250-1.

Milov, Vladimir, 137-8.

Ministério da Justiça russo, 40.

Ministério da Segurança Pública chinês, 291.

Ministério da Terra e Recursos chinês, 289.

Ministério do Exterior egípcio, 210.

Ministério do Interior egípcio, 205 e 218-23.

    ligação de Afifi para o, 93.

    manifestantes e o, 191, 197, 205 e 218.

    Nour e o, 150.

Ministério do Interior russo, 59.

Ministério do Interior venezuelano, 174.

Ministério dos Transportes russo, 83.

Mintusov, Igor, 55-6.

Minxin Pei, 288.

Miranda, 131, 135-6 e 139-40.

Misr Spinning and Weaving Company, 189.

Miss Venezuela, 173.

Mitrokhin, Sergei, 56-7.

"Mo Li Hua" (canção folclórica), 266.

Mohieddin, Khaled, 149.

Moscou, 25, 36, 39, 47-9, 55-7 e 76.

    Agência dos Direitos Humanos de, 46-7.

    Anel viário de, 77-8.

    Duma da Cidade de, 57.

    movimento da juventude e, 178-84.

    Praça Pushkin em, 80 e 86.

    protestos em, 64-5 e 83.

    rodovia entre São Petersburgo e, 77-8, 83-4 e 86.

Movimento,

    4 de Maio, 302.

    6 de Abril, 189-96 e 220.

    Revolucionário Bolivariano 2000, 101.

    Verde, 64n, 119, 165, 239 e 252.

movimentos da juventude, 163-98 e 276.

    na Geórgia, 165 e 178.

    na Rússia, 178-84.

    na Sérvia, 20, 165, 178, 193-4, 236, 240, 250-6 e 258-9.

    na Ucrânia, 165, 178 e 182-3.

    na Venezuela, 165-77.

    no Egito, 95, 154, 163-6, 184-5, 187-98 e 220.

    no Irã, 165 e 252.

Mubarak, Alaa, 214-5.

Mubarak, Gamal, 155, 164, 206-7 e 209-11.

    como sucessor, 151, 207, 210, 214, 231-2 e 294.

    legado de, 231-4.

    ligações das novas elites com, 214 e 221.

Mubarak, Hosni, 90n, 95, 149-51, 160-1, 166, 191, 198-214, 217-20, 223, 256, 274 e 302.

    cirurgia de urgência de, 204.

    como uma figura não inspiradora, 205.

    como vice-presidente, 205 e 234.

    derrubada de, 64, 67-8, 150, 160, 164, 194-5, 198-204, 214, 218-9, 222-3, 228, 230, 232, 239, 254, 274, 292-3, 297 e 299-300.

    eleições e, 195, 203-4, 212-4 e 233.

    extenso comando de, 186, 205-7, 233 e 276.

    Ezz sacrificado por, 219.

    fachada de liberalização de, 213-4, 217-9 e 234.

    gestos de 1º de Maio de, 192.

    Nour e, 150-1 e 153-5.

    octogésimo aniversário de, 192.

    relações militares com, 200-4, 226 e 230.

    Sadat (em comparação com), 233.

    sucessor de, 151, 206-7, 210-1, 214, 223-4, 231, 233 e 294.

    torna-se presidente, 88 e 204-5.

Mubarak, Suzanne, 155 e 209.

Mugabe, Robert, 240 e 249.

mulheres,

    Centro de Assistência Jurídica e Estudos do Direito das, 292.

    na Venezuela, 118.

Muro de Berlim, a queda do, 27, 33, 39, 270 e 297.

Museu do Egito, 200 e 229.

música, 21-2, 86, 267n431 e 287.

Mustafa, Ahmed, 221.

Mya, Bo, 244.

Nabil, Maikel, 222.

Nacionalistas chineses, 275.

nacionalização, 125 e 134.

Naggar, Mostafa el-, 184-5.

Najib Razak, 158-9.

não violência, 236-261.

Ackerman e, 19-20, 193 e 251.

CANVAS e, 194, 236-8, 240-1 e 252-61.

Egito e, 189-90, 194, 236 e 251-2.

Helvey e, 241-4 e 248-51.

Sharp e, 193-4 e 243-7.

Nashi, 178-81 e 184.

Nasser, Gamal Abdel, 185, 201, 223-4 e 231.

Nawara, Wael, 218.

Nazif, Ahmed, 192.

Nemtsov, Boris, 58, 62, 88 e 180.

Newsweek, 60n96.

Nigéria, 248 e 252.

Ninenko, Ivan, 183-4.

ni-nis [nem um, nem outro], 115.

Nolia, Alberto, 119.

norte-vietnamitas, 242n409.

Norte da África, 67-8, 75, 155, 165, 185, 266, 274 e 299.

Nour, Ayman, 150-5, 188, 212-3 e 218.

Nova York, N.Y., 94-5 e 267.

Novo Partido Trabalhista britânico, 215.

NTV, 35n36.

Obama, Barack, 151, 154 e 205.

obediência, 243, 245 e 258.

Observatório Venezuelano da Violência, 124.

Ocariz, Carlos, 142-4.

"Oficiais da Revolução", 228-30.

oligarcas/oligarquia,

colombianos, 113-4.

na Venezuela, 115.

russos, 35, 38 e 65.

Omã, 29.

OMON (força especial russa), 85.

ONGs, 69, 117 e 292.

egípcias, 192-3, 210, 220 e 233.

russas, 39-40, 42-3, 46, 48, 53, 59, 61 e 179.

russas estatais (GONGOs), 45-7.

Operação *Bright Star*, 226.

opinião pública, 195 e 279.

na Rússia, 40-1 e 64-5.

na Venezuela, 115 e 126.

oposição, 135-62.

como rebeldes, 250.

na Birmânia, 244.

na Malásia, 155-62.

na Rússia, 36-8, 49, 137-8, 165-6, 179 e 181.

na Venezuela, 106, 108-9, 111-2, 115-20, 130-48, 166-7 e 171.

no Chile, 239.

no Egito, 148-55, 166, 202, 208, 216, 218-9 e 233-4.

no Irã, 252-3.

ver também pessoas específicas, partidos e grupos.

oposição sistêmica na Rússia, 36-9 e 49.

Organização das Nações Unidas (ONU), 26-7, 121, 210, 217 e 282.

Conselho dos Direitos Humanos da, 210.

Programa de Desenvolvimento da, 205.

Programa Mundial de Alimentos da, 189.

Organização dos Estados Americanos, 147-8.

Organização Nacional dos Malaios Unidos (UMNO), 157-8 e 161.

Oriente Médio, 103, 189, 215, 254, 274 e 276.

economias no, 161 e 185.

militarismo norte-americano no, 226.

população jovem no, 185.

revoluções no, 29, 68, 75, 155, 165, 263, 265-6, 274, 288-9 e 299.

violência no, 206.

ORT, 35n36.

Ortega Díaz, Luisa, 122.

"Os Clássicos Natalinos do Sr. Hankey" (episódio de TV), 183.

Osman, Sherif, 224-31.

experiências de, 224-5.

nos Estados Unidos, 227-8 e 230.

Ossétia do Sul, 46.

OTAN, 49.

Otpor ("Resistência"), 165, 178, 194, 236, 240, 250-1 e 255-6.

humor e, 258-9.

338 | ESCOLA DOS DITADORES

Palestina, 188 e 248.

Pan, Philip, 74.

Paquistão, 52.

Parlamento egípcio, 215, 221-2 e 224.

eleições para o, 90, 149, 188 e 215.

orçamento militar e o, 221.

"sombra", 217.

Parlamento Europeu, 83.

Parlamento russo, ver Duma russa.

Parque Florestal Khimki, 76-88 e 95.

Abrigo de Carvalho no, 84, 87n e 88.

acampamento dos defensores no, 85.

Partidas, Alvaro, 24.

Partido Al-Tagammu, 148.

Partido Comunista chinês, 21, 23, 51, 68, 88, 140-1, 268, 276-86 e 294-7.

aniversários politicamente sensíveis e o, 302.

checagem de funcionários e identificação de talentos no, 284.

como dinastia, 289.

como sistema Leninista, 286 e 295.

dimensão da associação no, 284.

educação e o, 281-5.

expulsões e/ou suspensões do, 284 e 288.

falta de tolerância para atacar no, 264-5.

fracassos do comunismo estudados pelo, 270 e 272.

funcionários locais no, 283-4, 287, 290-1 e 295.

lei e o, 70.

manutenção da estabilidade do, 291-4.

Primavera Árabe e o, 238-9.

Pu e o, 70-5.

rede nacional de escolas do, 285.

reformas e o, 270-5, 278-81 e 285-6.

Partido Comunista polonês, 270.

Partido Comunista russo, 165.

Partido Comunista soviético, 39, 180 e 270.

Partido da Ação Democrática, 157.

Partido da Justiça do Povo, 157.

Partido Democrático americano, 286.

Partido El Ghad, 154-5 e 188.

Partido Islâmico Pan-Malaio, 157.

Partido Liberal Democrata japonês (PLD), 51.

Partido Nacional Democrático (PND), 206, 212 e 215-6.

o papel de liderança de Gamal no, 210-1.

renúncia de Ezz do, 219.

Partido Republicano americano, 286.

partidos políticos, 165.

na Malásia, 157-61.

na Rússia, 36-42, 45-7, 49, 52-7, 59, 61-4 e 165-6.

na Venezuela, 103-4, 106, 108, 110-3, 118, 134, 136-7, 171 e 175.

no Egito, 148-55, 187, 195, 202-3, 206-7, 210-1, 216 e 218.

no Japão, 51-2.

norte-americanos, 55 e 286.

partidos verdes, 83.

passaportes, 26, 94 e 117.

Pavlovsky, Gleb, 53-4 e 60-1.

PDVSA (Companhia Petrolífera Estatal), 116 e 125.

Pedro Gual, 135-6.

Penang, 155-7 e 160.

People Power (*video game*), 20.

People's Daily, 273.

Pérez Jiménez, Marcos, 113n179.

perus, 258-9.

Petare, 132 e 141-2.

petições, 289-91.

Petkoff, Teodoro, 106 e 130-1.

petróleo, 27, 35 e 50-1.

na Venezuela, 103, 106-7, 116, 124-5, 133-4, 144, 166 e 208.

preço do, 38, 61, 104, 125, 133-4 e 166.

piadas, ver humor e piadas.

PIB, 52 e 104.

Ping, Hu, 73.

Ping, Liu, 73.

Pinochet, Augusto, 239.

"Plano Defensivo de Pontos Estratégicos", 225-6.

pobreza/miséria/o pobre, 161, 195 e 267.

na Venezuela, 101, 104-7, 110, 132 e 140-2.

Pol Pot, 20.

polícia, 257.
   na China, 69, 74, 263-6, 268, 273 e 291.
   na Malásia, 157.
   na Rússia, 85 e 181.
   na Sérvia, 251 e 258-9.
   na Tunísia, 185-6.
   na Venezuela, 97-101, 143 e 169.
   no Egito, 88-95, 163-4, 191, 195-7, 201, 209-10, 229 e 233-4.
Politiburo chinês, 283.
políticas clientelistas/clientelismo, 211 e 215.
Politkovskaya, Anna, 47-8.
Polônia, 25, 193, 239 e 264-5.
Popov, Sergei, 39-44 e 47-8.
Popovic, Srdja, 240-1, 251-7 e 299.
Pora ("É a hora"), 165 e 178.
Porto Rico, 287.
Portugal, revolução em, 21-2, 29 e 303.
postos de gasolina, 259-60.
preços da carne, 125.
Prêmio Nobel da Paz, 303.
prestação de contas, 279 e 287.
Primavera Árabe, 15, 23, 30, 254, 297 e 308.
   China e a, 238, 276-9 e 297.
   Malásia e a, 160.
prisão
   de Tora, 151-4 e 233.
   militar de Ramo Verde, 97-8, 101, 103 e 120.
   militar de San Carlos, 130n220.
prisões em massa, 23.
   na China, 67-8 e 293.
   no Egito, 90-1, 191-2, 200, 203 e 233.
Programa Aberto de Tomada de Decisões, 279.
Prokhorov, Mikhail, 65.
propaganda/publicidade, 249 e 292.
província de,
   Guangdong, 296.
   Shaanxi, 279 e 283.
   Shandong, 289-90.
   Xinjiang, 266, 271, 291 e 296.
Putin, Vladimir, 25-6, 31-40, 51, 53-5, 57-65, 86 e 304.
   Brezhnev (em comparação com), 63-4.
   Chávez (em comparação com), 106.

China e, 294.
   como primeiro-ministro, 36, 57-62 e 206.
   eleições e, 45, 57-8, 63-5 e 300.
   experiências da KGB de, 31-3, 35 e 59.
   Floresta de Khimki e, 80-4 e 88.
   movimento da juventude e, 179-80 e 182-4.
   poder concentrado por, 34-9 e 87.
   protestos e, 64-5.
   revoluções das cores e, 238.

Qingdao, 279.
Qinghong, Zeng, 283-4.
"Quem está separando a gordura?" (Liu Ping), 73.
questões ambientais,
   na China, 70, 286, 291 e 295.
   na Rússia, 71, 76-85, 291 e 295.
Quirguistão, 22, 178 e 238.

Radin, Bung Mokhtar, 160.
rádio, 69, 106, 191 e 244.
   Caracas Televisión (RCTV), 167-70 e 177.
   Ekho Moskvy, 36.
   na Venezuela, 121-2 e 126-9.
   russo, 35-6.
Rangel, José Vicente, 142.
Raqib, Jamila, 247.
Rashid, Esraa, 190.
redefinição (eleitoral), 111.
refugiados, 21.
Região Barlovento, 140.
Região do Cáucaso, 46.
Relatório de Desenvolvimento Humano, 205.
República Democrática Alemã (Alemanha Oriental), 31-4 e 37.
Reserva Federal (Banco Central), 25.
revistas, 35, 73 e 271.
Revolução Cultural, 275, 281 e 275n.
Revolução do Jasmim,
   China e a, 68, 76, 273, 277, 292 e 303.
   Tunísia e a, 239, 263 e 266.
Revolução Laranja, 39, 177-9 e 181-2.
Revolução Rosa (2003), 20, 22 e 178.

340 | ESCOLA DOS DITADORES

revoluções, 236 e 241.

  ver também revoluções das cores.

revoluções das cores, 22, 238-9, 279 e 291.

  ver também Revolução Laranja *e* Revolução Rosa.

Rice, Condoleezza, 152.

rio Moei, 244.

rio Songhua, 295.

Rivero, Virginia, 107.

RJR Nabisco, 19.

Rockport Capital Incorporated, 19.

Rodovia Pan-Americana, 99.

Rodríguez, Alí, 116.

Rodríguez, Jorge, 173-4 e 176.

Roginsky, Arseny, 59.

Romênia, 187 e 238.

Roosevelt, Franklin, 62.

Rosales, Manuel, 166.

roubos, 124-5, 141 e 201.

Rússia, 25-6, 28, 34-65, 146, 238, 247, 249, 270, 299 e 303-5.

  ativistas ambientais na, 71, 76-88 e 94.

  "Avante Rússia" (Medvedev), 61-2.

  centralização do poder na, 34-8, 42-3 e 87.

  China e, 294-5.

  Constituição da, 26 e 58.

  direitos humanos na, 26, 38, 40, 46-8, 61, 86, 180 e 183.

  economia da, 49-53.

  eleições na, 23-5, 35, 45, 47, 54-7, 60-5, 82, 183, 300 e 305.

  estabilidade na, 34, 40, 53, 63-4 e 106.

  governadores regionais na, 35 e 38.

  guerra da Geórgia com a, 46.

  mídia na, *ver* mídia(s) na Rússia.

  militarismo na, 203.

  movimento da juventude na, 178-84.

  oligarcas na, 34-5, 38 e 65.

  ondas de calor na, 86.

  oposição na, 36-8, 48, 138, 165 e 180-1.

  petróleo da, 208.

  postos públicos de informações na, 40-1.

  reformas na, 59-62.

  relações da Ucrânia com a, 256.

  relações norte-americanas com a, 27 e 300.

  sistema legal na, 70.

  sociedade civil na, 39-41, 43-5, 47, 61, 65 e 180.

  Venezuela (em comparação com a), 106.

Rússia Unida, 42, 45, 52, 59 e 63.

  eleições e a, 54, 56, 62-3 e 82.

  grupo jovem da, 181-2.

  partidos de oposição e a, 36 e 49.

  Popov e a, 39-40.

Russian Newsweek, 36.

Russián, Clodosvaldo, 145-7.

Ruwaini, Hassan Al-, 227.

Saara Ocidental, 236.

Sadat, Anwar, 201, 210 e 233.

  assassinato de, 88, 205, 221 e 233-4.

  Mubarak (em comparação com), 233.

Sadat, Talaat, 221.

Safaraliev, Gajimet, 45.

Said, Khaled, 195.

Said, Rifaat El-, 148-50 e 162.

Salah, Ahmed, 191-4 e 196.

salários e renda no Egito, 189-91.

Saleh, Ali Abdulla, 299-300.

Samán de Güere, 101.

San Antonio, Texas, 227-8 e 230.

Sánchez Otero, Germán, 139.

São Petersburgo, 45, 178 e 184.

  rodovia entre Moscou e, 77-9, 82-5 e 87.

SCAF, *ver* Conselho Supremo das Forças Armadas egípcia.

Secretariado Geral egípcio, 207 e 211.

Segunda Guerra Mundial, 51.

Seko, Mobutu Sese, 238.

Selangor, 158.

sequestros/raptos, 48, 124, 273 e 293.

Serra, Robert, 113-5 e 129.

Sérvia, 193, 220 e 251-61.

  CANVAS e, 194, 236-8, 240 e 252-61.

  Helvey e, 250-1.

movimento da juventude na, 22, 164-5, 178, 193-4, 236, 240, 251-3, 255-6 e 258-9.

polícia na, 250-1 e 257-9.

revolução na, 20, 22, 164-5, 193, 231, 250-1 e 253.

Serviço de Investigações de Segurança do Estado egípcio, 220.

Serviço de Segurança Ucraniano, 53.

Serviço de Tecnologia e Segurança Anyuanding, 290.

sexo,

   oposição russa e, 180.

   ver também testes de virgindade.

Shambaugh, David, 283.

Shangkun, Yang, 269.

Sharm El-Sheikh, 220.

Sharp, Gene, 193 e 243-7.

   como homem perigoso, 246-7.

   Instituto Albert Einstein e, 246-7.

   livros de, 193-4, 243-6 e 256.

   na Birmânia, 244-5.

Shevardnadze, Eduard, 20.

Shevchuk, Yuri, 86.

Shvedov, Grigory, 60.

Siang, Lim Kit, 156.

Sibéria, 62 e 295.

Sidi Bouzid, 29 e 186-7.

Silva, Mario, 120.

Singapura, 50-1, 281 e 287.

Síria, 20-1, 27, 29, 52, 239, 252 e 301.

Sirte, 299.

sistema eleitoral misto, 111-2.

sistema judiciário, *ver* lei/sistema legal.

Skype, 95 e 229.

So You Don't Get Slapped on the Back of the Neck (Afifi), 93.

sodomia, 158-9, 161 e 192.

Solidariedade,

   na Polônia, 239 e 265.

   na Rússia, 37-8, 88 e 180-1.

Soros, George, 53, 158 e 286.

South Park (programa de TV), 183.

SOVA (Centro para Informações e Análises), 48.

Sri Lanka, 205.

Stalin, Joseph, 20 e 63n107.

Standard and Poor's, 267 e 286.

Stasi, 31-2.

Strelchenko, Vladimir, 78 e 80-3.

suborno, 52, 160 e 175.

Sucre, 142.

Sudão, 29 e 239-40.

suicídio, 29, 121 e 186.

Suleiman, Omar, 151, 202 e 233.

Súmate, 117-8.

Suprema Corte,

   malaia,158-9.

   norte-americana, 73.

   venezuelana, 122 e 147-8.

Surkov, Vladislav, 178.

Swaziland, Reinado de, 260 e 299.

Taiwan, 51, 160 e 275.

Tal Cual, 106 e 130.

Tantawi, Mohamed Hussein, 202, 223 e 228.

Tarre, Maruja, 107 e 119-20.

Tascón, Luis, 115.

Tchecoslováquia, 25.

Tea Party, 286.

Teerã, 252.

Televen, 128.

televisão (TV), 21, 67, 106 e 228.

   na China, 68 e 271.

   na Rússia, 35-6, 42, 53, 57-8, 61-2, 65, 85 e 183-4.

   na Venezuela, 114, 119, 121-2, 126-9, 131, 166-71 e 177.

   no Egito, 92, 149-50, 190-1 e 221-2.

terremoto, 205.

testes de virgindade, 201 e 222.

The Devil's Paper (programa de TV), 119.

The New York Times, 52 e 212.

The New York Times versus Sullivan, 73.

The Politics of Nonviolent Action (Sharp), 243.

The Razor (programa de TV), 120.

The Washington Post, 47, 74-5, 212 e 215.

342 | ESCOLA DOS DITADORES

ti (essência), 280.

Tianjin, 263.

Tibet/tibetanos, 21, 236, 272, 291 e 302.

Time, 299.

títulos de eleitor na Venezuela, 110-1 e 116.

Tocqueville, Alexis de, 213.

tortura, 46, 257, 273 e 293.

   no Egito, 195, 200, 202, 209, 216, 222 e 229.

totalitarismo, 23-4, 32, 38, 43, 130, 270.

Transparência Internacional, 52, 125 e 183.

Tribunal Criminal Internacional, 27.

Tribunal de Guangzhou, 73.

Tribunal Europeu de Direitos Humanos, 70 e 83.

tumulto étnico, 291 e 296.

Tunes, 297.

Tunísia, 91, 252 e 287.

   população (geração) jovem da, 185.

   relações norte-americanas com a, 26 e 254.

   revolução na, 26, 29, 67-8, 160, 185-8, 195-7, 218, 239, 254-5, 263 e 266.

turismo, 271.

Turquemenistão, 24 e 205.

Turquia, 51.

Twitter, 95, 119-20, 263, 271, 277 e 296.

Tyson, Mike, 172.

U2, 86.

Ucrânia, 22 e 238-40.

   eleições na, 53 e 165.

   interferência russa na, 256.

   movimento da juventude na, 165, 177 e 182-3.

   Revolução Laranja na, 39, 178-9 e 181-2.

   Rússia (em comparação com a), 182-3.

Uganda, 20.

Uigures, 296.

União Europeia, 45, 94 e 208.

União Soviética, 26, 31-5, 37-9, 106, 180, 182, 268-73, 280 e 302.

   Afeganistão e, 81 e 247.

   China (em comparação com a), 283.

   colapso da, 20-1, 31, 34-5, 51, 63-4, 182, 269-71 e 294.

   defesa aeroespacial na, 76.

   economia da, 269 e 271.

   eleições na, 23 e 300.

   KGB e a, 31-4.

   reformas na, 268 e 270.

Universidade,

   Católica Andrés Bello, 118n, 167 e 169.

   de Beijing, 285-6.

   de Ciências Políticas e Legislação da China, 72.

   de Harvard, 241-3 e 281-2.

   de Nankai, 71-2.

   do Cairo, 219.

   Europeia, 45.

   Metropolitana, 167-8 e 170-1.

   Simón Bolivar, 107-8 e 119.

Ürümqi, 266 e 296.

Vargas, Getúlio, 23n15.

Venevisión, 128.

Venezuela, 23, 28, 97-134, 236 e 248.

   China e, 294.

   Constituição da, 102-3, 108, 110 e 147.

   crime na, 118, 124-5 e 129.

   dívida da, 104.

   divisões socioeconômicas na, 105-6 e 132-3.

   economia da, 104-5, 108, 114, 124-5 e 132-3.

   eleições na, *ver* eleições na Venezuela.

   golpes na, 101-2, 107, 127-8, 139 e 143.

   intimidação dos eleitores na, 115-7.

   López *versus*, 145-8.

   mídia na, 114, 119, 122-3, 126-31, 137, 146, 166-71 e 176.

   militarismo na, 97-103, 119, 127, 144, 147, 175-6 e 202.

   movimento estudantil na, 165-77.

   oposição na, 105, 109, 112, 115-9, 130-48, 165 e 171.

   paz na, 114.

   petróleo da, 104, 106-7, 116, 125-6, 133, 144, 166 e 208.

   prisões na, 97-8, 101, 103, 120-3, 128, 130, 139 e 173.

   relações norte-americanas com a, 27.

riqueza da, 104.

títulos de eleitor na, 110-1 e 116.

trabalho de Sharp e, 246-7.

Verkhovsky, Alexander, 38 e 48.

Vicente Léon, Luis, 109.

video games, 20.

Vietnã, 236 e 246.

Vigilantes dos Direitos Humanos, 40, 42, 46, 48 e 116.

Vinci, 83.

violência, 21, 23, 46, 48, 91, 206 e 300-1.

ditadores favorecidos pela, 245.

na Venezuela, 122, 124-5 e 139-40.

não violência (em comparação com a), 241 e 253.

no Egito, 191, 199-201 e 204.

ver também espancamentos, brutalidade, assassinato *e* tortura.

Walesa, Lech, 239.

Washington, D.C., 117, 119, 153-4, 212, 244, 254 e 299.

visita dos generais egípcios a, 233.

Wei, Pan, 285-9.

Weiwei, Ai, 68.

Wisconsin, 286.

Wu, Chuntao, 74-5.

Xangai, 67, 69, 263, 266, 273 e 282.

Xangai Expo, 267.

Xiaobo, Liu, 67 e 303.

Xide, Zhang, 74-5.

Yabloko, 57.

Yakemenko, Vasily, 178.

Yaobang, Hu, 283.

Yashin, Ilya, 38 e 180-1.

Yeltsin, Boris, 35 e 53.

yong (uso prático), 280.

YouTube, 21, 64, 87n e 240.

Yovanny (cidadão de Petare), 141-3.

Yuanchao, Li, 283.

Yurgens, Igor, 60n96.

Zacharia, Janine, 215.

Zaire, 238.

Zamalek, 151-2.

Zemin, Jiang, 267, 272 e 283.

Zhengyong, Zhao, 283.

Zhiqiang, Pu, 67-76, 84, 94 e 293.

experiências de, 71-3.

Zhongnanhai, 293.

Zimbábue, 165, 236, 240 e 248.

Ziyang, Zhao, 281.

Zulia, 111n174 e 131.

Zwakana ("Basta é Basta"), 240.

GRÁFICA PAYM
Tel. (11) 4392-3344
paym@terra.com.br